U0515147

法学文献与检索教程

吴文辉　编著

WUHAN UNIVERSITY PRESS
武汉大学出版社

图书在版编目(CIP)数据

法学文献与检索教程/吴文辉编著.—武汉：武汉大学出版社,2022.9
(2023.8 重印)
ISBN 978-7-307-23154-2

Ⅰ.法… Ⅱ.吴… Ⅲ.法学—信息检索—教材 Ⅳ.G254.9

中国版本图书馆 CIP 数据核字(2022)第 120281 号

责任编辑:王智梅 责任校对:汪欣怡 版式设计:马 佳

出版发行:**武汉大学出版社** (430072 武昌 珞珈山)
(电子邮箱: cbs22@whu.edu.cn 网址:www.wdp.com.cn)
印刷:武汉中科兴业印务有限公司
开本:787×1092 1/16 印张:28.5 字数:658 千字 插页:1
版次:2022 年 9 月第 1 版 2023 年 8 月第 3 次印刷
ISBN 978-7-307-23154-2 定价:68.00 元

前　言

　　"法学文献与检索"是建立在鸟瞰文献全貌的基础之上的法学文献检索。中英法学文献数据库检索应关注的是法学文献数据库本身，法学文献数据库首先是一定范围的法学文献库，然后才是承载检索技术的检索工具。既然是一定范围的法学文献，那么就一定有一个全部文献作参照。因此，概览全部中英文文献势在必行。

　　文献的概览必须有整体性，毕竟见森林比见树木更重要。

　　法学学子，无论是在本科阶段，还是在硕博研究生阶段，都已经进入了法学专业，对于文献的了解有不同程度的专精。若想达到广博的程度，则有必要立足法学来鸟瞰文献全貌。学科之间的泾渭分明是文艺复兴之后的事，思想如果受学科划分的局限，只关注法学文献或者部门法文献，久而久之，有肢解法学、窒息法学之虑，事实上，新千年学科之间的渗透与融合是客观存在的。

　　学术研究以文献的丰富性，多样性为前提。没有孔子对文献的系统整理，很难想象其后的百家争鸣；汉朝刘向刘歆父子对汉代文献的整编成果《七略》开启了汉代经学的文献之源；唐朝玄奘从印度取回大乘佛教文献并大规模译经，使得唐朝佛学昌盛并形成了我国本土佛教禅宗，并且在文化方面深深影响了宋明理学；正是有纪晓岚周永年对《四库全书提要》的付出，才有乾嘉学术各流派思想之光的闪耀。同理，鲁迅从古籍中辑佚出自周至隋小说36种，编成《古小说钩沉》之后，出现了俗文学及俗文学研究。文献积累到一定量后，必须进行成规模的清理研究，这是高水准的学术研究的前提，个人的研究工作亦然。杨伯峻《春秋左传注》引用书目400余种遍及经史子集，尤以天文地理钟鼎彝器之考证见长，杨氏所阅之书，则数倍于此。清代小说家曹雪芹才气非凡且知识渊博《红楼梦》中涉及的不仅有诗词、音乐、建筑、园林艺术、服饰、风俗、烹调等，还有医学、心理学、地理等。他还是出色的画家，尤善画石，同时代人称赞他"诗笔有奇气"与他涉猎文献的广博不无关联。建立在广博基础上的专精更有时代穿透力。本书中文文献的整体性概述见书中对中文文献的三时段论述。

　　从检索的角度，法学文献可分为权威文献、准权威文献、学术文献以及工具文献四类。中文三时段文献各有其特点。单说现当代法学权威及准权威文献，现当代权威文献主要指宪法法律法规，我国已经建成了社会主义法律体系，但是尚未有法律体系文献的系统整理，既无现行有效的主题式文本汇编文献，也无成规模藏书编年式文本汇编文献。现当代准权威文献主要指案例文献。中文案例更有其自身特点：文献之间无直接关联，如果一定要找出关联，则是以某条法律法规为绳索捆扎在一起的"蒜瓣"或者串联的"辣椒串"。对法学研究者而言，对这两部分文献的检索，在不了解整体参照文献的情形下，就如同摸着石头过河。

　　文献检索主要在数据库文献中进行，纸本文献亦通过各个文献收藏单位的 APAC（馆藏目录）进行。文献数据库既是一定范围的文献库，又是基于此范围的检索工具。对数据库的检索也有前提：了解待检索数据库的文献范围，熟悉作为工具的数据库的检索技术。

　　检索是某项研究的前期必须先行的工作，并且伴随此项研究的全过程。常用的中英文数据库目前数量近 60 种。每一个数据库收录的文献不可能涵盖全部中文文献或者全部英文文献。但是作为工具其使用检索技术却大同小异。检索之前，查看该数据库收录文献范围尤为必要，而这种查看必须以整体文献为参照，才能做到"仓廪有粮行动不慌"，后续的检索才能有的放矢，对检索的结果文献才能形成有效的定位准确的技术性学术分析。

　　"研究工作者如果不培养广泛的兴趣，其知识面可能越来越窄，只局限于自己的专业。而过于长时间钻研一个狭窄的领域则易使人愚钝。"阅读不应局限于正在研究的问题，也不应该局限于自己的学科领域。成功的学者往往是兴趣广泛之人，他们的独创精神可能来自于他们的博学……独创精神往往在于把原先没有想到的观点联系起来。① 专业知识的学习易于助长对权威的尊崇，而不利于独立判断能力的发展。形成自己的独有的数据库中边检索边思考的习惯，可部分弥补这一缺陷。因为数据库的各种链的技术可能延伸检索者的思维链。"要想做出功效显著的事情，只有依靠工具和助力……对于心，工具是用来启发或提醒理解力。"②拥有多种索引从而使文献具有立体网状联系的数据库，正是启发或者提醒理解力的工具。

吴文辉
2021 年 3 月于武昌

---

① ［英］贝弗里奇. 科学研究的艺术［M］. 陈捷译，北京：科学出版社，1979：4.
② ［英］培根. 新工具［M］. 陈伟功译，北京：北京出版社，2008：5-6.

目　　录

第一章　法学文献绪论

法学文献是法学文献检索的检索对象，也是专科文献学中法学文献学的研究对象。文献学研究的是文献形成和流变的一般规律的理论与方法，包括文献的编纂整理校勘分类、传承流播典藏及其检索。文献学分两支：一支是古典文献学，另一支是现代文献学。古典文献学重在研究古典文献，以目录校雠学的原理为基础，并运用版本、校勘、辨伪、注释、编纂、刻印等理论与方法，研究古典文献的整理、典藏、检索的方法和规律。现代文献学重在研究现代文献的生产、分布、组织、传播、检索的方法与规律。

第一节　文献与法学文献

文献学的核心概念是文献，法学文献学的核心概念是法学文献。那么，什么是文献？什么是法学文献？

一、何谓文献

文献一词最早出自《论语·八佾》："夏礼，吾能言之，杞不足征也；殷礼，吾能言之，宋不足征也。文献不足故也，足则吾能征之矣。"孔子这句话的意思是，夏朝的礼，我能讲出来，夏朝的后代杞国的礼不足以验证我所讲的夏礼内容；商朝的礼，我能讲出来，商朝的后代宋国的礼不足以验证我所讲的殷礼内容。因为杞国宋国的典籍和贤才不充足，充足的话，我就可以用来验证了。

《释名·释言语》有言："文者，会集众彩以成锦绣，会集众义以成辞义，如文绣然也。""文"可作典籍解，"献"是否可以释义为贤才呢？《尔雅·释言》中有"献，圣也"，郑玄注释《论语·八佾》："献，犹贤也。我不以礼成之者，以此二国之君文章贤才不足故也。"这里郑玄解释，"献"即贤才。《尚书·益稷》："万邦黎献"其传曰"献，贤也"。《谥法》中有"聪明睿哲曰献，知质有圣曰献"。南宋·朱熹在《四书集注》中直接解释文献为"文，典籍也；献，贤也"。清·刘宝楠《论语正义》："文谓典策，献谓秉礼之士大夫。""献，犹贤也"并非只停留在历代的训诂释义上，历代都有经典应用，如《国朝献征录》一百二十卷，明焦竑（1540—1620年）撰。《国朝耆献类征》七百二十卷，清·李桓辑。犹如当下指称百科全书式的学者为行走的百科全书一样，古代狭义的文献指称典籍，广义的文献指称书籍与学者。

我国国家标准《文献著录总则》GB/T 3792.1-1983第二条第一款对现代文献的定义如下："文献：记录有知识的一切载体。"可见文献有三要素：知识、记录、载体。其中记录由记录符号与记录方法组成。知识是文献的核心内容，将可存储性和具有传承价值的知识用文字、图像、音频、视频等符号，采用书写、印刷、感应等方法记录在一定的物质载体上，谓之文献。现代记录符号多种多样：文字、图形、图像、音频、视频。载体形式亦后浪迭出：从古至今的文献载体大致归为四类：刻铸型载体(甲骨、金石)，书写型载体(简牍、缣帛、莎草纸、羊皮纸、贝叶等)，书写兼印刷型载体(纸)，感应性载体(胶、磁、光、电介质)。没有记录任何知识内容的载体形式不能称为文献；只存在于人们头脑中的知识不能称为文献。凡是用文字、图形、图像、音频、视频等符号记录在其中，具有存储和传递知识功能的一切载体，都称为文献。

文献的上位概念是信息，文献与信息的关系如表 1-1 所示：

表 1-1 信息资源体系表

信息资源体系	语言信息资源	对话、会议
		语音信息
	实物信息资源	自然实物信息
		人工实物信息
	文献纸质信息资源	图书(专著)、期刊论文、学位论文、会议论文
		档案、报告、专利、标准、政府出版物、产品资料
	文献数字信息资源	数据库
		网络信息资源

本书文献涉及的是信息资源体系的后两项：文献纸质资源和文献数字资源。

二、法学文献

简言之，法学文献是记录在一切载体上的法学类知识。法学文献是文献的一部分，其中法学学术文献是法学文献的主体。

从学术研究的角度可将法学文献分为四类：权威性法学文献、准权威性法学文献、学术性法学文献、工具性法学文献。

权威性法学文献指称官方机构及其人员基于职务而产生的具有法律权威性的规范性文献。对于古典法学文献而言，包括法律法规类文献以及记录法律法规类文献的史志文献、政书文献、类书文献。

准权威性法学文献指称官方法定机构及其人员基于职务而产生的案例、卷宗、档案文献，具有准法律权威性。对于古典法学文献而言，包括汇编文献、档案文献，以及简牍法律文献、金石法律文献和甲骨法律文献。

学术性文学文献指称法学学者或法律人写成的法学著作、法学论文或论文集、法学专题报告，也许具有学术权威性，但是不具有法律权威性，体量最大，是检索的主体文献类型。

　　工具性法学文献指称法学文献积累到某种程度时，学者针对法学文献的利用而整理出的法学类专科目录、索引、综述、词典、年鉴和百科全书等，是深入研究法律问题的工具，因此还被称为工具性文献。

　　上述四类法学文献是法学文献学的研究对象。在研究不同法律问题的不同语境下，各类法律文献的重要程度有相对性，做专题、综述等理论学术研究时，论述性法学文献具有不可替代的重要性；而做立法和司法实务研究时，则需要权威性和准权威性法学文献，两种类型的研究中都需要借助工具性文献的辅助。

第二节　我国法学文献的历时分布

　　我国法学文献在民国及其前后时期的分布具有明显的三时段性。我国传世古籍约有33.7万种，其中清代以前古籍约11万种①、清代文献22.7万种②。民国文献涵盖图书、期刊、报纸、手稿、书札，还包括海报、老照片、电影、唱片以及非正式出版的日记、传单、商业契约和票据等。民国文献中，图书这种文献形式据张华伟统计为13.7万余种③，《民国时期总书目》统计的中文图书有12.4万余种。但是民国文献散落在全国各地的藏书机构。例如国家图书馆馆藏88万余册、南京图书馆馆藏近70万册、上海图书馆馆藏48万册、广东中山图书馆馆藏25万册、吉林省图书馆馆藏19万册、重庆图书馆馆藏近17万册。其余各省市级图书馆馆藏量均在10万册以下④。此外北京大学、北师大、复旦大学等高校图书馆也具有一定收藏规模。《期刊大辞典》著录的民国时期期刊有2.5万种，《中文报纸联合目录》著录的民国时期报纸有近8000种。这是2011年民国时期文献保护计划开始之初对出版物的统计的基础数据，⑤ 现代法学文献目前尚无统计数目。1949年以来，仅图书一种文献形式就有近600万种，概况如表1-2所示：

表 1-2　　　　　　　　　　　我国大陆 **1949—2015** 年出版图书数据

年份	1949—1990	1991—2000	2001—2005	2006—2015
出版图书种数	1027153	1132480	946646	3540182

　　其中，仅 2006—2015 年出版第一版政法类图书就有 150893 种之多。没有任何一个法

---

①　曹之 . 中国古籍版本学［M］. 武汉：武汉大学出版社，2007：6.

②　杜泽逊 . 清人著述总目述例稿［J］. 中国典籍与文化，2012（1）：107.

③　李华伟 . 民国文献数字化利用及其著作权问题以国家图书馆馆藏为例［J］. 图书馆建设，2010（10）：16.

④　马子雷 . 民国文献存世数量大保护难度超过古籍［N］. 中国文化报，2011-05-19（4）.

⑤　段晓林 . 回眸与展望：民国文献整理与研究国际学术研讨会专家报告概要［J］. 上海高校图书情报工作研究，2017（1）：26.

学研究者终其一生能读完如此之多的文献，因此，学者有必要对文献进行多角度研究，其中首要的是分时段研究。

依据主流意识形态的变迁文献的特点，可对我国法学文献进行三时段性的划分：古典时期法学文献、近现代法学文献和当代法学文献。三时段性的法学文献在文献的三要素（载体、记录方式与内容属性）上各有特性。

一、古典法学文献

古典法学文献指称我国夏商周三代至 1911 年辛亥革命之前产生的法律文献，从《尚书·吕贡》之时代至民国初年，已有 2000 多年历史，与中华古典文明同步。中华法系法学文献是中华文化形成、发展与传承的精神财富之一，"中华法系汲取了我国本土的儒、法、墨、道等诸家思想，适应了中国古代农业文明的形态，与自然经济、宗法社会和君主政治相为表里"①。这一时期的律学文献以图书为主，就外观而言，载体与记录具有多样性；就律学内容的分类而言，其分散多于集中，而且文辞古奥。这些特点显然不同于辛亥革命以后的文献。

(一)律学语言文辞古奥

绝大部分古代法学文献是用文言文写成的，所使用的是以先秦语言为基础的文言文书面语言。后代的法学文献以先秦文献为源头，在语言表达上变化不大。古代法学文献有一整套专门术语，如刑法罪名及与罪有关的术语、刑罚名及与刑罚有关的术语、狱讼名词、司法文书文体名称等，例如："髡""完""耐""奏谳书"等。这些专门术语文辞古奥，其涵义有着显著的历史性演变，与通用文言文既有联系又有区别。其古典文献研究方法也相应地有别于近现代。例如，"灋"字，中国国家博物馆 2003 年入藏了一件商末铜制黿形器②（见图 1-1~图 1-2），黿背甲中部有铭文 4 行 33 字，第二行末四字"率亡灋矢"，此"灋"字义同"废"，为大篆之金文，"灋"字通常由水、廌、去三个单字组成。此为迄今所见最早文献记载，是射礼场合嘉奖及品论竞射优胜之评语。对"灋"字出现的最早年代问题，法学界极少注意到这一文物文献，普遍认为其最早出自西周早期。③

考古发现，商代有两种成系统的文字，金文和甲骨文，金文比甲骨文晚出。虽然商代甲骨文中已经有水、廌、去这三个单字。但是现有出土甲骨文献中未见"灋"字。"灋"字多见于周代的金石文献、出土简牍文献以及传世纸质文献。东周时已经出现了"法"字，汉中期以后常见以"法"代"灋"（见表 1-3）。

---

① 曹全来. 中国近代法制史教程(1901—1949)［M］. 北京：商务印书馆，2010：1.

② 于成龙. "作册般"青铜黿［OL］，［2018-08-26］. 中国国家博物馆，http：//www.chnmuseum.cn/tabid/212/Default.aspx? AntiqueLanguageID=2789.

③ 李平. 法义新论［J］. 现代法学，2013，35(2)：47；"最早的'灋'字见于西周早期"见：李任. 从"灋"到法［J］. 河北法学，2010，28(10)：34；钱锦宇. 互渗律之下的门神信仰与蚩尤"方相"—兼谈"灋"字的形构［J］. 山东大学学报(哲学社会科学版)，2006 3：30. 张永和 2006 年的灋义探源及 2009 年的灋之本相追问，所引用的均为西周青铜器文物文献。

图 1-1　商末铜制鼋形器

图 1-2　商末铜制鼋形器拓本

　　组成"灋"字的水、廌、去三个单字的位置并不固定，其中廌的位置相对固定，廌位于"灋"字构型的右上方或右边。可是，就是这个位置相对固定的"廌"消失了，"灋"变成了"法"。

表 1-3　　　　　　　　　　　　　　　金石文献中的"法"字

1	2	3	4	5	6	7	8	9	10

商作册般铜鼋	西周孟鼎	西周孟鼎	西周克鼎	西周克鼎	西周师克盨	西周师西簋	西周师西簋	楚文刻石拓片	会稽刻石秦始皇三十七年

　　表 1-4 中"法"出处从左到右依次是：战国末期《老子》马王堆帛书、《效律》睡虎地秦简、《语书》睡虎地秦简、《效厩苑律》龙岗秦简、秦小篆《奏谳书》《二年律令》张家山汉简、张家山汉简、汉今文许慎《说文解字》。

表 1-4　　　　　　　　　　　　出土简牍文献及传世文献中的"法"字

1	2	3	4	5	6	7	8

传世文献中的"法"字与简体"法"字相同。例如,《尚书·商书·盘庚上》"以常舊服,正法度"①,《尚书·周书·吕刑》"苗民弗用靈,制以刑,惟作五虐之刑曰法,杀戮无辜"②。东周时期,《左传·昭公六年》记载,公元前 536 年,"三月,郑人铸刑书"。《左传·定公九年》记载(公元前 501 年):"郑駟歂杀邓析而用其《竹刑》。"杜预注:"邓析,郑大夫。欲改郑所铸旧制,不受君命而私造刑法,书之竹简,故言《竹刑》。"《左传》昭公二十九年记载,在子产公布法律 23 年之后,晋国的赵鞅、荀寅亦效法郑国子产,"帅师城汝滨,遂赋晋国一鼓铁,以铸刑鼎,著范宣子所为刑书焉"。正是东周时期各个诸侯国蓬勃发展的成文法运动,促使了由"灋"到"法"的转变。

古典文献中"灋"字不但写法多变,涵义也不一。

东汉经学家许慎《说文解字》从词源学研究角度解释:"灋,刑也。平之如水,从水;廌,所以触不直者去之,从去。乏方切。法,今文,省去古文。"③"灋"一字貌似形象实则会意,会意与象形、指事造字法相比,在表示抽象意义方面,会意造字法具有明显的优越性,在表示行为和现象等方面抽象的造字功能强。构成会意字"灋"的单体字"廌""水""去",不再处于独立和静止的状态,它们之间存在着外部或内部的联系,共同组成一个新字形,表达一个新概念。许慎说:"会意者,比类合谊,以见指撝。"比类所指代的文,合其所指,构成内在或外在相关联的新字义。需要人们对特定时代的社会意识和观念形态做临场感式的深层探索,也许能准确地把握"灋"的抽象字义。

武树臣认为"灋"字的真实内涵是:人产生纠纷后,由廌根据证据对渎神和违背习俗一方进行的处罚,将渎神与违背习俗者赶到河那边去(即流放),进行宗教上的洗涤,使神保护群体的平安。④蔡枢衡首次提出对《说文解字》"灋"字释义之质疑,他使用文本互证方法,得出"灋"字的古意是"流"的结论。

其后,多位学者用不同的方法进行了研究。张永和《法义探源》使用二重证据、书法史与文字训诂相结合的论证方法,论证"灋"和"佱"两字都是"法"的古字。胡大展《灋意考辨》使用二重证据与比较法,论证"灋"的最初含义应该是判例。李平在《法义新论》中,大量援引金文和甲骨文,并引入地域历史文化学方法,论证"灋"来源于宗周文化圈外的南方文化圈。

(二)古典法学文献分散多于集中

从分类角度来说古典法学文献传世专著文献不多,散于综合性文献中。从收藏地来说,除了我国大陆为主要收藏地以外,还分散在多个国家和地区。

古典文献分类的四分法:经、史、子、集,是以经学为纲统合史子集各类的文献类分

---

① 皮锡瑞. 金文尚书考证,十三经清人注疏[M]. 北京:中华书局,1989:205.

② 皮锡瑞. 金文尚书考证,十三经清人注疏[M]. 北京:中华书局,1989:439.

③ 许慎. 说文解字[M]. 北京:中华书局,1963:202.

④ 武树臣. 古文字与中国传统法文化[OL]. [2018-09-01]. 古文字与中国传统法文化-永蔚属金-新浪博客,http://blog.sina.com.cn/s/blog_5d06fe810100v0cf.html.

方法。因此古典法学只能是在经学语境下的法学，不可能单单摘出无牵无挂的法学文献。

三代至明清历朝颁布的律条诸如《法经》(六篇)《禹刑》《汤刑》《吕刑》《秦律》《汉九章律》《魏律》《晋律》(宋齐同)《梁律》(陈同)《北齐律》《北周律》《隋律》《唐律》(宋金同)《明律》(三十篇)《清律》(三十篇)，这类法学传世专著文献不多。《禹刑》《汤刑》《吕刑》《秦律》《九章律》《北齐律》等唐以前文献早已亡佚，而今能知晓这些律名主要依赖史部正史的记载。二十四正史之《刑法志》或《刑罚志》中记录有大量的法学类书目；其《艺文志》或《经籍志》中记录有更多的法学类书目，有的书目之下还有简明提要。例如《汉书·艺文志》春秋经公羊家有董仲舒治狱十六篇，已失传，今有清人辑本。《后汉书·应奉传附应劭传》四十八卷记载："劭……删定律令为《汉仪》，建安元年乃奏之。曰：'故胶西相董仲舒老病致仕，朝廷每有政议，数遣廷尉张汤亲致陋巷，问其得失。于是作春秋决狱二百三十二事。动以经对。言之详矣。'"张舜徽注："此十六篇之书，盖即其依经决狱之总结也……至两宋之际遂亡。"①古典时期的法律与礼制、政治、军事、民俗相互交融。法律思想也与政治、哲学、史学密不可分。例如，"丁忧"在秦以前是一项礼制，汉以后渐渐法律化了，丁忧若匿而不报，一经查出则需严惩。"诸闻父母若夫之丧，匿不举哀者，流二千里。丧制未终，释服从吉，若忘哀作乐，徒三年。"这一类文献在传记中有许多记载，而更多的零散律学学术论著分散在集部个人文集或丛书之中。②

(三)载体与记录多样性

载体与记录多样性首先表现在载体由原初物质的初加工发展到人造物质的精细加工的发展的多样性。从商周至清末，载体演变历经了甲骨、金石、简帛、纸张。其中商至西周多甲骨与金石文献、东周至西晋金石简帛与纸张并用、东晋以降以纸质为主。古典文献所用的纸张为手工制作无酸性制品，大多能保存千年而无损，如敦煌文献。

记录方式主要有三种：文字、符号和图像，以文字为主。记录手段与载体的创新是密切联系的，如雕刻用于形成金石文献、抄写用于形成简帛写本与纸质写本文献、印刷用于形成纸质印本文献。行款即行文款式，包括行格和字数，通常以半页计算。各代刻书行款复杂，但也有规律可循。不同时代每行刻字多寡不一，横竖整齐度也不一，因此行款等记录方式可作法学文献的版本研究之重要参考。这一时段的律学文献以图书为主，晚清最后10年才出现期刊雏形，如《译书汇编》于1900年12月由留日学生创刊，并于1903年4月更名为《政法学报》；《法学会杂志》于1910年由沈家本、杨荫杭等创刊。虽然总数为30多种，但多是短命期刊，一般创刊年即为停刊年。

二、民国时期法学文献

民国时期法学文献指称辛亥革命后至中华人民共和国成立前产生的法学文献。历时短短的38年，其间曾先后出现过多个性质迥异、对峙并存的政权：有以孙中山领导创建的

---

① 张舜徽.汉书艺文志通识[M].武汉：湖北教育出版社，1990：66.
② 长孙无忌.唐律疏议[M].北京：中华书局，1983：10.

中华民国临时政府(南京)、中华民国军政府(广州)、中华民国陆海军大元帅府大本营(广州)和中华民国政府(广州和武汉);有北洋军阀统治的中华民国政府(北京);有国民党统治的南京政府;有日本帝国主义侵华期间扶持建立的"满洲国""华北政务委员会"和汪精卫的"国民政府"等伪政权;有中国共产党领导建立的中华苏维埃工农民主政府和各革命根据地政府。上述政府在存续期间制定颁布了大量法律、法规和其他规范性文件。这些法律文献从不同维度反映了当时的军政、经社、文化等诸多方面的历史原貌,其中不乏珍稀文献,是研究中国法制史的重要文献源。仅国家图书馆民国法律就收集并上网提供服务8114 种立法文献。① 据《民国时期总书目》中,统计中文图书 12.4 万余种;《全国中文期刊联合目录(1833—1949)》中,统计中文期刊近 2 万种。这一时期的文献具有其时代承启特点和阶段性,文献载体与记录相对单一且法学文献较为集中,自然毁损严重急需保护。

(一)承启性

无论是北京政府时期还是南京政府时期,对清末新政以后的立法文献均采取继承的态度,在继承的基础上进行修订和完善。例如 1912 年 3 月 10 日,袁世凯在北京宣誓就任中华民国临时大总统旋即发布《暂准援用前清法律及新刑律令》:前清"施行之法律及新刑律,除与民国国体抵触各条,应失效力外,余均暂行援用,以资遵守"②。袁世凯统治时期(1912—1916 年) 起草了第一个《修正刑法草案》,是 1914 年法部在《中华民国暂行新刑律》(由《大清新刑律》删订而成)的基础上进行修正的草案。1918 年 7 月,北京政府设修订法律馆,董康、王宠惠任总裁。法律馆在《修正刑法草案》的基础上,进行刑法的第二次修正,然后编成《刑法第二次修正案》,共 2 编 377 条。1919 年,修订法律馆再将前案加以文字上的修改,完成《改定刑法第二次修正案》,增 16 条,共 393 条。③ 南京政府成立后,暂行适用北京政府的《中华民国暂行新刑律》,同时在北京政府的《刑法第二次修正案》文本基础上修订成《中华民国刑法》,于 1928 年 3 月 10 日颁布,同年 9 月 1 日实施,即是南京政府的旧刑法。此后南京政府对旧刑法进行修订,1935 年 1 月 1 日颁布,同年 7 月 1 日实施,即是南京政府的新刑法。

不仅刑法文本文献,其他法律立法文本文献也与刑法文本文献继承性相类似。

(二)阶段性

民国时期法学文献是一个整体上的时间段,其立法思想和根本原则却有不同,南京临时政府的法学文献、北京政府的法学文献、南京政府的法学文献,都呈现出明显的阶段性。

南京临时政府在存续的三个月内颁布了 30 余条法律法令,中国进入了有政府的资产

---

① 民国法律[OL].[2017-08-04].中国国家数字图书馆,http://mylib.nlc.cn/web/guest/minguofalv.

② 袁世凯.暂准援用前清法律及新刑律令[N].临时公报,1912-03-11.

③ 张国安.中国法制史[M].北京:知识产权出版社,2011:238.

阶级民主革命时期,《中华民国临时约法》(以下简称《临时约法》),是这一时期的主要法律文献,也是整个民国时期法制精神体现。《临时约法》是我国历史上首次具有资产阶级民主共和国宪法性质的法律文献,总集七章五十六条。七章分别是"总纲""人民""参议院""临时大总统副总统""国务院""法院""附则"。在体例上,"人民"一章紧随首章"总纲"之后,置于《参议院》和《临时大总统副总统》两章之前,显示"主权在民",重视"民权"的思想。以国家根本法的形式宣告君主专制制度的灭亡和资产阶级民主共和国的诞生。《临时约法》以孙中山民权主义为理论基础,吸收西方资产阶级国家"三权分立""私有财产神圣不可侵犯""平等自由"等宪法原则而制定,集中反映了中国资产阶级民主革命精神。

1912 年 3 月 10 日至 1927 年北京政府时期至南京政府成立之间是政局极为混乱的一个时期。其法学文献表现出固有法与继受法相结合的过渡性特点。例如:背弃《临时约法》和"天坛宪草"推出被称为"袁记约法"的《中华民国约法》分 10 章,计"国家""人民""大总统""立法""行政""司法""参政院""会计""制定宪法程序""附则",共 68 条。《中华民国临时约法》被正式废除。直到 1922 年 6 月,直系军阀控制北京政权,以"天坛宪草"为蓝本仅用一周时间完成了一部《中华民国宪法》。这是民国时期正式颁行的第一部宪法。该宪法分 13 章 141 条。"民主"成为纸上谈兵的神话。直系政府的这部宪法,遭到了国共两党的一致反对。

南京政府一直宣称其立法指导思想遵循孙中山先生的三民主义学说。1929 年 3 月 12 日,国民党第三次全国代表大会通过了《确定总理遗教为训政时期中华民国根本法决议》,规定:"中国国民党中央执行委员会应根据总理遗教,编制过去党之一切法令规章,以形成系统。"南京政府的立法都宣称系依据孙中山的三民主义学说而制定。如 1947 年颁布的《中华民国宪法》,开头便说该宪法"依据孙中山创立中华民国之遗训"而制定,依据"中华民国基于三民主义"而建立,"确定总理所著三民主义、五权宪法、建国方略、建国大纲及地方自治开始实行为训政时期中华民国最高之根本法"。

(三)载体与记录单一性

民国时期法学文献的纸质载体以印刷文字记录为主。全国各个民国文献收藏机构的分类,大多采用经、史、子、集、丛、西学六分法或者西式学科分类法类分所藏文献。无论是六分法还是学科分类法,法学文献都相对集中。语言文字的特点是文白相杂,后期文献使用西式标点符号。民国时期法学文献涵盖法律法规、案例卷宗档案、专著、报刊论文、手稿、书札,等等。如《美国国会图书馆藏中国方志目录》较完整地收集了 1942 年之前我国河北、山东、江苏、四川和山西地区的地方志,其中 100 多种为罕见或孤本。大批民国时期的名人函件、口述史料保存在美国哥伦比亚大学、哈佛大学燕京图书馆等地。许多中国共产党早期重要文献散落在日本、俄罗斯等地。①

---

① 马子雷. 民国文献存世数量大保护难度超过古籍[N]. 中国文化报,2011-05-19.

虽然主流记录形式为印刷文字记录，载体形式为纸张，但也有少量的音像文献类型。民国时期文献由雕版线装发展为铅印出版，是我国文献的出版从传统出版向现代出版方式转换的时期。出版所使用的工业化纸张大量添加化学添加剂，导致现存民国文献纸张酸化、老化、脆化严重，尤以谷版纸最为严重，几乎一触即碎，自然毁损严重。国家图书馆珍藏的 67 万册民国文献达到中度以上破损比例的占 90%。① "民国普通报纸的保存寿命一般为 50~100 年，民国图书的保存寿命为 100~200 年"②，多家收藏单位正在研制抢救性纸质保护技术，如脱酸技术、加固保护技术。同时也利用再生性保护的影印技术，进行缩微和数字化处理，或者重新分专题点校出版。2012 年国家图书馆启动"民国时期文献保护计划"，全面开展民国时期文献的抢救与保护工作。这是继 2007 年"中华古籍保护计划"之后的又一个全国性文献保护计划。民国文献印量相对较小，一般只有几百册，多也不过 3000 册，收集不易。民国时期是中国近代法学的奠基时期，这一时期不仅出版了一批有分量的专著，如王世杰、钱端升所著《比较宪法》、胡长清所著《中国民法总论》、黄右昌所著《罗马法与现代》、杨鸿烈所著《中国法律发达史》、程树德所著《九朝律考》、瞿同祖所著《中国法律与中国社会》等，也推出了约 400 种外国法学译著，如穗积陈重的《法律进化论》、孟罗·斯密的《欧陆法律发达史》等，都是中国近代法学的重要组成部分。

三、当代法学文献

当代法学文献指称 1949 年中华人民共和国成立以来所产生的立法文本、案例卷宗、图书、杂志、报纸、档案、音频视频等形态的法学文献。增长、老化、集中与分散是当代法学文献发展最根本的规律。早在 17 世纪，德国著名数学家哲学家莱布尼茨就提出了社会科学的数学化理论。理论永远是学科知识领域中最重要的发展推动力，莱布尼茨将他的理论用于实践，数理逻辑由此诞生。自此，数学引入了社会科学。尤其是 1930 年以后，数学方法已经被广泛地应用于各门科学的研究中，自然科学、社会科学、思维科学都普遍应用计量等数学方法。文献学领域同样引入了计量等数学方法，法学也不例外。

（一）法学文献指数增长与分布

20 世纪初，研究者们就已经开始了文献数量的增长的统计与研究，到 20 世纪 40 年代，研究者们提出了多种描述文献增长规律的数学模型和理论解说，其中科学史学家与计量学家普赖斯 1950 年提出了文献的指数曲线随时间增长的规律，成为这一领域的第一个里程碑。此后还有"阶梯指数增长律""逻辑增长律"等增长模型。法学文献增长同样有规律可循，例如核心期刊文献集中与离散规律，学术生产率定律以及学术高频词定律。

---

① 胡石．民国文献分类研究[J]．上海高校图书情报工作研究，2017(01)：41.
② 张铁．从版本学视角谈民国文献的保护[J]．图书馆建设，2010(05)：22.

(二)法学文献老化与半衰期缩短

普赖斯指数①是目前使用较多的衡量文献老化与半衰期②(Cited Half-life)长短的方法。法学文献老化是随着时间的推移,法学文献逐渐失去使用价值或者越来越少地被使用的现象。法学文献的老化是一种过程,也是一种状态。对老化现象的研究目前有文献统计数据分析、引文分析、数学和综合分析几种方法。

中国期刊网、CSSCI 等期刊文献数据库均使用了多种文献计量方法,包括普赖斯指数系列方法。普赖斯指数可用于法学领域内的全部文献,也可以用于评价某一法学期刊、某一法学机构、某一法学作者或某一部法学专著、某一篇法学论文的老化状态。例如,美国科技信息研究所(ISI Web of Knowledge)是全球著名的学术信息出版机构,2001 年美国科技信息研究所推出了基本科学指标数据库(ESI Essential Science Indicators),针对 22 个专业,包括法学专业,从研究者、研究者国家、研究机构、期刊、论文进行统计和排序。研究者可以从相关指数中了解学科的发展和影响力,从而判断学科发展趋势及方向,③ 现今已涵盖了 80 个国家/地区、234 个学科的 11655 种期刊。④

(三)记录方式与载体多样性

现当代具有历史价值和科学价值的重要文献,均是用文字、图像、数码等各种符号,采用书写、印刷或其他诸如光学、电磁学等方法记录在一定的物质体上的知识。

现代记录,是通过人工、机械、声、光、电、磁锌片等技术生成文字、图像、数码等各种人工编码信息符号,运用刻写、抄写、印刷、感光等手段针对不同载体的记录方式。现代载体是纸张、胶卷胶片、磁带磁盘、光盘、锌片、网络等多种承载记录的物质。例如现代文献中有特色的缩微文献是以感光材料为载体,用照相复制的手段,将纸质文献复制在感光材料上形成的文献。它的特点是体积小、信息密度高,便于储存与检索。现代文献中另一种有特色的声像文献,即视听资料,是以电磁胶质为载体、以电磁微波为信息符

---

① 普赖斯指数:在某一学科领域内,把对年限不超过 5 年的文献的引文数量与引文总量之比作为指数,用以量度文献的老化速度和程度(1971 年)普赖斯指数越大,半衰期就越短。

② 半衰期:指某学科现时尚在利用的全部文献中较新的一半是多长一段时间内发表的。

③ 加菲尔德(Dr. Eugene Garfield)1955 年在 Science 发表论文,提出将引文索引作为一种新的文献检索工具,将一篇文献的引文作为检索字段并跟踪一个主题的发展过程。其后他于 1958 年创立了 ISI-Institute for Scientific Information,1997 年,ISI 出版 Web of Science 提供 SCI、SSCI、A&HCI 检索。彻底改变了传统的文献检索方式。Impact Factor 和 Immediacy Index 评价文献。Cited References 越查越深,Times Cited(被引次数)越查越新,Related Records 越查越广(检索共同引用相同一份或几份文献的论文,这一功能只有在网络环境下才能实现,为学术研究提供了新思维)。

④ 科睿唯安发布 2018 年升级版《期刊引证报告》,凸显全球最具影响力期刊-科睿唯安[OL].[2018-09-05]. https://www.clarivate.com.cn/blog/2018-06-27/? utm_campaign = JCR_Release_SAR_APAC _China_2018&utm_medium = email&utm_source = Eloqua&elqTrackId = f666e1c52b1f4212b219f2 ec26ad 71c5&elq = 28ec3a24c89f4bb4ac13cca2f1154c91&elqaid = 39047&elqat = 1&elqCampaignId.

号，将声音、图像记录下来，便于储存和播放的文献。它的特点是声音形象逼真且具有动态效果。

第三节　我国法学文献的共时分布

分布于全国各地的五馆文献收藏体系构成了我国国家全部文献的共时分布，也是我国国家文献保障体系。五馆体系是指国家公共图书馆文献收藏体系、高校图书馆文献收藏体系、中科院和社科院图书馆文献收藏体系、国家档案馆文献收藏体系和国家博物馆文献收藏体系。检索者要对五馆文献收藏体系进行充分利用，必须熟悉五馆体系的 OPAC 检索，还必须熟悉检索者所在机构文献馆与五馆体系的互联工作机制。文献保障体系起源于 19 世纪的合作藏书与资源共享运动 Cooperative and Resource Sharing。经过了 100 多年的发展，许多国家组建了各自的文献保障体系。例如美国的 OCLC（Online Computer Library Center，简称 OCLC）和 Ohiolink、英国的 BLDSC（British Leading Documents Supply Center 简称 BLDSC）、澳大利亚的 Shorlink。其中 OCLC 是成立于 1967 年的非营利性的由成员驱动的文献共建共享组织，共 16548 个文献馆，遍及 124 个国家。[1]

联合国教科文组织支持的 IFLA（International Federation of Library Associations，简称 IFLA）核心计划：UBCIM UAP（Universal Availability of Publications）世界出版物共享。我国从 20 世纪 50 年代就开始了文献保障体系的理论与实践的探索。

我国各高校和研究单位的各自独立经费有限，相互无关联，所购文献信息资料要么重复较多，要么出现空白，尤其是外文文献。在这种状况下，用户的文献信息需求很难得到保证。因此，必须从国家层面考虑文献信息资源的保障问题[2]。

我国文献保障体系的结构模式，按照不同的标准有不同的分类。例如按共享区域范围分，可分为国家级、地区级、省市级。按系统分，可分为单系统类和跨系统类。目前我国文献保障体系建成有三大分支体系："公共图书馆国家文献保障体系"——以国家图书馆为代表的公共图书馆系列、"中国科学文献保障体系"——以中国科学院文献情报中心为首的科学院文献情报中心群含 NSTL 和 CSDL、"中国高等教育文献保障体系"——1998 年启动 CALIS 和其后的 CASHL。近年来我国学术文献资源保障体系建设以 NSTL 和 CALIS 及 CASHL 最为成规模。

一、公共图书馆国家文献保障体系

公共图书馆国家文献保障体系由国家图书馆为首的各公共图书馆组成，其文献通过公

---

① OCLC［OL］.［2018-09-12］. https：//www.oclc.org/zh-Hans/about.html.
② 中国科学院文献情报中心，中国科学院文献情报中心的创新性发展：中国科学院文献情报中心 2003 年度学术会论文集，2004：278.

共目录查询系统(OPAC①)向全社会开放，OPAC 是一种功能强大且使用简易的检索工具，文献收藏机构可以定义任意的检索点。OPAC 允许检索者以匿名身份登录进入馆藏目录检索系统。国家图书馆②联合公共目录查询系统 OPAC。

国家图书馆是国家总书库，也是国家书目中心和国家古籍保护中心，在国家版本图书馆成立之前，亦兼作国家版本图书馆。其馆藏文献超过 3500 万册件，并以每年百万册件的速度增长，馆藏总量位居世界国家图书馆第七位，其中中文文献收藏世界第一，并特辟有香港、澳门和台湾地区的出版物专藏。国家图书馆的外文文献收藏量也居国内首位。外文书刊购藏始于 20 世纪 20 年代，123 种文字的文献资料约占馆藏的近 40%，含国际组织和政府出版物。国家图书馆还是国务院学位委员会指定的学位论文收藏中心和博士后研究报告收藏馆。

国家图书馆馆藏继承了南宋以来历代皇家藏书以及明清以来众多名家私藏，最早的馆藏可远溯到 3000 多年前的殷墟甲骨。特藏有敦煌遗书、西域文献、善本古籍、金石拓片、古代舆图、少数民族文字古籍、名家手稿等 280 余万册件。不仅收藏了丰富的缩微制品、音像制品，还建成了中国最大的数字文献资源库和服务基地，数字资源总量超过 1000TB，并以每年 100TB 的速度增长。

国家图书馆还需编辑出版国家书目、联合目录和馆藏目录。编辑全国书刊联合目录始于 1929 年，主持编制《中国国家书目》《民国时期总书目》和《中国古籍善本书目》《建国五十年中文图书书目》光盘版等 30 余种书目，建立起我国的中文图书书本式目录体系。1997 年成立的全国图书馆联合编目中心，在全国范围内组织和管理图书馆联机联合编目工作，共享书目、规范数据和馆藏资源。目前全国图书馆联合编目数据库不断扩大，结合中国国家书目门户，已经形成了一个规模大、品种多、覆盖广、服务产品多元的中国国家书目综合数据库。2011 年，中心开始向所有成员馆免费提供书目数据服务，积极推动信息资源共建共享。国家图书馆主页的文津搜索系统是国家文献保障体系的主要接入口。

二、中国科学文献保障体系

中国科学文献保障体系是国家文献保障体系的科学文献组成部分，目前有 NSTL 和 CSDL 子体系。国家科技图书文献中心 National Science and Technology library（简称 NSTL https：//www. nstl. gov. cn/）中科院国家科学数字图书馆（Chinese National Science Digital Library 简称 CSDL http：//www. csdl. ac. cn）。

1. 国家科技图书文献中心 NSTL

科技部于 2000 年 6 月 12 日组建的科技文献信息服务机构，成员单位包括中国科学院

---

① 联机公共目录 Online Public Access Catalog 指揭示一文献收藏馆或一联盟馆的馆藏，以计算机编码形式存储在网络计算机系统中，供给公众通过网络进行联机检索的图书馆文献目录。例如：http：//joinus. las. ac. cn/resource/intro1. jsp 法学联机公共目录及其检索。

② 中国国家图书馆·中国国家数字图书馆——关于国图［OL］.［2018-09-10］. http：//www. nlc. cn/dsb_footer/gygt/lsyg/index. htm.

文献情报中心、工程技术图书馆、中国科学技术信息研究所、机械工业信息研究院、冶金工业信息标准研究院、中国化工信息中心、中国农业科学院图书馆、中国医学科学院图书馆、中国标准化研究院和中国计量科学研究院。中心实行理事会领导下的主任负责制。理事会是中心的领导决策机构，由著名科学家、情报信息专家和有关部门代表组成。主任负责中心各项工作的组织实施。科技部代表六部委对中心进行政策指导和监督管理。中心设信息资源专家委员会和计算机网络服务专家委员会，对中心的有关业务工作提供咨询指导。

国家科技图书文献中心按照"统一采购、规范加工、联合上网、资源共享"的原则，负责科技文献信息资源共建共享工作的组织、协调与管理，并面向全国开展科技文献信息服务。

2. 中科院国家科学数字图书馆 CSDL

中科院于 2001 年 12 月启动 CSDL 项目建设，于 2005 年完成，以中国科学院系统的文献馆藏为基础。CSDL 不仅仅是文献保障体系，还是科学院系统面向全国乃至世界的知识创新试点工程。但是 CSDL 的主要目的还是为了中科院系统的研究人员提供网络文献信息环境。

三、高校国家文献保障体系

中国高等教育文献保障体系是我国高等教育机构承建的一部分国家文献保障体系，目前由 CALIS 和 CASHL 构成。CALIS 是 China Academic Library & Information System 的简称。CASHL 的 China Academic Social Science and Humanities Library 的简称。

1. CALIS 中国高等教育文献保障系统(http：//www. calis. edu. cn/)

CALIS 联合书目数据库是教育部"211 工程"中投资建设的面向所有高校图书馆的公共服务基础设施——高校图书馆馆藏联合目录数据库。它的主要任务是建立以 CERNET 为依托的网上文献共享体系，即多语种书刊联合目录数据库资源共享系统，为全国高校的教学科研提供书刊文献资源网络公共查询，为成员馆之间实现馆藏资源共享、馆际互借和文献传递奠定基础，切实为中国的高等教育服务。

CALIS 从 1998 年 11 月正式启动建设。CALIS 管理中心设在北京大学，下设了文理、工程、农学、医学四个全国文献信息服务中心，华东北、华东南、华中、华南、西北、西南、东北七个地区文献信息服务中心和一个东北地区国防文献信息服务中心，500 多个基层服务图书馆。

理、工、农、医 4 个全国性文献信息中心构成 CALIS 层级结构中的最高层，主要起到高校教研文献信息保障基地的作用。其中文理、医学两个全国中心设在北京大学，工程全国中心设在清华大学，农学设在中国农业大学，以三校文献收藏及服务为基础，加上本项目专项资金购入文献，作为高校文献保障基地，开展全国性的资源共享活动。

八个地区中心是 CALIS 层级架构的中坚环节。以中国教育和科研计算机网(CERNET)为依托，与 CALIS 全国中心紧密配合，联合各自地区的高校文献收藏机构，实现公共查询、馆际互借、文献传递、协调采购、联机编目等功能，成为各自地区内高校间文献保障体系框架内的骨干力量。

各高校文献收藏与服务机构是 CALIS 层级架构的基层组织,例如中南财经政法大学就被"CALIS 华中地区中心"覆盖。

CALIS 华中地区中心是中国高等教育文献保障体系(CALIS)所设的八个地区中心之一,中心所在地设在武汉大学图书馆。CALIS 华中地区中心作为三级保障系统中第二级构架中的一个环节,以中心所在地武汉大学为联结点,上连全国四大中心,横跨其他七个地区中心,通过省中心和高校图工委与华中地区三省的各高校图书馆实行连接,网络辐射整个华中三省。

2. CASHL 中国高等学校人文社会科学文献中心(http://www.cashl.edu.cn/)

CASHL 中国高等学校人文社会科学文献中心是 CALIS 的延伸发展,是 CALIS 在人文社科外文文献保障与传递服务方面的路径创新。

2002 年教育部开始筹备"中国高校人文社会科学文献中心(CASHL)",2004 年 3 月 CASHL 项目启动。项目管理中心设在北京大学,并由复旦大学参与管理。项目管理中心下设 7 个区域中心和 8 个学科中心。CASHL 可供服务的外文人文社科核心期刊和重要期刊达到 6.2 万种、印本图书达 336 万种、电子资源数据库达 16 种。CASHL 目前已拥有近 900 家成员馆,接受个人用户注册。任何一所高校,只要成为 CASHL 成员馆,即可享受查阅高校人文社科外文期刊目次数据库、高校人文社科外文图书联合目录、国外人文社科核心期刊总览、SSCI 和 AHCI 目录、文献传递和专家咨询等服务。

第二章 检 索 概 述

在人类近 3000 年的阅读过程中，检索实践由来已久，并与文献的收藏同步。在不同规模的文献环境下，产生了书目、题录、文摘、索引、搜索引擎、数据库等不同的检索工具。理论晚于工具，索引理论最早产生于 19 世纪中期，检索理论产生于 20 世纪中期。

第一节 检索的概念及原理

美国计算机科学家穆尔斯 1950 年在出版物中首次使用 Information Retrieval（信息检索）一词，被认为是信息检索的纪元。[①]

一、检索的含义

检索一词在不同的语境下有不同的涵义。作为文献学之专业核心词汇之一，检索即为计算机信息检索[②]的简称。中文计算机信息检索最早见于"748 工程"[③]中的汉字情报检索。计算机信息检索出现之前的检索词义，以是否作为学术研究环节，可作二分：一种作为学术研究的检索环节，检索词义同于文献查询；另一种不作为学术研究环节，汉语中检索一词有多义，如：巡查、检查，索引、目录等。

现今的"检索"必须依赖一定的技术环境，即网络通信技术、计算机技术、数据库技术、大数据文献，等等。"检索"（Information Retrieval、Retrieval、Retrieve）广义包含信息标引储存和信息获取两个程序。狭义的检索（Searching、Research、Researching、Retrieval、Retrieve）即文献检索：使用检索语言对所需文献予以描述，在工具文献中（例如文献检索系统通称为文献数据库或数据库）进行查询的过程。简言之：查询相关文献的过程。

---

① 穆尔斯 1950 年的论文，题名为"作为时间信号的信息检索"，刊载于《国际数学家大会会议录》1950 年第一卷。Calvin Mooers（1950）."Information retrieval viewed as temporal signaling". Proceedings of the International Congress of Mathematicians ICM1950. Vol. 1, S. 572-573.

② 信息检索 Information Retrieval。卡尔文·诺思鲁普·穆尔斯（Calvin Northrup Mooers October 4, 1919-December 1, 1994）美国计算机科学家，因其在信息检索和编程语言 TRAC 方面的工作而闻名。1948 年在 MIT 硕士论文中首次提出 information retrieval。

③ 即汉字信息处理系统工程。为了跟上信息时代，1974 年 8 月，由四机部、一机部、中科院、新华社和国家出版局五家单位联合向国务院报告：提出设立"汉字信息处理系统工程"，经国家计委批准，列入国家科学技术发展计划，简称"748 工程"。748 工程分为三个子项目：汉字激光照排、汉字信息检索与汉字通信系统。

英文检索 Retrieve 一词原是"猎犬寻回猎获物"之意。剑桥大学出版社期刊 Camden Old Series 第 112-113 页提到 Cornwall 在约翰·特雷维利安的家(学术沙龙)中发表《搜索武器的信息》的时间是 1625 年 12 月 12 日,① 此文中用到 Retrieval 一词, Cornwall 被认为是目前所见到的最早使用者。

二、检索词义汉语考略

(一)"检"的古词源

"检"最早的解说来自《说文·木部》:"检,书署也。从木,佥声。"②"署"在此处指有题署的木板。"书署"即有题署的文书及书信标签面板。上古文书书信写在竹木简上,写成后穿以绳索,秦汉时用菅、蒲、蔺等草和麻来做绳索,贵者以丝质或皮质为绳索。封缄文书时,在书囊之外,盖一有题署及凹槽的木板,在凹槽之处绳结后封上封泥,然后在封泥处盖上印章。③ 这个封缄印记行为以及这块木板均称为"检"。可见"标识"是"检"之本义。至于《释名·释书契》中则有:"检,禁也,禁闭诸物,使不得开露也",是"检"的目的之义。

《汉书·食货志下》中有"均官有以考检厥实,用其本贾取之。"此处"检"有考查。察验之义。《后汉书·周黄徐姜申屠传》中,"骠骑(东平王苍)执法以检下"句,李贤注"检,犹察也"。同义。《南齐书·王融传》中有"上以虏献马不称,使融问曰'秦西冀北实多骏骥,而魏主所献良马,乃驽骀之不若,求名检事,殊为未孚'"。此处的"检",核查之意。

(二)"检"的中古词源

《北史·唐永传附唐瑾》"(周文帝)欲明其虚实,密遣使检阅之,唯见坟籍而已"。《金史·高衎传》"每季选人至,吏部讬以检阅旧籍,谓之检卷"。元·周密《齐东野语十》有言:"苏学士敏捷亦不过如此,但不曾检阅书册耳。"宋·王谠《唐语林·补遗四》:"有人检陆法言《切韵》,见其音字,遂云:'此吴儿直是翻字太僻。'不知法言是河南陆,非吴郡也。"唐·杜甫《哭李常侍峄》诗之二"次第寻书札,呼儿检赠诗"。《二十年目睹之怪现状》第十回有"说着,取过一叠报纸来,检出一张《沪报》给我看"。由此可见,"检"的查找与挑选之义愈来愈明朗。

(三)"检"的制度之源

"检"之一字,不仅仅只有辞源,更有制度之源。宋朝设置检阅官,执掌典校书籍,

① Cornwall. Information regarding a search for arms, made in the house of John Trevelyan, Esq., inclosed in a letter from the Deputy Lieutenants of Cornwall to the Earl of Pembrooke, dated from " Liskerd, 12th Decr. 1625."

② 许慎. 说文解字[M]. 北京:中华书局,1963:124.

③ 孙慰祖. 封泥:发现与研究[M]. 上海:上海书店出版社,2002:58.

明朝的典校官属翰林院，清朝典校官供职文渊阁。

可见"检"由"标签""标识"转化为"依标签标识查找、核查、挑选"。

(四)"索"的词源

《说文解字》中有"索，草有茎叶可作绳索。从宋 (bèi) 糸"①。这是其名词之义，动词则有"探求、搜寻、搜索、摸索"之义。例如，《易经·系辞上》："探赜索隐，钩深致远"；《韩非子·喻老》："居五日，桓侯体痛，使人索扁鹊，已逃秦矣"；屈原《离骚》："路漫漫其修远兮，吾将上下而求索"；《史记·范雎蔡泽传》："忘索之"；《汉书·张良传》："大索天下"；唐·李白《书情题蔡舍人雄》："倒海索明月，凌山采芳荪"。唐·司马贞《史记索隐》直接以"索"入书名，"探求悠微"。

(五)"检索"的词源

"检"与"索"组成"检索"一词，虽然早在宋·吴曾《能改斋漫录·记事一》"学官集同舍检索，因得其金"一句中就出现了"检索"一词，词义为"检查搜索"，但并不是查找文献之义。

医学期刊《医药学报》1908 年第 11—12 期连载了华鸿翻译，作者为弗莱赛纽司的一篇文章"分析学：重要植物盐基类对于试药之反应及其系统的检索法"②，此处"检索"为医学检查之义。检索一词作为文件查询如《政府公报分类汇编》1915 年第 2 期第 190 页刊载有司法类表格检索样表："文件检索簿式(第六六码第三行之后)"③，这是目前"检索"一词查找到的最早的"查找文献"之义的记载。

我国以"检索"命名的书籍，最早追溯到民国时期，现今能查询到的共有 30 多种，最早的即为中华博物学会 1920 年出版的彭世芳编《自然分类普通植物检索表》，此处之"检索"即是现行检索之义。

三、检索工具及其类型

检索工具指用以报道、存储、查询文献线索或查询文献全文的工具。

检索实践，古今中外皆有，中文更是历史悠久。检索实践即文献查询，从一书查询到群书查询。群书数量增大到单凭记忆无法查询时，就出现了检索工具。

检索工具常见的类型有目录、文摘、索引和数据库，它们由远及近历时出现。从目录到文摘，从索引到数据库，检索工具由粗到细，由简到精，早期发展非常缓慢，近现代呈现加速度的态势。中文文献成规模整理之时，就已经有文献检索及其检索工具编制的实践。只不过相应的时间段上不称为"检索"及"检索工具"，代之以"检""查""通检"及"略""艺文志""经籍志""读书志""书录解题""书目"和文摘性质的类书及"索引"，等等。

---

① 许慎．说文解字[M]．北京：中华书局，1963：127.

② http：//www.cnbksy.net/，2019-09-08.

③ http：//www.cnbksy.net/，2019-09-08.

(一)目录

目录在目录学中是两个词,就古籍单部文献而论,目指书的篇目;录即叙录或序录,也称书录、解题、提要,是对文献的内容、版本、作者等作简要叙述的文字。现今目录是一个词,指将一书篇名或群书书名或者报刊文章题名与著者出版等等项目编次在一起,揭示和报道文献的工具。目录是历史上出现最早的查询工具性文献,当学术文献的增长量没有超出学者的阅读极限之时,单一的目录工具,无论是藏书分类目录还是著者目录,足够学者个体查询文献之用。例如古代国家书目:汉代有《七略》,从《汉书·艺文志》基本能窥其大略;其后存世的《隋书·经籍志》《旧唐书·艺文志》《新唐书·艺文志》《宋史·艺文志》《明史·艺文志》,等等,但是国家藏书书目并非通常的实用检索工具。

(二)文摘

文摘指称摘出文献概要,并且对被摘文献不加评论和注解,简明、忠实地概述被摘文献的短文。我国古典文献时期,具有实用文献检索功能的工具最常用的是文摘性工具——类书。国外的文摘出现晚于我国近千年,最早的文摘是英国的不定期案例摘要。德国1769年创刊的《各学院优秀外科论著摘要汇编》同样是不定期期刊。[①] 直到1830年《德国化学文摘》创刊,这是世界上最早的文摘期刊。定期文摘期刊的出现,期刊论文工具文献才具有了检索的意义。

1830年,世界出版科学学术期刊300多种,科学研究者们第一次遭遇了阅读量的困难,犹太裔美国科学史学家科学计量学奠基人和情报科学创始人之一普赖斯(1922—1983年 Derek John de Solla Price)测算,世界期刊每15年增长一倍,并且每增长300种期刊,相应增加一种工具性文摘期刊。最早成规模的文摘是创建于1876年的 West Publishing 连续出版的 American Digest System(《美国判例摘要系统》,简称 AD 系统)是判例摘要的典范,包括三个系列:Century Digest、Decennisl Digest 和 General Digest。

(三)索引

索引指称将文献中具有检索意义的内容抽出,按照一定的顺序排序并注明出处以供检索的工具。各专业文献检索的前提不仅仅要有海量的学术文献,还必须要有处理海量学术文献的大量通用或专业工具性文献,索引就是这样的工具。索引工具数量与质量直接影响了当今各类信息检索的展开。

1. 索引的定义

索引,国际标准 ISO999—1975(E)《文献工作——出版物的索引》将索引定义为"按所处理的主题、人名、地区名与地名、事件以及其他项目排列的一种详细目录,并指出项目在出版物中的位置。"1987年6月2日的《文献工作——索引的编制》ISO/TC46/WG10 取代

---

① 严怡民.情报学理论基础[M]//武汉大学图书馆学系.情报学研究资料汇编.武汉:武汉大学出版社,1982:182.

ISO999—1975(E)，定义索引为"是一种电子查找情报的检索工具，由一系列按字顺或其他逻辑秩序排列的索引款目组成，指向索引所包括的，用户需要的文献。"我国 GB/T 22466—2008《索引编制规则(总则)》对索引的定义："指向文献或文献集合中的概念、语词及其他项目等的信息检索工具，由一系列款目及参照组成，索引款目不按照文献或文献集合自身的次序排列，而是按照字顺的或其他可检的顺序编排。"简言之：索引就是要把研究者指引向特定的词和词的上下文的一种指南性工具。

2. 索引发展简史

我国宋朝已经出现了索引工具，晁公武《群书备检》集经史子集 29 种书以备检阅；清末 19 世纪中叶黎永椿编有《说文通检》。可惜的是，以上图书都较为零散，不成规模。

我国索引理论萌芽于清中叶，如章学诚(1738—1803 年)的类似索引的理论。但是大规模的编制与理论研究则是 20 世纪 20—30 年代，晚于欧美日数十年。1877 年，英国索引学会成立，同年，英国索引学会主席出版了世界第一部索引学专著《什么是索引》，其后他还出版了《如何编制索引》。在英国索引学会的影响下，美国、澳大利亚、加拿大的索引协会分别于 1968、1976、1977 年相继成立。

英文索引 Index 源自拉丁文 Indecare，指示指点之意。"Index"之初和 Table(表、指南)这两个词通用作"指南、目录"。"Table"一词仍保留了指南的用法，这种指南以页码顺序指示由章标题构成的图书目次，即目次表。17 世纪中叶以来，"Index"一词主要表意为"索引"，现在通常指称书末所附的字顺或分类款目。像"Inventory"(清单)、"Register"(名册)、"Calendar"(一览表)、"Catalog(目录)、"SyllAbus"(大纲)和"Summary"(概要)这样的词，不再是"Index"的同义词"。①

1905 年日本坪井五正郎将英文 Index 译成日文汉字"索引"②。1910 年，林语堂在《创设汉字索引制议》一文中首次把"索引"一词引入中文。

民国时期 Index 被翻译为"检索""引得""通检"。The North-China Daily News(1864-1951)1921 年 2 月 8 日在第 10 版 American Home News 栏目上刊载了一篇短文 Index of Radicals"激进分子检索"③可见是将 INDEX 翻译为"检索"。1911—1949 年，两个在华殖民文化机构曾编辑出版了约 80 种索引。其中一个是旧燕京大学哈佛燕京学社引得编纂处。它编的索引大多叫"引得"(Index 的译音)，共有 60 多种。另一个是中法汉学研究所，它也编的索引叫做"通检"如《论衡通检》《吕氏春秋通检》《风俗通义通检》《春秋繁露通检》《淮南子通检》等十余种通检。这两个机构编的索引集中于整理我国的古籍。

语语索引是索引家族中的最早出现的一种索引，英文写作 Concordance，是一种以文本中的字词为标引对象的索引。世界上最早的语词索引是从马所拉《圣经》(the Masorete bible 出现在 6—11 世纪)的书后拉丁文索引词表，由教士雨果(Hugo de Sancto Charo)主

① [美]哈罗德·博科，查尔斯·L. 贝尼埃．《索引的概念与方法》[M]．北京：书目文献出版社，1984：7.

② 戴维民．索引的历史发展与未来趋向[J]．图书馆理论与实践，1993(3).

③ 戴维民．索引的历史发展与未来趋向[J]．图书馆理论与实践，1993(3).

持编写，参编者 500 多人，完成于 1230 年。犹太人 Isaac Nathan 约于 1430 年开始，用了 10 年的时间编成了《圣经》希伯来文索引，这部索引既可以查找词语出处又有引文，于 1523 年威尼斯出版。英文以及西文其他语种的圣经索引在 16 世纪陆续出版，此后圣经索引层出不穷。圣经之外带索引的书籍大约出现于 17 世纪。例如 Speed 的《大不列颠史》（1611）中，有《本史主要事件字顺索引》。Schobell 的《议会法令，1640—1656》，有《全书主要资料内容字顺表》其后编有《全表主要篇名索引》。

推动索引快速发展的是"法国狄德罗主编的《百科全书》（1751—1772 年）的出版，它的标目首次严格地按照字母顺序排序，这种严格的科学检索方法为索引界所重视和效法"①。

18 世纪英文以及其他西文论文索引还只是不常用的工具文献，到 19 世纪诞生的索引期刊则是研究者研究中不可或缺的检索工具。例如：美国的 Poole Index②和 Wilson Index. 前者（Index to periodical literature）索引了 1802—1911 年的期刊论文 59 万篇；后者是一系列索引期刊，他们索引了 1911 年以后的期刊文章，其中人文社科类期刊论文索引从 1913 年创刊。纸本时代最著名法学判例索引是谢泼德引文集（Shepard's Citations）。谢泼德引文集是 Frank Shepard（1848—1902 年）于 1873 年创刊的引文连续出版物。1953 年 SCI 的创始人受谢泼德引文启发，创立了当今世界最具影响力的 SCI、SSCI、AHCI 系列引文期刊及引文数据库。

索引工具从 19 世纪下半叶开始发展，至 20 世纪 40 年代时，索引和检索已成为图书馆参考咨询工作的文献工具和服务项目。信息检索早期诞生于一些大型科研单位成立的专门情报机构从事的情报技术工作，图书馆员并不熟悉。但是西方发达国家图书馆很快自觉地跟从并且系统地开展了信息检索工作。③ 我国国家图书馆亦于 1984 年筹建了社会科学文献检索室。④

（四）数据库

最繁复的检索工具文献检索系统是数据库，索引文档是数据库的灵魂。数据库的质量和性能，直接影响信息检索系统的功能和效率。ISO/DIS 5127 号标准（文献与情报工作术语）将数据库（Database）定义为："至少由一种文档组成，并能满足某一特定目的或某一特定数据处理系统需要的一种数据集合。"通俗地说，数据库就是在计算机存储设备上按一定方式存储的相互关联的数据集合是用来存储和查找文献信息的数字化检索工具。常用的数据库是也称全文检索系统。数据库是计算机技术与信息检索技术相结合的产物，是现代

---

① 黄恩祝. 应用索引学［M］. 上海：上海书店出版社，1993：197.

② 《Poole 索引》（1882）W. F. Poole 创刊。W. F. Poole 发明了现代的期刊论文索引。《Poole 索引》用被标引论文篇名中的关键词编制主题款目。Poole 索引不仅先于当今的各种 Wilson 索引，还先于 H. P. Luhn（1960）的题内关键词（KWIC）语词索引。

③ 北京图书馆参考研究部. 北京图书馆参考工作资料汇编（第五辑）［M］. 北京：北京图书馆，1985：32-33.

④ 北京图书馆参考研究部. 北京图书馆参考工作资料汇编（第五辑）［M］. 北京：北京图书馆，1985：1.

重要的信息资源管理工具，是信息检索系统的核心构件。

最早的全文检索系统是1959年美国匹兹堡大学卫生法律中心研制的。全文检索系统的出现为人们获取文献原文而非文献线索信息提供了一条有效途径。[①] 我国最早建立全文检索系统的是港台地区的古籍检索系统，1984年7月台湾地区开始启动汉籍计算机数据库规划的实施，经过十几年建成"中央研究院汉籍全文数据库"。

四、检索原理

数据库信息检索原理简称检索原理，指依据某种检索语言将信息或文献进行标引[②]并按一定的方式有序地组织和存储入库，然后根据需求目的编辑检索式，在数据库中，逆储存之序匹配并输出相关信息或文献的过程。包括三项内容：信息存储、信息查询和信息相关性排序。

信息检索(Information Retrieval，简称 IR)概念，通常称为检索，由美国信息科学的先锋 Calvin Northrup Mooers(1919—1994年)[③]于1950年提出，这一首创为他赢得了1978年美国信息科学协会荣誉奖(American Society for Information Science's Award of Merit)[④]。广义检索包括信息存储和信息查询两个过程，即"存"与"取"两个环节。检索也有定义为是对信息项(Information Items)进行标识(Representation)、存储(Storage)、组织(Organization)和获取(Access)[⑤]存与取两个过程的多个环节。狭义检索只有文献查询过程，即文献的"取"一个环节：即是一个匹配(Match)过程。即使用某种检索语言对所需文献予以描述，并在一定的文献数据库(文献检索系统)中进行描述匹配的过程，也就是广义检索的后半部分，是通常意义的"文献查询"或"文献查找"。

文献存储就是文献标引人员对文献内容进行主题分析，即把文献包含的信息内容分析成若干能代表文献主题的概念，并用主题词、文献分类等规范化检索语言或者关键词准规范化检索语言对文献主题进行标引、按所选数据库或文献检索系统的索引结构输入进行存储，同时输入入选文献中的其他特征标识(标题、著者、文摘、原文出处等)，形成顺序文档和索引文档，最终形成文献检索系统中的文献数据库完成文献存储。通常情况下，"文献检索"是从狭义的角度而言的。能否成功进行文献检索，与数据存储环境的好坏和检索语言的质量有直接关系。因为存储是以进行检索为基本目标的，所以没有预设的存储，检索是不可行的。

---

① 杨玉林，丛淑丽，龚旭. 信息检索与利用[M]. 哈尔滨：东北林业大学出版社，2007：18.

② 标引 Indexing：以检索与提供文献为目的，为组织知识记录中的内容而分析知识记录中的信息内容并用标引系统的语言表示信息内容的过程包括：选择文献中可标引的概念；用标引系统的语言表示这些概念(作为索引款目)，形成由标题 Index Heading、页码参照项或地址代码组成的索引款目 Index Entry。多条索引款目组成有序表即索引表，索引表不是文摘，而是指南，其目的是将检索者指向文献的内容。

③ Calvin Northrup Mooers[EB/OL]. [2009-11-28]. http：//web. utk. edu/~alawren5/mooers. html.

④ Award of Merit[EB/OL]. [2009-11-28]. http：//www. asist. org/awards/award_of_merit. html.

⑤ Ricardo Barza Yates, Berthier Ribeiro Neto, et al. Modern Information Retrieval[M]. Boston：Addison Wesley Longman Publishing Co. Inc., 1999.

文献查询就是检索者对检索需求进行主题分析、明确检索范围，形成能代表检索需求的一两个或多个主题概念。然后把这些主题概念转换成文献检索语言进行逻辑组配，编制成检索提问式。将检索式键入文献检索系统的检索入口，文献检索系统将组配的主题词与其存储的文献主题概念标识进行匹配，找到命中文献，输出给检索者。

检索是信息学、目录学、图书馆学、情报学、计算机科学等多个学科互相交叉的综合学科。检索作为一门学科，有其研究对象和范围，也有其理论、方法和技术。

检索的研究对象是信息行为和信息规律。研究对象在一定时间内所存在的问题与现象就是研究内容或范围，即研究内容或范围是产生在研究对象中的具体问题与现象。目前信息检索的研究内容或范围包括信息本体、信息类型(如信息文本格式 TEXT、HTML[①]、XML、RTF、MS Office、PDF、PS2/PS、MARC、ISO 等)、检索系统及其相关的过程、理论和方法。例如检索语言、索引标引理论、信息检索模型、知识表示理论、相关性理论存储与检索技术，异构信息整合检索和全息检索等。

第二节　检索的历史

最早的检索主要是依靠分类法，依类检索。我国早在 2000 多年前的汉代就有了图书分类法，刘向的《七略》图书六分法。网络时代的今天，海量的文献信息，图书文献的分类已不能满足快速查找有用信息的需求。17 世纪中叶出现论文期刊载体，首先出现的是科学期刊，[②] 以及期刊论文这一新型文献形式。随着 19 世纪初期刊文献的快速发展，普通读者已经没有时间阅读完所需要的所有期刊文献，[③] 因此出现了文摘期刊，读者可以在其中浏览本专业所有的期刊文献。就特定读者来说，一本期刊中也不可能每篇文献都有阅读价值。因此出现了文献索引，读者可以根据自己的需要查找相关文献。20 世纪书目、文摘、索引等检索工具文献大量出现。这些印刷版的工具文献主要根据文献的内、外部特征，从题名、著者、主题词等途径提供手工检索，工具文献首先是书本式的，很快出现了卡片式检索工具。

文献检索历经书目或卡片手工检索、穿孔卡片机械检索、缩微胶卷机械或计算机检索、脱机批处理和联机检索、光盘检索、到目前广泛应用网络检索，其发展经历了由初级

---

① HTML 超文本由节点和链组成的一种非线性的文本组织技术，它的基本组成是将信息组织在一系列离散的信息节点(Node)中，通过链(Link)建立节点与节点之间的联系，形成一个由节点及链组成的网状(Network)信息结构，其中链是超文本的灵魂。

② 最早的期刊是成立于 1660 年伦敦皇家学会(The Royal Society of London for Improving Natural Knowledge, https://royalsociety. org/)《哲学论坛》(Philosophical Transactions) 1665 年创刊。1750 世界期刊只有约 10 种，1800 年约 100 种，19 世纪初世界期刊总数也只有 100 种左右。1850 年约 1000 种。

③ 普赖斯所著《巴比伦以来的科学》一书。第 89~91 页中有：1830 年左右(世界出版科学期刊约300 种)，没有一位科学家能够阅读所有的期刊，因此出现了文摘杂志，每 50 年增长 10 倍，至 1950 年，世界出版文摘杂志约 300 种。

到高级的过程。在此过程中，检索技术也从传统纸质的线性检索向超文本支持的网络化非线性检索的迅速迁移。

一、手工检索（20世纪40年代以前）

1876年，美国图书馆协会（ALA）召开成立大会，首次提出展开文献检索服务。此后在美国公共图书馆和高校图书馆开展了文献检索等参考咨询和索引①工作。此时的文献检索分散且处于专业摸索期。各国图书馆纷纷成立专门机构配备专业人员，这时查找图书、期刊或事实数据的检索工具是书目、文摘和索引。文摘开始编制用于专题文献检索。其后是手工卡片式目录检索，手工卡片式目录检索是这一阶段的最高形式。手工卡片检索成本高、效率低，不可能进行组合概念检索，即不能一次性多元检索。但是此阶段检索技术的最大发展是创制了标题检索语言，用以表达文献主题概念和检索主题概念，也用以对文献内容进行主题标引、逻辑分类以及特征描述。例如：《美国国会图书馆主题词表》和《杜威十进制分类法》导致主题法和分类法两大检索方法的形成。

随着社会的进步和科学技术以及各学科的发展，文献在不断增加。传统的利用纸质文献进行手工检索的方式已经不能适应文献需求量急剧增长和快速检索的要求，人们在不断地探索新方法，半机械和机械检索等形成专业规模化文献检索则要等到20世纪中叶以后。

二、半机械与机械检索（20世纪50—60年代）

半机械与机械检索从20世纪50年代开始，是手工检索向计算机信息检索的过渡阶段。半机械检索的典型方式是机械协助人工进行穿孔卡片②检索。穿孔卡片能够进行多元检索。穿孔卡片分为两种类型，一种整张卡片布满规则小孔的IBM卡，另一种是边缘穿孔卡。

IBM卡一张卡片上有12行80列小孔，每列孔表示一个字符，通过各行不同穿孔位置的组合进行文字编码，用以编制索引储存数据进行检索。检索时，将卡片放入可容纳800张卡的入口，选卡机按键盘键入的指定列，按主题、著者、分类逐列分选，卡片直接接收光源透过孔眼的光进行识别编码，需要多次分选才能完成，每次从出口送出并能计数。

边缘穿孔卡，文献在储存阶段，通过卡片边缘上的孔（专门的穿孔机械进行规范穿孔，还需专门的验孔机，对孔进行检验）对检索标识进行编码，容量有限，操作复杂。边缘穿孔卡检索机由选卡器、控制器和键盘组成。检索时，现将边缘穿孔卡装入托卡盘，多

---

① 索引一词英文是 Index，源于拉丁文 Indecare，意为指点、指示之意。1905年日本坪井五正郎把 Index 译成日本汉字"索引"，1910年林语堂《创设汉字索引制议》一文首次将"索引"引进中文。详见《索引的昨天今天和明天》。

② 法国机械师约瑟夫·雅各（Joseph Jacquard）1804年发明了提花机，使用穿孔卡片控制花样。预先根据设计图案在卡片上打孔，然后根据孔的有无来控制经线与纬线的上下关系（相当于二进制）。换句话说：提花机是一种可编程织布机，通过读取穿孔卡片上的编码信息来自动控制织布机的编织图案，引起法国纺织工业革命，同时为世界信息技术开辟了一条新道路。这是世界上第一次使用穿孔卡片这种输入方式，直到20世纪70年代，穿孔卡片输入方式还在普遍使用。

根探针(分检器)穿入代表各个检索项目的空内，然后选卡器的头部转动180度的同时震动，从探针上脱落的边缘穿孔卡即是所要查找的卡片。可以进行逻辑与、逻辑或、逻辑非运算。检索一般以一千至两千张卡为限度，是小型的检索工具，不适应规模检索。

机械检索用标记卡脱胎于IBM穿孔卡，二者编码方式相同，标记卡不穿孔。在卡上做出墨色行列点位标记，读取原理与IBM卡相同，只不过是用光源照射到卡片上，通过反射光来识别编码。开关的各种按钮给出逻辑检索指令，能自动拣选标记卡。检索速度提高不大。

20世纪50年代末至60年代初，出现了以穿孔卡为载体的机电机械检索、以缩微胶卷或者缩微胶片(照相术生成)为外接存储载体的光电检索、缩微胶卷或者缩微胶片(COM即Computer Output Microfilm,)磁带磁盘为载体的电子管计算机检索。

机械信息检索系统利用当时先进的机械装置不断改进信息的存储和检索方式，虽然它没有应用检索语言，但是它应用了逻辑词发展了检索技术，通过控制机械动作，借助机械信息处理机的数据识别功能代替部分人脑，促进了信息检索技术向自动化发展。但因它检索复杂，成本高，效率和质量均低，很快被迅速发展的计算机检索系统取代。①

三、计算机检索(20世纪50年代末至今)

自1946年第一台电子管计算机问世，到1975年大规模集成电路计算机产生后，IBM推出个人计算机，短短30年计算机技术飞速发展导致了信息技术革命，检索语言先后出现了单元词语言、关键词语言和叙词语言，检索世界经历了技术飞速发展的三个阶段。

(一)脱机批处理检索(1954—1965年)

脱机批处理检索阶段，计算机系统是单机系统，无网络环境，已有汇编语言，没有操作系统。20世纪60年代的计算机是使用文件系统对数据的存储进行管理，数据也以文件的形式存储，数据的独立性和一致性均差。

脱机检索(Offline Retrieval)也称批处理检索，是指用户只需要把检索要求送往检索中心，无需亲自利用终端和电信网直接与计算机联系，用户委托检索者(专职进行检索的计算机操作员)直接在计算机上进行文献检索的一种方式。检索者将用户的委托集中起来，用检索语言表达成检索式，输入计算机，检索结果输出后，再反馈给各个用户。信息检索逐步实现了计算机检索中的单机成批处理检索。包括计算机可读文献磁带磁盘检索和光盘数据库检索。机读磁带磁盘检索实现了一次检索输入多种输出。光盘数据库比磁带和磁盘有更大的存储空间，且存储速度更快，如《中国专利检索光盘》。

将计算机用于书目信息检索的理论，最早是在20世纪50年代提出的。② 应用领域也在20世纪50年代展开，1954年美国位于马里兰州的海军军械实验中心利用IBM701电子

① 丁蔚，倪波等. 情报检索的发展——情报学世纪回眸之一[J]. 情报学报，2019(1)：81~83.
② Charles P Bourne(1980). On-line Systems：History, Technology and Economics[J]. Journal of the American Society for Information Sience，Vol. 31，No. 3：155-160.

管计算机(第一代计算机)建立了世界上第一个计算机信息检索系统。他们将有关海军军械的 4000 篇技术报告进行了计算机存储与检索的试验,开创了计算机文献检索的新纪元。因为存储的主要信息是文献号和有限的标引词—单元词,输出的检索结果是文献号,信息不能保存。信息处理能力有限。没有进入实用阶段。1958 年,美国商用机器公司在 IBM 704 机上进一步完善了美国海军机械实验中心的系统,在扩展容量的基础上输出了篇名、作者和文摘。计算机文献检索系统初步实用化了。

1959 年,美国人劳恩利用 IBM650 型计算机建立了第一个基于关键词索引的定题检索 SDI 系统(Key Word in Context KWIC),KWIC 索引的编制引起了人们广泛的关注。

20 世纪 60 年代前后晶体管计算机(第二代计算机)的软硬件迅速发展,使得计算机文献检索的性能增强,文献检索进入了实用阶段,虽然只能进行脱机文献检索。1961 年世界首次出版了计算机编制的书目信息:美国《化学题录》(Chemical Titles),由计算机编制并出版了机读磁带版。它标志着计算机文献检索正式进入了实用阶段。1964 年美国国家医学图书馆建成的 MEDLARS 是脱机情报检索系统中最完善的一个。

脱机信息检索系统是计算机文献检索初期使用的一种检索系统。它是利用单台计算机的输入输出装置进行检索,用磁带作存储介质的系统。使用该系统查找文献时,由系统工作人员集中一批用户的信息要求,预先制定好检索策略,成批处理,以机读形式存储在检索系统的计算机存储器中,计算机只能顺序检索磁带上记录的信息,每检索一次都必须从头到尾读一遍磁带,并且需要定期地检索数据库新增加的内容,然后把检索输出的结果文献分发给用户。

脱机批处理信息检索存在三点不足:其一是距离障碍,用户不便于检索要求的表达和检索结果的获取;其二是时滞长,检索人员定期检索,时滞使得用户不能及时获取所需文献;其三是不能人机对话,检索策略一经检索人员输入系统就不能更改检索式。脱机检索的进一步发展就是联机检索。

(二)联机检索阶段 (Online Retrieval)(1965—1991 年)

在这一阶段,计算机已经能够处理词和数字符号运算,也可以用计算机分析语言的结构与语义,稍后人工智能和自组织系统(Self—organizing System,"思考机",Thinking Machines)领域的研究取得了进展,应用到检索领域即是自动标引、自动文摘、自动文本分析等信息处理与检索活动的研究。[①]

联机检索阶段的计算机系统是主机—终端式系统。网络环境是局域网。1985 年左右,以 CD-ROM 光盘和局域网络开始在检索领域得以应用为主要标志。

联机检索的三要素:检索系统、终端设备、通信局域网络。联机检索系统广泛使用顺序及索引文档存储数据。检索技术单词检索、词组检索、限定检索、布尔逻辑检索、位置检索、截词检索等已经有所运用。

---

① [美]哈罗德·博科,查尔斯·L. 贝尼埃. 索引的概念与方法[M]. 北京:书目文献出版社,1984:141.

联机检索是指检索者即用户通过通信线路，在终端设备上以联机会话的方式直接访问检索系统的检索方式。检索是实时在线进行的，检索过程中可随时调整检索策略。这种检索系统具有分时的操作能力，能够支持许多相互独立的终端等待分时进行检索。用户的提问一旦传到检索系统被接收后，检索系统能及时应答，将检索结果传送到用户终端，用户可以浏览传回的检索结果，随时修改检索提问，循环检索，直至得到满意的检索结果。随着通信技术的发展，利用公用通信网或专用通信网，联机信息检索已经超出一个地区、一个国家的范围，进入国际信息空间，出现了像 DIALOG、ORBIT 这样的国际联机系统。

1965 年美国系统开发公司受国防部委托，采用第三代集成电路电子计算机分时操作系统技术，成功研发了检索软件 ORBIT(Online Retrieval of Bibliography Information Time-shared)分时联机书目信息检索系统。标志着联机检索系统阶段的开始。

1966 年，美国洛克希德导弹与宇航公司(Lockheed Missile & Space Company Inc.)研制了第一个"人—机"对话的信息检索系统，即著名的 DIALOG 系统，正式开展文献检索。1967 年 NASA 提供常规检索服务。1969 年欧洲空间研究组织(European Space Research Organization，ESRO)建立了 ESA-IRS 检索系统。

在数据库方面，以下三件事标志着文件系统阶段向数据库系统阶段的转变①：1968 年，IBM 公司的基于层次模型的 IMS 数据管理系统面世；1969 年，美国 CODASYI(Conference on Data System Language)组织属下的 DBTG(Database Task Group)发布了一系列数据库研究报告，奠定了数据库网状数据模型基础；1970 年，IBM 公司研究员 E. F. Codd 提出了数据库关系模型，奠定了使用至今的关系型数据库管理系统基础。

进入 20 世纪 70 年代，随着计算机软、硬件技术的不断进步，以及分组数字通信技术和实时操作技术的发展迅速，出现了一台主机带多个终端的系统。联机检索开始投入商业化运营，面向社会公众提供服务。用户可以利用计算机检索终端设备，通过拨号、电信专线及计算机互联网络，从联机服务中心的数据库中检索出自己所需要的信息，从而实现了计算机联机检索。美国国家医学图书馆的联机医学文献分析与检索系统 MEDLARS(Medical Literature Analysis Retrieval System)装入 ORBIT 软件，1970 年 6 月正式提供《医学索引》数据库给美国 90 家医学机构供其检索，检索系统正式进入商用阶段。MEDLINE(Medical Analysis and Retrieval System On-line 是 MEDLARS 众多数据库之一)利用 IBM360/67 计算机，通过 TWX 网连接到全美各地的远程终端，成为有影响的联机系统之一。

20 世纪 80 年代以后进入信息—计算机—卫星通信互动的国际联机检索阶段新阶段，即以信息文献不受地区、国家限制而真正实现全世界资源共享为目的的国际联机信息检索阶段。1983 年，美、德、日共同开发创建了国际科技信息网络(The Scientific and Technical Information Network，STN)。DIALOG 系统在 1980 年就已经向 40 多个国家的 1000 多个用户终端提供 100 多个数据库的国际联机信息检索服务。

因国际联机检索费用高而出现了本地安装的光盘检索系统。光盘检索具有储量极大而体积小，设备要求简单，可随地安装，易于操作，检索费用迅速降低。这种光盘不同于磁

---

① 丰树谦 . 数据库技术与应用[M]. 北京：电子科技大学出版社，2017：30-31.

性载体，是一种光学存储介质，用聚焦的氢离子激光束处理记录介质的方法存储和再生信息，又称激光光盘。1983 年，CD-ROM(Compact Disc-Read Only Memory, CD-ROM)高密度海量光盘存储器一出现随即投入使用。例如：Chemical Abstracts Index 光盘(1987—1991)：由美国化学文摘社与美国剑桥光盘公司联合研制，收录 1987—1991 年《化学文摘》的全部内容。Science Citation Index(SCI)光盘(科学引文索引)：由美国费城科学情报研究所编辑出版，收录 1961 年以来有关生命科学、医学、物理、化学、农业、工程技术、行为科学等方面的文献及引文。我国 CAJ-中国学术期刊是由清华大学开发研制，分题录、文摘、全文三个层次的数据库，其中全文数据库是国内最常用的全文数据库。光盘数据库的检索软件及数据装在盘片上，任何一台安装有光驱的 PC 机只要装上光盘数据库，即可成为光盘数据库检索系统。光盘数据库检索系统比联机检索系统的出现晚十余年，它更新速度慢，不能完全代替国际联机检索。因此两者并存。

著名的国际联机检索系统有国际 STN 系统、美国的 DIALOG 系统、ORBIT 系统、BRS 系统以及 MEDLARS 系统，还有欧洲的 ESA/IRS 系统、英国的 BLAESE 系统等，这些系统很快发展成为国际性检索系统.

数据库种类及其检索存储记录都在迅速增加，1984 年就有 200 多个数据库，其中包括美国的《医学索引》、美国《化学文摘》、荷兰《医学文摘》等著名数据库。时至今日，DIALOG 联机检索系统仍然是世界上最有影响的联机检索系统。

我国于 1966 年引进法国布尔(Bul1)计算机，开始文献检索系统的研发。1974 年 8 月国家 748 工程(汉字信息处理系统工程)全面启动，"汉字信息处理情报检索系统"则由中情所、国防科委情报所、四机部情报所、北京图书馆等联合试验并开始编制《汉语主题词表》；1983 年中情所建立起全国第一个国际联机检索终端并开始服务。1985 年我国政府正式申请加入联合国技术信息促进系统(TIPS)。1990 年完成了 CDS/ISIS 大型文献检索软件的汉化工作，首次实现了大型 IBM 计算机对中文资料的检索处理。VAX Ⅱ/750 系统利用我国汉化的 TRIP 软件建立起科技成果、公司企业与产品、专利、标准的中文数据。检索语言的研究以及《中国图书馆图书分类法》《中国图书资料分类法》及其简本、《汉语主题词表》和《国防科技叙词表》等检索工具研制取得突破性进展。[①] 在利用 DIALOG 等国际联机检索系统进行国际联机检索服务的基础上，我国开发研制出了自己的信息检索系统，如北京文献服务处联机信息检索系统(Beijing Document Service Information Retrieval System, BDSIRS)、机电部情报所的机电联机信息检索系统 (Ministry of Machinery & Electronic Industry Information Retrieval System, MEIRS)、化工部的化工联机信息检索系统 (Chemical Online Information Center, CHOICE) 等，并开始对外报务。

国际联机检索的优点已经接近后来的网络检索，但是其缺点是利用通信线路检索费用高；难以了解检索系统；检索技术复杂。但是这一阶段中，对各种文献载体(包括印刷型全文、手稿、彩色图形、地图、缩微平片、卷片、唱片、录音带、录像带、电影胶卷等)的数字化，大容量数据的存储和管理技术，各种文献载体的访问及传输技术等又做了大量

---

① 关家麟, 张超 . 我国科技信息事业发展的回顾与展望[J]. 情报科学，2007(1)：3.

的研究，为文献检索技术走向大众适用做了必要的准备，为文献检索推进到了网络检索阶段做了深厚的积累。

（三）网络检索阶段（1992 年—至今）

1992 年，因特网向社会开放，信息检索走向了全球广域网。检索从此开始了网络检索阶段。网络检索阶段的计算机系统是浏览器/服务器（B/S 结构）系统模式。用户界面接口从封闭界面到 WWW。网络检索是在联机检索和光盘检索之后发展起来的、通过 Internet 对远程计算机上的信息进行实时检索。与国际联机检索相比，其最大优点在于经济；与光盘检索相比，其最大优点在于内容更新快。网络信息检索与国际检索和光盘检索有许多相同之处，如需要数据库，要制定检索策略等。在网络信息检索系统中，客户和服务器是平等关系，只要遵守共同协议，一个服务器可被多个用户访问，一个客户可访问多个服务器。①

因特网向社会开放的前一年，1991 思维机公司推出了 WAIS，允许用户检索整个因特网网上文本信息资源；明尼苏达大学推出了网络信息检索工具 Gopher，在 WWW 出现之前，Gopher 是 Internet 上最主要的信息检索工具，它将 Internet 上的文件组织成信息索引，方便用户存取。这一年免费的 WWW 首次在因特网上出现并取代了收费的 Gopher，随之而来的因特网信息检索系统包括针对 FTP 资源的 Archie 等 Web 信息的大容量、异构性、分布性、动态性等特点造成了"信息过载"。搜索引擎部分地解决了信息检索问题。国际通用检索标识语言和技术标准应时而出，例如：标准通用标识语言 SGML 及其相关标准，其中最为重要的是 SGML 的子集 HTML，WWW 用它建立超媒体文件的语言，核心功能是标识 Dublin Core。Dublin Core② 作为一个描述 Web 文档元数据的国际标准，定义了 15 个核心的基本检索元素。同时，W3C 制定的可扩展标记语言 XML（Extensible Markup Language）和资源描述框架（RDF③）模型与句法（Resource Description Framework Model and Syntax）.等规范，提供了对 Web 文档资源进行描述的更为丰富的语言和框架.应用服务定义和协议技术规范（Information Retrieval：Application Service Difinition and Protocol Specification）（ANSI/NISO Z39.50：ISO 23950）。它是一个为适应在网络上不同系统（或不同文献检索系统）互联、互访的协议。因此，利用元数据来支持 Web 信息检索的基础已经具备。万维网、浏览器和搜索引擎的出现，使传统的联机检索迅速向因特网上迁移④，纷

---

① 黄如花. 信息检索［M］. 武汉：武汉大学出版社，2010：1-10.

② Dublin Core 是国际组织 Dublin Core Metadata Initiative 于 1994 年提出，包括 15 个"核心元素"的元数据元素集合，拟定的用于标识电子资源的一种简要目录模式。不仅图书馆、博物馆、不少政府机构、商业组织普遍采用。由 DCMI 维护，已成为 ISO15836：2009、IETF RFC2413 和 NISO Z39.85-2001 等国际标准。

③ Metadata 有不同的规范，虽有相似性，但彼此不能兼容。在 W3C 的授权下，多个 Metadata 团体共同制定出符合多种需要、又灵活的 RDF 结构，用以支持因特网和 WWW 上的 Metadata。RDF 于 1999 年 2 月 24 日正式推出。

④ 丁蔚，倪波，成颖. 情报检索的发展：情报学世纪回眸之一［J］. 情报科学，2001（1）：81-86.

纷推出基于网络的检索界面以适应网络检索。

网络检索阶段在因特网上进行检索主要有两种方式：目录浏览和使用搜索引擎。目录浏览即雅虎搜索引擎采用的方式，用户可以根据自己的需要点击目录，深入下一层子目录，从而找到自己需要的信息。这种方式便于查找某一类的信息集合，但是精确定位的能力不强。搜索引擎是目前最为常用的网络检索工具，用户只需要提交自己的需求，搜索引擎就能返回大量结果，这些结果按照和检索提问的相关性进行排序。

第三节 检 索 语 言

20世纪70年代以来，随着计算机技术的发展，文献数据库已经逐渐成为主流文献储存与检索工具，计算机检索随之成为主要的检索方式。数据库中存储的学术文献或纸质出版物学术文献，无论是专著还是论文都有题名，专著和学位论文还有章节题名。一个完整的文献题名，一般能够较好地表达文献的主题内容。虽然文献题名能较好地表达文献主题内容，却不能直接作为内容检索途径，而是文献外表特征的检索途径。只有当文献题名转化为主题词，包括作为准主题词的关键词之时，才能作为一种内容的检索途径。据统计，各国编制了约两千多种检索语言。数据库作为可检索数据集合的必要因素有计算机存储设备、存储方式和相互关联的数据三种，对后两个因素起到主导作用的是检索语言。任何提供内容检索途径的检索系统，都有一个用某种语言来作为检索标识以表达文献内容的问题。检索语言的实质是表达一系列概括文献内容的概念及其相互关系的概念标识系统。它是从自然语言中精选出来并加以规范化的一套词汇，可以是代表某种分类体系的一套分类号码，也可以是一套代码(如化合物的各种代码、专利的各种代码)，用以对文献内容和情报需求进行主题标引、特征描述或逻辑分类。

一、检索语言的概念

检索语言是根据检索的需要而创制的由词表和语法构成的人工书面语言，用于各种手工的和计算机文献检索系统，检索语言首先用作文献数据库的数据存储语言，是数据库的构成因素。文献数据库的数据存储是为了文献数据检索的目的而建立，是对巨大的、不断增长的文献流进行控制的手段。[1] 采用某种检索语言记录各种文献信息的文献数据库，既是文献储存的集合工具又是文献检索的工具。网络时代因特网上各种服务器的存贮设备才是真正的文献载体[2]和存储物理地点。

文献数据库运行于越来越先进的具有许多优异性能的计算机和网络设备。这些优异性能能否充分发挥，在一定程度上取决于文献数据库中采用何种检索语言以及该检索语言是否与其检索设备配置及检索方式相互配合。只有结合文献数据库及其计算机检索和网络检索特点设计的检索语言，才有助于充分发挥文献数据库的优异性能。

---

① 张琪玉. 情报检索语言实用教程[M]. 武汉：武汉大学出版社，2004：2、70.
② 张琪玉. 情报检索语言实用教程[M]. 武汉：武汉大学出版社，2004：2、70.

二、检索语言的结构

检索语言由语词和语法组成。语词是指列入分类表、词表、代码表中的全部标识。一个标识(分类号、检索词、代码)就是它的一个语词,而分类表、词表、代码表则是它的词典。语法是指如何创制和运用那些标识来正确表达文献内容和文献需要,从而有效地实现文献标引和文献检索的一整套规则。检索语言主要以书面形式使用,其读音读法一般不列入规则。

检索语言在表达各种概念及其相互关系时,普遍地应用概念逻辑的原理、并且有效地利用了概念的划分与概括、概念的分析与综合这两种逻辑方法来建立自己的结构体系。

概念划分与概括(分类)是利用概念内涵,由反映文献主题本质属性的概念因素构成,概念因素的增加或减少可以形成新的概念。体系分类法是应用概念划分与概括这种逻辑方法的典型。

概念分析与综合(组配)是利用在概念外延的交叉关系中两个概念外延的重合部分(相同部分)可以形成一个新概念。组配分类法和叙词法是应用概念外延分析与综合这种逻辑方法的典型。

三、检索语言的优点和功能特点

检索语言具有其独特的优点和功能特点。

检索语言的优点:能简明且专指地表达文献的及检索课题的主题概念;语词与概念一一对应,排除了多词一义、一词多义和词义含糊现象;能显示出概念之间的关系;容易将概念进行系统排列;在检索时便于将标引用语和检索用语进行相符性比较。

检索语言的基本功能:文献内容标引功能、文献聚类功能、文献系统组织化功能、标引词与检索词匹配功能。

文献内容标引功能是指它使用受控的人工语言标识来表达文献主题概念,可使文献主题概念的表达规范化。

文献聚类功能是通过一定形式揭示检索语言所表达的文献主题概念之间的相同性、相似性和相关性,以构成一个文献主题概念网络,把知识和信息纳入这个概念网络中,既有助于提高标引质量;也有助于进行族性检索和在检索中根据具体情况扩大、缩小、改变检索范围,提高校索效率。

文献系统组织化功能就是将文献款目按检索标识进行分类排序,使之系统化.或按字顺排序使之组织化,把每一个特定的文献主题固定在情报检索系统的特定位置上,既便于检索又提高检索速度。

标引词与检索词匹配功能即是说检索过程实际上是标引词与检索词的相符性匹配过程。因为检索语言是文献标引和检索的共同的规范化语言。因此检索语言提供标引与检索二者之间的完全相符或者局部上进行相符性比较的功能。①

---

① 张琪玉. 情报检索语言实用教程[M]. 武汉:武汉大学出版社,2004:8-23.

四、检索语言的类型

检索语言作为提供文献内容检索途径的检索系统的一个构成因素，在其中起着语言保证作用。直言之：检索语言是文献存储和检索提问而约定的人工语言。目的是为了文献存储与文献查询二者的沟通，是连接存储和查询两个过程中标引人员与查询人员双方思路的渠道。在存储的过程中用于标引信息时称为标引语言；用于编制索引时称为索引语言；用于信息检索则称为检索语言。但是各种检索语言在表达概念及其相互关系时，形成了各自的特点。

检索语言依据其表达文献主题概念的组合方式，可分为先组式检索语言和后组式检索语言。

检索语言依据其结构原理，可分为分类语言、主题语言和代码语言。

检索语言依据其描述文献的特征，可分为描述文献内容特征的语言和描述文献外部特征的标识词。描述文献内容特征的语言有分类语言、主题语言(包括标题词语言、单元词语言、叙词语言)关键词语言和自然语言。描述文献外部特征的标识词有著者名、文献名、文献代码等。

检索语言依据其结构原理，可分为分类检索语言、主题检索语言和代码检索语言三大类型。引文关系(包括网络连接关系)及关键词可视为准检索语言。此外还有物结构的自然语言。

(一)分类语言

分类检索语言用分类号来表达各种概念，将各种概念按学科性质进行分类和系统排列。分类检索语言包括等级体系型分类检索语言(体系分类法)和分析—综合型分类检索语言(组配分类法)，统称为分类法系统。体系分类法主要应用概念划分与概括的方法，组配分类法主要应用概念分析与综合的方法。事实上，无论是前者还是后者，都既采用概念内涵划分与概括的方法，建立等级体系结构，又采用概念外延分析与综合的方法，实行组配。例如《中国图书馆分类法》DF 法律、《国际十进制分类法》(Universal Decimal Classification，简称 UDC) 34 法律、美国《国会图书馆分类法》(Library of Congress Classification，简称 LCC) K 法律、美国《杜威分类法》(Dewey Decimal Classification，简称 DDC) 34 法律、印度《冒号分类法》(Colon Classification，简称 CC) 第三区传统学科 Z 法律、英国《布利斯分类法第二版》(Bibliographic Classification，简称 BC2) S 法律。

分类检索语言的优点表现在：第一，分类检索语言是以学科体系划分类目，以学科和专业集中文献，直接体现了知识分类的要求，既能揭示某一学科专业所包含的全部文献，同时又能显示各个学科专业之间的逻辑关系。符合人们认识事物的规律和处理事物的习惯。第二，分类语言强调知识的系统性，方便人们按学科、专业系统检索有关文献，能够达到族性检索，可以获得较高的查全率。第三，分类检索语言用等级结构显示主题概念间的关系，将概念逐级划分，便于扩大和缩小检索范围。

分类检索语言的缺点表现在：第一，检索者在检索时首先必须了解检索内容的学科分类体系才能检索到相应的类目。第二，分类语言采用的分类表的结构是固定的，不便于随时增设新的类目，即：难以及时反映新学科、边缘学科或交叉学科产生的类目。第三，分类检索语言采用分类号作为标识，检索文献时，需要将检索文献的主题内容转换成分类号，转换过程中，容易产生误差，造成误检。专指性不足，不能满足专深课题、前沿研究、新兴学科、交叉学科和边缘学科知识的检索。

为了规避分类语言的缺点，分类语言和主题语言互相融合，形成分类主题语言，其成果是分类主题词表。例如，《中国图书分类主题词表》、美国国会图书馆自 1984 年起出版的《主题编目手册（标题部分）》等。

（二）主题语言

主题检索语言是以受控的主题词来表达信息主题概念的语言，简称为主题语言。主题语言的主题词是经人工规范化处理的最能表达文中主题概念的语词，它借用自然语言的名词、名词性词组等语词，描述文献所论述或研究的事物的主题概念。所谓规范化处理，即对主题词的同义词、近义词、多义词等加以规范，并采用参照系统间接反映主题概念之间的关系，从而体现主题词的唯一性。主题词表按字顺排列，主题词作为文献内容的标识，提供各种检索词语的组配检索途径。现阶段的主题语言是叙词语言，

主题语言历经了标题词主题语言、单元词主题语言、叙词主题语言的历史发展过程。标题词检索标识是在编表时就固定组配好，即所谓"先组式"检索语言；单元词和叙词的检索标识一般是在检索时才组配起来，即所谓"后组式"检索语言。标题词、单元词和叙词都要对取自自然语言的语词加以规范化。标题词现在还能见到少量使用。单元词现在完全被叙词取代。

数据：描述信息或者事物的符号；数据分类：号码、数字、文字、图表、图像、声音。

1. 标题语言

标题语言是主题语言系统中最早出现的一种。标题法由普尔（William Frederick Poole 1821—1894）1847 年编制《期刊文献索引》（An Index to Periodical Literature）发端，接着先后由英国的文献学家克里斯塔德罗（Crestodoro）与美国波士顿图书馆馆长卡特（C. A. Cutter）将标题法条理化理论化为标题语言。所谓标题（Subject Heading 主题标目），是一种简略地表达文献主题的语词，是完全受控的一种主题标识。[①] 标题语言是经过标准化处理的名词术语作为标识，来直接表达文献所论及或涉及的事物—主题，不论该文献是从哪个角度、哪一学科来论述该事物—主题的；并将全部标识按字顺排列，借助参照系统来间接显示各个标识所表达的事物—主题之间的相互关系。[②] 任何一个标题都是一个完整的标识可以独立地标引一个文献主题，比分类语言更适应工业革命科技进步对文献快、全、专、精的检索要求。但是，标题语言是先组式检索语言，检索时只能从标题表中查用，不能组配，不能进行多元标引与检索，因此它难以适用于复杂机械检索和计算机检索。标题语言

---

① 邱明斥. 主题检索语言［M］. 成都：四川大学出版社，1990：18.
② 张琪玉. 情报检索语言［M］. 武汉：武汉大学出版社，1983：91.

对文献的组织专指度高，直观性强，但是系统性差。其优点被叙词语言吸收。

2. 单元词语言

单元词语言是 1951 年由美国情报学家陶伯（M. Taube）和古尔（C. D. Gull）等人为克服标题语言先组检索的弱点，适应比孔卡机械检索需要后期组配检索而创立的第二种主题语言。1954 年单元词语言原理和方法首次得到应用，美国海军兵器中心在 IBM701 型计算机上将单元词法应用于文献资料检索工作，检索输出文献号码。单元词（Uniterm）又称元词，它是从文献的标题摘要或正文中抽取出来经过控制处理的、能表达文献主题的一个个最小、最基本的词汇单位，复杂的检索概念由词与词之间的逻辑关系而不是语法关系组配表达。所有经过词汇控制的、能表达文献主题的单元词集合，构成了单元词语言，它没有参照与词表。汉语词可以是一个单纯词，如"法""思维"，也可以是一个最简洁的合成词，如"法律""权利""义务"等。这些词的根本特征在于：它们在概念上不能再进一步分解，否则就再也不能表达原来所代表的特定概念，从而失去检索意义。例如，"思维"一词就不能再分解为"思"和"维"。强行分解，只能破坏、改变原语词的本意。

单元词只是构成"标题"的基本构件，它们自身大多不是具体的"标题"。只有将多个元词结合起来，才能构成一个特定的专指标识，从而直接、准确地表达文献主题。单元词最大的缺点就在于检索组配时容易发生字面组配，没有词序，造成误检，影响检准率。早期单元词语言没有词表，其后有了词表，但是词表不能体现单元词之间的逻辑关系，所以渐渐被晚出的叙词语言取代了。

3. 叙词语言

叙词由美国穆尔斯（Mooers，C. N.）于 1950 年前后为改进单元词没有参照和词表而提出，以适应检索也需要解决检索概念的语义语法问题。叙词语言是以叙词（Descriptor，也称主题词 Subject Headings）作为文献内容标识和检索依据，在检索时进行逻辑组配（Cooperation）的主题词语言。它吸取了多种检索语言的优点，[①] 是网络时代的主流检索语言。叙词从文献的标题、正文或摘要中抽取出来的，是经过规范化和优选处理的以概念为基础的表达文献主题内容和检索提问的主题的词和词组。叙词具有组配功能，能显示词间语义关系和动态性。叙词与概念之间的关系是一一对应的，因此能保证检索的查全率和查准率，且依据组配规则，可以任意扩大或缩小检索范围。叙词受叙词表（Thesaurus）控制，词表中词与词之间首先是相互独立的概念单元，其次词与词之间概念关系有多种技术控制。检索时，利用这些概念单元组配起来表达一个复杂的概念。叙词的组配应严格遵守组配原则，使之符合概念逻辑，具有检索意义，避免产生不合概念逻辑的无用组配。特别适用于计算机检索。例如：国际十进分类法中的第五至第六大类（数学、自然科学、实用科学、医学、技术），包含近 10 万个细目。相当于先组式的 7 万个一级主题词和二级主题词。而在叙词式检索语言中，只需要 5000～7000 个叙词（词和词组）就够了。再如：美国

---

① 叙词语言吸收单元词语言的单元概念后组配建立倒排档；吸收体系分类语言的优点形成范畴及词族索引；吸收分面组配分类语言的优点形成概念组配技术；吸收标题语言采用主表字顺表及参照系统，并适当采用先组叙词。

武装部队技术情报局主题表(ASTIA)第四版有 7 万多个主题，但经过概念单元的处理保留 7000 个叙词(经再次处理，减至 6000 多个)。经试验，ASTIA 用 7000 个叙词，成功地编排了 10 多万件文献①形成了有效的检索工具。

　　叙词语言和标题词语言在形式上十分相近，但从检索实质上看有很大差别。叙词语言是后组式语言，使用叙词作为检索语言的检索工具之前，必须熟悉和掌握与其相应的叙词组配规则，才能提高检索效率。叙词表是准确查选叙词必不可少的工具，分为专业性叙词表和综合性叙词表。我国的《汉语主题词表》就是一部综合性叙词表。我国自编的专业叙词表有很多，如《化工汉语主题词表》《国防科学技术主题词表》等。叙词是从自然语言的主要词汇的概念性质出发，作为事物概念的表达形式而存在的。叙词是建立在概念的基础上的，每一个叙词都是作为某一领域的一个概念而进入叙词表的。叙词语言是在"事物、概念和语言"三者辩证关系的基础上建立起来的。任何事物都具有一定的概念，概念反映事物一般的本质的特征。语言是概念的表达形式，概念是语言的思想内容和客观事物的反映。叙词语言应用概念外延分析与综合这种逻辑方法建构主题词的结构体系。概念分析与综合(组配)方法，即利用概念外延的交叉关系，两个概念外延的重合部分(相同部分)可以形成一个新概念。

　　叙词的词表是一种概括某一学科领域，以规范化的、受控的、动态性的专业概念作为主题词的基本成分，并且以参照系显示词间关系，用于标引、存储和检索文献的词典，亦称主题词表、检索词典。叙词表是叙词法的具体体现。叙词表将文献作者、标引者和检索者使用的自然语言转换成规范化的叙词型主题检索语言的术语控制工具。

　　叙词表最早出现在美国。第一部用于情报检索的叙词表是美国杜邦公司于 1959 年前后编制的。1960 年，美国武装部队技术情报局（ASTIA）首先编成并用于电子计算机文献检索的叙词表、1961 年，美国化学工程师协会(AICHE)出版的《化学工程叙词表》，为叙词表的发展奠定了基础。

　　叙词表一般由一个主表与若干个附表和辅表所组成。主表(亦称字顺表)是将全部主题词按字顺排列，并添加必要的标注项和显示词间等同、等级或相关关系的参照项，是叙词表的主体结构。附表为专有叙词索引，如地区索引、机构索引、人名索引、产品索引等，是从主表中分离出来的专用词汇表，是主表的组成部分。辅表一般有词族索引(族系表)、范畴索引(分类表)、轮排索引(轮排表)、双语种对照索引等，是叙词表的辅助部分。词族索引也称等级索引，是利用概念成族原理(根据概念的等级关系)将有关叙词汇集在一起成为一族，构成一个从泛指叙词到专指叙词的等级系统，从而从一族中外延最广的叙词(族首词)出发，找到一系列同族的叙词，并且可以明确它们之间的层层隶属关系。词族索引是机器检索时实现自动扩检、满足族性检索要求的重要手段。范畴索引也称分类索引，是将叙词按其概念所属学科或范畴分成若干大类，在大类之下再分成若干小类，在小类之下则将叙词按字顺排列，形成一个类似体系分类表的概念分类系统，便于从学科或专业的角度选用叙词。轮排索引是利用字面成族原理，将含有相同词的词组叙词汇集在一

---

　　①　陈光祚 . 科技文献检索(上册)［M］. 武汉：武汉大学出版社，1985：139.

起，排列在该词之下，可从它出发查到任何含有该词的词组叙词。一个词组叙词由几个词构成便可轮排几次，能在几处查到它。轮排索引便于查找，并在某种程度上起到族性检索作用。双语种对照索引可提供从另一种语言字顺入手查词的途径，有助于在标引外文文献时选准叙词或利用本国叙词表查阅外国的检索工具。

到目前为止，我国法学专业还没有专业性叙词表。这是制约法学信息检索系统发展的主要因素之一。

(三)代码语言

代码语言一般只就事物某一方面特征，用某种代码系统来加以标引和排列。例如：分子式、标准号等。

(四)自然语言

智能检索的热点之一即是自然语言处理技术。自然语言处理是利用计算机技术处理语言信息的科学，其目标是让计算机能够"理解"人类的语言即自然语言。对于信息检索来说，仅仅停留在处理表层文本信息是远远不够的，字符层面的匹配与相似度计算并不能帮助计算机理解待检文本的"含义"，也不能深入理解检索者的检索意图，检索出的结果经常有可能偏离检索的需求。要提高检索系统自身的智能化水平，以及检索系统人机交互界面的自然度，就需要不断地将自然语言处理结合到文本信息检索中来。

(五)关键词语言

关键词语言因其性能与主题词语言相似，通常归入准主题语言范畴，实质上它是一种在检索中直接使用自然语言的方法，对取自文献本身的语词只作极少量的规范化处理，也不显示文献主题概念之间的关系，是一种准主题语言。

关键词语言是以关键词作为文献内容标识和检索依据，是适应索引编制过程自动化的需要而产生的。所谓关键词，是指那些出现在文献的标题(篇名、章节名)、摘要、正文中，对表征文献主题内容具有实质意义的语词，对揭示和描述文献主题内容来说是至关重要的、具有实际检索意义的语词。关键词能及时反映最新信息，用法简便。其缺点是自然语言的形态，使同一主题概念的文献标引相对分散，容易漏检或误检。关键词不受词表控制。早期关键词是属于自然语言的范畴，未经规范化处理，没有词表。随着自然语言在计算机中的广泛应用，主要有六种方式：无标引方式(也称不标引文献不标引全文自动扫描匹配检索者键入的关键词，是自然语言检索最普通的方式)；自动标引方式(包括自动抽词方式、自动赋词方式、自动赋号方式、自动聚类方式、人机结合抽词标引方式、汉语自动分词)、关键词索引方式、人工自由标引方式、自然语言与人工语言并用方式和自然语言接口方式。关键词在不断改进过程中形成非关键词表后控制词表，在计算机自动抽词的情况下，用非关键词控制关键词，即但凡非关键词表中没有列入的词，可作为关键词保留。关键词语言引入叙词语言的各种标引规则以及词间控制规则，融合了多种主题语言的技术，越来越靠近主题语言。

第四节 检索技术

检索技术是围绕相关度(Relevance)这个概念展开的。所谓相关度是指在信息检索中,用户的查询和文本内容的相似程度或者某种距离的远近程度。形式上说,信息检索中的相关度是一个函数 R,输入是查询 Q、文档 D 和文献数据库(一定量的文档集合)C,返回的是一个实数值 R=f(Q,D,C)。信息检索就是给定一个查询 Q,从文献数据库(一定量的文档集合)C 中计算每篇文档 D 与 Q 的相关度并排序(Ranking)。相关度通常只有相对意义,对一个 Q,不同文档的相关度可以比较,而对于不同的 Q 的相关度比较则意义不大。除了相关度,影响检索质量度量的因子,还有权威度、新颖度等度量。

一、检索技术模型

检索模型为量化相关性提供的一种数学模型,是数据库检索技术的理论基础。根据相关度的计算方法,即对查询词和文档标引词或索引词之间进行相似度计算的框架和方法,可以把信息检索模型分成布尔模型(Boolean Model)、向量空间模型(Vector Space Model,VSM)和概率模型(Probabilistic Model)。此三者被称为经典信息检索模型。20 世纪末基于语言模型的 IR 模型提出后,出现了基于本体的检索模型、跨语言信息检索模型等。目前文献数据库普遍应用布尔模型和向量空间模型。

(一)布尔模型

布尔逻辑算符检索是建立最早的检索理论,也是检索系统中应用最广泛的检索技术,是最简单、最基本的匹配模式,其理论基础是集合与布尔逻辑。布尔逻辑表达式由布尔算符来连接检索词,以及表示运算优先级的括号组成的一种表达检索要求的算式。1957 年,Y. Bar-Hillel 最先探讨了布尔逻辑应用于计算机检索的可能性,10 年后,布尔模型正式广泛地被各国大型文献检索系统所采用,并逐渐成为各种大型联机检索系统甚至是网络搜索引擎的典型、标准检索模型。布尔模型能提供位置检索、截断检索、自然语言检索等多种检索途径。Google、百度等大型商用搜索引擎,北大方正及清华大学 CNKI 全文检索系统等中文检索系统都采用了布尔模型。

布尔模型基于集合论和布尔代数理论。理论假设:①一篇文档可以由词的集合表示。②查询可以表示为关键词用 AND,OR,NOT 逻辑运算符连接的布尔表达式。③如果文档中的索引词满足查询的布尔表达式,那么该文档就是相关的。但布尔模型有一个致命不足,它是严格二元相关的(0 或 1),即相关或者完全不相关,不能反映相关的不同程度,并且它返回的结果是无序的,过于粗糙。因此出现了扩展的布尔模型修正布尔模型的缺陷。为弥补布尔模型的不足,相继出现了向量空间模型、概率模型、模糊集合模型,语义模型,本体模型,等等。[①]

[①] 黄如花. 信息检索[M]. 武汉:武汉大学出版社,2010:3.

在布尔模型中，文献和查询用标引词集合来表示，因此，又称之为集合论（Set Theoretic）模型。

（二）向量空间模型

信息检索领域奠基人 Salton 于 20 世纪 70 年代提出了 VSM 模型。相对于布尔模型的严格二元相关，它提出了部分匹配的检索策略。VSM 模型下，文档被分词之后的每一个词被当成向量空间的一个维度，文档被表示为一个线性矩阵，比较某个文档的矩阵和查询词的矩阵之间的余弦距离，距离越近，则相关性越大；或者利用是 TF * IDF 方法，即根据词项在文档（词频 Term Frequency 简称 TF）和文档集（IDF）中的频率的倒数（逆文档频率即词频权重 Inverse Document Frequency，简称 IDF）计算词项的权重，它同时考虑了词在该文档和文档集合中的出现情况。最后根据相关性对搜索结果做排序。VSM 模型作为一种文档表示和相似度计算模型，成功应用于 SMART（System for the Manipulation and Retrieval of Text）文本检索系统。不仅在检索领域，在文本挖掘、自然语言处理等领域也被广泛采用。

在向量模型中，文献和查询用 t 维空间的向量来表示，因而，又称之为代数（Algebraic）模型。

（三）概率模型

概率模型 1976 年由英国伦敦城市大学的 Robertson 和剑桥大学的 Sparck Jones 提出二元独立概率模型（Binary Independence Retrieval，BIR）最著名的概率检索原型系统是伦敦城市大学的 OKAPI，在多次 REC 评测中它都有突出的表现。在概率模型中，用于构建文献和查询模型的机制是基于概率论的，所以称之为概率（Probabilistic）模型。[①]

以上三种经典模型中布尔检索模型是一种基于逻辑判断的检索模型，其表达提问的方式与人们的思维方式相近，很习惯于采用此种模式进行检索查询。过去甚至现在在被许多检索系统采用。而向量与概率检索模型则都是将检索问题归结为数值的比较，因而两者在许多方面有相似之处。布尔检索模型早于另两种检索模型，而且其理论经过多年的发展也已基本成熟，法学文献数据库均基于布尔检索模型建立，因而以下检索技术均以布尔检索模型为基础。

二、检索技术

文献数据库的检索的检索技术分列如下：

（一）布尔逻辑的运算形式

布尔逻辑规定检索词之间的逻辑关系算符的基本运算形式共有 3 种，逻辑"与（AND）"、逻辑"或（OR）"和逻辑"非（NOT）"。

---

① Ricardo Barza Yates, Berthier Ribeiro Neto 等著；王知津等译. 现代信息检索[M]. 北京：机械工业出版社，2005：15.

1. 逻辑"与(AND)"运算符

一般用"AND"或者"＊"号表示，各个数据库标识符略有不同，逻辑"与"用来组配不同检索概念。其含义是检出的记录必须同时含有所有的检索词。其作用是对检索范围加以限定，逐步缩小检索范围，减少检索结果文献量，提高检索结果的查准率。在实际检索中，具有概念交叉或概念限定关系的组配，通常使用"AND"算符。用数学模型来表示，则为 A 和 B 的交集。

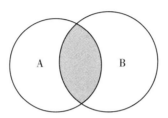

图 2-1　逻辑与示意图

检索词 A 和检索词 B 用"与"组配，检索式为：

A AND B，或者 A ＊ B

它表示检出同时含有 A、B 两个检索词的文献。

2. 逻辑"或(OR)"运算符

一般用"OR"或者"+"号表示，各个数据库标识符略有不同，逻辑"或"是用来组配具有同义或同族概念的词，如同义词、相关词等。其含义是，检出的记录中，至少含有两个检索词中的一个。其作用是扩大检索范围，增加检索结果的文献量，防止漏检，提高检索结果的查全率，"OR"运算符还有一个去重的功能。在实际检索中，具有概念并列关系的组配，通常使用"+"或"OR"算符。用数学模型来表示，则为 A 和 B 的并集。

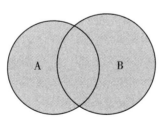

图 2-2　逻辑或示意图

检索词 A 和检索词 B 用"或"组配，检索式为：

A OR B，或者 A+B

它表示检出所有含有 A 词或者 B 词的文献。

3. 逻辑"非(NOT)"运算符

也可用"-"代替，但在检索时建议使用"NOT"，以避免与词间的分隔符"-"混淆，

"NOT"算符是排除含有某些词的记录的，即检出的记录中只能含有"NOT"算符前的检索词，但不能同时含有其后的词。其作用是缩小检索范围，但并不一定能提高检索的准确性，往往只是起到减少文献输出量的作用。在实际检索中，具有概念排除关系的组配，通常使用"－"或"NOT"算符，但很少使用。用数学模型来表示，逻辑"非"实际上反映了 A 集合对 B 集合的差运算。

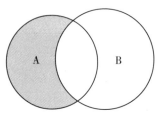

图 2-3 逻辑非示意图

检索词 A 和检索词 B 用"非"组配，检索式为：

A Not B，或者 A-B

它表示检出含有 A 词，但同时不含 B 词的文献。

(二)优先处理算符标识为圆括号"( )"

布尔运算符的优先级为逻辑"非(NOT)"、逻辑"或(OR)"、逻辑"与(AND)"，使用括号可改变运算顺序。例如有 A、B、C、D 四个检索词(其中 A 和 B，C 和 D 分别为同义概念)，检索式为：

(A OR B)AND(C OR D)

(三)截词检索

英文截词检索(Truncation Retrieval)是指在检索词的适当位置截断，通常保留检索词中的相同词干部分，用截断这词的一个局部即词干加上截词符进行的检索，允许检索词可有一定范围的变化，这种功能可减少输入步骤，简化检索程序，扩大检索范围，提高查全率。不同的数据库有不同的截字符，DIALOG 系统用"？"，ORBIT 系统用"＋"，功能基本相同。由于检索词与数据库所存储信息字符是部分一致性匹配，所以又称部分一致检索。截词符多采用通配符"？""＄""＊"等，因此，截词检索有时也称为通配符(wildcard)检索。使用截词检索，简化了布尔检索中的逻辑"或"功能，但并没有改善布尔检索的性质。

由于英文的构词特性：单复数形式不一致、英美拼写不一致、前缀+词干、词干+后缀。

按截断的位置分为前截词、后截词、中截词、前后截词四种形式。前截词要求后方一致，允许词头有所变化；后截词要求前方一致，允许词尾有所变化；中截词要求中间屏蔽，允许词中间的某些字母有变化；前后截词要求中间一致，词头、词尾都可变化。

例如，当使用前截词后方一致算符时"？Polymer"可同时查找含有 Homopolymer,

Copolymer 等的文献；当使用后截词前方一致算符时，"Textile?"可同时查找含有 Textile 和 Textiles 的文献；当使用中间屏蔽算符时，"m？n"相当于查找含有 man 和 men 的文献；当使用中间一致算符"？Wave?"可同时查找含有 Waves，Microwave 等的文献。

在英文检索系统中，截词是计算机检索中常用的方法，尤其是英语的单词词尾变化较多，为避免漏检，经常要使用后截词检索。使用截词符处理自由词，对提高查全率的效果非常显著。

（四）位置算符

位置算符又称邻接算符（"Adjacent Operators"or "Proximity Retrieval"），是一种可以不依赖叙词表而直接使用自由词进行检索的一种技术，它以数据库原始记录中词语的相对次序或者位置关系为对象进行组配运算。适用于两个检索词以指定间隔距离或者指定的顺序出现的场合。

在逻辑"与 AND"运算符检索中，尽管同时含有所希望的检索词，但 AND 算符并不限制两个检索词的位置和出现顺序。例如输入的"Communication AND Satellite"这个检索式为例，命中的文献中可能既含有"Communication"和"Satellite"两词各一次且距离远，还可能含有"Satellite Communication"；也可能既含有"Communication Devices for Satellite"，又含有"Communication links without satellites"等，显然其中的有些记录与检索目的毫无关系。此时就有必要运用到位置算符进行检索。

1."（W）"两词顺序紧邻算符

"（W）"算符中的 W 是"With"的缩写。这个算符表示其两侧的检索词必须紧密相连，除开空格和标点符号外，不得插入其他词或字母，两词的词序不可颠倒。"（W）"算符还可以使用其简略形式"（W）"。

例如，检索式为"网络（W）主权"时，数据库系统将只检索并输出含有"网络主权"词组的结果文献。

2."（N）"两词无序紧邻算符

"（N）"算符是"Near"的缩写，表示此算符两侧的检索词彼此必须相邻接，但两个检索词的前后关系可以颠倒，即查找两个连在一起的单词，除空格和标点符号外，两词之间不能插入任何词。例如：检索式为"空间（N）主权"时，数据库系统将只检索并输出含有"空间主权""主权空间"等词组的结果文献。

3."（nW）"两词顺序近邻算符

"（nW）"算符是"nWords"的缩写，它允许两词间插入最多为 n（n 为变量）个实词或虚词，但两个检索词的次序还是不能颠倒。例如，检索式为"网络（2W）主权"时，"网络"与"主权"之间允许插入两个字符，数据库系统将只检索并输出含有"网络主权""网络的主权""网络空间主权"等词组的结果文献。

4."（nN）"两词无序近邻算符

"（nN）"算符是"nNear"的缩写，表示此算符两边的检索词之间插入词的最多数目是 n

个，且两个检索词的次序可以任意颠倒。例如：检索式为"空间(N)主权"时，数据库系统将只检索并输出含有"空间主权""主权空间"等词组的结果文献。

5. "(F)"两词同字段算符

"(F)"算符中 F 的含义为"Field"。这个算符表示其两侧的检索词必须在同一字段(例如同在篇名字段或文摘字段)中出现，词序不限，中间可插任意检索词。

例如，pollution (F) control 可查出 control and management of industrial pollution，检索词在同一题目字段中。由于(F)邻近算符限制性差，所以在文中检索多个叙词字段时不宜使用。(F)邻近算符与 AND 布尔逻辑组配主要区别在于：(F)邻近算符使两个检索项在同一字段，AND 布尔逻辑组配中两个检索词会发生在不同字段中。

6. "(S)"两词同句算符

"(S)"算符中的 S 含义为"Sentence"。这个算符表示其两侧的检索词必须在同一句子中出现，两词的词序不限。例如，"COMMUNICATION(S)SATELLITE"时，系统将检索句子(同一子字段)中含有 communication satellite 和 satellite communication 词组的记录。

以上介绍的各种位置算符，按照限制程度的大小，(W)、(nW)最强，(N)、(nN)次之，(S)再次之；(F)的最弱。当(nN)的 n≥10 时，其作用已经相当于(S)。

使用邻近检索，只能限制检索词之间的相对位置，不能完全确定检索词在数据库记录中出现的字段位置，特别在使用自由词进行全文检索时，需要用字段限制查找的范围。

(五)词组检索

双引号将检索词限定，检索系统将双引号限定的词组或短语视为不可拆分的整体进行检索，检索结果全部作为与双引号限定的词组或短语精确匹配输出。

(六)其他检索技术：基于文献结构的检索

基于文献结构的检索与基于文献全文的检索不同。基于文献结构的检索要用到文档的结构信息。文档的结构包括内部结构和外部结构。所谓内部结构是指描述文献整体结构特征的各字段，如：文献题名、著者名称、文摘等。在题名检索系统、著者检索系统中，虽可作为检索标识，但不属于情报检索语言的范围，且具有检索意义，构成检索信息。这些信息可以为信息检索所用，称为字段检索。所谓外部结构是指文档之间的基于某种关联构成的文献网络，如引文和链接。基于结构的检索通常不会单独使用而会和基于文字的检索联合使用。

字段限定检索(Field Limiting Retrieval)是用于限定提问检索词在文献中出现的区域，控制检索结果的相关性，是提高检索效果的一种有效检索方法。字段分为基本字段和辅助字段两类。基本字段和辅助字段在检索策略的构成方法上往往有些区别。

基本字段通常是默认的主题途径检索范围，如果需要查找专门的基本字段或者辅助字段，通常需要予以指定。常见的字段名称和代码(也称段码)如表 2-1 所示。

表 2-1　　　　　　　　　　　　　　　常用检索字段表

基本字段			辅助字段		
中文名称	英文名称	英文简称	中文名称	英文名称	英文简称
题名	Title	TI	作者单位	Author Affiliation	AA
文摘	Abstract	AB	团体著者	Corporate Source	CS
作者	Author	AU	期刊名	Journal Name	JN
叙词	Descriptor	DE	会议名称	Conference Title	CT
关键词	Keyword	KW	语种	Language	LA
标识词	Identifier	ID	出版者	Publisher	PU
			出版年	Publication Year	PY

　　基本字段主要是指题名、文摘、叙词、关键词和标识词。基本字段限制的用法是在需要指定的字段的检索词后加上字段运算符或者称为段码。不同检索系统，对基本字段与辅助字段采用不同的限定符。例如 DIALOG 系统基本字段运算符为"/"与一个基本索引字段符组成，又称为后缀限定。例如，检索策略"OPTICAL/TI AND FIBER/TI"的含义是指定在题目字段中查找含有"optical"和"fiber"两词的所有记录。辅助字段的字段符为"="，一般将辅助索引字段代码置于检索词前，称为前缀，常与基本索引字段配合使用，起着进一步限定检索范围的作用。例如"life（N）insurance AND PY = 2009 AND AU = Ruhua Huang AND（CS = Wuhan Univ.）"，表示检索出著者是"Ruhua Huang"（黄如花），著者单位是"Wuhan University"的文献，即要查找"武汉大学"姓名为"Ruhua Huang"（黄如花）的作者的"2009 年"出版的关于"人寿保险"的文献。

　　字段段码可以多个连用，段码之间加逗号","即可。例如"FIBER/TI，DE"的含义是指定在题目和叙词字段是查找以"fiber"为词的所有文献。

　　加权检索是为了弥补布尔逻辑检索不能揭示检索概念与检索课题相关程度的缺陷而提出来的。其基本思路是，由检索者自行对各检索词设置一个权值，并提出一个阈值，当检索出的提问式的总权值大于或等于阈值时，该文献为命中，否则为不命中。加权检索使量的概念进入了布尔检索，总权值的大小代表了文献与检索课题的相关程度。最后输出检索结果时，可以根据权值的大小顺序排列，这对用户是非常有用的。

　　除以上外，还有模糊检索、区分大小写检索、多语种检索、加权检索、自然语言检索等。

三、检索途径

　　检索途径，以检索语言描述的文献的内外特征来区分的话，可分为三类：第一类是以内容特征为检索途径，例如分类检索途径或者主题检索途径；第二类是以文献的外表特征为检索途径，例如通过题名、责任者、序号如标准号专利号案例号检索途径；第三类是前述两类的结合。

四、检索策略和步骤

检索策略指称为某项研究而制订的一系列有序查检文献的措施，包括分析检索主题、选择检索工具、编制检索式、试探检索、调整检索式、实施检索、分析检索结果文献、获取原文等。实施检索策略的各个步骤简称为检索步骤。

(一)分析检索主题

分析主要概念核心概念，找出能代表这些概念的若干个词或词组，对新学科、交叉学科和边缘学科的主题概念，找出隐含概念，要搞清楚这些概念关系。概念分析的结果应以概念组为单元的词或词组形式列出，以便下一步制订检索策略。例如，"人身自由权侵权责任"可划分为两个概念，即"人身权"与"侵权责任"。

检索主题有时有隐含的概念。隐含的概念从专业角度作深入分析，才能提炼出能够确切反映主题内容的检索概念。例如，"人身权"中人身权概念下位概念人格权系生命权、身体权、健康权、姓名权、名称权、名誉权、肖像权；身份权系亲权、配偶权、亲属权、荣誉权。

一些比较泛指、检索意义不大的概念，如"发展""趋势""现状"等应予以排除，但是在检索综述类文献时不应排除。

(二)选择数据库

在检索之前选择数据库，因为不同的数据库学科文献范围不同，数据库的标引特征不同，导致检索指令等检索特点也各不相同。

选择数据库，一般应遵循以下几条原则：

(1)按照检索主题的要求和目的，选择收录文献种类、专业覆盖面、文献存储时间跨度合适的数据库。

(2)需要查找前沿及热点文献时，选择数据更新周期短数据库检索系统。

(3)需要获取原文时，选择全文数据库检索系统。

(三)编制检索式

(1)力求检索提问与检索主题需求的一致性。

(2)主要概念作为检索词，并标明它们的逻辑关系。

(3)单一概念考虑它的同义词、近义词、用 OR 组配成一个概念面的集合。

(4)对抽出的概念或由 OR 组配成的概念面，进行 AND 和 NOT 组配成检索式。

(四)检索式的调整

检索式输入检索系统后，系统回应的检索结果不一定能满足检索需求，有时输出的文献数过多，有时输出的文献数极少，有时甚至为零，这时就需要调整检索式。

1. 输出篇数过多时

(1)减少同义词或同族相关词;

(2)增加限制概念,用逻辑"与(AND)"进行组配;

(3)使用"非(NOT)"算符,排除无关概念。

(4)使用适当的位置算符,或者限制结果的文献类型、语种、出版国家;

(5)使用字段限制,字段限制也是调整检索策略的一种重要的手段。多数检索系统对不指定字段的基本检索,通常在所有基本字段中进行搜索,如果想指定在文献的题目等字段中查找所希望的检索词,就需要使用字段限制。字段限制适用于在已有一定数量输出记录的基础上,通过指定字段的方法,减少输出篇数,提高检索结果的查准率。

2. 输出篇数过少时

(1)选用规范的主题词,找全其同义词,增加同义词及同族相关词,用逻辑"或(OR)"组配;

(2)运用其上位概念或下位概念,并且减少"与(AND)""非(NOT)"算符;

(3)英文数据库可在词干相同的单词后使用截词符(?);

(4)除去已有的字段限制、位置算符限制(或者改用限制程度较小的位置算符);

(5)在文摘或全文中实施检索。

实际检索时,应随时调整,使检索达到最佳效果。

(五)分析检索结果文献

虽然检索系统依据检索式匹配输出了一系列检索结果文献,显示在检索结果页面,但是这些文献是否与检索主题具有高度相关性、这些文献本身是否具有学术性以及学术程度等,都需要检索者使用检索系统提供的分析功能,或者自行阅读分析取舍。

五、信息检索系统的评价

信息检索技术的理论研究开始于1945年7月《大西洋周刊》中美国科学研究和开发办公室主任 Vannevar Bush 的一篇著名文章:"As We May Think",他在此文中首次提出机器检索构想,其后实验并实践此构想。从此手工检索步入机械检索发展到当今的计算机信息系统检索。每一个信息检索系统核心内容之一是它的检索性能。从20世纪60年代开始,许多种对信息检索系统的评价指标被研制出来,如 F. Wilfred Lancaster 的6项指标[1]、Cranfield 测评指标。检索性能评价是依据给定的评价指标对实施信息检索取得的成果进行客观数据测评、目的是为了完善信息检索系统的。评价指标主要有:查全率 R(Recall Ratio)、查准率 P(Precision Ratio)、漏检率(Omission Factor)、误检率(Noise Factor)以及新颖率、检索速度等。其中,最主要的指标是查全率和查准率。

---

[1]　F. Wilfred Lancaster. Information retrieval systems characteristics, testing and evaluation[M]. New York: John Wiley & Sons, Inc., 1968 覆盖范围(Coverage)、查全率(Recall Ratio)、查准率(Precision Ratio)、响应时间(Response Time)、用户负担(User Effort)和检索结果输出格式(Format Output)。

查全率 R=(检索结果中和查询相关的文档数)/(文档库中所有和查询相关的文档数)。查全率高则数据库被检中的比例高,但是对于数量巨大的数据库而言,要达到100%的查全率是不可能的。

查准率 P=(检索结果中和检索相关的文献数)/(检索结果中的文献总数)。查准率高说明检出的记录的相关度高。一般来说,很少能达到100%的查准率。

查全率是一个给定相关性文档的被检索的概率,查准率是一个给定被检索文档的相似度的概率。"查全"与"查准"难以同时取得,为了获得尽可能多的检中结果即达到高查全率、低漏检率,需要较少的限制检索条件,这样检索出的结果不相关性高,即查准率低而误检率高。反之亦然。

第三章 古典法学文献及其检索

我国古典法学文献是古典文献的组成部分，时间上指民国以前的律法及其相关文献。同整体的古典文献一样，古典法学文献内容分为核心内容、一般内容、专题内容三类。核心内容包括目录、版本和校勘。一般内容包括文字、音韵、训诂、编辑与注释、辑佚与辨伪、流通与典藏、载体与形制、文献检索。专题内容包括甲骨文献、金石文献、简帛文献、敦煌文献、域外汉文典籍（古籍文献）、特种史志文献—地方志与族谱。

《庄子·逍遥游》中有："水之积也不厚，则其负大舟也无力。"《管子·形势第二》中有："疑今者，察之古；不知来者，视之往。"对于古典文献的了解，必须多多经眼，所有的理论只能是一个指引。

古典文献学家张三夕先生说："所谓目录，是指按照一定次序编排的一批书名（或篇名）及其叙录，它是简介图书内容和形式，反映文献出版、收藏等情况，指导阅读和检索图书等文献资料的工具。"①文献学之目录部分研究对象是目录，研究目录的形成和发展，及其一般规律的专门学问。文献和文献的利用的最初整理导致了目录和目录学的产生。"目录之学，学中第一紧要事，必从此问途，方能得其门而入。"②例如：《中国古籍善本书目》、张之洞的《书目问答》、纪昀的《四库全书总目题要》。详见下文律学工具文献。

比目录更细致的是索引。20世纪20年代，我国学术界发起"索引运动"后，于40年代出现了几部较大且至今使用价值高的索引，如：王重民的《清代文集篇名分类索引》、商务印书馆的《佩文韵府索引》《十通索引》《二十五史人名索引》《石刻题跋索引》。当代有《宋代书目考》，是1987年文史哲出版社出版的图书，作者是乔衍琯。为何在战火纷飞的年代却能出现高价值的索引？潘树广先生总结说：理论研究和编纂实践结合得较好；踏实苦干，讲究实效；目录学家、语言学家共同关心索引工作。③

目录关注一书或群书的概貌，而版本关注一书之各个细节。

版本是指同一种文献在撰写、编辑、传抄、刊刻出版、流传过程中所形成的不同样态的文本。版本学就是研究某一文献的各种文本形态的形成流传、比较其异同优劣等差、并鉴别其真伪的专门学问。例如：现存已知的《宋刑统》④（刑律统类之省称）版本有三种。⑤

---

① 张三夕．中国古典文献学［M］．武汉：华中师范大学出版社，2003：7.

② 王鸣盛．十七史商榷卷一［M］．北京：商务印书馆，1959：1.

③ 潘树广．古典文学文献及其检索［M］．西安：陕西人民出版社，1984：358.

④ 《宋会要·刑法》记载，《宋刑统》为宋朝显德四年（963年）窦仪等撰，第30卷502条。

⑤ 窦仪等撰．宋刑统［M］．北京：中华书局，1984：1.

其一为明朝鄞县(今浙江宁波)范钦天一阁藏本,乌丝阑影宋钞本。天一阁藏本为海内孤本,明清未见通行于世。其二为民国七年(1918年)国务院法制局重校刊行天一阁本,即法制局本,简称局本。其三为民国十至十一年(1921—1922年)吴兴(今浙江湖州)刘承干嘉业堂重校天一阁本,即嘉业堂丛书刑统,简称嘉业堂本。该版本为现今通行版本。1990年中国书店出版《海王邨古籍丛刊》时采用局本为底本。法律出版社于1999年出版的由薛梅卿点校的《宋刑统》则以嘉业堂本为底本,以局本为主校本。如果检索到的《宋刑统》不是前述版本,则需要考证版本的源流,然后才是决定取舍。

校勘,指对某一古籍用不同的版本加以比较核对,以考订内容真伪、考订文本在流传过程中出现的讹、脱、衍、倒、错乱等字句篇章上的错误,恢复或接近文献原貌的理论及科学方法的学问。例如陈垣对沈刻《元典章》校勘之后,撰写的校勘学名著《元典章校补释例》。校勘学是旧称校雠学的一部分,校雠学则是旧时研究校雠的一般方法和规律的专门学问。校雠学包括了目录、版本、校勘、辩伪、辑佚、考证、注释、文字、音韵、训诂等内容,现今称古典文献学。

我国古典文献的分类法从西汉刘向刘歆父子的六分法到魏晋隋唐的经史子集四分法,四分法是我国古典时期的主要文献分类法。晚清有经史子集丛五分法,和经史子集丛西学六分法。古典法学文献,即清代以及清以前法学文献,亦即通说的传世古籍(1911年以前抄写或印刷的文献)中的法学类文献,分散在经史子集丛各类之中,约有3000多种。[①] 对古典法律文献的分类,从学术研究和检索的角度,分为四类:权威性古典法学文献、准权威性古典法学文献、学术性古典法学文献、工具性古典法学文献。

第一节 律学权威文献

律学权威文献亦称权威性古典法学文献,从文献的生成角度而言,是中央政权或其指定的官员创制的文本,即古籍中的法律法规部分,各个朝代以律、令、格、式、敕之文体产生的法学文献。律以正刑定罪、令以设范立制、格以禁违正邪、式以轨物程事。[②] 律、令、式文体,秦律已经具备。

律:现当代称为法律或法典,历朝历代均有。

令:法典之补充,"律无正文者则行令",清代无令,相关内容入会典。

格:北魏至唐宋时律学用语,明清相关内容入会典;唐以前为律令之补充,唐宋时只是行政法规汇编。

式:官署处理日常公文表册的格式及程式,北朝后周至唐宋时期律学用语,明清时期相关内容入会典。

敕:帝王之诏令;例如:宋代第一部编敕《建隆编敕》4卷106条,宋太祖下令与《宋刑统》并行。

---

① 张伯元.法律文献学[M].上海:上海人民出版社,2012:1.
② 《唐六典》卷六刑部[M].北京:中华书局,2014:156-182.

科：汉魏南北朝时期律学用语，南朝《梁科》30卷、《陈科》30卷。北朝东魏以格代科《麟趾格》。

比：判例，主要见于汉朝。例如：汉朝的决事比。

例：唐宋明清时律学用语。有两义："条例"即律法文体的条文之义，"法例""断例"即判例之义。

历代权威律学文献举要，详见表3-1。

表3-1　　　　　　　　　　　　　历代主要律例表

朝代	律名	目录数	目录名	备注
战国·魏	《法经》	6	盗、贼、网、捕、杂、具	《晋书·刑法志》卷二十卷三十
西汉	《九章律》	9	盗、贼、网、捕、杂、具、兴、厩、户	《晋书·刑法志》卷二十卷三十 注：以《法经》为蓝本
三国·曹魏	《新律》	18	刑名、盗律、劫略律、诈律、毁亡律、告劾律、断狱律、请赇律、兴擅律、留律、惊事律、偿赃律、免坐律、贼律、囚律、金布律、杂律	《晋书·刑法志》卷二十卷三十 注：以《九章律》为蓝本
西晋	《泰始律》	20	法例、盗、贼、网、捕、具、兴、厩、户、告劾、系讯、断狱、请赇、诈伪、水火、毁亡、卫宫、违制、诸侯律	《晋书·刑法志》卷二十卷三十 注：以《九章律》为蓝本，至梁武帝改律，适用200多年
南北朝	《梁律》	20	刑名、法例、盗劫、贼叛、诈伪、受赇、告劾、讨捕、系讯、断狱、杂、户、擅兴、毁亡、卫宫、水火、仓库、厩、关市、违制	《隋书·刑法志》卷二十五 志第二十 注：以前朝南齐律法为蓝本（宋、齐均沿用泰始律）
南北朝·北齐	《北齐律》	12	名例、禁卫、婚户、擅兴、违制、诈伪、斗讼、贼盗、捕断、毁损、厩牧、杂	《隋书·刑法志》卷二十五 志第二十 注：以《梁律》《北魏律》为蓝本（《北魏律》以《泰始律》为蓝本）
南北朝·北周	《大律》	25	刑名、法例、祀享、朝会、婚姻、户禁、水火、兴缮、卫宫、市廛、斗竞、劫盗、贼叛、毁亡、违制、关津、诸侯、厩牧、杂犯、诈伪、请求、告言、逃亡、系讯、断狱	《隋书·刑法志》卷二十五 志第二十 注："比于（北）齐法，繁而不要"
隋朝	《开皇律》	12	名例、卫禁、职制、户婚、厩库、擅兴、贼盗、斗讼、诈伪、杂律、捕亡、断狱	《隋书·刑法志》卷二十五 志第二十 注：以《北齐律》为蓝本

续表

朝代	律名	目录数	目录名	备注
唐朝	《律疏》	12	名例律、卫禁律、职制律、户婚律、厩库律、擅兴律、贼盗律、斗讼律、诈伪律、捕亡律、断狱律、杂律	注：以《北齐律》为蓝本，传世文本《永徽律疏》沿用《开皇律》框架。唐律为其后的后梁、后唐、后晋、后汉、后周五个朝代大致沿袭，以迄于宋
宋朝	《刑统》	12	名例、卫禁、职制、户婚、厩库、擅兴、贼盗、斗讼、诈伪、杂律、捕亡、断狱	注：以唐律为蓝本，传世文本《宋刑统》，终宋之世用之不改
明朝	《大明律》	7	名例律、吏律、户律、礼律、兵律、刑律、工律	注：以唐律为蓝本，传世文本《大明律》
清朝	《大清律例》	7	名例律、吏律、户律、礼律、兵律、刑律、工律	注：以《大明律》为蓝本，传世文本《大清律例》，自乾隆五年制定以后，沿用至清末改动不大

　　古代仅有律名没有律目的历史记录，据《汉书·刑法志》记载，三代的权威性法学文献有《禹刑》《汤刑》《九刑》《甫刑》；春秋时有郑国《刑书》、晋国的《被庐之法》《三章法》《夷三族令》等；这些律文都已亡佚，唯待日后学者在发现相关新史料的基础上进行追考。

　　传世权威律学文献始于战国。

　　《汉书·刑法志》提及汉代律名《九章律》，未提及秦朝律名。《晋书·刑法志》记载汉代律名有《傍章律》《越宫律》《律本章句》《朝律》《汉仪》等，均无律目。1975 年睡虎地秦简 1150 支睡虎地秦简如《秦律十八种》，以及 1983 年发现张家山汉简 247 号墓出土的竹简 1236 枚，例如《二年律令》，使得云雾一样的秦汉律露出了冰山一角，详见下文《简帛文献》。

　　《晋书·刑法志》记载三国曹魏律令名称的有《州郡令》《尚书官令》《军中令》《邮驿令》《令乙》《令丙》等；西晋有《晋故事》；北朝有《法例律》《斗律》《麟趾格》等；南朝有《梁律》《陈律》等；《隋书·刑法志》记载隋有《大业律》，等等。这些文献现今也已亡佚，幸有后人的部分辑佚存世。举要如下：

　　《汉律辑存》六卷本，晚清·薛允升辑注①，清稿本。②

　　《汉律集注》六卷本，晚清·杜贵墀辑注，光绪二十五年杜氏校经堂刊本。

　　《两汉诏令》二十三卷，包含《西汉诏令》十二卷，宋·林虑编。《东汉诏令》十一卷，宋·楼昉续编，《四库全书》本。

　　《汉律决事比》四卷，晚清·薛允升辑。

---

① 赵尔巽等.清史稿·卷四百四十二(第 41 册)[M].北京：中华书局，1998：1248.
② 注：经他人代为缮写后又经著者亲为校定过的稿本，称为清稿本。

《神农删定散颁刑部格残卷》一卷，唐·苏瓌等删定。敦煌写卷，今藏巴黎国民图书馆。1937 年罗振玉据法国巴黎国民图书馆藏敦煌写本石印，辑为"百爵斋丛书第一册"。中宗神农年间（705—706）散颁格七卷，分为四部：刑部、比部、都部和司部。敦煌写本仅仅残存刑部十四条。

《开元户部格残卷》现藏英国伦敦大英图书馆，编号 S. 1344。①

唐代已降均有传世律学权威文献。存世权威性古籍法学文献及不传世辑本举要如下（出土秦汉简册法律见简册文献部分）：

《唐律疏议》三十卷，唐·长孙无忌等撰，是现存的传世文献最早的最完整的法典文献。现今有《四库全书》本，中华书局 1983 年点校本。此外还有元刻本、四部丛刊影宋本。

《唐大诏令集》一百三十卷，宋·宋绶 宋敏求父子辑，现今有四库全书本，商务印书馆 1959 年点校本排印本，中华书局 2008 年重印本。

《唐令拾遗》[日]仁井田陞汇集三代学者的努力辑注成，中译本见长春出版社 1989 年版。

《宋刑统》三十卷，宋·窦仪、苏晓等纂，今有明代天一阁抄本，中华书局 1984 年版。

《宋大诏令集》贰佰四十卷，今有宋刊本，清铁琴铜剑楼抄本，中华书局 1962 年版。

《吏部条法》二卷，明·解缙等纂，中华书局影印《永乐大典》1986 年版。

《宋律》一十二卷，清·爱日精庐抄本。

《元刑法志》四卷，明·侯格等辑。为《大元通制》律令部分辑本，清光绪法律馆刊本。

《大元通制·条格》，郭成伟点校，法律出版社 2000 年版。

《大明律》，明·刘惟谦等撰，法律出版社 1998 年版。

《大明律附例笺秘》三十卷，明·王樵、王肯堂撰，明刻本。

《钦定宪法大纲》23 条于清光绪三十四年（1908 年）颁布，是中国历史上第一部宪法性文件。

《大清律例通考校注》，马建石、杨育棠考校，中国政法大学出版社 1992 年版。

《大清现行刑律》十二册，沈家本、伍廷芳等纂，清末仿聚珍本，其中废除了一些残酷的刑种以及明显不合时代精神的制度。

《钦定大清刑律》二册，沈家本纂，清宣统年间刊本。

《钦定大清商律》140 条，1903 年颁行，是中国史上首部独立商法，也是清末颁布的最早的新法。

《改订大清商律草案》是一部成熟的商法草案，内容远较《钦定大清商律》完整、周密。1914 年，民国北京政府将其略加修改后，改为《商人通例》和《公司条例》颁布使用。

《大清民律草案》《刑事诉讼律草案》《民事诉讼律草案》《大理院审判编制法》《法院编

① 注：S 为斯坦因英文首字母。S. 1344 为斯坦因 20 世纪初在我国西部考古运去英国的文献编号，文献见刘俊文．敦煌吐鲁番唐代法制文书考释[M]．北京：中华书局，1989：276-294.

制法》《各级审判厅试办章程》《初级暨地方审判厅管辖案件暂行章程》《法官考试录用暂行章程》《司法区域分划暂行章程》《大清监狱律草案》。

《大清新刑律》为中国历史上第一部近代意义的专门刑法典。

《结社集会律》《违警律》《户口管理规则》《京师户口调查规则》《调查户口执行法》《各学堂管理通则》《谘议局章程》和《资政院院章》。

《银行则例》《银行注册章程》《大小轮船公司注册给照章程》《运送章程》《商会简明章程》《华商办理农工商实业爵赏章程》《奖励华商公司章程》《改订奖励华商公司章程》等。

中英《南京条约》(1842 年 8 月签订)及其附件《中英五口通商章程及税则》(1843 年 7 月 22 日)和《中英五口通商附粘善后条款》(即《虎门条约》,于 1843 年签订)确立了领事裁判权。

《五口贸易章程》(即中美《望厦条约》,于 1844 年订立)把领事裁判权的范围由五口扩大到各个港口城市。此后,法、俄、德、日等 20 个国家援引英美先例,相继取得了领事裁判特权。

《上海英美法租界地章程》英美法三国驻上海领事 1853 年 9 月擅自订立,借此章程在租界内成立了由外国领事直接控制的"工部局"和巡捕房,取得租界内的司法管辖权。

《天津条约》(1858 年订立),确定中国官员与外国领事的"会审制度"。

《增损吕氏乡约》一卷,宋·吕大钧撰,朱熹审定。明刊本,《青照堂丛书》本。

《唐明律合编》四十卷,晚清·薛允升著,法律出版社 1999 年版。

《读例存疑》五十四卷,晚清·薛允升著,1905 年北京琉璃厂翰茂斋始刊。中国国家图书馆和上海图书馆有藏本。

《作邑自箴》十卷,宋·李元弼辑,《四部丛刊》本。

法学文献传世古籍的存佚现状见下文。

第二节　律学准权威文献

律学准权威文献即准权威性古典法学文献,指历代判例判牍和司法文书档案以及传世综合档案。传世综合档案文献蕴含着大量的法律文献及史料。狭义的判例亦即判牍,由审判官员整理各自所撰写或他人记录的判牍或非审判官员编选的判牍、还有判牍范本即模拟实判的范文。判例历史悠久,汉代称"比",晋代称"故事",唐代称"法例",元代称"断例",清代称"成案"。明代和明代以前的判例判牍亡佚严重,传世不多;而清代判例判牍卷帙浩繁。

"判例"作为法律文献名称晚至清代才出现。古代替代的语词,在秦代据睡虎地秦墓竹简中法律答问记载,秦已有比附判案成例裁判案件的制度,称为"廷行事"①。汉代称为"比"。判牍在古代又称为谳牍,有"详""拟""呈""判""批""驳"等多种称谓。秦"廷行事"的出现,表明当时的审案者根据以前的成例审结案件,已成为一种常规。汉代"比"即比附

---

① 廷,即指廷尉,是当时最高司法长官;行事,行事,即已行之事,旧例。

有关旧例定案，又称为'决事比''辞讼比'。据新唐书艺文志：汉代有廷尉决事二十卷。

我国的法学传世文献的记载，最早可追溯到五帝之时。目前从考古发现的先秦甲骨文献金石文献渐渐能印证的到商朝盘庚迁殷之时。因此当下可用的三代考古文献只涉及商周两朝。先秦及秦以后的考古文献发现主要有：先秦及秦汉魏晋简帛文献、隋唐敦煌吐鲁番文书、宋元黑城文书、明清徽州文书。虽然甲骨简帛敦煌吐鲁番黑城徽州抄本均含有综合性内容，但是涉及律法内容的文献除开权威的律文献抄本和少量学术文献，其余均可归入文书档案和案例判牍。因其文献内容本身的社会生活的综合性，后文按载体形式出现的时间顺序分述为甲骨文献、金石文献、简帛文献以及纸质案例判牍文书档案古文献。甲骨、金石、简帛、敦煌等考古出土文献因未经历史流传过程中文本出现的舛误，故有得天独厚的可信度。这一部分文献用于与传世文献互相参证，即王国维在历史学术研究上取得了杰出的成就的出土文献(地下文献)与传世文献(纸上文献)相互参证的二重证据法。

1925 年，王国维在《古史新证》中说："吾辈生于今日，幸于纸上之材料外，更得地下之新材料。由此种材料，我辈固得据以补正纸上之材料，亦得证明古书水产某部分全为实录，即百家不雅训之言亦不无表示一面之事实。此二重证据法惟在今日始得为之。"王国维时期的出土文献远远不及现在的万分之一，出土文献为当代法律研究提供了可靠的依据，拓宽法律研究的领域，出土文献既能印证传世文献之实载，也能补正传世文献之缺失，还能斧正传世文献之舛讹，同时还能匡正研究者正在研究中的一些偏误。虽然目前的唐以前的律学研究集中在校补、考证、笺释、缀合文本，还原文献编写原貌等问题，但是也有少数学者能从历史大尺度分析古代判词，如汪世荣所著《中国古代判例研究》，就在力图找寻我国古典判例的发展规律及其作用。

一、甲骨文献

甲骨文是商代后期盘庚迁殷至纣王末年 273 年间所使用的，刻写在龟甲和牛肩胛骨上，用于占卜的，我国已知最早成系统的古汉字。甲骨文单字 4500 多字，已经确认的不到 1500 字，确认的 1500 字中有 941 字出自《说文解字》。

(一)甲骨文献概况

甲骨文是占卜师将贞问的问题和随后的对兆纹的判词以及其后的结果契刻或书写在甲骨上。自 1899 年王懿荣(清朝国子监祭酒)首次发现并收藏，至今 120 多年。甲骨文印本或写本文献，则应该从第一部甲骨文著录专著：1903 年清·刘鹗《铁云藏龟》六卷印本和第一部甲骨文考释写本专著：清·孙诒让于 1904 年所著《契文举例》开始算起，现有甲骨文献一万多种①。明国法史学者杨鸿烈先生是首位引用甲骨文考释成果进行商代法制研究的法学家，在《中国法律思想史》中，他引用了商承祚《殷墟文字类编》对"囚"等字的考释。而杨树达先生则直接进行考释工作，如《释荆》《释豕》《释律》。此后囿于专业培养模式，现今考释甲骨文难以见到法史学者的身影了。据孙亚冰统计，甲骨文总数：大陆 93

---

① 赵诚. 二十世纪甲骨文研究述要(上)[M]. 北京：书海出版社，2005：7.

个单位收藏大于 79381 片，36 位个人藏 1520 片，大陆共计大于 80901 片。不含 4 宗去向不明的 17618 片。台湾地区大于 30343 片，去向不明 3 片。香港地区 90 片。国外收藏依次是：日本 23 个单位，28 位个人共藏 7999 片，不含近 4000 片去向不明。加拿大两个单位共 7407 片，英国 8 个单位 3 为个人藏 3141 片。美国 23 个单位 8 位个人共藏 1860 片。德国两个单位共藏 851 片。苏联 1 个单位藏 199 片。瑞典 1 个单位藏 111 片。瑞士 1 个单位藏 69 片。法国 4 个单位 2 位个人共藏 59 片，新加坡 1 个单位藏 28 片，荷兰 1 个单位藏 19 片。新西兰 1 个单位藏 10 片。比利时 2 个单位藏 7 片，韩国 2 个单位 7 片。国内三地共藏 111334 片。国外（14 国）合计 21758 片。国内外合计 133092 片，这还不包括不知所踪的 2 万多片①。这个统计不含 1991 年殷墟花园庄东地甲骨 H3 甲骨坑所发掘出土的甲骨 1583 片（有刻辞 689 片），也不含 2008 年考古工作者在对陕西岐山周公庙遗址进行发掘时出土的大量甲骨（其中 11 片上带有文字，这是继 2004 年之后再次在周公庙遗址区发现甲骨文字）。2009—2018 年 11 月，没有发现出土甲骨的报道。所以国内外总计应为 133792 片，均为商王占卜之物，含少量非王刻辞（据常耀华先生统计，非王卜辞约在 2015 片左右②）。中国社会科学院考古研究所编《殷墟小屯村中村南甲骨（全二册）》，收集 500 片有字甲骨。甲骨有关法律文献见于集录可参阅《中国珍稀法律典籍集成（全 14 册）》第一册辑录约 500 则。甲骨与有关法律文献多数散见于甲骨图录及考释文献之中。

　　甲骨文学家董作宾将甲骨文分为五期，对应商周考古学家邹衡殷墟文化两段四期七组：殷墟文化二期为甲骨文分期的武丁、祖庚、祖甲时期；殷墟文化三期为甲骨文分期的廪辛、康丁、武乙、文丁时期；殷墟文化四期为甲骨文分期的帝乙帝辛时期。五期分布见表 3-2：③

表 3-2　　　　　　　　　　　出土商代甲骨历时分布表

甲 骨 时 代	甲骨占量
第 1 期（27 代武丁时代）	57%
第 2 期（28 代祖庚，29 代祖甲兄弟时代）	11%
第 3 期（30 代祖辛，31 代康丁兄弟时代）	12%
第 4 期（32 代武乙，33 代文武丁时代）	8%
第 5 期（34 代帝乙，35 代帝辛亲子时代）	10%

① 孙亚冰. 百年来甲骨文资料的统计[J]. 故宫博物院院刊，2006（1）.
② 尤柔螭. 非王卜辞[EB/OL]. [2018-11-12]. http://www.kaogu.cn/cn/kaoguyuandi/kaogubaike/2013/1025/34231.html. 非王卜辞分为十类，分别为：1. 子组卜辞；2. 非王无名组；3. 午组卜辞；4. 花园庄东地子卜辞；5. 圆体类；6. 劣体类；7. 刀卜辞；8. 侯家庄南小园坑卜辞；9. 屯西类；10. 后岗其他零星卜辞。
③ 甲骨文[EB/OL]. [2018-11-12]. http://www.kaogu.cn/cn/kaoguyuandi/kaogubaike/2013/1025/34048.html.

(二)甲骨文考释名著

甲骨文献中甲骨文著录及其考释文献可参阅的,虽然后出转精,但是前期名家名著不可忽略。

(1)《甲骨文合集》全13册,郭沫若、胡厚宣主编。收录甲骨41956片(含第13册摹本2480片)[①]。将20世纪70年代中期以前的国内外出版的100多种著录甲骨文的书刊和散见拓本摹本照片等汇编成册。之后重要的大型著录有《小屯南地甲骨》《花园庄东地甲骨》《英国所藏甲骨集》《甲骨文合集补编》《周原甲骨文》等。合集对所收甲骨进行对重、去伪、换片和拼合,整个4万多片甲骨分五期,每期分22类:1奴隶和平民、2奴隶主贵族、3官吏、4军队·刑罚·监狱、5战争、6方域、7贡纳、8农业、9渔猎·畜牧、10手工业、11商业·交通、12天文·历法、13气象、14建筑、15疾病、16生育、17鬼神崇拜、18祭祀、19吉凶梦幻、20卜法、21文字、22其他。不足之处是这套合集没有甲骨来源表,也没有释文。1999年两卷本《甲骨文合集来源表》出版,同年两卷本《甲骨文合集释文》问世,《甲骨文合集》才能充分地被多学科学者使用。

(2)《甲骨文合集补编》全7册,彭邦炯、谢济、马季凡主编,语文出版社1999年版。收甲骨13450片。补编的体例与合集相同,并且补正合集的不足,将来源表和释文编入第七册一同出版,多学科学者可以无障碍使用。

(3)《小屯南地甲骨》,中国社会科学院考古研究所编,中华书局1983年版。1973年于安阳小屯村南地出土,共出土甲骨1万余片,刻辞甲骨5335片,其中卜骨5260片。有的骨版保存较好,字迹清晰;但也有相当一部分腐蚀太重,字迹剥蚀不清,《甲骨文合集》未收录。1985年,姚孝遂、肖丁合著的《小屯南地甲骨考释》由中华书局出版,对该批卜辞做了分类考释和研究。

(4)《英国所藏甲骨集》,中国社会科学院历史研究所、伦敦大学亚非学院编,中华书局1985年版。1982年中国社科院历史研究所李学勤先生在担任剑桥大学客座研究员期间,与历史所齐文心以及伦敦大学亚非学院艾兰(Dr. Sarah Allan)博士在英国学术院、大学中国委员会和伦敦大学亚非学院的资助下,对全英各单位所藏甲骨进行了调查工作。调查显示全英境内共有11家公私单位和个人藏有甲骨,其中皇家苏格兰博物馆(藏1777片)、英国图书馆(藏484片)、剑桥大学图书馆(藏607片)、大英博物馆(藏113片)等处收藏较多,此外还有牛津大学Ashmolean博物馆、剑桥大学考古与古人类学博物馆、伦敦维多利亚和阿尔伯特博物馆等大型公共机构和一些私人藏家持有甲骨。结束调查,三位研究人员将这批甲骨进行了甄别辨伪,择优墨拓,整理出版。[②]

(5)《甲骨续存补编》全3册,胡厚宣辑,天津古籍出版社1996年版。辑2万多拓片摹片,是《甲骨续存》(上海群联出版社1955年版)的续辑。《甲骨文合集》及其补编均未

[①]　胡厚宣. 甲骨文合集[M]. 北京:中华书局,1978—1982年。

[②]　英国所藏甲骨集[EB/OL]. [2018-11-12]. http://www.kaogu.cn/cn/kaoguyuandi/kaogubaike/2013/1025/34266.html.

收录。

（6）《瑞士斯德哥尔摩远东古物博物馆藏甲骨文字》李学勤、齐文心、［美］艾兰编著，中华书局 1999 年版。著录 108 片，《甲骨文合集》及其补编均未收录。

（7）《殷墟花园庄东地甲骨》全 6 册，中国社会科学院考古研究所编，云南人民出版社 2003 年版。集墨拓①片、摹本、照片为一体，附有释文及精简考释。1991 年于安阳殷墟花园庄东地（考古编号 91 花东 H3）出土甲骨 1583 片，其中有刻辞 689 片，编者统计出现了新字形约 100 个。因晚出，《甲骨文合集》及其补编均未收录。殷墟花园庄东地甲骨出土，是继 1936 年小屯北地 YH127、1973 年小屯南地甲骨出土的第三次大发现。

（8）《甲骨文字释林》，中华书局 1979 年版，是于省吾先生（1896—1984）在古文字研究方面的代表作。于省吾共考释前人未识或虽释而不知其造字本义的甲骨文约 300 字，约占全部已识甲骨文字的四分之一，是甲骨文字考释的集大成者，其后唯有裘锡圭先生略有增补。《释林》成为孙诒让、罗振玉、王国维之后考释甲骨文字的最权威的著作。《甲骨文诂林》，于省吾主编，中华书局 1996 年版，全书共有四大册，是一部集结诸家训释的专书，拓宽了甲骨文的应用范围。于省吾所编《甲骨文字释林》和《甲骨文字诂林》反映了当代甲骨文考释的巨大成果。早期的文献可参阅：罗振玉撰，王国维手写的《殷墟书契》。现今对于甲骨文的考释，于省吾先生认为较之罗、王时代进展有限。② 甲骨文保存于地下，"3000 年来原封不动，而古典文献则有许多人为的演绎说法和辗转传讹之处。例如：商王世系，《世纪·殷本纪》作上甲微、报丁、报乙、报丙。甲骨文则作上甲、匸乙、匸丙、匸丁，显然《史记·殷本纪》有误，应以甲骨文为准。"③

（9）《甲骨文字集释》，李孝定编著，（台湾地区）"中央研究院历史语言研究所"1965 年版，全 8 册，4766 页。正文十四卷，另有存疑、补疑、待考各一卷。编排采用《说文解字》体例部次。每字之下，首列篆文，次举甲骨文的各种异体，详注出处，再列各家异说，最后加上著者的按语。对了解 1965 年以前的甲骨文字考释成果堪称首选。

（10）《殷墟卜辞综类》，［日］岛邦男编，汲古书院 1967 年初版，并于 1971 年出版增订本，甲骨卜辞辞例汇集。《殷墟卜辞综类》以李孝定的《甲骨文字集释》为依据，采自 1967 年以前见于著录的卜辞，根据甲骨文本身的形体结构特点，用类似《说文》的结构，将 3000 余字分为 164 部，以部排次，每字之下分列有关辞例，摹录卜辞原文为证，附有编著独立的见解。编有汉字索引和部首索引供检索用，对多学科学者极有实用价值。初版有少量引录有伪刻卜辞、卜辞摹写失真、误释或前后释读自相矛盾，并且没有隶释。但瑕不掩瑜，20 世纪 80 年代以前一度是最好的甲骨学工具书，现在也是很好的参考书之一。

---

① 张遂旺，张龙飞. 甲骨绝学的"墨拓专家"——记考古研究所安阳工作站高级技师何海慧［EB/OL］. 河南日报 2018 年 4 月 23 日第 16 版，http：//blog. sina. com. cn/s/blog_497f388a0102xw9y. html，书中拓片超过一半出自何海慧。墨拓就是用墨把石刻或古器物上的文字和图案拓印到纸上的技术，其细节透视比照片还要清晰。

② 于省吾.《甲骨文字释林》［M］. 北京：中华书局，2009：1.

③ 于省吾.《甲骨文字释林》［M］. 北京：中华书局，2009：3.

(11)《甲骨文字字释综览》，[日]松丸道雄、[日]高岛谦一编，东京大学出版会1993年版。综览以中科院考古所1965年编辑的《甲骨文编》(一种甲骨文字典，全书共收甲骨文单字4672个。正编收录1723个甲骨文字，其中见于许慎《说文》的941个字，附录共收单字2949均无考释)为基础，收集了1988年以前中日及西方471位甲骨学者的1904种著述中对甲骨卜辞的考释，全书用表格形式按文字将有关考释著作列于其后，供学者研究时检索。这是一部汇集近百年来甲骨文考释之大成的巨著。可配备李孝定的《甲骨文字集释》一起使用，对多学科学者更有帮助。

(12)《殷墟甲骨刻辞类纂》，姚孝遂主编，中华书局1989年版，类纂以《甲骨文合集》《小屯南地甲骨》《英国所藏甲骨集》和《怀特氏等所藏甲骨文集》为基础，对每条刻辞进行了隶释，总体水平要比《殷墟卜辞综类》高得多。[①]

(13)《甲骨文通检》，饶宗颐主编，香港中文大学出版社1989—1999年版，分先公先王先妣贞人、地名、天文气象、职官人物、田猎与祭祀五册。《甲骨文通检》的甲骨资料基础上，编撰的一部甲骨辞汇索引工具书。由于当时条件的限制，《甲骨文通检》还有不尽如人意的地方，而且存在很多错误。饶公作为主编，能够在每一册《甲骨文通检》的前言中对相关专题作缜密的梳理和考证，且每一篇都有上万字，极为少见。这些论述既是对商代甲骨卜辞的系统研究和学术积累，也可从中看出他对商代社会有一个整体的史学观，这都给后人研究留下很多启发和思考。

其他还有曹锦炎、沈建华编著的《甲骨文校释总集》全20集，上海辞书出版社2006年版；中国社会科学院考古研究所编《甲骨文编》(1965年)；《中国珍稀法律文献汇编》甲编第一册(汇集甲骨文金文简牍法律文献，汇编约500条与法律相关的卜辞)等可作参考。

二、金石文献

将古代刻于青铜器或石上的文字捶拓成册就称为金石文献。本书只涉及金文，石刻文献仅提及《石刻文献全编》，详研石刻文献请参阅李雪梅编著《碑刻法律史料考》，社会科学文献出版社2009年版。

(一)金文文献概况

金文起于商代，盛行于周代，是在甲骨文的基础上发展起来的文字。因铸刻于钟、鼎、货币、兵器等青铜器上的铭文而得名，也称为钟鼎文、间或与大篆或籀文换称。金文较甲骨文略多已经释读约2000字。青铜器1.6万多件。金文上承甲骨文，下启秦代小篆，流传书迹多刻于钟鼎之上，所以大体较甲骨文更能保存书写原迹，具有刻写时代原有之风貌。自汉至唐约1200年间，见于记载的有铭青铜器不足20件。[②] 金文成为文献的一大类型自宋代始。在宋代，研究金石文献的学问称为金石学。北宋·刘敞记载金石文献用于"礼家明其制度，小学正其文字，谱牒次其世谥。"据宋·翟耆年《籀史》统计，两宋有金石

---

① 裘锡圭评.《殷墟甲骨刻辞类纂》品书[J]，1990(1)；1990(2).

② 赵诚.《二十世纪金文研究述要》[M].北京：书海出版社，2003：1.

研究著作 34 部。传世的不过 1/3。① 至 1933 年容庚著《宋代吉金书籍述评》载 20 种，包含存世和亡佚文献。王国维于 1914 年写《宋代金文著录表》时见到 11 种。现在还能见到的宋代的金石文献有 7 种：欧阳修的《集古录》、赵明诚的《金石录》、刘敞的《先秦古器记》、吕大临的《考古图》、王黼的《宣和博古图》、薛尚功的《历代钟鼎彝器款识法帖》、王俅的《啸堂集古录》。欧阳修、赵明诚、刘敞、吕大临、王黼、薛尚功等都是宋朝金石学名家。宋人多用《说文解字》所收篆文、古文、籀文与青铜铭文构形对照释读，即对照法释读金文；对照法之后他们创用偏旁分析法释读金文，用以辅助经学。这两种研究方法均是与传世文献互证即二重证据的初始自觉使用阶段。元明代青铜铭文著录及考释专著传世的除陈暐《吴中金石新版》(8 卷，天一阁藏本外)，四库全书总目收录 8 种，乏善可陈。以金石治经学至清代发展为金石学术。金石判词见于集录的可参阅《历代判例判牍(全 12 册)》，第一册辑录金文案例 6 则；《中国珍稀法律典籍集成(全 14 册)》第一册辑录 41 则。

(二)金文律学文献

现今能见到最早的判词材料是西周晚期青铜器"亻朕匜"铭文。1975 年出土于陕西省岐山县董家村，全文隶定如下：

> 惟三月既死霸甲申，王才𢍰上宫。白扬父迺(乃)成勑曰："牧牛，敲乃苛勘。汝敢以乃师讼，汝上代先誓。今汝亦既又御誓，专佫啬睦朕，周亦兹五夫。亦既御乃誓，汝亦既从辞从誓。式苛，我宜鞭汝千，幭𪏮汝。今我赦汝、宜鞭汝千。黜𪏮汝。今大赦(以上器内底铭)汝，鞭汝五百，罚汝三百锊。"白扬父乃又使牧牛誓曰；"自今余敢扰乃小大事。乃师或以汝告，则到，乃鞭千，幭𪏮。"牧牛则誓。乃以告吏㲋吏智于会。牧牛辞誓成，罚金，亻朕用作旅盉。②（以上盖内铭）

1. 金文图录及考释文献

清朝对金文的总结性图录及考释直接影响了清朝乃至近现代的金石学术发展。清朝乾隆西清四鉴基本可以代表清前期金石学水平。

(1)清朝金文图录及考释文献。

①清宫西清四鉴文献群：《西清古鉴》40 卷(内府藏商周至唐代铜器 1529 器)、《西清续鉴甲编》20 卷(内府藏商周至宋代铜器 975 器)、《西清续鉴乙编》20 卷(盛京清宫藏商周至唐代铜器 900 器)、《宁寿鉴古》16 卷(宁寿宫藏商周至唐代铜器 701 器)，模图摹铭文附考释，计著录 4105 器，清宫西清四鉴文献群的出版直接带动了清朝金石学术研究。

②西清四鉴后金石文献群：阮元编撰《积古斋钟鼎彝器款识》10 卷。民国学者邓实辑《簠斋吉金录》清代陈介祺藏器，国风出版社 1980 年版。清代吴式芬编撰《捃古录》20 卷，

---

① 据王国维《宋代金文著录表》统计，宋代著录青铜器铭文 643 件。

② 庞怀清，镇烽，忠如，志儒. 陕西省岐山县董家村西周铜器窖穴发掘简报[J]. 文物，1976(05)：26-44，96-98.

录商周至元代金石文 18128 种，是清代金石目录书中收录资料最多的一种。书中将当时存者列为已见，未见者注明见某书，列为待访。吴式芬还编撰了《捃古录金文》3 卷，此书考释商周至元代有铭文的钟鼎彝器 1329 件，各器图像下汇集各家考释文字，并撰案语 70 余条。吴式芬的这两部金石学名著，以对金石文著录之多和诠释之精著称。晚清方浚益编录《缀遗斋彝器款识考释》30 卷，始于同治 8 年、完成于光绪 20 年。体例略仿阮元《积古斋钟鼎彝器款识》，每器首刊摹本，后附释文、考证。方浚益著录商周青铜器铭文 1382 件，摹写精善。卷首为《彝器说》三篇，上篇考器，中篇考文，下篇考藏。其中重要铭文，附有精到考释。其考释翔实，尤以地理、官制、人物和文字通假见长，并多校正《积古斋钟鼎彝器款识》等书之失。方浚益考释为晚清金石学名著，北京大学图书馆藏有稿本。1935年商务印书馆初版印刷方浚益书 1 函 14 册。晚清吴大澂撰《愙斋集古录》26 卷，现有 1976年台联国风出版社版本，著录全文拓本 1144 器，其中商周器 1048、秦器 19、汉器 76、晋器 1。但有的器与盖分列为二，又有重出和漏目者，实收器约为 1026 器。《愙斋集古录》墨拓精良，考释确精当，至今仍有参考价值，为晚清金石考释的集大成者吴大澂在金文著录方面的代表性著作之一。吴大澂因病，所收器文随得随录，随录随释，未能勘校，因而时有小误，病逝时全书未完稿。后由其门人王同愈整理成书，于 1918 年由商务印书馆影印出版。另有吴大澂考释金文的遗稿，1919 年辑印为《愙斋集古录释文剩稿》两册，共收136 器石印出版。

（2）近现代金文图录及考释文献。

①罗振玉编《三代吉金文存》20 卷，1937 年上虞罗氏百爵斋印本。在出版后的近半个世纪里，它以拓本多精品、收罗宏富、鉴别严谨、印制精良著称，无出其右者。铭文从食器、礼器、乐器到兵器分类，按字数多少升序排列，以原大拓本付印。但无器形的出土及著录、收藏及考释。1983 年中华书局版本书末附孙稚雏《三代吉金文存辨正》，逐项讨论本书有关问题并订正讹误。

②于省吾编著《商周金文录遗》（考古学专刊乙种第六号，繁体竖排版），科学出版社1957 年首次出版，可补《三代吉金文存》之遗。

③王国维编撰、罗福颐校补《三代秦汉两宋（隋唐元附）金文著录表》，北京图书馆出版社 2003 年版。以《三代秦汉金文著录表》《宋代金文著录表》两种为主体。前者著录青铜器计 5780 件，内容有器名和诸家记载情况等；后者是两宋金文研究的总结之作。

④王国维编撰《清代金文著录表》，北京图书馆出版社 2003 年版。该书是王国维对清代的金文著作进行的汇编，其补编有王国维的《国朝金文著录表》，罗福颐的《国朝金文著录表校记》，及鲍鼎的《国朝金文著录表补遗》和《国朝金文著录表校勘记》四种。

⑤中国社会科学院考古研究所编《殷周金文集成（修订增补本）》全 8 册，中华书局2007 年版。集成修订增补本是对 1984—1994 年版《殷周金文集成》的修订及增补。《殷周金文集成》著录 11983 器。修订增补本是一部青铜器铭刻的汇集，而不是一部青铜器图录。为还原铭文的语言环境，修订增补本将器物的图像尽可能地一并收入。有些图形未曾发表过的，有些图形仅发表在现已不易找到的书刊上的，还有些图形原先发表的图形模糊不清者进行了更换。因此有金石第一书之称。释文部分附小注注出必要的参考文献。全书附有

器物出土地索引、器物现藏地索引、器物著录书刊索引、部分著录书刊与集成修订增补本器号对照表。

集成修订增补采取传统的金文著录方式，以器类为纲，按照字数从少到多编排。各个分册的说明文字或书尾的辅助索引中细述器物的年代、国别和族组、出土关系等项。

⑥张桂光主编《商周金文摹释总集》，中华书局 2010 年版。《总集》是将所能收集到的 1.6 万余件铜器金文进行系统整理的原始资料的总汇，总集逐一摹写铭文并作出释文，是金文研究的基础之一。

⑦张桂光主编《商周金文辞类纂》全 8 册，中华书局 2014 年版。是一部具有学术前沿价值的商周金文工具书。被评为"中华书局 2014 年度古籍整理类双十佳好书"。

⑧容庚主编《金文编》，1925 年贻安堂印行第一版，1939 年商务印书馆印行第二版，1959 年科学出版社出版第三版，最近的版本是 1985 年的第四版。是金文文字编的权威著作，第四版后有几本书对其进行补订，最新的是严志斌《四版金文编校补》2017 年由商务印书馆出版。对于初学来说，陈初生《金文常用字典》陕西人民出版社 1987 年版就够用。

⑨刘雨、沈丁、卢岩、王文亮编著《商周金文总著录表》，中华书局 2009 年版。学术研究当以目录为先，金文研究也不例外，王国维治金文，先作《宋代金文著录表》和《国朝金文著录表》（两表作于 1914 年 5 月和 8 月，后皆收入《王忠悫公遗书》）。在《宋表·序言》中，他为宋表所定原则是"器以类聚，名从主人"，"惟《博古》所图钱镜，《啸堂》所集古印"不取。这些原则规定了宋表的排列次序、有铭铜器的定名办法以及收器的范围。《国朝表》的《略例》说："此表所据诸家之书，以摹原器拓本者为限，其仅录释文或虽摹原文而变其行款大小者，皆不采录"，"其伪器及疑似之器则别附于后"，进一步规定了收器取舍的原则。《国朝表》收器 4295 件，除去汉以后器 726 件和伪及疑伪之器 402 件，实得先秦有铭青铜器 3167 件。王氏的两表为金文著录表创通了体例，积累了基础数据，得到研读金文诸学者的认可，郭沫若在《殷周青铜器铭文研究·序》中说："处理数据之方法，则以得力于王国维氏之著者为最多；其《金文著录表》与《说文谐声谱》二书，余于述作时实未尝须臾离也。"

⑩国家图书馆善本金石组编《石刻文献全编》（全 16 册），北京图书馆出版社 2003 年版。全编是一部上起先秦、下迄清末的大型石刻史料汇编，集现存千余种金石志书而成。计收石刻文献 1.7 万余篇，从秦砖汉瓦到碑文墓志，内容涵盖中国古代政治、经济、军事、民族、宗教、文学、科技、民俗、教育、地理等各个方面。每篇文献不仅有石刻原文，也有历代金石学家撰写的考释文字。这套书另有断代分编《古代石刻文献断代分编》包括：《先秦秦汉魏晋南北朝石刻文献全编》（全 2 册）、《隋唐五代石刻文献全编》（全 4 册）、《宋代石刻文献全编》（全 4 册）、《辽金元石刻文献全编》（全 3 册）、《明清石刻文献全编》（全 3 册）。《中国珍稀法律文献汇编》甲编第一册（汇集甲骨文金文简牍法律文献，汇编与法律相关 40 余件铭文）等可作参考。

⑪杨一凡、徐立志主编《历代判例判牍（全 12 册）》，北京中国社会科学出版社 2005

年版，第一册辑录金文案例 6 则。

2. 著录青铜器图像的金石文献

金文文献以图像的形式出版更具有原初的可靠性。

（1）中国青铜器全集编辑委员会编《中国青铜器全集》全 16 册，编辑委员会主任为马承源，文物出版社 1996—1998 年版。

（2）刘雨、卢岩编《近出殷周金文集录》全四册，中华书局 2002 年版。其所收之器与《殷周金文集成》衔接，且依照 1984—1994 年版《殷周金文集成》体例编辑而成。

（3）刘雨、严志斌编著《近出殷周金文集录二编》，中华书局 2010 年版。编辑体例同于 1984—1994 年版《殷周金文集成》和 2002 年《近出殷周金文集录》，器物始收时间与《近出殷周金文集录》衔接，截至 2007 年年底，著录 1344 器。书尾附录索引 4 种：铭文人名索引、铭文官名索引、铭文地名索引、铭文族名索引；附表 4 种：器物出土地表、器物现藏地表、器物时代分期表、引用书刊著录表。

（4）刘雨、汪涛编《流散欧美殷周有铭青铜器集录》，上海辞书出版社 2007 年版。刘雨汪涛查阅了苏富比、佳士得两大国际拍卖行自创建至 20 世纪末的全部档案资料，并选取了 350 件有铭文的先秦青铜器和未收入《殷周金文集成》的 252 器，且进行了中英文对照著录。

（5）钟柏生等编著《新收殷周青铜器铭文暨器影汇编》，艺文印书馆 2006 年版。

（6）吴镇烽编《商周青铜器铭文暨图像集成》（全 35 卷），上海古籍出版社 2012 年版。全书共收录至 2012 年 2 月所见传世和新出土的商周有铭青铜器 16704 件，是目前的金文著录最多的专著。上文提及的《三代吉金文存》《殷周金文集成》《金文总集》三种书籍只收录青铜器铭文拓本，并不收录青铜器的图像。《商周青铜器铭文暨图像集成》汲取三书的优点，精选拓本或摹本，它的优势是收录有青铜器图像，编辑有释文和相关背景资料。给古文字研究者以及古文字利用的学者，提供了一份较为完整的资料。

三、简帛法律文献

简帛是竹木简牍和帛书的合称，是东晋之前我国文献书写的主要材料。自东汉蔡伦（约 61—121 年）改进造纸术以后，纸张虽然不断推广使用，但国家政令仍采用简牍。东晋末年桓玄（369—404 年）建立桓楚（公元 403 年 11 月—404 年 2 月）桓玄在位时，曾颁布改简为纸的命令。桓玄下诏："古无纸，故用简，非主于敬也。今诸用简者，皆以黄纸代之。"至此纸张才完全代替简牍，成为朝廷公文的书写载体。[①] 此后，竹木简牍淡出了文献载体实用范围，传世文献载体的主体为纸质文献。但是地不爱宝，绵绵不绝的出土简帛文献穿越时空重返人间，成为文献领域的一大瑰宝。

---

① 徐坚：《初学记》卷二十一《文部·纸》引《桓玄伪事》。

(一)简帛文献概况

自 1901 年敦煌、塞上以及西域的尼雅楼兰各地之简牍出土,至今已是 100 多年。这一个世纪以来,考古出土的简帛总数超过 40 万件,① 时间从战国到魏晋,地域以西北和长江中下游为主。1901 年首先发现的是楼兰、尼雅汉晋简,秦简晚至 1975 年底湖北云梦睡虎地秦墓发掘才出。以秦简出土时间为界分为前后两期,第一期 70 年的简牍文献以古文书为主,见表 3-3 中 1~5 号。第二期 40 多年出土的简帛文献以古书为主,见表 3-3 中 6~18 号。古文书为还原古代社会概貌提供了重要的原始史料,而出土简牍则是重现古代学术的第一手"新"文献。例如:银雀山汉简。

1972 年 4 月,在山东临沂银雀山汉墓中出土了 4000 余枚竹简,有篇题木牍载有"守法、要言、库法、王兵、市法、守令、李法、王法、委法、田法、兵令、上扁(篇)、下扁(篇),凡十三"等字样,整理小组据此把这批材料定名为《守法守令等十三篇》多为齐国法律史料。其中《上篇》《下篇》不明所指;《守法》《守令》内容不易分清,合为一篇;而《委法》只有篇题。故十三篇中实际上只有九篇简文。其中《田法》记载:"卒岁少入百斗者,罚为公人一岁。卒岁少入二百斗者,罚为公人二岁。出之之岁……者,以为公人终身。卒岁少入三百斗者,黥刑以为公人。"② 这是一段关于"岁刑"的记载,有期徒刑制度从汉文帝刑制改革就此推到战国时期。湖北云梦龙岗秦墓之中 1989 年出土的一块木牍记载"鞫之,辟死论不当为城旦,吏论失者已坐以论。九月丙申,沙羡丞甲、史丙免辟死为庶人。令自尚也。"③ 大意:辟死(人名)被误判城旦(刑名),误判的官吏已经为此受到了处分。九月丙申这一天,两个官员沙羡丞甲、史丙免除辟死(的刑罚:城旦)成为庶人,辟死据此为(庶人)凭证。这方木牍记载了秦朝的错案追究制度,可以推测秦朝有完备的法制体系。无疑对研究秦代司法制度具有很高的价值。此类文献多的不能枚举,以下表为连接。

表 3-3   我国简牍出土及出版概况表

序号	简牍出土时间地点	内容	数量	图版及学术出版概况
1	楼兰、尼雅汉魏晋简 1901 年、1905—1928 年 罗布泊 尼雅	公文档案等	约 200 简	《流沙缀简》 日本 1914 年版 《楼兰尼雅出土文书》文物出版社 1985 年版

---

① 李均明. 简牍法制论稿[M]. 桂林:广西师范大学出版社,2011:4.

② 银雀山汉墓竹简整理小组. 银雀山竹书《守法》、《守令》等十三篇[J]. 文物,1985(4).

③ 刘信芳、梁柱. 云梦龙岗秦简[M]. 北京:科学出版社,1997:45.

序号	简牍出土时间地点	内容	数量	图版及学术出版概况
2	敦煌汉简 1907—1949 年、1979 年、 1990—1992 年 敦煌县马圈湾等地	律令 爰书 劾状 屯戍公文	约 3000 简	《敦煌汉简》 中华书局 1991 年版
	敦煌悬泉汉简 1990—1992 年 敦煌悬泉遗址	诏书 律令 爰书	17800 简	少量出版《敦煌悬泉汉简释粹》 上海古籍出版社 2001 年版
3	居延汉简 1930—1931 年 居延遗址(分布在今内蒙古自治区额济纳旗和甘肃省金塔县境内)	公文档案等	1 万余简	《居延汉简考释》1943 年石印版 《汉简缀述》 中华书局 1980 年版 《居延汉简释文校》文物出版社 1987 年版 《居延汉简甲乙编》中华书局 1980 年版
	居延新简 1972—1974 年 居延遗址(分布在今内蒙古自治区额济纳旗和甘肃省金塔县境内)	公文档案等	2 万余简	《居延新简(甲渠候官)》上下册 中华书局 1994 年版 《肩水金关汉简》 中西书局 2016 年版
4	武威汉简 1959 年 甘肃武威磨嘴子六号东汉墓	仪礼 王仗诏令	514 简	《武威汉简》 文物出版社 1964 年版
	王杖诏书令木简 1981 年 甘肃省武威市新华乡缠山村汉墓	诏令	26 简	《武威新出王杖诏令册》见《汉简研究文集》 甘肃人民出版社 1984 年版
	武威旱滩坡东汉墓汉简 1989 年 甘肃武威柏树乡旱滩坡汉墓	律令	16 简	《甘肃武威旱滩坡东汉墓》 《文物》1993 年第 10 期
5	青海大通上孙家寨汉简 1978 年 青海大通上孙家寨 115 号汉墓	军事法令	约 240 简	《大通上孙家寨汉简释文》 《文物》1981 年第 2 期

续表

序号	简牍出土时间地点	内容	数量	图版及学术出版概况
6	银雀山汉墓简牍 1972 年 山东银雀山西汉墓	部分律令	约 5000 简	《银雀山汉墓竹简·壹》 文物出版社 1975 年版 《银雀山汉墓竹简·贰》 文物出版社 2010 年版
7	江陵望山楚简 1965—1966 年 江陵八岭山左脉望山 1、2 号墓	卜筮 祭祷	273 简	《望山楚简》中华书局 1995 年版
	江陵凤凰山汉简 1973—1975 年 湖北江陵凤凰山	公文 经商契约	628 简5牍	《江陵凤凰山西汉简牍》 中华书局 2012 年版
	江陵汉简 1983 年 湖北江陵张家山 247 号、249号、258 号汉墓	律令、司法文书	约1600简	《二年律令与奏谳书—张家山247 号墓出土法律文献释读》 上海古籍出版社 2007 年版
	江陵张家山汉墓竹简(336 号墓) 1988 年 湖北江陵张家山 336 号墓	律令	约 550 简	《张家山汉墓竹简》文物出版社 2006 年版
	江陵郭店楚墓竹简 1993 年 湖北江陵郭店 1 号墓	老子 缁衣等	730 简	《郭店楚墓竹简》 文物出版社 1998 年版
	江陵王家台秦简 1993 年 湖北江陵王家台 15 号秦墓	律令	161 简	部分出版见《新出简帛研究》 文物出版社 2004 年版
8	睡虎地秦简 1973 年 湖北云梦睡虎地秦墓	律令 法律解释 司法文书 官箴	约 1155 简	《睡虎地秦墓竹简》文物出版社 1977 年版
	云梦龙岗秦简 1989 年 湖北云梦龙岗 M6 号墓	律令	150 余简	《龙岗秦简》 中华书局 2001 年版
	睡虎地汉简 2006 年 湖北云梦睡虎地 M77 墓	律令 司法文书	850 简, 128 牍	少量出版
9	荆州纪南松柏西汉简牍 2004 年 湖北荆州纪南松柏 1 号汉墓	少量律令 簿册	63 木牍 10 简	少量出版《湖北荆州纪南松柏汉墓发掘简报》 《文物》2008 年第 4 期

续表

序号	简牍出土时间地点	内容	数量	图版及学术出版概况
10	包山楚简 1987 年 湖北荆门包山岗	司法文书	278 简 1 牍	《包山楚简》 文物出版社 1991 年版
11	湘西里耶秦简(少量楚简) 2002 年 湖南龙山里耶 1 号井	部分公文档案及司法文书	约36000简	极少出版 《里耶秦简(壹)》 文物出版社 2012 年版 《里耶秦简(贰)》 文物出版社 2017 年版
	长沙走马楼汉简 三国吴简 1996—2003 年 湖南长沙走马楼井窖遗址	券书 司法文书等	约 15 万 简	极少已出版 《长沙走马楼三国吴简》之《嘉禾吏民田家莂》上下册 文物出版社 1999 年版 《长沙走马楼三国吴简·竹简》(壹-捌)上中下全 32 册 文物出版社 2003—2015 年版
	长沙东牌楼东汉简牍 2004 年 湖南长沙东牌楼 7 号古井	案件记录	3 牍	《长沙东牌楼东汉简牍》文物出版社 2006 年版
	湖南郴州苏仙桥孙吴西晋简 2004 年 湖南郴州苏仙桥 J4	书信,账簿记录	800 多简	《湖南郴州苏仙桥 J4 三国吴简》上海古籍出版社 2005 年版
	湖南益阳兔子山简牍 2013 年	司法文书 公文	约1.3万简	未出版
12	江苏连云港花果山竹木简牍 1978 年 江苏连云港花果山云台汉墓	刑案记录	13 简	《散见简牍合辑》 文物出版社 1990 年版
13	仪征胥浦 101 号汉墓先令券书 1984 年 江苏扬州仪征胥浦 101 号汉墓	遗嘱	16 简	《江苏仪征胥浦 101 号西汉墓》 《文物》1987 年第 1 期

续表

序号	简牍出土时间地点	内容	数量	图版及学术出版概况
14	尹湾汉简 1993 年 江苏连云港东海县尹湾 M6 汉墓	行政文书档案	5 牍	《尹湾汉墓简牍》，中华书局 1997 年版
15	南昌海昏侯墓葬汉简 2011 年 南昌	书籍：齐论语 史记等	约 5 千简	未出版
16	清华简 2008 年 收藏 出土地不详	书籍（如尚书佚篇） 文书	约 2500 简	《清华大学藏战国竹简（壹—叁）》 中西书局 2011—2013 年版
17	上海博物馆藏战国楚竹简 1994 年收藏 出土地不详自香港购入获赠	儒道典籍	约 1700 简	《上海博物馆藏战国楚竹书 1—9》 上海古籍出版社 2001—2012 年版
18	岳麓书院藏秦简 2007 年收藏 出土地不详自香港购入	律令、 司法文书、 官箴	约 1100 枚	部分出版，见陈松长有关文章及专著

（二）与法学密切相关的简帛考古

与法学密切相关的简帛文献，集中在 20 世纪 70 年代以来的几次考古发现之中，包括 1972 年银雀山汉简，1972—1974 年居延汉简，1975 年云梦睡虎地秦简，1979—1980 年青川郝家坪秦牍，1983 年江陵张家山汉简，1987 年荆门包山楚简，1989 年云梦龙岗秦简，1990—1992 年敦煌汉简，1993 年江陵王家山秦简，1996 长沙走马楼三国吴简，2002 年湘西里耶秦简，2011 年南昌海昏侯墓葬汉简，2013 年湖南益阳兔子山简牍。此外还有清华简、港中文简、上博简（含多数为佚书且出土地点不详的 80 多种战国古书）、岳麓简（含律令内容的 1300 余枚简）。

（三）简帛法律文献的汇编与考释

20 世纪初至 70 年代中的 70 年里约有 5 次重大简帛发现，简牍数量在一万多枚（帛书为数极少）。简帛研究从 1913 年罗振玉、王国维的《流沙坠简》和王国维的《简牍检署考》开始，至 20 世纪 70 年代以前的主要学者还有陈梦家和劳干。70 年来，文物出版社 1964 年版《武威汉简》在著录方式方面树立了新的里程碑。学术研究名著有陈梦家的遗作《汉简缀述》，劳干的 1959 年的《居延汉简甲编》以及《居延汉简考释·释文之部》。王国维在《流沙坠简》之后总结的二重证据法，和陈梦家在《汉简缀述》所运用的考古学方法，为简帛学术研究奠定了理论基础。劳干《居延汉简考释》六卷(释文四卷、考证二卷)及后来写的一系列文章，是居延汉简研究的集大之作。代表了 20 世纪 70 年代以前简牍研究的最高水平。20 世纪 70 年代以后劳干的研究虽旧犹新，哺育了一代人。顾颉刚在《当代中国史学》一书中说："秦汉史的研究，以劳干先生的成就最大，所发表的论文……俱极精审，发前人之所未发"。①

20 世纪 70 年代以来是简帛文献大发现时期，王国维说，"中国学问上之最大发见"有三次，即孔壁中书、汲冢竹书，以及殷墟甲骨文等。② 更有震撼力的是简帛文献，应该是第四次文献持续"大发见"。20 世纪 70 年代以来发现的出土简帛，每一次单项的重大发现，学术意义以及对于发现时代的意义远远超越孔壁书或汲冢竹书。新材料带来新难题，同时也带来新学问，学术史将因简帛文献的到来而改变。

从地域的视角，可将 20 世纪 70 年代以来的简牍整理图版及释文文献分为两大区域：西北区域和长江中下游区域。

1. 西北区域的简牍法律文献

《吐鲁番县阿斯塔那—哈拉和卓古墓群清理简报》，载《文物》1972 年第 1 期。新疆吐鲁番县阿斯塔那古墓群出土泰始九年木简 1 枚，记载买棺契约。《银雀山汉简》第一辑 文物出版社 1985 年版，内容有《守法守令等十三篇》。《居延汉简甲乙编》中华书局 1980 年版、《居延汉简释文合校》文物出版社 1987 年版、《居延汉简补编》台北史语所编 1998 年版，以上三种书重新整理的是 20 世纪 70 年代以前居延出土的汉简。《居延新简—甲渠侯官》中华书局 1994 年版，全 8 册。《上孙家寨汉晋墓》文物出版社 1983 年版。内容包括军法、兵法、军令和军爵，1978 年青海大通上孙家寨出土的木简 400 余枚。

2. 长江中下游区域简牍法律文献

(1)《睡虎地秦墓竹简》，文物出版社 1977 年版，出土 1235 枚竹简(含 80 枚残简)内容包括 10 个部分其中法律内容 6 种：《秦律十八种》《效律》《秦律杂抄》《法律问答》《封诊式》《为吏之道》。有图版、释文以及简文注释。

其中《秦律十八种》的律文有：田律(6 条)厩苑律(3 条)仓律(26 条)金布律(15 条)、关市(1 条)工律(5 条)、工人程(3 条)、均工(2 条)、徭律(1 条)、司空(13 条)、军爵律(2 条)、置吏律(3 条)、效律(8 条)、传食律(3 条)行书(2 条)内史杂(11 条)、尉杂(2 条)属邦(1 条)等，共 107 条。

十八种之外的《效律》(30 条)，《秦律杂抄》11 种、27 条。此前对秦律几乎一无所知，这次次发现29律，271 条，可谓前所未有。此外，《法律答问》中整理出的 187 例，《封诊式》的案例 25 例。

(2)《青川县出土更修田律木牍—四川青川县战国秦墓发掘简报》，载《文物》1982 年第 1 期，1979—1980 年青川出土木牍 2 版，其一为田律，另一字迹损毁。

---

① 顾颉刚. 当代中国史学[M]. 上海：胜利出版公司，1947：89.

② 王国维. 王国维文集第四卷[M]. 北京：中国文史出版社，1997：33.

（3）《张家山汉简竹简（二四七号墓）》，文物出版社 2001 年版，有图版、释文及注释。
2006 年文物出版社又出了释文修订版。竹简 1600 余枚，简文内容以法律为主体，如《二
年律令》《奏谳书》《津关令》。2007 年出版的《二年律令与奏谳书》附有红外照片，较普通
照片更清晰。其中《二年律令》整理出律二十七种律目叁佰条律文：贼律（41 条）、盗律
（18 条）、具律（24 条）、告律（5 条）、捕律（9 条）、亡律（13 条）、收律（5 条）、裸律（14
条）、钱律（9 条）、置吏律（10 条）、均输律（2 条）、传食律（4 条）、田律（13 条）、市律
（3 条）、行书律（8 条）. 复律（1 条）、赐律（18 条）、户律（22 条）、效律（5 条）、傅律（8
条）、置吏律（18 条）、爵律（3 条）、兴律（9 条）、徭律（6 条）、金布律（12 条）、秩律（13
条）、史律（7 条）。《奏谳书》227 简，记录判词 20 余例、《津关令》20 条令文。

（4）《包山楚简》，文物出版社 1991 年版，有照片、释文以及简文考释。出土有文字
竹简 278 枚，司法文书《集箸》《集箸言》《受期》《疋狱》四篇。

（5）《云梦龙岗秦简》，科学出版社 1998 年版，有照片及释文。木渎一版，竹简 150
枚。木渎记录一件重审改判案例，竹简内容是有关于禁苑、驰道、马牛羊管理以及赋税的
法律。《龙岗秦简》中华书局 2001 年版是对云梦龙岗出土秦简的重新整理。有照片、摹
本、释文及考释。附有李学勤的木渎释文。

（6）《江陵王家台秦墓竹简概述》，文物出版社 2004 年版。竹简 800 余枚。有《归藏》
和《效律》。

（7）《长沙走马楼三国吴简》3 卷，北京大学历史系走马楼简牍整理组编，文物出版社
2003—2008 年出版。1996 长沙走马楼出土 10 万余枚简牍，有字简 7 2000 余枚。2003 年
长沙走马楼西汉简牍，竹简总数 10000 余枚，有文字简 2100 余枚。武帝时，长沙国刘庸
在位时的文书和司法案卷有下行、平行、上行的司法文书。是继荆州张家山汉代司法竹简
之后的又一次重大考古发现。至今没有发现这批简牍的独立完整的整理出版版本。

（8）荆州印台汉简，2002—2004 年出土 2300 余枚竹简，60 余方木牍，内容包括文书、
律令。至今没有发现这批简牍的独立完整的整理出版版本。

（9）2013 年湖南益阳兔子山简牍，发现 13000 余枚竹简与木简。① 司法文书和案例。
简牍时代历楚、秦、两汉、三国吴，跨公元前后各 200 年。

（10）2013 年成都天回镇老官山西汉墓木牍 2013 年成都天回镇老官山汉墓出土木牍
《算令》即税收法令。②

（11）岳麓书院所藏秦简的法律文献主要内容《奏谳书》《秦律杂抄》与《秦令杂抄》。
《奏谳书》，共 150 余简。是几份内容为上奏的谳书，由各地守丞对有关刑事案例奏谳、
审议和裁决的记录。③《秦律杂抄》与《秦令杂抄》是关于秦代律令的内容。秦律有：《田

---

① 中国考古，湖南益阳兔子山遗址发掘成果［OL］.［2017-02-12］. http：//www. kaogu. cn/cn/xccz/
20140324/45642. html.

② 中国考古，考古发现西汉时就要申报财产［OL］.［2017-02-12］. http：//www. kaogu. cn/cn/xccz/
20131220/44795. html.

③ 陈松长. 奏谳书内容—岳麓书院所藏秦简综述［J］. 文物，2009（3）：85-86.

律》《仓律》《金布律》《关市律》等十余种，大多见于睡虎地秦简。但其中的《狱校律》《奔敬律》《兴律》和《具律》四种为首见。秦令四种：单独抄写令名并有干支编序、令文末尾标注令名其后用干支和数字一起编号、令文后无令名仅记编号、令文后仅录"廷""廷卒"且干支或数字编号。①

3. 不分地域的简帛文献

(1)《秦简牍合集》第 1 辑 4 卷 6 册，陈伟主编，武汉大学出版社 2016 年版，是至今发现的 13 批秦简 45000 多枚中较早的 6 批秦简(出土于 1975—1993 年间秦简：湖北云梦睡虎地秦简、湖北龙岗秦简、四川青川郝家坪秦牍、湖北荆门周家台秦简、湖北江陵岳山秦牍、甘肃天水放马滩秦简)的系统整理。

(2)《中国简牍集成》20 册，敦煌文艺出版社 2001—2005 年版，以图文形式囊括 20 世纪简牍发现国内发掘并发表的全部简牍巨编。内容有律令、文书、私人日记和书信等，编辑者对文字进行了整理、标点和注释，有特定用语、习惯用语以及口语文字的考证性解释。

(3)《中国珍稀法律典籍集成》，全书共 14 册，900 余万字，刘海年、杨一凡主编，北京科学出版社 1994 年版。全书分甲、乙、丙 3 编。甲编 5 册，第 1 册内容是甲骨、金文、简牍中的法律文献；第 2 册内容是汉代屯戍遗简中的法律文献；第 3 册内容是吐鲁番文书法律文献；第 4 册内容是敦煌文书法律文献；第五册内容是西夏法典。乙编 6 册，内容是明律。丙编 3 册，内容是清律。

(4)《银雀山汉简文字编》，文物出版社 2001 年版。收 1368 字，依《说文解字》分十四部，每字书眉首列《说文》篆文，如果简文与《说文》篆文有异，而与《说文》古文、籀文、异体相同，则书眉首列古文、籀文、异体。其次排隶定释文以及简文。《说文》所无之字列入各部之末尾，书眉用楷释隶定，并且注明《说文》无此字。

(四)简帛文献的连续出版物网站

简帛集刊、期刊：《简帛》《简帛月刊》《简帛研究》《简帛语言文字研究》《简牍学研究》《清华简研究》。比较知名的简帛学网站及论坛有：简帛网-武汉大学简帛研究中心、复旦大学出土文献与古文字研究中心、清华大学出土文献研究与保护中心、华东师范大学中国文字研究与应用中心。

四、历代案例判牍档案传世纸本古文献

历代案例判牍多指判词记录，尤以中央及地方各级官府定案的实判判词为要，拟判判词次之。这些判词多散见于文集，例如：唐·王维《王右丞集》；少量汇编为专集，例如：唐·张鷟《龙筋凤髓判》4 卷 100 篇，宋代的目录文献《崇文总目》，《直斋书录解题》《郡斋读书志》均记载为 10 卷；有些保存于文学作品之中如《醒世恒言》；还有些保存于文书档案材料中如龙泉司法档案。唐代取士考试内容"身、言、书、判"中的拟"判"词集。"吏部

---

① 陈松长.律令杂抄内容—岳麓书院所藏秦简综述[J].文物，2009(3)：86-87.

所试四者之中，则判尤为切。盖临政治民此为第一义"①可见审判是为官的职守之一。案例的卷宗文献也就是审结了的案件原始记录文书，明清以前少见，但也有卷宗被发现。黑城 F116 出土的《失林婚书案文卷》较完整，整部文卷由多件文书粘接成卷。这卷文书的承办人员为同一总管府司吏，每次审案记录的取状和认识状都有司吏根据审案口供写成，且有案件当事人画押。②《尚书·舜典》中有最早的案例记录："流共工于幽州……放驩兜于崇山。"史书《春秋》三传中记录有案例，其后《史记》《汉书》以及《后汉书》纪传类均记载有案例。现今能见到最早的判词材料是西周晚期青铜器"亻朕匜"铭文（见前文金文文献）。杨一凡、徐立志主编《历代判例判牍（全 12 册）》中国社会科学出版社 2005 年版，收入案例文献 53 种，其中明代以前判例判牍相关的著名案例集 10 种。

（一）历代判例概况

秦汉魏晋南北朝各朝代均有案例集，汉代以《春秋决狱》（西汉·董仲舒，今已失传，仅存六则案例③）最为著名。

古代判例到唐代已经形成了两种有规范文体的文书形式：骈体判词和散体判词，存世的以骈体判词为多见。

除了上文提到的王维和张鷟，还有《白氏长庆集·甲乙判一百篇》白居易的拟判，甚至在《全唐文》（散录判词 1000 余则）和《文苑英华》（53～552 卷收录拟判 1033 则）中也有文学案例。总数约 5 万件的敦煌文献中有 400 件法律文献，其中判集残卷及唐律及律疏、令、格、式写本残卷几十件。④ 例如：1973 年吐鲁番阿斯塔那出土，现藏于新疆维吾尔自治区博物馆的"唐西州判集"断片 10 碎片，共计有文字 65 行；1909 年伯希和从敦煌带走，现藏于法国巴黎国立图书馆的敦煌文献中有多个判集，⑤ 其中编号为 P2593 的"开元判集"残卷判文 3 条 31 行、P2754"麟德安西判集"残卷判文 6 条 81 行、P3813"文明判集"残卷判文 19 条 201 行、P2942"河西巡抚使判集"残卷、P2979"唐开元廿四年岐州郡县县尉牒判集"残卷 10 条判文 4 牒文 6。敦煌吐鲁番所发现的唐代判集多实判，《麟德安西判集残卷》《开元二十四年岐州郡县尉判集残卷》《开元判集》《永泰元年——大历元年河西巡抚使判集残卷》⑥等，均为实判。敦煌吐鲁番文献也有拟判如"文明集判"残卷。

宋代保留至今的案例较少，基本上是实判，如《名公书判清明集》。与唐代不同，宋代的判词注重事实分析和引律断案。这种务实之风影响了元明清判词。

传世《疑狱集》4 卷本为现存最早的判词集，五代后晋和凝、和蒙（㠓）父子集录。和氏父子辑录了汉至五代疑案判词 100 例（第 4 卷疑为后人续辑）。明清皆有增补，明朝张

①　马端临. 文献通考·选举考(卷三十七).

②　李逸友. 黑城出土文书(汉文文书卷)[M]. 北京：科学出版社，1991：6-7.

③　沈家本. 沈家本全集第四册[M]. 北京：中国政法大学出版社，2010：434-435.

④　陈永胜. 敦煌吐鲁番法制文书研究[M]. 兰州：甘肃人民出版社，2000：5.

⑤　刘俊文. 敦煌吐鲁番唐代法制文书考释[M]. 北京：中华书局，1989：436-385.

⑥　谭淑娟. 唐代判体文研究[M]. 济南：齐鲁书社，2014：300-338.

景著《补疑狱集》6 卷与和氏《疑狱集》合刊 10 卷，记录判词 182 例；而清朝金凤清刊本又增辑疑案 30 例。

南宋·郑克撰《折狱龟鉴》，以《疑狱集》为基础，附以宋案，共 276 条，395 例，分为 20 类正副两篇。每条又加以论断、评述，远较《疑狱集》宏博精深，历宋、元、明、清 4 朝 800 多年，阐述的基本经验和方法，对察伤、辨诬等侦查实践以及审问、决疑等审判实践，至今不失其参考和借鉴作用。不仅如此，郑克还提出了"情迹论"类似现在的证据理论(见卷二"王利"篇，卷六"国渊"等多篇郑克按语)。① 清朝胡文炳《折狱龟鉴补》6 卷本，于光绪年间汇辑历朝历代的刑事、民事等案件补编《折狱龟鉴》而成，收案 719 例。

宋代其他案例集还有赵逸斋《平冤录》、宋慈《洗冤录》、桂万荣《棠阴比事》、无名氏书判汇编《名公书判清明集》等相继而出。据四库全书总目记载，《棠阴比事》原辑录 144 案，明·吴讷于景泰年间(1450—1456 年)删除类似案例留存 80 案，并增补 24 案，实有 104 案。《名公书判清明集》辑录南宋时期朱熹、吴毅夫等 28 人任职期间所作的部分判词而成。现在能见到的版本，除了涵芬楼影印日本静嘉堂所藏宋残本(仅存"户婚"门不分卷 117 案)，还有上海图书馆所藏明隆庆选刻本 14 卷全本，中华书局 1987 年以上海图书馆藏本为底本，合静嘉堂本出版，分"官吏""户婚""人伦""人品""惩恶""赋役""文事"七门，门下分类，473 案。然而四库本采自永乐大典的 17 卷本，至今未见。

宋元皆引例入律，虽然元承金制，以《泰和律令》为蓝本，先后制定了《至元新格》(亡佚，《元典章》存 93 条②)、《大元通制》(2539 条现仅存《通制条格》残卷)、《至正条格》(全两册，一条格一断例)。但司法实践中多适用汇集单项律令及判例的《元典章》。可参阅日本学者岩村忍、田中谦二《校定本元典章刑部》(1966—1974 年全二册出版)；以及祖生利、李崇兴《大元圣政国朝典章·刑部》(校点本于 2004 年出版)。元代的"例"由例文与判例组成，引例入律，判例即具有了法律效力。这是宋元判例在隋唐案例的基础上的发展。

元朝王与《无冤录》上下两卷，上卷所载 13 则元代至元、元贞、大德间的官牒条格及检验伤死的程式，下卷为 43 则伤死之辨别及辨验伤死之法。王与虽然以《洗冤录》为蓝本，但银钗试毒法、自缢与勒死区分为其新论，并在书中指出了《洗冤录》的一些错误。因此，《无冤录》与《洗冤录》《平冤录》并称"法家检验三录"。清末沈家本校刊本收入《枕碧楼丛书》，为现存较好的版本。

《元典章》(60 卷)全称《大元圣政国朝典章》，是元代诏令、条格及案例的汇集。内容分为诏令、圣政、朝纲、台纲、吏部、户部、礼部、兵部、刑部、工部十大类，始于世祖忽必烈中统元年(1260 年)，讫于元代第 4 位皇帝孛儿只斤·爱育黎拔力八达仁宗延祐七年(1320 年)，附有"新集"《新集至治条例》。

---

① 杨奉琨. 疑狱集·折狱龟鉴校译[M]. 上海：复旦大学出版社，1988，89、111、118、121、127、152、174、182、254、287、290、301、324、329、330、331、367 郑克按语等.

② 黄时鉴. 元代法律资料辑存[M]. 杭州：浙江古籍出版社，1988：序言.

例如《元典章》卷四十二《刑部·诸杀·戏杀》的《戏杀准和》条。①

戏杀准和　至元十年十一月　兵刑部符文

太原路来申

陈猪狗于至元七年十一月初一日，与小舅赵羊头作戏相夺干麻，因用右拳将赵羊头后心头打了一拳，死了。救不得活，用背麻绳子拴了赵羊头项上，推称自溢身死，背来到家，问出前因。郭和等休和。陈猪狗休妻赵定奴又〔父〕赵旺，交讫陈猪狗父陈贵准折钞二十七两，至十六日休罢。二十四日，赵羊头尸首埋殡了当，不曾初、复检。至闰十一月内，为争私和物折钞店舍，事发到官。捕到一干人招证完备，申乞照验。

得此。省部照得，先据大名府申：徐斌殴死张驴儿，伊母告拦。不曾检尸，受讫私和钱物。

呈奉都堂钧旨：既张驴儿母阿许自愿告免，不须理会，钱物亦无定夺。

今来本部公议得：陈猪狗所招，与小舅赵羊头于河下撇麻，羊头与猪狗斗争作戏赶上，与赵羊头相争，用右拳于后心打了一拳，本人合面倒地身死，止是因戏致伤人命，私下要讫陈猪狗店舍地基、牛驴准折钱物，更令陈猪狗与赵旺做儿，写立文字休罢。不曾检验尸伤埋殡了当。在后因争私和店舍，事发追问，若将陈猪狗依已定断，却缘有徐斌殴死张驴儿体例，其陈猪狗所犯与徐斌无异。以此参详拟合依例拟准私和，是为相应。

呈奉都堂钧旨：送本部，准拟施行。

明清两代不仅沿袭宋元判例，而且将判例纳入律令系统，例不破律，其效力低于律令。明朝的判例文献比其前代丰富得多。如：《明大诰》的诰文由明太祖训令和太祖亲自审案的判例组成、毛一鹭《云间谳略》、祁彪佳《莆阳谳牍》(国家图书馆藏)及《按吴亲审檄稿》(国家图书馆藏)、李清《折狱新语》10卷、《听讼汇案》(和刻3卷本)日本江户时代(1603—1867年)后期学者津阪孝绰仿《棠阴比事》例，自汉籍中辑录汉魏至明代疑狱而成。张肯堂《莹辞》、颜俊彦《盟水斋存牍》、余懋学纂《仁狱类编》明万历三十六年直方堂刻本、王概撰高铨辑《王恭毅公驳稿》明弘治五年高铨刻本、应槚撰《谳狱稿》明崇祯抄本5卷、无名氏辑《陕西汉中府有关捕解资料》明抄本、刘时俊撰孔贞时辑《勿所刘先生居官水镜谳语》明万历刻本、钱春撰《湖湘谳略》明万历四十二年刻本、燕客撰《诏狱惨言》清道光二十年刻本、萧良泮汇编《重刻释音参审批驳四语活套》、苏茂相辑《新镌官板律例临民宝镜所载审语》、张九德辑《折狱要编》汉初至明中叶名臣所判案件10卷。无名氏辑《新纂四六谳语》及《新纂四六合律判语》则为拟判汇集。此外还有部分明人文集所载判牍分载于各自的别集之中。

清朝存世之案例非常多。大量的成案被确认为"定例"或"通行"，在无律文可适应的

---

①　大元圣政国朝典章(影印元刻本)[M]. 北京：中国广播电视出版社，1998：1577-1578.

情形下，比附"定例"或"通行"成案裁判案件。"定例"或"通行"与判例性质相同。例如：丁人可编《刑部驳案汇钞》、毋庸纂辑《刑部各司判例》、天津地方审判厅总务科汇编《直隶天津地方审判厅判牍汇刊》北洋印刷局 1917 年印制；汪庆祺编、李启成点校《各省审判厅判牍》北京大学出版社 2007 年版；《直隶高等审判厅判牍集要》直隶高等审判厅编（全 4 册，1~3 册民事类，第 4 册刑事类），天津商务印书馆 1914 年版等。

（二）部分易见已经出版的清代判例集举要

全士潮等纂辑《驳案新编》和《驳案汇编》（2009 年 4 月法律出版社出版了何勤华与陈重业的点校本）；李鸿章著《李鸿章判牍》，中央书局 1934 年版；许文濬著、俞江点校《塔景亭案牍》记录了江苏省句容县县令许文濬 1908—1913 年的案牍文书（北京大学出版社 2007 年版）；谢森、陈士杰、殷吉墀编，卢静仪点校《民刑事裁判大全》，北京大学出版社 2007 年版；魏息园撰《不用刑审判书》全 6 卷 199 案（商务印书馆 1907 年版）；熊宾撰《三邑治略》（现有李汉桥刘甜整理校注本光明日报出版社 2017 年版）；许槤、熊义订补，何勤华、沈天水等点校《刑部比照加减成案点校本》（法律出版社 2006 年版）；杨一凡编《清代成案选编》（50 册北京社会科学文献出版社 2014 影印本）；胡文炳撰《折狱龟鉴补》（清光绪四年兰石斋刻本，北京大学出版社于 2006 年出版了陈重业的译注本）。

更多清代判例集反映了当时作为"政之末"的法律程序规范和法律的工具技术性。举要：李渔辑《资治新书判语》及《资治新书二集判语》清康熙刻本，沈沾霖辑《江苏成案》，孙鼎烈撰《四西斋决事》，樊增祥撰《樊山批判》及《樊山公牍》，赵幼班撰《历任判牍汇记》，张五纬辑《风行录》《风行录续集》《未能信录》，张五纬撰《讲求共济录堂断》及《讲求共济录批词》清嘉庆十七年刻本，李之芳撰《棘听草》，叶晟撰《求刍集》，庐崇兴撰《守禾日记》，沈衍庆撰《槐卿政绩》，倪望重撰《诸暨谕民纪要》，黎士弘撰《理信存稿审语》清康熙刻本，赵吉士撰《牧爱堂编详文》清康熙十二年刻本，施宏撰潘杓灿辑《未信编二集谳语》清康熙刻本，赵申乔撰《赵恭毅公自治官书类集谳断》清雍正五年何祖柱怀策堂刻本，陈枚辑、陈德裕增辑《凭山阁增辑留青新集谳语》清康熙刻本，张我观撰《覆瓮集》清雍正四年刻本，朱奇政撰《同安纪略判语》清雍正十三年刻本，戴兆佳撰《天台治略谳语》清嘉庆九年活字重印本，王植撰《崇雅堂稿谳语》清乾隆刻本，徐士林撰《徐雨峰中丞勘语》清光绪三十二年武进李祖年圣译楼刻本，李钧撰《判语录存》，沈廷瑛撰《成案备考》清嘉庆十三年刻本，朱樨辑《粤东成案初编控讦》清道光八年刻本，无名氏撰《陕西秋审榜示》清道光刻本，《历年通行成案》清抄本，《题咨驳案》清抄本，无名氏四书《刑事判例》《刑事命案开参》《各省刑部案》《比照案件》等。

（三）律法文书和司法档案。

档案文献中往往包含司法档案。

一切自然人和法人，一切公私机构在各类社会实践活动中为办理事务而形成的记录性资料被统称为文书。文书包括公务文书，也包括私人文书，例如公文、公私契约、私人书信、现场记录、手稿原件、图片和音频视频等。

　　档案就是有价值的历史文书集合。档案文献是"档案中具有较高价值的部分。只具有短期保存价值的,已经或即将失去保存价值的,以及利用价值不高的档案"①被排除在外。古典档案文献指称历史各个朝代中央和各级地方官府在公务活动中产生的官方文书。涉及军、政、教育、财税、农业、水利、手工业、贸易等社会生活的方方面面。例如:现存于第一历史档案馆的一部分明朝档案,主体是明朝档案中的3600多件兵部残档。《明实录》《清实录》《中国明朝档案总汇》(基本汇总了大陆所有的已知明朝档案)就是根据各种档案记录汇集而成。现存于第一历史档案馆的清朝档案损毁和流失不多,有73个全宗。

　　司法档案是档案文献家族的组成部分,例如:盛京刑部原档、内阁大库档案、龙泉司法档案、四川巴县档案等。

　　著名司法档案举要:

　　1. 明朝"四川地方司法档案"

　　明朝"四川地方司法档案"②主要来源于中国社会科学院历史所藏《明事档遗存》和国家图书馆藏《四川各地勘案及其他事宜档册》,包括嘉靖年间四川各地上报四川布政司审核的98件招册(又称"招"或"招书")即司法文书,大约一件一案。招册为格式文本,由"问得""议得""照出"三者组成文本的主体。其中"问得"是审案程序中的查明事实部分;"议得"即为法律适用部分;而"照出"则是与在审案件有关的费用财物,如续罪银两、赃款赃物处理等。

　　2.《龙泉司法档案选编》

　　司法档案文献,除了上文提及四川明代司法档案之外,清代存世的司法档案不断地被发现。浙江大学地方历史文书编纂与研究中心编第1辑,晚清时期(全2册)中华书局2012年版。

　　3.《清至民国婺源县村落契约文书辑录1总目录》

　　黄志繁、邵鸿、彭志军编,商务印书馆2014年版。全书收集清至民国民间文书3600多份(套)9000余张,以契约为主;也有部分纳税凭证、婚约、婚前财产证明、状词和账本等,体现了乡村社会生活的复杂性。

　　4. 内阁大库

　　内阁大库是清代内阁库藏档案和书籍的处所,大库分东西,东库藏《实录》《圣训》《起居录》等,由内阁满本房掌管;西库书籍多为明文渊阁藏书之遗,档案则是清代列朝内外臣工的题本、奏本、历科殿试的大卷等。这些都是中国珍贵的历史文献。

　　5. 四川巴县档案

　　巴县档案上自乾隆十七年(1752年),下迄民国三十年(1941年),共约11.6万卷,是中国地方政权历史档案中保存较完整的一部分档案。这批档案早先存于巴县档案库,抗日战争时期巴县政府为避空袭将其运至长江南岸樵坪场一座庙中暂存。1953年西南博物

---

　　①　黄存勋,刘文杰等. 档案文献学[M]. 成都:四川大学出版社,1988:4.

　　②　杨一凡. 历代判例判牍(12册)[M]. 北京:中国社会科学出版社,2005. 古代判牍案例新编(20册)(影印本)[M]. 北京:社会科学文献出版社,2012.

院运回收藏，1963 年 3 月归属四川省档案馆。档案内容与清代法律有关：农户耕牛权纠纷；商人以及司法律例、章程、条规和民、刑诉讼案件等。

6. 黑城文书①

黑城文书收录 1983—1985 年内蒙黑城出土文书 760 余件，是元朝和北元初期的文书，包括公文和票据、契约、账册、民间书信等。《黑城出土文书》一书附有图版及残本书影。

第三节　律学论著及相关文献

法学，经验科学之属。经验科学必须在科学的经验中寻求发展。管仲有言："疑今者，察之古；不知来者，视之往。"一个民族的先哲给本民族铺就价值理念及文化基础之后，其传承者无论其高度在哪里，都是在其时代经验中解释或者安置先哲们的原创精神。我国经学吸取先秦诸子之精华集中体现了中华民族的"文武之道"。在以经学为纲的古典学术中，律学，政之末也。因此，律学以经学为其学术文献大环境。

律学著述指论述或叙述性古典法学文献专著，或学术论著或律治经验。这一类典籍在我国古籍在所占的比例很小。据孙祖基统计核心法学文献 500 多种②；国务院法制局法律史研究室编的《中国法制史参考书目简介》收书 932 种；张伟仁的《中国法制史书目》收书 2352 种；中国法学会主持编辑的《中国法律图书目录》与法学相关的传世文献约有 3000种。以下列举大要。

一、法哲学类论著

"研究任何制度或任何法律，都不可忽略其结构背后的概念，否则是无法了解那制度或法律的，至多只知其然而不知其所以然。从这些概念中，我们才能明白法律的精神，体会为什么有这样的法律。"③也即："任何法典背后都有强大的思想运动。"④五经即传统哲学提供法哲学的民族价值理念及文化基础。

(一)《尚书》系列论著

"书以道政事，儒者不能异说也。"⑤

据《汉书·艺文志》记载，汉代有《尚书》古文经四十六卷五十七篇，今文经二十九卷，均亡佚与魏晋之际。东晋梅赜献《古文尚书》即今之传本。此传本宋代之前只有疏证训诂，至南北宋交替之际才有吴棫《书裨传》辨伪，其后朱熹弟子蔡沈《书集传》研究《尚书》之真伪。元明两代均有辨伪之作，如元代吴澄的《书纂言》、明代梅鷟的《尚书谱》及《尚书考

① 李逸友. 黑城出土文书(汉文文书卷)[M]. 北京：科学出版社，1991：6-7.
② 孙祖基. 中国历代法家著述考[M]. 1934 岱庐丛著本.
③ 瞿同祖. 中国法律与中国社会[M]. 中华书局，1981：1.
④ [美]弗里德曼. 法律制度[M]. 中国政法大学出版社，2004：241.
⑤ 永瑢. 四库全书总目·总序类序之书类(全两册)[M]. 中华书局，1965.

异》。清代的《尚书》研究形成规模，阎若璩《尚书古文疏证》确证古文尚书与今文尚书同文之二十八篇为真，其他为后人伪作。清代治《尚书》之名著有朱彝尊《经义考》、江声《尚书集注音疏》、王鸣盛《尚书后案》、段玉裁《尚书撰异》、孙星衍《尚书今古文注疏》。建国后顾颉刚及其弟子刘起釪的研究尤为显著。

《尚书》直接关乎律学的篇章有：《尧典》《洪范》《吕刑》。

(二)易类系列论著

《易》，汉初黄老治国安民之学的历史渊源。

汉易博士施、孟、梁传之外，有京、焦二家。施、孟、梁三家今文经传亡佚于两晋，京、焦言象数至宋代有陈、邵两家。王弼以老庄替代象数说易，宋代的传承人有胡、程、朱。[①]

《周易》与律学相关的篇章《周易·系词》《周易·讼》《周易·噬嗑》《周易·旅》。

(三)诗类系列论著

《诗大序》曰："以一国之事，系一人之本，谓之风；言天下之事，形四方之风，谓之雅。雅者，正也，言王政之所由废兴也。政有大小，故有小雅焉，有大雅焉。颂者，美盛德之形容，以其成功告于神明者也。是谓四始，诗之至也。"

汉诗以今文诗鲁、齐、韩三家立于学宫，鲁诗魏时亡佚、齐诗亡于西晋、韩诗南宋以后亦亡。东汉古文经毛诗兴盛，传世诗经即为毛诗。

《诗经》与律学相关篇目：婚姻篇《齐风·南山》《卫风·氓》《郑风·将仲子》《周南·桃夭》《齐风·著》《大雅·韩奕》《卫风·硕人》《邶风·泉水》《邶风·柏舟》《小雅·白华》《邶风·日月》《邶风·终风》《邶风·谷风》《卫风·河广》《王风·中谷有蓷》《郑风·溱洧》《邶风·静女》《郑风·野有蔓草》《王风·大车》。刑罚篇《大雅·思齐》《大雅·文王》《大雅·荡》《大雅·抑》《大雅·瞻卬》《小雅·雨无正》《小雅·菀柳》《小雅·巧言》《周颂·我将》《秦风·黄鸟》《秦风·无衣》《召南·甘棠》《召南·行露》。[②]

(四)礼类系列论著

《仪礼》《礼记》《周礼》通称传统文化核心之"礼"或"三礼"。《左传·文公十八年》所载"先君周公制周礼"。《仪礼》《礼记》记载基于风俗习惯而形成的礼。三礼中最晚出的《周礼》实质是一部官制，它全面确立贵贱尊卑的宗法等级秩序和制度。礼的最终目的在于人与人之间和睦相处即"无讼"。人与人之间的矛盾主要通过互谅互让，协商妥协来解决，其次才是对簿公堂来解决。

"礼"十七篇，在汉代称"士礼"，汉之后学者认为传世之十七篇"礼"有"仪"有"礼"，

---

① 施雠、孟喜、梁丘贺、京房、焦延寿、陈抟、邵雍、胡瑗、程颐、朱熹。

② 孙静蕊．诗以为治：《诗经》中的法意—兼论法律与文学的关联及其意义[J]．社会中的法理，2015.

因此称为《仪礼》。汉代五经之礼为《仪礼》。对"礼"的解说称为《礼记》，传世文本有大戴《礼记》三十九篇和小戴《礼记》四十九篇，小戴《礼记》唐时替代《仪礼》列入五经、中唐之后三礼入九经及十二经，其后宋代列入十三经。《周礼》东汉时列为学官，隋朝列入九经。

三礼与律学相关篇目：《仪礼》十七篇均可看作习惯法记载；《礼记·王制》、《礼记·月令》、《礼记·月令》；《周礼·秋官》主刑罚。

(五)春秋类系列论著

《春秋》经是公元前722—前481年鲁国编年史，以鲁国12国公为序，1公1篇共12篇。春秋三传：《春秋·左传》《春秋·谷梁传》《春秋·公羊传》。《文心雕龙·史传》："传者转也，转受经旨，以授于后。"春秋三传虽然都是转受春秋经旨，但左传详于记事，公羊谷梁长于微言大义。

据陆德明《经典释文》记载，《左传》经与传各本单行，至杜预为注始引传入经合二为一。《春秋·谷梁传》《春秋·公羊传》为今文经，汉景帝时立于学官，《左传》古文经平帝时才立于学官。但是《左传》晚出反胜过公羊与谷梁，直至中唐以前，学者重《左传》；中唐至北宋渐重《谷梁传》《公羊传》。

春秋三传与律学相关篇目：昭公篇、僖公篇、宣公篇、成公篇、哀公篇等。

二、律学论著

《管子》汉志作《筦子八十六篇》，今存76篇。

《管子》24卷，现存76篇，管仲著，书前有刘向叙录、明新安吴勉学校刊《吴刻二十子》，房玄龄注，刘绩补注，赵用贤校；1582年赵用贤刻本，房玄龄注，刘绩增注，张登云补注；万历七年(1579年)朱东光凤阳府学斋刊印本，房玄龄注，刘绩增注，朱长春参补。万历年间何允中刻本《管子杂志》12卷，王念孙著，1812—1832年王引之刊印，考订伪误640余条；《管子校正》24卷，戴望著，取十余种管子版本互校订正，1873年印本。《管子斠补》刘师培著1934—1936年版《刘申叔遗书》第24册。

《邓析子》，郑国大夫邓析著，邓析与子产同时代。明万历四年(1576)周子义刊本；清·谭仪校，影宋本2卷1872年印本；《邓析子校录》3卷，马叙伦著，清·谭仪校，辑于1923年印行之《天马山房丛书》。汉志著录本早已亡佚，今本为伪书。

《李克七篇》，现有马国翰辑本一卷。

《孟子》，战国中期邹国孟子及其弟子万章、公孙丑等著，《汉书·艺文志》记载《孟子》十一篇，现存七篇十四卷。

《荀子》，战国末期赵人荀况著，今有王先谦《荀子集释》二十卷本。

《商君书》二十九篇，商鞅著。今存二十六篇。清·钱熙祚校。上海大东书局1939年版，世称善本。版本众多。

《韩子》五十五篇，韩非著。今有21卷本《韩非子集解》王先慎著；明本吴勉学校，万历年间刊印，辑于《二十子全书》之中；万历十年刊印赵用贤校本；上海商务印书馆1919—1932年据涵芬楼藏钱塘述古堂影宋抄本影印清代黄丕烈校本，辑于士礼居丛书之中；

《申子》，申不害撰。《汉书·艺文志》记载六篇。见马国翰辑本六篇。1871济南皇华馆书局刊印之《玉函山房辑佚》七种法家辑佚本之一(另六种是汉晁错《晁氏新书》，后汉崔实《崔氏政论》，魏刘广《刘氏政论》，魏阮武《阮子政论》，魏桓范《世要论》，吴陈莊《陈子要言》))。

《处子》，处子撰，《汉书·艺文志》记载九篇，今亡佚。

《慎子》，慎到撰。《汉书·艺文志》记载四十二篇。见严可均辑本存七篇；张海鹏据《四库全书》本校刊一卷十二论四十二篇，1796—1820年集于《墨海金壶》丛书之中；钱熙祚据《墨海金壶》丛书本1844年校补增刊辑于《守山阁》丛书之中；上海商务印书馆1919—1932年据涵芬楼藏繆荃孙写本(明·慎懋赏辑校)影印。

《游棣子》一篇《汉书·艺文志》著录一篇。今亡佚。

《晁错》，晁错撰，《汉书·艺文志》著录三十一篇。今亡佚。

《燕十事》作者不详，《汉书·艺文志》著录十篇。今亡佚。

《法家言》作者不详，《汉书·艺文志》著录二篇。今亡佚。

《新书》五十八篇，贾谊著，现存五十四篇。1613年(明)李孟阳据都穆刊本校刊。另有明中期程荣校刊之《汉魏丛书》本；1925年上海商务印书馆印行之《四部丛刊》初编缩影本；1937年上海商务印书馆据明万历十年《两京遗编》影印本；湖北崇文书局之《百子全书》本；明正德十四年滇印本何孟春辑注本；另有1784年卢文弨《抱经堂丛书》校刊本。

《春秋繁露》十七卷，董仲舒著，见载于隋志。汉志载《董仲舒百二十三篇》已亡佚，仅存6则案例。

《盐铁论》，桓宽著。12册12卷，张之象注本，云间张之象猗蘭堂1554年印行；湖南长沙思贤讲舍1891年刊印王先谦校本；1501年涂祯刻本重刊张敦仁考证本；上海商务印书馆1936年印行林振翰校释本；徐德培1939年刊印徐德培集释本《盐铁论集释》全2册；台北世界书局1959年刊印杨树达《盐铁论要释》，王利器校注、王佩静札记之《盐铁论校注札记》。

《法言》十三篇，杨雄著。现有清代严可均辑本。

《太玄》十九篇，杨雄著。现有清代严可均辑本。

《李子》，李悝撰。《汉书·艺文志》记载二十三篇，今存清·黄奭辑本。

《游棣子一篇》见著于汉志，今亡佚。

《晁错三十一篇》见著于汉志，今亡佚。

《燕十事十篇》见著于汉志，今亡佚。

《法家言二篇》见著于汉志，今亡佚。

《尹文子一篇》见著于汉志，今亡佚。

《公孙龙子十四篇》今存六篇。

《成公生五篇》见著于汉志，今亡佚。

《惠子一篇》今有马国翰辑本一卷。

《黄公四篇》见著于汉志法家，今亡佚。

《毛公九篇》见著于汉志法家，今亡佚。

《潜夫论》四册十卷，王符著，明万历年间胡维新印行之《两京遗编》本。另有明程荣《汉魏丛书》本，明末何镗原、何允中《汉魏丛书》本，清乾隆年间王谟《汉魏丛书》本，文渊阁《四库全书》抄本及印本，1936 年上海书局《四库备要》本，1936 年上海商务印书馆《四部丛刊》本，1964 年台北艺文印书馆《四库善本丛书》本。

《睡虎地秦墓竹简·法律问答》法律解释学著作，竹简 210 简，释法 187 条。

《叔孙宣律章句》见著于隋志，今亡佚。

《郭令卿律章句》见著于隋志，今亡佚。

《马融律章句》见著于隋志，今亡佚。

《郑玄律章句》见著于隋志，今亡佚。

《廷尉决事》二十卷，见著于两唐志，今亡佚。

《魏廷尉决事》十卷，见著于隋志，今亡佚。

《律注表》晋·张斐，见存于晋志。

《汉晋律序注》一卷，晋·张斐撰，见著于隋志，今亡佚。

《杂律解》二十一卷，晋·张斐撰，见著于隋志，今亡佚。

《法论十卷》南朝·梁·刘邵撰。亡佚。

《律略论五卷》南朝·梁·刘邵撰。亡佚。

《肉刑论》晋·汜毓撰。

《律疏》三十卷，唐·长孙无忌等撰，见著两唐志及宋志，有传世本《唐律疏议》。

《唐律纂例图》元·王元亮撰。

《唐律疏议释文》三十卷，元·王元亮撰。

《法例》唐·崔知悌，见著于旧唐志。

《赵仁本法例》唐·赵仁本，见著旧唐志三卷，见著新唐志二卷。

《法鉴》八卷，唐·李崇撰。见著新唐志。

《唐律》在日本有《张氏注》《宋氏注》《简氏注》《曹氏注》《杨书》《夫书》《唐问答》《附释》《杂律义》《唐律释》《律疏骨梗录》等十一种，另有《栗氏注》《唐答》《唐云》《唐律集解》。

《刑书释名》一卷，宋·王键撰，见著于《八千卷楼书目》。

《律音义》一卷，宋·孙奭撰，见著于宋志。

《律令释文》一卷，宋·孙奭撰，见著于宋志。

《刑名断例》三卷，宋·曾旼撰。

《措刑论》宋·钱熙。

《熙宁法寺断例》十二卷，见著于宋志。

《刑统赋》四卷，无著者，见著于宋志，今亡佚。

《续刑统赋》一卷，宋·杨渊著。

《删注刑统赋》金·李佑之，卷亡佚。

《明昌律义》金·孙铎撰。

《泰和律义》三十卷，金章宗承安五年成书。

《刑统赋或问》元·程仁寿撰，见存永乐大典本，今卷亡佚。

《刑统赋四言纂註》元·练进撰，见存永乐大典本，今卷亡佚。

《刑统赋精要》元·尹忠撰，见存永乐大典本，今卷亡佚。

《刑统赋略註》元·张汝楫撰，见存永乐大典本，今卷亡佚。

《粗解刑统赋》一卷，元·孟奎撰，见存于《寄簃文存》。

《刑统赋疏》一卷，元·沈仲纬撰，今有传本。

《法家体要》二卷，明·韩君恩撰。

《政刑类要》一卷，明·彭天赐撰，见存四库存目。

《大明律解》十二卷，明·张楷撰。

《律条疏义》三十卷，明·张楷撰。

《大明律释义》三十卷，明·应槚撰。

《大明律集解附例》三十卷，明·高举撰。

《大明律读法书》三十卷，明·孙存撰。

《读律管窥》十二卷，明·应庭育撰。

《读律琐言》三十卷，明·雷梦麟撰。

《读律私笺》二十四卷，明·王樵撰。

《注大明律例》二十卷，明·林兆珂撰。

《律解附例》八卷，明·王之垣撰。

《律例笺解》三十卷，明·王肯堂撰。

《大明律附例》三十卷，明·彭应弼撰。

《律解附例》四卷，明·胡琼撰。

《大明律直引》五卷，天一阁藏明本。

《大明律比例》一卷，天一阁藏明本。

《律疏附例》八卷，天一阁藏明本。

《读律管见》明·陈铣撰，今卷亡佚。

《律例集解》明·陈察撰，今卷亡佚。

《风纪辑览》四卷，明·傅汉臣撰。

《风宪约》一卷，明·吕坤撰。

《明刑法志》清·姜宸英撰。

《大清律集解》三十卷，清·朱轼等雍正元年撰。

《大清律集解附例》三十卷，清·吴达海顺治三年撰。

《大清律例集注通纂》清·胡肇楷撰。

《大清律例按语》一百零四卷，潘德畬道光三十七年撰。

《大清律例通考》四十卷，清·吴壇撰。

《律例根源》三十二卷，图一卷。

《律例根源》一百二十四卷，清刑部原本。

《名法指掌图》二卷，清·沈辛田编。

《名法指掌新例增订》四卷，清·钮大炜增订。

《重修名法指掌图》四卷，徐灏撰。

《律例略记》四卷，清·汪峯撰。

《限期集览》六卷，清·沈沾霖撰。

《例案备较》四卷，无撰者。

《读法图存》四卷，邵绳清撰。

《刑律图》一卷，清·陈海云撰。

《王仪部笺释》清·顾鼎撰。

《寄簃遗书》清·沈家本撰，武进董氏刻本。

《法家汇集》无卷次，无著者，四库存目本。

《唐明律合编》三十卷，清·薛允升撰。

《薛大司寇遗稿》清·薛允升撰。

《寄簃文存》沈家本撰。

《柏台公案》八卷，明·段正(柏台)撰，见著明志。

《刑部比照加减成案》三十二卷，许梿、熊仪撰。

《秋审比较汇案续编》八卷，见著《清史稿》。

《大清律例刑案新纂集成》四十卷，清·吴仰山同治九年撰。

三、律学相关的综合性论著

律学相关的综合性论著有《史记》《汉书》、应劭《风俗通义》《汉官仪》及《汉官》、董仲舒《春秋繁露》、卫宏《汉旧仪》、陆贾《新语》、贾谊《新书》、刘安《淮南子》、桓宽《盐铁论》、刘向《新序》、刘向《说苑》、扬雄《太玄》《法言》、桓谭《新论》、王充《论衡》、王符《潜夫论》、蔡邕《独断》、荀悦《申鉴》、徐干《中论》等。

有关司法机构的组织和功能，见于职官类；有关法律理论的，见于法家类；更多的有关律令以及理讼治狱的文献分散于诏令奏议、别集、总集之中。

四、法学期刊

我国于清朝末年才出现法学期刊，而综合性期刊出现于清朝中期。

期刊是连续出版物的一种。连续出版物的编辑者较固定因而能连续出版，各期面设计有相对的稳定性，且由多篇文献组成，内容具有学术原创性或新颖性。于连续出版物报道及时，出版连贯，数量、种类庞大，成为现代文献的一种主要类型。英国不列颠图书馆文献供应中心累计收藏有 20 万种连续出版物，是世界上最大的连续出版物收藏中心。从源流上看，《中国大百科全书》(新闻出版卷)认为，中国大约在宋代以后抄印出卖的邸报，可视为世界上期刊的雏形。大众期刊和报纸同源，形式相差无几，极易混淆。渐渐地从形式和内容上有了区分。形式上，报纸的版面越来越大，对折，且不装订成册；而期刊则有封面且装订成册。内容上的区别也越来越清晰，报纸逐渐趋向于刊载时效性较强的新闻，大众期刊则专刊文艺和娱乐性文章，至此，大众期刊和报纸才具体地分开了。

学术期刊不同于大众期刊，学术期刊起源于 17 世纪的学者间的学术通信交流，如创办于 1665 年 1 月 5 日的法国期刊《Le Journal des Scavans》（学者杂志，出了几期后因干涉法律与神学事务被查禁后永久停刊）和 1665 年 3 月 6 日创办的英国期刊《Philosophical Transactions》（哲学汇刊，至今仍在刊行）。英文期刊概述见第 6 章。

关于我国最早的期刊，目前可视西方传教士 1815 年 8 月 5 日在马六甲出版的《察世俗每月统纪传》，以及于 1833 年创刊于广州的《东西洋考每月统纪传》为在境外和境内出版的最早的中文期刊，至于学术期刊，创刊于 1792 年《吴医汇讲》，共出版 11 期，应该视为我国最早的学术期刊。但是，成规模的中文期刊文献的出现，还是在明国时期（详见第四章）。

我国第一种法学期刊是创刊与 1900 年 12 月 6 日的《政法学报》（更名前刊名为《译书汇编》刊载汉译法学文献）。《译书汇编》，由留日学生曹汝霖、杨廷栋、雷奋等 14 人在日本创办。1903 年 4 月改名《政法学报》主要刊载中国学者法政论文。办刊宗旨汇通中外法学。日后该刊是法律人研究分析法学派的主要平台。

晚清出现初期法学期刊：

（1）清末官报。强学会的《强学报》、两日刊《中外纪闻》、官书局的官书局报、官书局汇报、时务报、北洋官报（直隶官报）、商务官报、学部官报、法政官报、政治官报（1907 年创刊，1911 年改为内阁官报）。[①]

（2）外国人办的中国报刊两类，一类为宗教报刊演变为政论性综合报刊，另一类为商业性报刊。宗教类报刊如：1815 年 8 月 5 日英国传教士罗伯特·马礼逊编的中文月刊《察世俗每月统纪传》于马六甲创刊是第一种中文近代报刊；1833 年 7 月 25 日普鲁士传教士郭实腊创办的《东西洋考每月统纪传》于广州创刊；政论性综合报刊如：1835 年 5 月，美国基督教会第一个来华的传教士裨治文主编的英文杂志《中国丛报》在广州创刊。它标志着在华外刊从宗教报刊阶段进入了政治报刊的新的发展阶段。因为它刊载的内容是关于清"政府的机构、政治制度、法律条例、文武要员、军队武备、中外关系、商业贸易、山林矿藏、河流海港、农业畜产、文化教育、语言文字、宗教信仰、伦理道德及风俗习惯等方向的文稿"[②]，1868 年 9 月 5 日美国传教士林乐之创办的《万国公报》（《中国教会新报》《教会新报》）、1872 年 8 月美国教士丁韪良等主编的《格致汇编》（初名《中西闻见录》）。商业性报刊如：1861—1872 年伍德、傅兰雅、林乐知等任主编的日报《上海新报》，是为近代意义的报纸；1872 年他们又创办了《明报》《瀛寰琐记》《点石斋画报》。1872 年 4 月 30 日英国商人于上海创办《申报》《沪报》（后更名为《字林沪报》），1882 年英商创办了《新闻报》，由此上海中文商业报纸形成了由《申报》《新闻报》和《字林沪报》三报鼎立的格局。

（3）中国人自己创办的《京话日报》《时事报》《舆论日报》《时报》《时事新报》《大公报》

---

① 倪延年. 中国古代报刊法制发展史［M］. 南京：南京师范大学出版社，2004：280.

② 倪延年. 中国古代报刊法制发展史［M］. 南京：南京师范大学出版社，2004：282.

等。《时务报》(上海)、《知新报》(澳门)、《湘学新报》(长沙,后改名为《湘学报》)、《湘报》(长沙)、《国闻报》(天津)等以宣传变法维新为明显政治色彩的报刊。1900年以后,康有为梁启超创办了多种报刊如《清议报》《新民丛报》《天电报》《文兴报》《益友新报》《新中国报》《日新报》等一批宣传"保皇改良"的报刊,并且和资产阶级革命派所办的《民报》等报刊进行过一场关于中国前途等重要问题的争论,双方参战的报刊达到数十种,所在地区遍及日本、南洋、美洲等地区。从革命派人士秦力山等人在东京创办的《国民报》上发表章太炎的《正仇满论》向改良派鼓吹的"保国存种"(即拥护皇帝、反对西太后)理论放出第一枪开始,到1907年11月作为与革命派报刊对垒的改良派主要阵地报刊《新民丛报》憨然停刊为止,这场论争先后历时7~8年。其规模之大,时间之长,涉及问题之多,斗争之激烈,为中国近代史上所少见。

以上三类期刊中法学学术性期刊约30种,详见表3-4。

表3-4 　　　　　　　　　　　**清末创办的30余法政杂志一览表**①

创刊年	刊名	创刊者	备　注
1903	法政学报	曹汝霖等留学生	前身为译书汇编(1900创刊)
1906	法政杂志	张一鹏	日本东京法政杂志社1906年3月—1906年8月,月刊,同年并入北洋法政学报
1906	预备立宪官话报		上海预备立宪社
1906	宪政杂志		上海宪政研究会
1906	北洋法政学报		《学报》和张一鹏《法政杂志》合刊
1906	北洋学报		天津,北洋官报总局
1906	地方白话报	王法勤	保定
1906	新译界	范熙壬	日本东京
1907	中国新报	杨度	日本东京
1907	法政学交通社杂志(月报)	孟森	其他创刊人孟昭常、杨荫杭、秦瑞玠等 留日立宪派刊物
1907	法政学报	沈其昌	日本东京法政学报社
1907	牖报	李庆芳	
1907	大同报	恒钧	
1908	预备立宪会公报	孟昭常等	上海预备立宪会
1908	学海(甲编)		北京大学留日学生编译社

① 程燎原.中国近代法政杂志的兴盛与宏旨[J].政法论坛,2006(4):4-10.

续表

创刊年	刊名	创刊者	备 注
1908	法政介闻	马德润、周泽春	柏林 留德法政学生
1908	广东地方自治研究录	卢乃潼等	
1908	福建法政杂志		福建法政学堂
1908	湖北地方自治研究会杂志		日本东京,"湖北地方自治研究会"
1908	欧美法政介闻(月刊)	马德润 周泽春	上海商务印书馆印行
1909	宪法新闻		
1909	宪政新志	吴冠英	
1910	北洋政学旬刊	吴兴让	北洋法政学报
1910	法学会杂志	沈家本 杨荫杭	北京法学会编辑部 1910 年 10 月—1911 年 8 月,共发行 5 期,杨荫杭著发刊词
1911	法政杂志	陶保霖	上海法政杂志社
1911	北京法政学杂志		北京潮州会馆
1911	法政浅说报		北京
1911	政法学会杂志①	政法学会	北京
1911	法政学报②	法政同志研究会	北京
1911	法学杂志③	法学协会	长沙
1911	法政杂志④	法政协会	成都

第四节 律学工具文献

律学工具文献指称用于律学领域检索或参考的文献形式。律学检索工具文献以目录为典型,律学参考工具文献较多,典型的有类书、政书、表谱、丛书等。

---

① 张为华. 建国前我国法律期刊史述略[J]. 法律信息与研究, 2000(1):4.
② 张为华. 建国前我国法律期刊史述略[J]. 法律信息与研究, 2000(1):4.
③ 张为华. 建国前我国法律期刊史述略[J]. 法律信息与研究, 2000(1):4.
④ 张为华. 建国前我国法律期刊史述略[J]. 法律信息与研究, 2000(1):4.

一、目录

古典时期目录仅指称图书目录。什么是目录？目即是大类之下有小类。例如，《论语·颜渊》："颜渊问仁，子曰：克己复礼为仁。请问其目，曰：非礼勿视、非礼勿听、非礼勿言、非礼勿动。"孔子在这里列举了"仁"这一属概念之下"视、听、言、动"四种概念。"录"的初义，依据《说文解字》为"刻木"即"记录"之意。汉成帝时刘向最早用"目录"指称一书篇目和该书之叙（提要）二者的合称。"目录"的另一类型：列举书名，大约从旧唐志始。

目录的分类，依据编制目录者身份可将目录非为官方目录、书坊目录、私家目录。其中以官方目录数量最多，官方目录又可分为国家书目、地方书目。依据目录揭示文献内容的深度，目录可分为书名目录和书目提要。

1. 国家书目

宋代编纂有国家书目《崇文总目》。国家书目用于概览一朝一代藏书全貌，以史志目录为常见，我国二十四史中有六史编纂有书目：《汉书·艺文志》《隋书·经籍志》《旧唐书·经籍志》《新唐书·艺文志》《宋史·艺文志》《明史·艺文志》。《清史稿》亦有艺文志，唯有当代完成的《清史》称为《清人著述总目》。这种附在史书中的国家典籍目录通称为史志目录。志指称国家典籍的目录记载，由修史官编撰而成。

2. 提要目录

律学辨章学术，考镜源流，则提要目录功用最大。这类目录之要籍如《汉书·艺文志》（部类有序、书无录间或有注）、《隋书·经籍志》（部类有序、书无录间或有注）、《四库全书总目提要》（部类有序书均有录）。每部类序即大小序概述该部类典籍内容、学术源流，及其典籍的流变聚散亡佚之历史概貌。书录的功用与部类序相同，只是具体而微。

3. 私家目录

鉴别或校雠律学旧椠，私家目录为首选。参校史志目录，可用目录考亡佚之典籍；考校古书之真伪。如《郡斋读书志》《直斋书目解题》《书目问答》《经籍举要》傅增湘《藏园群书经眼录》王重民《中国古籍善本书目提要》等。

我国历代均重视修撰当朝书目。西汉季年，刘向编有《别录》20卷，其子刘歆整理成为西汉国家提要书目《七略》7卷。西晋荀勖编有《晋中经簿》14卷，唐代毋煚编有《古今书录》40卷，宋代翰林学士王尧臣等人奉诏总成《崇文总目》66卷，清代纪昀等人编有《四库全书总目提要》200卷。这些都带有总书目性质，它们往往成为正史的艺文志、经籍志的前身，或为后者所师承。

4. 目录举要

(1)史志目录《汉书·艺文志》。东汉班固依刘向《七略》为蓝本编辑成《汉书·艺文志》（简称《汉志》）。收录596家13269卷文献。《汉志》中未设律书类，西汉的典章制度也未收录。法律思想类著作归入"诸子略"中的法家类，"法十家，二百一十七篇"①，今存佚现状如表 3-5 所示。

表 3-5

书名	篇目数	存佚现状
李子	32 篇	亡佚
商君	29 篇	今存 28 篇，其中 26 篇文，2 篇篇名
申子	6 篇	亡佚，今有马国翰辑本
处子	9 篇	亡佚
慎子	42 篇	今存 5 篇，严可均辑 2 篇，共 7 篇②
韩子	55 篇	今存 55 篇
游棣子	1 篇	亡佚
晁错	31 篇	今存 10 篇③
燕十事	10 篇	亡佚
法家言	2 篇	亡佚

　　(2)史志目录《隋书·经籍志》。唐魏徵(580—643 年)等撰，既反映隋朝一代藏书，又记载六朝时代图书变动情况，是继《汉书·艺文志》后，我国现存最古的第二部史志目录。经部后有大序；每类后有小序，子部儒家类小序一篇。序中简要说明每类的学术源流及其演变。类下著录书名及卷数，时有简要注释：记著者及其时代官阶爵衔，内容真伪及存亡残缺。此为考见唐以前著述概况的重要资料。此后的两唐艺文志省略了大小序，仅保留了总序和后序。宋明艺文志沿袭两唐艺文志例。直至清《四库全书总目提要》才恢复大小序体例。

　　隋志利用隋代遗书 14466 部，89666 卷与《隋大业正御书目》核对，删去重复，实有 6520 部 56881 卷(实录 4191 部 49467 卷)。这个数字是四部经传 3127 部 36708 卷，加上亡佚经传合计 4191 部 49467 卷，再加上附录佛道 2329 部 7414 卷而成。附录佛道书籍无书名。《隋书·经籍志》明确以经、史、子、集四部四十类分类著录，并最终确立了四分法在目录学中的地位，也是现存最古的四分法目录书。④ 史部十三类：正史、古史、杂史、霸史、起居注、旧事、职官、仪注、刑法、杂传、地理、谱系、簿录。其中刑法类录书 35 部 712 卷。几乎囊括了汉代至隋代当时能见的传世律书，今悉数亡佚。

---

　　① 班固. 汉书(全十二册)[M]. 中华书局，2016.
　　② 张舜徽.《汉书艺文志通释》[M]. 武汉：湖北教育出版社，1992：160.
　　③ 张伯元.《法律文献学》(修订版). 上海：上海人民出版社，2012：11.
　　④ 《隋志》在经史子集四部之后附入道佛两家，确切说应该算是儒佛(11 小类)道(4 小类)三藏四分法。

律学著作署名的有 11 部(悉数亡佚)，如表 3-6 所示：

表 3-6

撰者	书名及卷数	撰者	书名及卷数
杜预	《律本》21 卷	范泉	《陈令》9 卷
张斐	《汉晋律序注》1 卷	范泉	《陈科》10 卷
张斐	《杂律解》21 卷	陈寿	《魏名臣奏事》40 卷
蔡法度	《晋、宋、齐、梁律》20 卷	高堂隆	《魏台杂访议》3 卷
蔡法度	《梁律》20 卷	应劭	《汉朝议驳》30 卷
范泉	《陈律》9 卷		

律学著作未著撰人的 24 部(悉数亡佚)，如表 3-7 所示：

表 3-7

律名	卷数	律名	卷数	律名	卷数
周律	25 卷	北齐令	50 卷	晋杂议	10 卷
周大统式	3 卷	北齐权令	2 卷	隋开皇令	30 卷目 1 卷
隋律	12 卷	魏王奏事	10 卷	晋弹事	10 卷
隋大业律	11 卷	后魏律	20 卷	南台奏事	22 卷
晋令	40 卷	隋大业令	30 卷	汉名臣奏事	30 卷
梁科	30 卷	魏廷尉决事	10 卷	晋刺史六条制	1 卷
梁令	30 卷	晋驳事	4 卷	齐五服制	1 卷
北齐律	12 卷	晋杂制	60 卷	陈新制	60 卷

　　《隋志》开创了史志目录列入法律书目的先例，归类为"史部·刑法类"。在归入此类之后，简要分析和阐述刑法的内容、意义及沿革情况。以后各志沿用这一体例。"史部·刑法类"后，有叙说尧舜至隋朝法律继承简史。

　　刑法者，先王所以惩罪恶，齐不轨者也。《尚书》述唐、虞之世，五刑有服，而夏后氏正刑有五，科条三千。《周官》：司寇掌三典以刑邦国；司刑掌五刑之法，丽万民之罪；太史又以典法逆于邦国；内史执国法以考政事。《春秋传》曰："在九刑不忘。"然而刑书之作久矣。盖藏于官府，惧人之知争端，而轻于犯。及其末也，肆情越法，刑罚僭滥。

　　至秦，重之以苛虐，先王之正刑灭矣。汉初，萧何定律九章，其后渐更增益，令甲已下，盈溢架藏。晋初，贾充、杜预删而定之，有律，有令，有故事。梁时，又取故事之宜于时者为《梁科》。后齐武成帝时，又于麟趾殿删正刑典，谓之《麟趾格》。后周太祖，又命苏绰撰《大统式》。隋则律令格式并行。自律已下，世有改作，事在《刑法志》。《汉律》久亡，故事驳议，又多零失。今录其见存可观者，编为刑法篇。

从《隋志》收录律书的记载可以清晰地辨识出隋代之前立法活动的继承脉络，为法律史学研究提供了历史线索。

此外，在史部"职官""起居注""类书"及子部"法家类"，也有与律书互为参考的书目。

(3)史志目录《旧唐书·经籍志》(简称《旧唐志》或《旧志》)，五代后晋刘昫等撰。《旧志》录毋煚《古今书录》分上下两卷而成，共著录 4 部(经、史、子、集) 51852 卷，记录唐开元以前著述目录。至于开元以后的著述，"在开元四部之外，不欲杂其本部"[①]。《旧唐志·刑法类》51 条目录，814 卷。

《旧唐志》与《隋志》有清晰的顺承关系，在隋志刑法类律书目录的基础上，近 1/3 的篇幅续录了唐代的律、令、格、式。足可以印证《旧唐志·刑法类》以唐代立法实践为主旨。从汉代至唐代经历了千余年，律书的收藏与流失在所难免，《旧唐志》所录律书有尽收当时所见于册的痕迹，法制源流尚能清晰可见，如表 3-8 所示。

表 3-8

撰者	书名及卷数	撰者	书名及卷数
姚崇等	开元前格 10 卷		廷尉杂诏书 26 卷
宋璟等	开元后格 9 卷	贾充等	晋令 40 卷
	令 30 卷	贾充等	刑法律本 21 卷
姚崇等	式 20 卷		南台奏事 22 卷
	永徽散行天下格中本 7 卷		晋驳事 4 卷
源直心等	永徽留本司行中本 18 卷		晋弹事 9 卷
	永徽令 30 卷	宋躬	齐永明律 8 卷
刘仁轨	永徽留本司格后本 11 卷	蔡法度	梁律 20 卷
	永徽成式 14 卷	蔡法度	梁令 30 卷
	永徽散颁天下格 7 卷	蔡法度	梁科 2 卷
长孙无忌	永徽留本司行格 18 卷	范泉	陈令 30 卷
	永徽中式本 4 卷	范泉	陈科 30 卷
	垂拱式 20 卷	赵邠王献	北齐律 20 卷
	垂拱格 2 卷		北齐令 8 卷
裴居道	垂拱留司格 6 卷	赵肃	周大律 25 卷
张斐	律解 21 卷	高颎等	隋律 12 卷

---

① 刘昫. 旧唐书·经籍志·志序: 志卷第二十六[M]. 百衲本二十四史.

续表

撰者	书名及卷数	撰者	书名及卷数
	汉建武律令故事 1 卷		隋大业律 18 卷
刘邵	律略论 5 卷	裴正等	隋开皇令 30 卷
应劭	汉朝驳义 30 卷	崔知悌等	法例 2 卷
陈寿	汉名臣奏 30 卷	裴寂	令律 12 卷
	汉名臣奏 29 卷	长孙无忌	律疏 13 卷
	廷尉决事 20 卷	裴寂等	武德令 31 卷
	廷尉驳事 11 卷	房玄龄	贞观格 18 卷

以上录涵芬楼百衲本 24 史《旧唐志·刑法类》凡 46 部，784 卷。

(4)史志目录《新唐书·艺文志》(简称《新唐志》)，北宋欧阳修(1007—1072 年)等撰。《新唐志》与《旧唐志》均以唐·毋煚的《古今书录》为蓝本，类别划分亦相同，"刑法类"的律目计 28 家，61 条，1004 卷。增加的主要是唐代的律目。唐代律目共 31 条，占一半略强。官方颁布的律令，都有提要说明参定人员和成书年代，据此全面考察唐代法律的总体状况。

《新唐志》4 卷，采用三级分类法，共著录四部书 79221 卷，所著录的书籍含《旧志》书目，并增加唐开元以后的著述，凡是增加部分皆用"不著录"标明。"不著录"(指《古今书录》没有著录)标识新志与旧志的收目范围，更重要的是"不著录"标识出了唐代的著作 27127 卷，从而记述了唐代著述的概况。这在史志目录上是开创了先例，这种方法为其后史志所效仿，古文献学家王重民就认为："《新志》各类的'著录'和'不著录'，实则是两种不同性质的东西，已经开始了清代补史艺文志的做法和意义，这在我国目录学史的发展上是值得注意的。"①《选举志》系统地整理了唐朝科举制度的演变，如表 3-9 所示。

表 3-9

撰者	书名及卷数	撰者	书名及卷数
	汉建武律令故事 3 卷		永徽律 12 卷
	汉名臣奏 29 卷		式 14 卷
	廷尉决事 20 卷		式本 4 卷
	廷尉驳事 11 卷		令 30 卷
	廷尉杂诏书 26 卷		散颁天下格 7 卷
	南台奏事 22 卷	长孙无忌	留本司行格 18 卷
应劭	汉朝议驳 30 卷	长孙无忌	律疏 13 卷

①　王重民.中国目录学史论丛[M].北京：中华书局，1984.

续表

撰者	书名及卷数	撰者	书名及卷数
陈寿	汉名臣奏事 30 卷	刘仁轨等	永徽留本司格后 11 卷
	晋驳事 4 卷	赵仁本	法例 2 卷
	晋弹事 9 卷	崔知悌	法例 2 卷
贾充杜预	刑法律本 21 卷		垂拱式 20 卷
	晋令 40 卷		格 10 卷
宗躬	齐永明律 8 卷		新格 2 卷
蔡法度	梁律 20 卷		散颁格 3 卷
	梁令 30 卷	裴居道等	留司格 6 卷
	梁科 2 卷		删垂拱式 20 卷
	条钞晋宋齐梁律 20 卷	韦安石等	散颁格 7 卷
范泉等	陈律 9 卷	岑羲等	太极格 10 卷
范泉等	陈令 30 卷	姚崇等	开元前格 10 卷
范泉等	陈科 30 卷		开元后格 10 卷
赵郡王叡	北齐律 20 卷		令 30 卷
	令 8 卷	宋璟等	式 20 卷
	麟趾格 4 卷	裴光庭等	格后长行敕 6 卷
赵肃等	周律 25 卷		开元新格 10 卷
苏绰	大统式 3 卷	李林甫等	格式律令事类 40 卷
张斐	律解 20 卷		度支长行旨 5 卷
刘邵	律略论 5 卷	王行先	律令手鉴 2 卷
高颎等	隋律 12 卷	元泳	式苑 4 卷
牛弘等	隋开皇令 30 卷	裴光庭	唐开元格令科要 1 卷
	隋大业律 18 卷	权德舆等	元和格敕 30 卷
	武德律 12 卷	许孟容等	元和删定制敕 30 卷
	式 14 卷		大和格后敕 40 卷
裴寂等	令 31 卷	谢登	格后敕 60 卷
	贞观律 12 卷	狄兼谟	开成详定格 10 卷
	令 27 卷	刘象等	大中刑法总要格后敕 60 卷
	格 18 卷	张戣	大中刑律统类 12 卷
	留司格 1 卷	卢纾	刑法要录 10 卷

续表

撰者	书名及卷数	撰者	书名及卷数
房玄龄等	式 33 卷	张伾	判格 3 卷
		李崇	法鉴 8 卷

（5）史志目录《宋史·艺文志》（以下简称《宋志》），元脱脱等人编撰，取材于宋代四部《国史》。主要依据吕夷简等编《三朝国史艺文志》（太祖、太宗、真宗三朝）；王珪、宋敏求等编《两朝国史艺文志》（仁宗、英宗两朝）；李焘等《四朝国史艺文志》（神宗、哲宗、徽宗、钦宗四朝）以及包括高宗、孝宗、光宗、宁宗四朝《中兴国史艺文志》四种艺文志。总共录宋一代藏书 9819 部，11990 卷。刑法类 221 部，7955 卷。在录著方法上仍按经、史、子、集四部著录。也有记载宋代藏书情况，著录误差较多。故在考据宋代著述及研究宋代藏书，需要参考宋代私家藏书目，如：晁公武《郡斋读书志》、陈振孙《直斋书录解题》。还有郑樵《通志·艺文略》、马端临《文献通考·经籍考》一并参考。

《宋志》史部"刑法类"收入律目 221 条，除 30 余条唐五代的律目外，余下的全部为宋代律目。从《宋志》律目显示的内容来看，涉及宋代社会各个领域的方方面面，小到凡女道士，大至官府法条，展示出宋代法律的基本形态。从律书的数量推测，宋代频繁制律，借以调整日益复杂的社会关系，这一概况也是显而易见，如表 3-10 所示。

表 3-10

撰者	书名及卷数	撰者	书名及卷数
	律 12 卷		皇亲禄令并厘修敕式 340 卷
长孙无忌	律疏 30 卷	吴雍	都提举市易司敕令 21 卷
	唐式 20 卷	吴雍	公式 2 卷
李林甫	开元新格 10 卷	吴雍	水部条 19 卷
李林甫	令 30 卷	朱服	国子监支费令式 1 卷
	唐律令事类 40 卷	元绛	谳狱集 13 卷
	度支长行旨 5 卷	崔台符	元丰编敕令格式 敕书德音 申明　共 81 卷
	大和格后敕 40 卷		吏部四选敕令格式 1 部佚
元泳	式苑 4 卷		元丰户部敕令格式 1 部佚
宋璟	旁通开元格 1 卷		六曹条贯 3694 卷佚
萧旻	开元礼律格令要诀 1 卷		元祐诸司市务敕令格式 206 卷佚
裴光庭	开元格令科要 1 卷		六曹敕令格式 1000 卷

续表

撰者	书名及卷数	撰者	书名及卷数
	开成刑法格 10 卷		绍圣续修武学敕令格式 18 卷佚
	开成详定格 10 卷		枢密院条 20 卷佚
张戣	大中统类 12 卷(应为大中刑律统类)①		绍圣续修律学敕令格式 12 卷佚
	大中刑法总要 60 卷(应为大中刑法总要格后敕)②		诸路州县敕令格式 13 卷佚
	大中已后杂敕 3 卷		六曹格子 10 卷佚
	大中后杂敕 12 卷		中书省官制事目格 120 卷
	梁令 30 卷		尚书省官制事目格参照卷 67 卷佚
	梁式 20 卷		门下省官制事目格 72 卷佚
	梁格 10 卷		徽宗崇宁国子监算学敕令格式 1 部
	天成长定格 1 卷		崇宁国子画书学敕令格式 1 部佚
	天成杂敕 3 卷	沈锡	崇宁改修法度 10 卷
	天福编敕 31 卷		诸路州县学法 1 部佚
张昭	显德刑统 20 卷		大观新修内东门司应奉禁中请给敕令格式 1 部佚
姜虔嗣	江南刑律统类 10 卷		国子大学辟雍并小学敕令格式 168 卷佚
	江南格令条 80 卷	郑居中	政和新修学法 130 卷
	蜀杂制敕 3 卷	李图南	宗子大小学敕令格式 15 册卷佚
卢纾	刑法要录 10 卷	何执中	政和重修敕令格式 54 册卷佚
黄克升	五刑纂要录 3 卷		政和禄令格 321 卷佚
	刑法纂要 12 卷		宗祀大礼敕令格式 1 部佚
	断狱立成 3 卷	张动	直达纲运法 131 卷佚
黄懋	刑法要例 8 卷	王韶	政和敕令式 903 卷
张员(应为李崇)③	法鉴 8 卷	白时中	政和新修御试贡士敕令格式 159 卷
田晋	章程体要 2 卷	孟昌龄	政和重修国子监律学敕令格式 100 卷

---

① 陈乐素.宋史艺文志考证[M].广州:广东人民出版社,2002:124.
② 陈乐素.宋史艺文志考证[M].广州:广东人民出版社,2002:124.
③ 陈乐素.宋史艺文志考证[M].广州:广东人民出版社,2002:124.

撰者	书名及卷数	撰者	书名及卷数
王行先①	令律手鉴 2 卷		接送高丽敕令格式 1 部卷佚
张履冰	法例六赃图 2 卷		奉使高丽敕令格式 1 部卷佚
张伓	判格 3 卷		明堂敕令格式 1206 卷佚
盛度	沿革制置敕 3 卷		两浙福建路敕令格式 1 部卷佚
王皡	续疑狱集 4 卷	薛昂	神霄宫使司法令 1 部佚
赵绰	律鉴 1 卷	刘次庄	青囊本旨论 1 卷
	法要 1 卷	王晋	使范 1 卷
	外台秘要 1 卷	和凝	疑狱集 3 卷
	百司考选格敕 1 卷	窦仪	重详定刑统 30 卷
	宪问 10 卷	卢多逊	长定格 3 卷
	建隆编 4 卷	吕夷简	天圣编敕 12 卷
	开宝长定格 3 卷	吕夷简等	天圣令文 30 卷、撰
	太平兴国编敕 15 卷		八行八刑条 1 卷
苏易简	淳化编敕 30 卷		崇宁学制 1 卷
柴成务	咸平编敕 12 卷		附令敕 18 卷
丁谓	农田敕 5 卷	刘筠 宋绶	五服敕 1 卷
陈彭年	大中祥符编敕 40 卷	张方平	嘉祐驿令 3 卷
陈彭年	转运司编敕 30 卷	张方平	嘉祐禄令 10 卷
韩琦	端拱以来宣敕札子 60 卷	王安石	熙宁详定编敕 25 卷
韩琦	嘉祐编敕十八卷 总例 1 卷		新编续降并叙法条贯 1 卷 熙宁新编常平敕 2 卷
晁迥	礼部考试进士敕 1 卷		审官东院编敕 2 卷
吕夷简	一司一务敕 30 卷	张大中	编修入国条贯 2 卷
贾昌朝	庆历编敕 12 卷 总例 1 卷	张大中	奉朝要录 2 卷
	举条制 12 卷	范镗	熙宁贡举敕 2 卷
吴奎	嘉祐录令 10 卷		八路差官敕 1 卷
吴奎	驿令 3 卷		熙宁法寺断例 12 卷
	审官院编敕 15 卷		熙宁历任仪式 1 卷

① 陈乐素. 宋史艺文志考证[M]. 广州：广东人民出版社，2002：124.

续表

撰者	书名及卷数	撰者	书名及卷数
王珪	在京诸司库务条式 130 卷	蔡确	元丰司农敕令式 17 卷
	铨曹格敕 14 卷	李承之	江湖淮浙盐敕令赏格 6 卷
孙奭	律文音义 1 卷	曾伉	元丰新修吏部敕令式 15 卷
王海	群牧司编敕 12 卷	崔台符	元丰敕令式 72 卷
张稚圭	大宗正司条 6 卷	吕惠卿	新史吏部式 2 卷
王安礼	重修开封府熙宁编 10 卷	吕惠卿	县法 10 卷
沈立	新修审官西院条贯 10 卷总例 1 卷	程龟年	五服相犯法纂 3 卷
	支赐式 12 卷	孙奭	律令释文 1 卷
	支赐式 2 卷		续附敕令 1 卷
	官马俸马草料等式 9 卷		三司条约 1 卷
	熙宁新编大宗正司敕 8 卷	陆佃	国子监敕令格式 19 卷
陈绎	熙宁编三司式 400 卷	曾旼	刑名断例 3 卷
陈绎	随酒式 1 卷	章惇	元符敕令格式 134 卷
	马递铺特支式 2 卷	郑居中	学制书 130 卷
	熙宁新定诸军直禄令 2 卷	蔡京	政和续编诸路州县学敕令格式 18 卷
曾肇	将作监式 5 卷	白时中	政和新修贡士敕令格式 51 卷
蒲宗孟	八路敕 1 卷	李元弼	作邑自箴 1 卷
李承之	礼房条例 19 卷佚	张守	绍兴重修敕令格式 125 卷
章惇	熙宁新定孝赠式 15 卷	秦桧	绍兴重修六曹寺监库务通用敕令格式 54 卷
章惇	熙宁新定节式 2 卷	朱胜非	绍兴重修吏部敕令格式 通用格式 102 卷
	熙宁新定时服式 6 卷	秦桧	绍兴重修常平免役敕令格式 54 卷
	熙宁新定皇亲禄令 10 卷		绍兴重修贡举敕令格式申明 24 卷
	司农寺敕 1 卷式 1 卷	陈康伯	嘉定编修吏部条法总类 50 卷
	熙宁将官敕 1 卷		大观告格 1 卷
吴充	熙宁详定军马敕 5 卷		折狱龟鉴 3 卷
沈括	熙宁详定诸色人厨料式 1 卷	郑克	绍兴重修在京通用敕令格式申明 56 卷
	熙宁新修凡女道士给赐式 1 卷	龚茂良	淳熙重修吏部左选敕令格式申明 300 卷

撰者	书名及卷数	撰者	书名及卷数
	诸敕式 24 卷	虞允文	乾道重修敕令格式 120 卷
	诸敕令格式 12 卷		诸军班直录令 1 卷
	诸敕令格式 12 卷	郑至道	谕俗编 1 卷
	诸敕格式 30 卷	赵绪	金科易览 1 卷
张叙	熙宁葬式 55 卷	刘高夫	金科玉律总括诗 3 卷
范镗	熙宁详定尚书刑部敕 1 卷		绍兴参附尚书吏部敕令格式 70 卷
张诚一	熙宁五路义勇保甲敕 5 卷总例 1 卷	赵全	疑狱集 3 卷
张诚一	学士院等处敕式交并看详 22 卷		大宗正司敕令格式申明及目录 81 卷
	御书院敕式令 2 卷		
许将	熙宁开封府界保甲敕 2 卷		开禧重修吏部七司敕令格式申明 323 卷
	申明 1 卷		庆元条法事类 80 卷
沈希颜	元丰新近定在京人从敕式三等佚		嘉定编修百司吏职补授法 133 卷
李定	元丰新修国子监大学小学元新格 10 卷		庆元重修敕令格式及随敕申明 256 卷
李定	令 13 卷	王日休	养贤录 32 卷
贾昌朝	庆历编敕 律学武学敕式 2 卷		淳熙吏部条法总类 40 卷
	武学敕令格式 1 卷		金科玉律 1 卷
	明堂赦条 1 卷		金科类要 1 卷
曾伉	新修尚书吏部式 3 卷		刑统赋解 1 卷
蔡硕	元丰将官敕 12 卷	韩琦	嘉祐详定编敕 30 卷
	贡举医局龙图天章宝文阁等敕令仪式 410 卷		淳熙重修敕令格式及随敕申明 248 卷
			九族五服图制 1 卷

（6）史志目录《明史·艺文志》（以下简称《明志》），清张廷玉等人编撰。《明志》以黄居中（国子监丞）黄虞稷父子的《千顷堂书目》（32 卷）为基础删改，取明人著 4633 种①，少量收录明代以前的著述，沿用四部分类法。《千顷堂书目》著录明人著作 15408 种，宋、

----

① 李雄飞．评明史·艺文志[J]．中国典籍与文化，1999：4．

辽、金、元著作 2420 种，共计 17828 种。

《明志》仍设"刑法"一类，收录明代律书 45 部，外加一部《唐律疏议》。

明代律书的内容大致有四类：一是明政府颁布的法律法规，如《大明律》。二是私家注律以及议律，如《律例辨疑》《大明律释义》《读律琐言》《临民宝镜》。三是案例，如《昭示奸党录》《第二录》《第三录》。此外还有《明志》的"职官类"可与"刑法类"参照研究，如表 3-11 所示。

表 3-11

撰者	书名及卷数	撰者	书名及卷数
刘惟谦	大明律 30 卷 606 条	范永銮	大明律例 30 卷
	更定大明律 30 卷 460 条	陈璋	比部招拟 2 卷
朱元璋	御制大诰 1 卷 大诰续编 1 卷 大诰三编 1 卷 大诰武臣 1 卷 武臣敕谕 1 卷 昭示奸党录 1 卷、第二录 1 卷、第三录 3 卷 三录皆胡党狱词	舒化	问刑条例 7 卷 刑书会据 30 卷
	逆臣录 5 卷 蓝党狱词	应廷育	读律管窥 12 卷
	彰善瘅恶录 1 卷	雷梦麟	读律琐言 30 卷
	瘅恶续录 1 卷	孙存	大明律读法书 30 卷
	集犯谕 1 卷	王樵	读律私笺 24 卷
	戒敕功臣铁榜 1 卷	林兆珂	注大明律例 20 卷
何广	律解辨疑 30 卷	王之垣	律解附例 8 卷
郑节	续真西山政经 2 卷	段正	柏台公案 8 卷
薛瑄	从政录 1 卷	王肯堂	律例笺解 30 卷
卢雍	祥刑集览 2 卷	欧阳东凤	阐律 1 卷
何文渊	牧民备用 1 卷 司刑备用 1 卷	吴讷	祥刑要览 2 卷
陈廷珷	大明律分类条目 4 卷	熊鸣岐	昭代王章 15 卷
顾应祥	重修问刑条例 7 卷	邹元标	筮仕要诀 1 卷
刘惟谦	唐律疏义 12 卷	曹璜	治术纲目 10 卷
张楷	大明律解 12 卷	苏茂相	临民宝镜 16 卷
应槚	大明律释义 30 卷	陈龙正	政书 20 卷
高举	大明律集解附例 30 卷		

（7）史志目录《清史·艺文志》与《清人著述总目》。清代学者根据正史列传及艺文志，参考旧有的目录和资料，编撰完成了《续通志·经籍志》《清通考·经籍志》《续通志·艺文志》、《清通志·艺文志》，以及民国时期所撰《清史稿·艺文志》，形成清代的史志目录群。①

《清史·艺文志》，约60万字，2011年杜泽逊根据清史委员会的要求从其专著《清人著述总目》（著录清人著作22.7万余种）中选取22000余种编成，至今尚未出版。《清人著述总目》与《清史·艺文志》犹似《千目》与《明史·艺文志》。②

《清人著述总目》沿用明、清史志目录的成例以著录清人著述、反映有清一代著述之盛为目的，存、佚兼收。著录范围包括清人著述，清人注、选、评、辑的入著述，清人翻译的外国著述。非汉文著述不收，汉文与其他文字对照的著述收录。

（8）史志目录《清史稿·艺文志》。史部政书类法令之属收录律目23部，256卷，如表3-12所示。

表3-12

撰者	书名及卷数	撰者	书名及卷数
徐本等	督捕则例2卷		刑部奏定新章4卷
三泰等	大清律例47卷	许梿等	刑部比照加减成案32卷
	大清律续纂条例总类2卷	祝庆祺	刑案汇览60卷、卷首1卷、卷末1卷、拾遗备考1卷、续编10卷。
福隆安等	五军道里表4卷	全士潮等	驳案新编39卷
阿桂等	三流道里表4卷		秋审比较汇案续编8卷
沈家本	删除律例附商律不分卷	丁承禧注	清律例歌括1卷
商部	商律	徐灏	重修名法指掌图4卷
沈家本等	清现行刑律36卷 秋审条款1卷		法曹事宜4卷
善耆等	禁烟条例1卷		蒙古律例12卷

（9）《中国古籍善本目录》及其索引。19世纪以来，随着中国社会转型及图书馆事业的发展，历代流传的典籍渐次由私人收藏转为公共收藏。20世纪中叶以后，绝大部分的存世古籍，已成为国家及各地公共图书馆、高校及科研机构等图书馆的馆藏。古籍编目并不单纯是一种技术性的工作。我国古代著名的目录学著作，从汉朝刘向的《七略》、班固的《汉书·艺文志》起，一直到清朝的《四库全书总目提要》，都是传统学术的综合研究。

---

① 杜泽逊. 清人著述总目述例稿[J]. 中国典籍与文化，2012（1）.

② 儒学高等研究院 科研项目：清人著述总目 山东大学文史哲研究院，http：//www. rxgdyjy. sdu. edu. cn/showarticle.php? articleid＝2434，2017-01-31.

它们的作者大多能体现这一时代的学术成就，反映一个时代的文化发展。清·孙从添在《藏书纪要》一书中有言："藏书四库，编目最难，非明于典籍者不能为之。"古籍的编目是一项极为不易的工作，对书籍分类的认识，对书籍版本的鉴定，对书籍完整或残缺及其卷数的认定等，都需要不断地发现和认识，且机遇可遇不可求。

《中国古籍善本目录》，顾廷龙主编，上海古籍出版社 1985—1993 年版。书目来自（除台湾地区以外）大陆地区公共图书馆、博物馆、高学校图书馆、科学院系统图书馆、名人纪念馆和寺庙近 800 个单位的藏书约 13 万部。年代下限至辛亥革命前，版本为刻本、抄本、稿本、校本。按经、史、子、集、丛书五部分类。著录项目有书名（含卷数）、著者和著作方式、版本等。每部书均有编号，书末附藏书单位代号及检索表。是国家古籍藏书目录，无大小序亦无书录。作为一部大型工具书，确如冀淑英女士在书后《后记》中所说，是"一部当今国家现藏古籍善本书的总目录"。

从主题检索角度而言，《中国古籍善本书目》就不如齐鲁书社 2003 年版的《稿本中国古籍善本书目书名索引》，以及随后故宫博物院图书馆翁连溪编校的《中国古籍善本总目》。这三种目录可以配合使用。

（10）《中国古籍总目》全 26 册，中国古籍总目编纂委员会联合编写，2009 年中华书局与上海古籍出版社联合出版。著录古籍近 20 万种，按经史子集丛五部分类，西学入子部"新学类"。著录了国内（大陆及港澳台地区）及海外（如日本、韩国、北美、西欧等地）图书馆收藏现存汉文古籍的种类、版本及其收藏单位，尤其是海外古典汉籍稀见品种，是现存中国古籍的总目录。《中国古籍总目》对于所著录古籍的版本多有描述如历代公私写抄、刻印、排印、影印之本、秘本僻本等版本类型。甲骨、铭文、碑刻、竹简、木牍、帛书等具文物性质的文献原件，敦煌遗书、金石拓本、舆图、字画、鱼鳞册、宝钞、契约、诰命、文告等（含已装裱成册或成卷者），只著录已经编纂、抄写、刻印、影印成书籍形式的文献。

（11）中国丛书综录系列。清嘉庆四年（1799 年）顾修辑录《汇刻书目》是我国的首部丛书目录，著录丛书 284 种，此后递有翻刻，增补。百余年后，杨守敬 1914 年辑录《丛书举要》、1918 年李之鼎辑录《增订丛书举要》，著录丛书 1605 种，1928 年上海医学书局出版的沈乾一辑录《丛书书目汇编》已经著录有 2086 种之多。然而均不如《中国丛书综录》收书广泛，且编排体例嘉惠学林。

《中国丛书综录》，上海图书馆编，中华书局 1959—1962 年第一版，此书收录了 1949 年后我国大陆 41 所图书馆所藏古籍丛书 2797 种，书名子目 7 万余条；去其重复，实际包括古籍 38891 种。不含"新学"丛书，亦不含"释藏"。基本上反映了我国历代出版丛书的情况，是一部规模最大收集最广的古籍目录。分《总目》《子目》《索引》3 册。

第一册《总目》，将丛书名分"汇编""类编"两部分。"汇编"分杂纂、辑佚、郡邑、氏族、独撰五类，主要是四部各类兼容的丛书，具有综合性质。"类编"收经、史、子、集四类。书后有①"全国主要图书馆收藏情况表"，反映了国内 41 所图书馆收藏古籍丛书的情况，②"丛书书名索引"③字头笔画检字。这一册可按类及丛书名两种途径检索某部丛书包含哪些古籍及其收藏情况。第二册《子目》，将丛书中的 38891 种单独著作按经、史、子、集编排，并注明其被哪些丛书收录。第三册《索引》，分"子目著者索引"和"子目书名索引"两种，是第二册各子目的两种索引，即38891种单独著作的索引。

《中国丛书综录补正》，阳海清编撰，广陵古籍刻印社1984年版。补正《中国丛书综录》讹误与缺漏。《中国丛书广录》，阳海清编撰，湖北人民出版社1999年版。收录《中国丛书综录》未收之丛书，包括港澳台以及国外印行的丛书，是编撰者知见性质的丛书目录。编撰者的"按注"尤有参考价值。① 《中国丛书综录续编》，施廷镛编撰，北京图书馆出版社2003年版。收书范围为《中国丛书综录》及《中国丛书广录》未收之丛书。

二、类书

类书是从各种古籍中采集素材，不加改动，照录原文，然后分类编排，以备查考的工具文献。类似于西方的百科全书。三国·曹魏时编制的《皇览》是我国类书之滥觞，惜其隋唐之后不传。据《三国志·魏志·文帝纪》记载，魏文帝曹丕"使诸儒撰集经传，随类相丛，凡千余篇"《皇览》分门别类共40余部，每部收录数10篇，计800万余字。现存清·孙冯翼辑佚一卷，入《问经堂丛书》约4000字。《皇览》后六朝前，历代所编制之类书皆已亡佚。

传世类书以隋唐的四大类书《北堂书钞》《艺文类聚》《初学记》《白氏六帖》最古老。它们保存了大量的隋唐以前的遗文秘笈，在查找唐以前文献资料方面有独特的作用。

宋代四大类书是《册府元龟》《太平御览》《太平广记》《文苑英华》。胡应麟曾言："《文苑》之芜冗，《广记》之怪诞，皆艺林所厌薄，而不知其有助于载籍者不鲜也。非《御览》，西京以迄六代诸史乘煨烬矣。非《英华》，典午以迄三唐诸文赋烟埃矣。非《广记》，汲冢以迄五朝诸小说乌有矣。所录本书，今十九不存，间存者往往赖此而完帙仅半，余恍忽睹其名耳。宋人杂说单行，本朝垂百数种，舍此遂无可别稽。故是编虽芜冗，世莫得而废也。"②

明代的类书《永乐大典》，22937卷，11095册，约3.7亿字。今存世不足百分之一。

清朝的类书《佩文韵府》《子史精华》《骈字类编》《渊鉴类函》《古今图书集成》，陈梦雷于1706年共用时6年编成《古今图书集成》，初名《古今图书汇编》，1726年雍正四年首版，1万卷，5020册，约1.6亿字。有清一代乾隆以后类书不兴。

《中华大典》，总主编任继愈，于1990年始编，于2017年编成。收汉文古籍上起先秦，下迄清末，约3万种，8亿余字，依据现代学科分为24典116分典。其中《法律典》主编：张晋藩、马建石，西南师大出版社与巴蜀书社联合出版，2016年出齐6个分典23册。法律典分为六个分典：法律理论分典（全4册）、刑法分典（全5册）、民法分典（全3册）、行政法分典（全4册）、经济法分典（全5册）、诉讼法分典（全2册），总计23册，4200万字。类书因其所辑资料的原汁原味，可以据此查检古代名物渊源、字词掌故变迁、典章制度沿革，还可用以钩沉、校补古籍。

① 刘尚恒.《中国丛书综录》简评[J]. 图书馆杂志，2000(06)：52，61-62.
② 胡应麟. 读太平御览三书[M]//少室山房集：第104卷. 文渊阁四库全书. 商务印书馆，1986.

三、政书

《四库全书总目提要》政书类序说，政书"惟以国政朝章六官所职者，入于斯类"，是分门别类载记历代或一代典章制度及其沿革的工具文献，唐志称"故事"。通记历代典章制度及其沿革的工具文献如"十通"，载记一代典章制度及其沿革的工具文献如"会典""会要"。

十通，是三通典、三通志、四通考的合称。

三通典：《通典》200 卷，唐·杜佑编撰，通记上古至唐代中期肃宗代宗时期典制。《续通典》150 卷，清·乾隆时官修，通记唐肃宗至明末典制。《清朝通典》100 卷清·乾隆时官修，记录清初至乾隆中期典制。三通典记载食货、选举、职官、礼、乐、兵、刑、州郡、边防 9 典。

三通志：《通志》200 卷，宋·郑樵编撰，通记上古至隋唐的典制。《续通志》640 卷，清·乾隆时官修，记载唐初至明末的典制。《清朝通志》126 卷，记载清初至乾隆末年的典制。三通志以二十略为其精华，其中八略(礼、谥、器服、乐、职官、选举、刑法、食货)记载典制，其余 12 略记载历代文化及学术史。

四通考：《文献通考》348 卷，元·马端临编撰，记载上古至南宋宁宗典制，分 24 考。《续文献通考》250 卷，清·乾隆时官修，记载南宋宁宗至明神宗万历初年典制，分 26 考。《清朝文献通考》300 卷，记载清初至乾隆 50 年的典制，分 26 考。《清朝续文献通考》400 卷，刘锦藻编撰，记载乾隆 51 年至宣统三年的典制，分 30 考。四通考中《文献通考》24 考：分别为：田赋、钱币、户口、职役、征榷、市籴、土贡、国用、选举、学校、职官、郊社、宗庙、王礼、乐、兵、刑、经籍、帝系、封建、象纬、物异、舆地、四裔。《续文献通考》与《清朝文献通考》均 26 考，比前者多出群祀、群庙两考。《清朝续文献通考》再增加四考：外交、邮传、宪政及实业。

会典与会要：会典与会要均是专记一代典制的政书。现存的会典有：《唐六典》《元典章》《明会典》《清会典》。我国第一部会典为《唐六典》，唐开元十年召修，仿《周官》分为理典、教典、礼典、政典、刑典、事典六编，共 30 卷，故称《唐六典》。明弘治十年仿《唐六典》修《明会典》。康熙二十三年仿《明会典》初修《大清会典》162 卷，又称《康熙会典》。雍正、乾隆、嘉庆和光绪年间曾四次重修，形成五种《清会典》。雍正《清会典》250 卷；乾隆《清会典》100 卷，则例 180 卷；嘉庆《清会典》，会典 80 卷，事例 920 卷，图 132 卷；光绪《清会典》，会典 100 卷，事例 1220 卷，图 270 卷。

会典与会要的区别在于：会典以职官为类，记录中央与地方官制及其沿革；会要并不详记史事但是以事为类，记述法令典章及其沿革。会要创修始于唐代苏冕的四十卷《唐会要》，唐代杨绍复续修四十卷《续唐会要》；五代至宋代王溥在续修《新编唐会要》100 卷。

宋代设立"会要所"，编纂当朝会要约 2000 卷，传世的只有宋代李心传《国朝会要总类》，余皆佚失，另有清代徐松从《永乐大典》中辑出《宋会要辑稿》宋会要 500 余卷。元明之际主修会典，不休会要。清朝修撰历代会要尤众，如：姚彦渠《春秋会要》、孙楷《秦会要》、杨晨《三国会要》、汪兆庸《晋会要》、朱铭盘《西晋会要》与《南朝会要》、龙文彬《明会要》等。近代新修的《战国会要》《辽会要》。

四、表谱图录

表谱是以表格、谱系、编年等形式反映历史人物、事件、年代的工具书。年表、历表和其他历史表谱的总称。表谱，将纷繁复杂的历史人物、事件、年代用简明的表格、谱系等形式表现出来，具有精要、便览、易查等特点。

(一)年表

年表可分为两类，第一类历史纪元年表；第二类大事年表。大事年表除反映纪元外，还记载历史事件的发生和演变过程。供检查历代大事之用，如翦伯赞主编的《中外历史年表》。

(1)历史纪元年表，主要查考历史年代和历史纪元。如荣孟源编《中国历史纪年》；万国鼎编，万斯年、陈梦家补订的《中国历史纪年表》；方诗铭编《中国历史纪年表》等。

(2)大事年表，也称史事年表、大事记，按时间顺序编排。分为综合年表和专科年表。专科年表是将有关一种学科或专题的事件按年排序编成，如董作宾等编纂的《甲骨年表》等。

(二)历表

历表是一种把不同历法的历日按一定的次序汇编在一起，以相互对照的表格，提供查找和换算不同历法的年、月、日的工具书。著名的历表有陈垣编著的《中西回史日历》和《二十史溯闰表》等。

(三)其他专门性历史表谱

其他历史表谱主要有以下7种：

(1)人物生卒年表：用来查找历史人物在世的时间。如姜亮夫编、陶秋英校《历代人物年里碑传综表》等。

(2)职官年表：以政府机构中重要的官制职称为目，按照时代或逐年记载任免这个官职的人物姓名；或系统记述历代职官的名称、职掌和演变。如清·黄本骥原编、中华书局上海编辑所编《历代官表》等。

(3)地理沿革表：着重反映一个国家的行政区划情况和历史沿革。如清·陈芳绩编《历代地理沿革表》，清·段长基编《历代疆域表》等。

(4)年谱：以谱主为中心，以年月为经纬，比较全面细致地列出谱主一生的事迹，是研究历史人物生平、学术的重要参考资料。如杨殿珣编有《中国历代年谱总录》。

(5)讳谱：专门汇录历代帝王的避讳情况。如清·陆费墀编《历代帝王庙谥年讳谱》，张惟骧编的《历代讳字谱》等。

(6)家谱：或称族谱，主要记载某一家族世系和重要人物事迹。

(7)综合性历史表谱,例如沈炳震的《廿一史四谱》等。

中国早在周代就有史官记载帝王年代和事迹的"谍记",是年表的雏形。谱之名起于周代。汉代司马迁著《史记》,仿效《周谱》旁行邪上法编制《十二诸侯年表》《六国年表》等,创立历史年表体制。唐宋时,表谱有了新的发展,出现了反映历史纪元的唐封演《古今年号录》和宋吕祖谦的《大事记》等。清代制表风气颇盛,并注意补撰诸史阙表,表谱有了较大的进步,如万斯同的《历代史表》等,为史表杰作。随着近现代科学的进步和中外关系的发展,出现了编制更为精密、内容包括中外年代、月份、日期和大事的表谱。

表谱的形式和内容丰富多彩,便于系统了解历史人物、事件发展演变情况,并有助于对中外历史进行横向比较研究。

图录是一个汉语词汇,又称图谱,是用绘画、摄影等方式反映事物或人物形象的工具书。类型:主要有历史图录、人物图录、艺术图录、文物图录、科技图录、地图功能:提供文字以外的直观资料。

五、丛书

古籍丛书是汇集多种古代书籍于一个总书名之下刊行的书籍汇集。丛书又名丛刻、丛刊、丛钞、汇刻、汇刊、汇钞、汇编、全书、遗集、合集等。① 古籍丛书不仅在数量上占我国古代典籍的1/3,重要古代著述均收录在各种古籍丛书里。古籍单行本散佚严重,凭借丛书,珍本善本孤本之单行本得以保存并流传。

古籍丛书按收书方式有举要、搜异、辑佚、影旧四大类,按收书内容粗分有综合与专门两大类,细分则有朝代、地域、学者、专科等几类。

古籍丛书刊行始自宋朝,盛于明清。宋元丛书数量极少,明清至近代所刻丛书近3000种。宋嘉泰元年(1202年)俞鼎孙俞经刊行的6种子史书7集40卷《儒学警悟》,或宋咸淳癸酉年(1273年)左圭刊行的100余种10集179卷《百川学海》被认为是丛书之祖。以上是对综合性丛书而言,而就专门性写本与石刻而言,则可追溯至孔子编纂六经,汉代熹平石经。据《隋书·艺文志》记载有南朝·齐陆澄编有写本《地理书》,依据此书其后南朝·梁任防编有写本《地记》。

清代编纂的丛书数量多,卷帙大,门类齐全,校勘刻印精良,清代丛书的编纂考订是藏书家、校勘家、学者,清代丛书,有辑佚丛书,也有仿刻宋元丛书旧本;校勘精审,质量远远超过明代。乾嘉以后,丛书发展达到极盛时期,特点是辑佚、举要、搜异、影旧四大类形式具备,如《玉函山房辑佚书》。宋到明的各种丛书所收多是小品、短篇。但到清代乾隆以后,丛书收入多长篇,不仅综合性丛书、地方丛书、宗族丛书、学者的个人丛书、医学、数学、天文学等专门性丛书也猛增。其中最著名的是《四库全书》系列以及晚出的《四部丛刊》《四部备要》《丛书集成》等以古籍为主的大型丛书,《中国丛书综录》《中国近代现代丛书目录》收录了1949年以前出版的大量丛书。

---

① 戚志芬. 中国的类书政书和丛书[M]. 北京:商务印书馆,1996:150.

（一）律学专门丛书

《中国珍稀法律典籍集成》三编 14 册，杨一凡编著（见本章第二节）。

《中国珍稀法律典籍续编》全书 10 册，杨一凡编著，黑龙江人民出版社 2002 年版。珍本、孤本 57 种，少数民族地方法规、习惯法、乡规民约等 700 余件（见本章第二节）。

《中国古代地方法律文献》三编 150 余种 40 册，甲编乙编，杨一凡、刘笃才编著，世界图书出版公司 2006 年版；丙编，刘笃才、杨一凡编著，北京社会科学文献出版社 2012 年版。

《历代判例判牍》12 册，杨一凡、徐立志主编，中国社会科学出版社 2005 年版；《古代判牍案例新编》（20 册），杨一凡编，社会科学文献出版社 2012 年影印版（见本章第二节）。

《明清法制史料辑刊》全三编，国家图书馆出版社 2008 年版，第一编为地方公牍类，第二编为刑案说帖类，第三编为律例类。例如《徐雨峰中丞勘语》《耐庵公牍存稿》《宝韦斋官书》等，主要收入明清时期的地方公牍，包括禀帖、公示、判语等，对于研究明清地方官府的运作，探讨法制史，有着重要的学术价值。除了刻本之外，也收入数种稀见的抄本和稿本，亦颇有版本价值。

《中华大典》之《法律典》，张晋藩、马建石主编；《法律理论分典》，俞荣根主编；《刑法分典》，杨育棠、张大元主编；《民法分典》，孔庆明、杨永华主编；《经济法分典》，王召棠、杨堪主编；《行政法分典》，钱大群、汪汉卿主编。

（二）综合性丛书

1.《四库全书》系列

（1）《四库全书》清乾隆三十八年（1773 年）至四十八年修成，是中国古代卷帙最大的丛书，共 7.69 亿字，以经、史、子、集 4 部分类，故名《四库全书》。4 部之下设 44 类，其中经部 10 类、史部 15 类、子部 14 类、集部 5 类。一些类目下分细目（三级类目）。《四库全书》各书的书前都撰有提要，简介作者生平，概说本书内容及得失、学术源流及版本传承，间有考辨。1781 年曾汇编为《四库全书总目》200 卷，参与编校缮写者数千名儒学者，参与人总计有 4186 人。写本 7 部，分 7 个藏书楼收藏（北四阁南三阁，南三阁允许读书人入内阅览。留存下来的只有文津阁本、文溯阁本、文澜阁本和文渊阁 4 部，前三部现存大陆，后一部在台湾）。因 7 部全书先后抄成，时有抽补散失，因而各部卷帙稍有相同。如：文津阁《四库全书》（现藏国家图书馆）3503 种，79337 卷，装成 36304 册，分装 6144 个书函，商务印书馆 2005 年版，全 500 册。文渊阁《四库全书》3461 种，79309 卷，装成 36375 册，分装 6144 函。台湾商务印书馆 1983 年据文渊阁本影印出版 1500 册。文溯阁《四库全书》3474 种，79897 卷，装成 36315 册，6000 余函。文澜阁《四库全书》3450 种，72780 卷，36874 册。江苏镇江的文宗阁（毁于咸丰三年）、扬州的文汇阁（毁于咸丰四年）都毁于太平军战火。

（2）《四库全书存目丛书》1200 册，齐鲁书社 1997 年影印版。清代乾隆年间编纂四库全书时，将大量不符合清王朝统治要求的历代典籍排除在外，仅列为存目的即达 6793 种、93551 卷。存目之书佚失严重，现存 4508 部，6 万余卷，其中宋刻本 15 种，宋写本 1 种，元刻本 21 种，明刻本 2152 种，明抄本 127 种，清刻本 1634 种，清抄本 330 种、稿本 22 种，三成以上已成孤本。分为经、史、子、集四部，其中经部收录 734 种，史部收录 1086 种，子部收录 1253 种，集部收录 1435 种。

（3）《四库全书存目丛书补编》，齐鲁书社 2000 年版。收存目书 219 种，100 册。

（4）《续修四库全书》，上海古籍出版社 2002 年版。《续修四库全书》的收录范围有对《四库全书》成书前传世图书的补选，以及《四库全书》成书后至 1911 年以前的重要典籍著述的续选，总共收书 5213 种，1800 册，经 260 册，史 670 册，子 370 册，集 500 册。沿袭《四库全书》体例，封面依次用绿、红、蓝、赭四色。

每种入选图书，均选取最佳版本影印，其中大量的宋元刻本、名家稿本，为四库馆臣所未见。有少数已被《四库全书》收入而版本更好，也有少数因确有学术价值与"存目"重。清代中期的纪晓岚、戴震、翁方纲、彭元瑞、任大椿、孙希旦、王念孙、阮元等为代表的"乾嘉学派"著作，清代后期的魏源、龚自珍直至康有为、梁启超、章太炎等为代表的"新学"著作。散失海外回归本土的古籍善本，出土的简帛书籍，秘藏民间和以稿本形式流传的优秀著作。

（5）《四库未收书辑刊》，主要根据 21 世纪 20 年代末共 30 余位国学大师编订的《四库未收书分类目录》所收录的清乾隆四库馆臣未见和清乾隆以降至清末问世的书籍，几乎网罗了当时存世《四库全书》以外的优秀书籍，共收录典籍近 2000 种，分 10 辑精装影印出版，每辑据所收部类按经、史、子、集排序，版本均力遵"分类目录"著录的版本征访，每种书前均加书名页，其中著录书名、卷数、作者、版本等。

（6）《四库禁毁书丛刊》是编修《四库全书》期间被抽毁和全毁的书籍，其中以集部书占多数，这部分著作多属于儒道实属中国文化之精品。其次是史部的书籍，其禁毁重点是关于辽事（入关前满汉关系）和南明史的著作，目的是企图抹杀、毁灭、篡改历史事实。经部、子部和丛书中的一些书籍在禁毁狂潮中也未能幸免。《四库禁毁书丛刊》具体地是以姚观元《清代禁毁书目》、孙殿起《清代禁书知见录》、雷梦辰《清代各省禁书汇考》和陈乃乾《索引式的禁书总录》所著录的图书为主要收录范围。它不是清代所有禁书的总汇，不收录清乾隆以后的各种禁毁小说、戏曲。所收禁毁书以刻本、活字本、抄本为主，石印本、铅印本、影印原刻本酌情收录，点校本不予收录。

2.《古逸丛书》

清代黎庶昌、杨守敬辑，26 种 186 卷，驻日使馆刻印，分初编、续编和三编。黎庶昌在清光绪初年出使日本，目录学家杨守敬随行。驻日期间，他们在日本寻访我国亡佚和稀见的宋元刻本及旧抄本古籍，辑刻成《古逸丛书》。每一种书都有题解，详述版本源流。刻印与纸本精良可比美宋元旧椠，书版运回国，藏江苏官书局。现存扬州广陵古籍刻印社。《续古逸丛书》张元济仿照黎庶昌之例辑成，47 种 332 卷，1919—1957 年商务印书馆影印出版，其中 45 种依据宋本影印。《古逸丛书三编》1982—1999 年中华书局影印线装出版 43 种 44 函 145 册。收入宋元旧椠以及流落海外的古籍孤本，孤本如《大唐六典》《金石录》。

3.《四部丛刊》

张元济辑，上海商务印书馆 1919—1936 年影印宋元明善本及抄本出版。所用底本选择精良主要是商务印书馆的藏书楼涵芬楼所藏的古本、精本，也有借来的善本，辑者遍访各古籍收藏图书馆，并到海外访求，选择最优版本付印。是一套具有持久生命力的丛书。共计收书 477 种。1919—1922 年出版初编 323 种 8548 卷线装 2100 册、1934 年续编出版 81 种 1910 卷线装 500 册、1935—1936 年三编出版 73 种 1910 卷线装 500 册。三次出版均依四库全书的经、史、子、集分类次序编排。经部多收汉唐旧注；史部别史、杂史、传记、载记取最古的旧本；子部取版本流传清晰可考而且言辞古雅者；集部取最负盛名之别集与总集。该丛刊对唐以前的著作收入较多，选取宋元以后的古籍较严。这套丛书每一书均著录著者、书名、卷数、版本及藏书章、序跋。上海书店曾重新影印《四部丛刊》，合订为精装 500 册，并编有《四部丛刊初、续、三编总目》。《四部丛刊四编》收录书籍 123 种，底本由国家图书馆，上海图书馆等十三家藏书机构提供，底本含宋刻本 29 种，元刻本 10 种，明刻本 43 种，明代精钞本 11 种，清代精钞本 28 种，清刻本 2 种。有着极高的文献价值与史料价值。如《唐大诏令集》《宋朝大诏令集》《大唐六典》《西汉会要》《东汉会要》。

4.《四部备要》

陆费逵、高野侯等辑校，中华书局 1920—1936 年仿宋活字排印版。这部丛书收书 336 种，仿效于敏中等所辑《籀藻堂四库荟要》选书注重实用性的有代表性的校本注本。底本都经清代学者整理过，然而不够精善。中华书局 1920 年起排印出版。共 8 集，计收经、史、子、集各种古籍 351 种，11983 卷，线装 2500 册。1934 年版正文注释都加句读，按张之洞《书目答问》次序重新编排。前后各种版本古籍种数略有不同。《四部备要》有《书目提要》4 卷供检索参考。重要古籍如《宋元学案》《明儒学案》《国朝汉学师承记》《国朝宋学渊源记》《五种遗规》《汉官六种》《汉官》《汉官解诂》《汉旧仪》《汉官仪》《汉仪》《汉官典职仪式选用》《钦定历代职官表》等。

5.《丛书集成初编》系列

（1）《丛书集成初编》，王云五主编，上海商务印书馆排印（少量影印）版。因是自 1935 年起分批汇集古今丛书之大型丛书，故名叫《丛书集成》。全书计有宋元明清 4 代的丛书百套。选择标准以实用与罕见并重。分为普通、专科、地方 3 大类。普通丛书中宋代 2 部，明代 21 部，清代 57 部；专科丛书中经史地、目录、医学、军事类 12 部；地方丛书有省区、郡邑各 4 部。计划子目约 4107 种 2 万卷 4000 册分 10 批出齐。后因抗战中断，实际出版了 3062 种，3467 册。依王云五所编《中国图书统一分类法》编排，是较早用现代分类法编排古籍的范例。分 10 大类 541 小类，10 大类：总类、哲学类、宗教类、社会科学类、语文学类、自然科学类、应用科学类、艺术类、文学类、史地类。王云五选书注重古籍笔记、丛抄、杂说以及珍稀文集、孤本著作，但有标校排印错误。1988—1991年，中华书局重新影印出版了全书。

《丛书集成初编目录》为百套丛书撰写了提要、进行了分类、编制了书名诸索引。

(2)《丛书集成续编》上海书店影印出版　因《丛书集成初编》有断句排校讹误，上海书店汇集明清及民国珍稀学术价值高的丛书影印180套，3200余种，按经、史、子、集、别录五分编排，别录集中多种小丛书，而没有采用《丛书集成初编》的现代学科分类法。于1994年6月影印出版。

(3)《丛书集成新编》及《丛书集成续编》，台湾新文丰出版公司版。《丛书集成新编》(1986年出版)"搜集，汇印两百种重要丛书，仍以罕见与实用为原则，真乃集丛书之大成，且与商务，艺文出版者不尽相同，故名新编"。收编自先秦至清代古圣先著作4100种，2万卷，120册。分设总类为哲学、宗教、社会科学、语文学、自然科学、应用科学、艺术、文学、史地等10大类，依类排比又得541小类。其中社会科学类中：议会法、钱币、田制、财政、关税、盐法、法律、刑法、刑法(辞书、源流)、审判、文字狱、判牍、制度、官制、官规、官箴、考试、谥法、诏令、奏议、学规、古礼仪、宗法、婚礼、丧礼、葬礼、陵墓、典礼、祀典与律学相关。

《丛书集成续编》(1988年出版，148种)汇集清代以后汇刻诸丛书，仍以罕见、实用者为主。

(三)宗教丛书

1. 道藏

道书之正式结集成"藏"，始于唐开元(713—741年)时。此后宋、金、元、明诸朝对《道藏》皆有编修。清代编有《道藏辑要》。当代编有《中华道藏》《藏外道书》《道藏精华》《敦煌道藏》。

2. 佛藏

佛藏是佛教大藏经的简称。大藏经是佛教典籍的总集，有佛教的百科全书之称。早期的佛藏均为写本。第一个印本是《开宝藏》，以玄奘自梵文经卷汉译善本木刻成书5048卷，雕印自宋太祖开宝四年(961年)历时22年刻成。随后就出现了它的第一批复刻本如《高丽藏》《契丹藏》以及《赵城金藏》，著名的日本《大正藏》以《高丽藏》为底本，现今全106册《中华大藏经》即是以《赵城金藏》为底本与另外8种不同时代的大藏经校勘而成。佛藏不仅是研究佛学的资料宝库，还涉及哲学、历史、语言、文学、艺术、音韵、天文、地理、历算、医学、建筑、绘画、科技、民族、社会、中外关系等诸多领域。它是中外文化交流的结晶，对中国文化及整个汉文化圈都产生过深远的影响，也是今天我们研究中国文化乃至东方文化不可或缺的资料。大藏经早期写本，如敦煌遗书保留的部分残卷，可以窥见北魏到宋初写本大藏经的概貌。

西泠印社2018春季拍卖行上，北宋开宝七年(974年)刻本《开宝藏》的两帧残页(见图3-1)以240万元高价(不含佣金)拍出，创宋版残页的最高拍卖纪录。

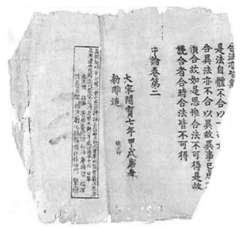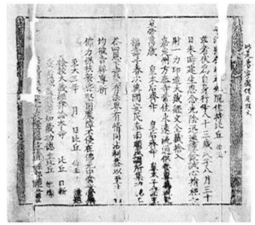

图 3-1

此外，宋刻本《开宝藏》残页，据方广锠、李际宁编《开宝遗珍》著录，海内外目前仅山西省博物馆、中国国家图书馆、上海图书馆、中国佛教协会图文馆、高平县文博馆、日本京都南禅寺、日本书道博物馆、美国哈佛大学赛克勒博物馆等 8 家机构保存总计 12 卷。

第五节 古典法学文献检索

检索古籍，目录是根本，版本是核心，需要经眼原书或者原书影像。检索古籍的三种网络途径：首要检索图书馆馆藏馆藏目录寻找古籍纸本，其次检索专业数据库纸本扫描版，免费古籍门户网站只能在熟悉古籍信息并且知道要找的是哪种古籍的前提下使用。

一、古籍纸本检索

纸本检索首先检索图书馆馆藏，利用古籍目录《中国古籍善本书目》或《中国古籍总目》检索大陆存世古籍储藏图书馆；首选检索本校图书馆馆藏目录；其次检索本地区公共图书馆和高校图书馆馆藏目录。阅览可能是在非本校图书馆馆内阅览缩微胶片或通过文献传递的方式进行复制或借阅复制品。

图书馆馆藏检索入口：各个图书馆(公共图书馆、高校图书馆、研究机构图书馆)均提供本馆馆藏目录作为"联机公共查询目录"(Online Public Access Catalogue，OPAC)检索本馆馆藏入口。检索数据与浏览影像是两回事，学术研究和识古玩票也是两回事。古籍的研读和学术研究以纸本或纸本影像为本。首选查原书及其影像或者影印本，其次可选原书扫描电子版。

以下以国家图书馆示例，查询古籍或现代出版的古籍纸本文献信息。

馆藏目录检索与文津搜索的主要区别在于：馆藏目录检索的结果是国家图书馆的文献，而文津搜索整合了国家图书馆所购买的数据库文献。

第一步，可以匿名登录，如图 3-2 所示点击馆藏目录检索，即可进入联机公共目录查询系统。

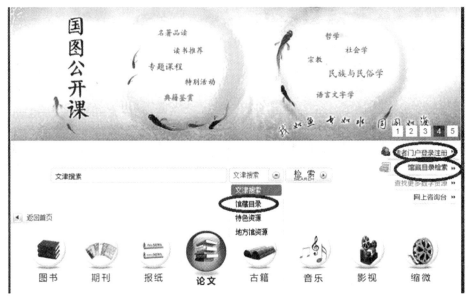

图 3-2

　　第二步，检索：李学勤主编的《十三经注疏·尚书正义》，选择多字段书目检索，如图 3-3 所示。

图 3-3

　　第三步，在"著者"项下键入"李学勤"，并在"题名"项下键入"十三经注疏"，如图 3-4 所示，然后点击"确定"按钮进入结果页面，如图 3-5 所示。

图 3-4

图 3-5

最后一步,选择第 8 条,点击封面影像或者题名,即可进入《尚书正义》的书目信息页面,如图 3-6 所示。点击"文献索取"按钮,可以选择"文献传递"获取相关文献复印本或扫描文本。

图 3-6

以上是检索纸本。检索国家图书馆古籍数字资源，可进入国家图书馆数字图书馆的古籍资源子库，如图 3-7 所示：

图 3-7

申请了国家图书馆读者卡（用身份证免费办理）的读者，登录中国国家图书馆·中国国家数字图书馆，可以使用纸本及数据库文献；网上实名认证读者可以使用 OPAC 检索，以及部分数据库文献。国家图书馆各类检索者数据库资源使用权限各不相同。

其他图书馆的馆藏目录如：台北"国图"古籍馆、上海图书馆、重庆图书馆、湖北省图书馆、北大图书馆、武大图书馆等，检索方式与国家图书馆基本相同。

二、古籍全文数据库检索

古籍文献的数字化工程开发工序复杂经费高昂，市场需求量小，因而售价都高。所以首先应该关注学校图书馆购买的古籍数据库，是古籍数字化检索首选。据统计，2010 年的中国大陆地区有 179 家单位开展了古籍数字化工作，形成各类数据库（古籍书目数据库、古籍全文数据库等）415 个①。

1. 文渊阁四库全书数据库，上海人民出版社和迪志文化出版有限公司合作出版（图 3-8）

图 3-8

文渊阁四库全书电子版是由香港迪志文化出版有限公司投资，北京书同文数字化技术有限公司前身书同文电脑技术开发有限公司暨《文渊阁四库全书》电子版工程中心 1996—1999 年开发的古籍文献应用产品。文渊阁四库全书电子版以《景印文渊阁四库全书》为底本，分为"标题检索版"和"原文及全文检索版"两种版本。标题检索版简称"标题版"，标题版《四库全书》将文渊阁《四库全书》影印版扫描，并对电子复印件进行一系列加工和压缩处理，并与联机字典等软件一起整合，存放在光盘上。原文及全文检索版简称"全文版"，全文版做了各种索引，为了便于检索者根据不同途径进行检索和利用，基于索引，全文版提供检索指南。高校图书馆提供给校园网用户使用的一般是全文版。

检索举例：检索主页的全文检索适用于主题明确，主题关涉内容分散在四库全书的各个部、类、属之中的检索需求。例如：检索有关法家韩非子的文献。为了检索到全面、准

---

① 李明杰. 中文古籍数字化实践及研究进展［M］//陈传夫. 图书馆学研究进展. 武汉：武汉大学出版社，2010：958-1045.

确的素材，可以将主题词"韩非子"分别限定在"正文""注释""书名"和"著者"字段中进行多次检索。综合多次检索的结果，乾隆前关于"韩非子"的研究素材集就形成了，之后的资料可以检索四库全书之后的四库系列。

2. 籍合网子库中华经典古籍库(在线)http：//www. ancientbooks. cn/

中华经典古籍库为中华书局 2014 年 6 月推出的新印古籍数据库，现在是籍合网下十大子库之一。数据库由其全资子公司——古联(北京)数字传媒科技有限公司进行数据化。入选的数据都有经过点校出版的纸质新印古籍作可靠数据支撑。除了中华书局出版的古籍以外，也有入选其他古籍社影印本古籍和公共版权领域古籍，区分免费与付费资源。现有新印古籍 2694 种，预计收录基础图书 2 万种以上，图像 1500 万页以上，文本总规模不少于 30 亿字。此数据库古籍文献完整，版本来源清晰，原书图像与文本逐页对照，内容可靠，适于引注。检索者可以在选中要引用的文本后右键选择引用选项，系统将自动生成带引用出处的文本供粘贴使用。例如，查询到了中华书局出版的《史记》三家注本，武帝本纪第一，选择需要引用的文本，然后右键选择引用选项，数据库将自动生成格式化繁体引注："［漢］司馬遷撰［南朝宋］裴駰集解［唐］司馬貞索引［唐］張守節正義：《史記·卷一五帝本紀第一》，中華書局，1982 年 11 月，第二本，第 1 頁."除此之外，籍合网另一大优点是附加功能之一的"纪年换算"(图 3-9)。

图 3-9

检索功能：基于元数据可进行普通检索、高级检索和基于原书目录结构的篇章关键词检索。支持繁简字和异体字检索。

在检索结果页面选择查看篇章结果或者图书结果。点击图书分组，可以针对库内全部检索结果进行类聚；点击"文章"分组可以看到标题中含有检索词的所有检索结果。继续点击可进入元数据阅读页面，再点击"全书阅读"即可逐页查看图书，专题子库还可以检索藏书印的和查看藏书印(图 3-10～图 3-11)。

图 3-10

图 3-11

个性化功能：除了收藏、批注、检索记录、阅读历史等辅助阅读功能外，还有版本对照功能。

中华经典古籍库涵盖经史子集各部，包含了《十三经清人注疏》《点校本二十四史》及《清史稿》，编年体史书选择了《资治通鉴》《续资治通鉴》《续资治通鉴长编》和《明通鉴》等，记载了从战国到明的历史，史料广博，与纪传体互为补充。通鉴系列、新编诸子集成、史料笔记丛刊、学术笔记丛刊、古典文学基本丛书、佛教典籍选刊等经典系列，尤其是二十四史及《清史稿》和通鉴等系列，中华书局点校本被视为经典。不足之处在于古籍整理的数据量有限。可与爱如生"基本古籍库"配合使用。

3. 爱如生中国基本古籍库

北京爱如生公司产品。爱如生三字即取自英文博学（Erudition）的谐音。北京爱如生数字化技术研究中心 1998 年成立，开发制作中国基本古籍库，北京大学教授刘俊文总策划总编纂。中国基本古籍库来源于北京大学重点科研项目、由全国高等院校古籍整理研究工作委员会直接资助项目和国家重点电子出版物十五规划项目，由 4 个子库，20 个大类，100 个细目组成。采用 Unicode 编程技术，自行研发 ABT 古籍专用数据格式。

中国基本古籍库共收录上自先秦下至民国的历代典籍一万余种，每种均提供一个通行版本的全文信息和一至两个重要版本的原文图像。其收录标准为：一，千古流传、脍炙人口之名著；二，虽非名著，但属于各学科之基本文献；三，虽非基本文献，但有拾遗补阙意义之作。其版本标准为：一，完本而非残本，二，母本或现存最早之版本（图 3-12）。

图 3-12

ASE 古籍专用检索系统提供 4 条检索路径：分类检索、条目检索、全文检索和高级检索。分类检索：按库、类、目的树形结构进行定向浏览式检索。条目检索：限定书名、时代、作者、版本、篇目等条件进行目标检索，特别值得推崇的是版本检索要查找某一版本的书，在左栏版本框中输入版本名，然后点击"开始检索"，此时右栏显示所查询的书名、卷数、时代、作者；单击书名，下栏可见该书的版本信息；双击书名即可进入该书正文。全文检索：输入任意字、词或字符，然后点击"开始检索"进行检索。检索结果：右栏出现该字、词或字符所在的书名、卷名以及例句，例句中红色字即是所检索的字、词或字符。双击所选中的书名，即可进入正文阅读页面。高级检索共有两种：二次检索和逻辑检索。高级检索通过字、词、字符串的不同组合进行较为复杂的精确检索。

ADK 工具包以供典籍提要、作者通检、版本速查、新康熙字典四种工具，排除古籍研究之障碍。

中国基本古籍库共提供 10 个基本功能：版式（竖排与横排）设定、字体（繁简）转换、背景音色、版本对照、缩放控制、标点批注、阅读记忆、分类收集、下载编辑、原文打印。其中尤为可贵的是版本对照，这一功能可根据需要调阅版本图像，实现全文与版本图像，以及第一个版本图像与第二个版本图像的同屏对照，为校勘提供便利。使用方法：打开"版本对照"，在下拉列表内选择"全部版本对照"，可实现二个版本图像与全文的同屏对照。或者打开"版本对照"，在下拉列表内选择"原据版本对照"或"全文对照版本一""全文对照版本二"，可实现全文与版本图像的同屏对照。或者打开"版本对照"，在下拉列表内选择"版本一对照版本二",可实现二个版本图像的同屏对照。如果单击版本图像页,该页四周显示红色框,显示正在操作的版本,此时点击下方的"上一页""下一页"按钮,即可翻页浏览;在"转到"框中输入页码,即可跳转浏览或阅读。

4. 书同文古籍数据库

北京书同文数字化技术有限公司成立于2000年5月10日,是北京市科委等四部委认证的高新技术企业和软件企业。其出版中国经典古籍善本、历史文献档案的数字化出版物,已推出《四部丛刊》《康熙字典》《历代石刻史料汇编》《十通》《大明会典》《光绪朝新法令》《数码翰林》《大清历朝实录》《大清五朝会典》《军机处上谕档》《清宫陈设档》《石渠宝笈》《天禄琳琅》《秘殿珠林》等古今文献典籍的全文检索电子版。能进行简繁关联检索、普通检索支持逻辑组配,逻辑与+、逻辑或空格、逻辑否-。高级检索可以进行"跨库检索"与"当前目录下搜索"两种检索,还有在线手写"巧笔"等小工具(图3-13~图3-16)。

图 3-13

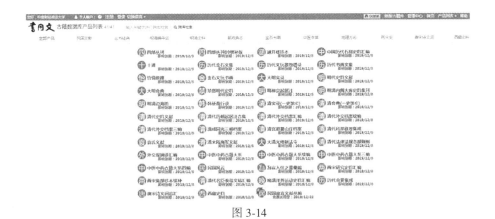

图 3-14

图 3-15

图 3-16

5. 大成故纸堆

检索民国以前的古籍及民国老报刊，很有特色。目前有古籍 13503 种，地方志 3000 多种(图 3-17)。

图 3-17

6. 超星网

超星网并没有专门的古籍分类,其古籍资源较多,除超星的电子书,还有关于古籍的公开课视频(图 3-18)。

图 3-18

7. 知网的古籍检索

知网的古籍子库,检索结果可以转国学宝典数据库,古籍量少,且无版式(图 3-19)。

图 3-19

8. 瀚堂典藏古籍数据库 https://www.hytung.cn/

北京时代瀚堂科技有限公司由北美留学回国者于 2004 年 1 月创立。瀚堂典藏古籍数据库融合国内和北美先进信息提取和全文库技术,如文字处理、检索引擎、知识管理、数据发现和档案加密等先进技术(图 3-20)。

图 3-20

瀚堂典藏古籍数据库不仅采用 Unicode 四字节编码技术，实现了近 9 万汉字字符的数字化平台建设和管理，能处理大量的生僻字、俗体字、异体字、通假字、避讳字。标志着计算机汉字处理进入到了四字节字符的领域；而且在通用浏览器条件下，不需安装客户端软件，采用自然语言进行古典文献的全文检索。瀚堂典藏古籍数据库其优势在于以精准校对的小学工具（文字、音韵、训诂）、古代类书资料为基础，文献收录经史子集丛、释、道等历代传世文献，还有敦煌文献、甲骨、金石等出土文献，涵盖人文社科类专业的教学和研究工作中所应用到的古籍文献资料，多达 16800 多种、近 700 万帧古籍高清书影。图文对照阅读，且图文皆可自由在 MS Office Word 复制、编辑再利用。

瀚堂典藏古籍数据库资源："经部"包括《十三经》《十三经注疏》《皇清经解》等分库和《四部丛刊》经部文献敦煌文献中的经部文献。《四库全书》经部的易、书、诗、礼、春秋、孝经、五经总义、四书、乐九大类。

经部小学类独立为一子库，包括康熙字典，说文解字等 300 多种小学类古典文献，是瀚堂最早开发和最著名的数据库。数据库自带的检索引擎快速精准提供检索结果，检索结果还能便利地在 Word 等编辑工具中自由编辑、复制。史部有二十四史与清史稿、《四部丛刊》史部的全部内容，以及《宋会要辑稿》《明实录》和《清实录》等大型文献。子部包括《四部丛刊》子部的全部内容，还有类书集成、中医药文献、佛教典籍、道教典籍。其中类书集成包括《佩文韵府》《古今图书集成》《太平御览》《初学记》《册府元龟》《永乐大典（残卷）》《北堂书钞》等大型类书。集部包括《四部丛刊》集部的全部内容，《四库全书》集部的内容。专题文献子库有出土文献含甲骨文、金文、简帛、印章、钱币和石刻等分库，其中甲骨文分库收录了所有公开发表的甲骨文资料。金文分库以张亚初《殷周金文集成引得释文》为最重要资源，涵盖所有青铜器铭文数据，图文对照。印章分库有 2 万多枚先秦和两汉印章，以及明清书画家印章。

瀚堂典藏古籍数据库提供检索方式：分类检索，简易检索，高级检索三种方式。分类检索：利用"书目树"逐级展开，直至文献。简易检索：键入检索词，并且限定检索词出现在目录书中的位置，以及选择"绝对精准""精准"或"模糊"三种模式之一，然后进行检索，得到检索结果。高级检索：使用检索词与逻辑符组合检索，或者在"精准"模式下进行二次检索。

9. 国学宝典 http：//www.gxbd.com/

北京国学时代文化传播股份有限公司成立于 2002 年 4 月，在其成立前，曾于 1999 年推出单机版国学宝典，2003 年推出局域网服务，2005 年推出网络版。国学宝典数据库系统采用国际通用的 unicode 汉字编码。收书统计如表 3-13 所示：

表 3-13　　　　　　　　　　　　　　　**四库系列丛书收书数据表**

	总收书数	经部种数	史部种数	子部种数	集部种数
四库存目丛书	4508	743	1086	1253	1434
续修四库全书	5388	1237	1113	1642	1396
四库禁毁书丛刊	634	16	157	59	402
四库未收书辑刊	1328	288	278	249	513

"国学宝典"是最早涉足古籍的数据库之一，数据量大，约 10 亿字。虽有点校，但没有注明点校者。检索举例：输入 skcm010001——直接到四库存目(skcm)经部(01)第一册(0001)；输入 skws090004——直接转到四库未收(skws)第九辑第四册(0004)；输入康熙，查找所有康熙年代本(图 3-21)。

图 3-21

国学宝典分类检索适于检索部类属特定的书名文献。选择进阶检索(或者称为高级检索)功能，是为了精准检索，需要运用布尔逻辑词(逻辑与，逻辑或，逻辑非)连接两个或者两个以上检索词，形成检索式。例如：检索管子名言"疑今者，察之古；不知来者，视之往"。将"疑今者，察之古；不知来者，视之往"限定在"正文"中，将"管子"限定在书名或著者之中进行检索，即可得到"疑今者，察之古；不知来者，视之往"出处。

10. 雕龙—古籍在线 http：//www.kaixi.jp：8081/ancientc/ancientkm

古籍在线中可阅读(能全文检索)的古籍约为 15000 余种，并且长期开发追加新书，前期计划上线总数约 17000 余种(本网站目前目录上所有的图书)。Web 版以点校本古籍为主，除计划还将追加一定数量的点校本图书外，还将追加 6 万~7 万种标题图像版图书供用户查阅。还可以按照经史子集丛等分类，方便查找。

雕龙—中国古籍全文检索数据库是一个中国古籍全文检索数据库。2001 年开始起步建库，经过 10 年的不断努力，现在已经逐步形成大型古籍全文数据库。在《古今图书集成》成功经验的基础上，公司陆续完成十通、道藏、全唐诗、中国古典诗词、正续四部丛刊、中国地方志、永乐大典、明清史料、六府文藏、日本古籍书库等大型中国古籍，最后形成集大成者的雕龙数据库。雕龙数据库具备最先进的检索引擎技术，不仅在同一平台实现中国大陆基本古籍资源的整合，且全文数据库可根据客户需求随时增添或删减文献，更能适应客户所需(图 3-22)。

图 3-22

雕龙全文数据库平台主要技术及功能特点：

(1)支持多种检索方式。雕龙数据库可以选择各种组合条件检索、模糊检索、高级模糊检索等高级检索方式，为研究者提供了最精良的检索方式。

(2)实现简繁、异体汉字关联检索。在电脑中简体字和繁体字的区码是不同的，为此我们请教了有关方面的学者使简繁字和异体字得到有效的结合。如输入国→可以检索到国、國、囯等。可以使用"＊""?""＋""－""｜"正则表达进行检索。

(3)可自行设定版式：可设定竖排，或设定横排；可设定有列线，或设定无列线。

(4)字典功能：在检索时，遇到难解的词汇可以直接连到字典，查询释义。

11. 鼎秀古籍全文检索平台 http://www.ding-xiu.com

由北京翰海博雅科技有限公司(年月成立)开发支持全文简单、高级检索,支持分类查询。古籍来自中国大陆及港澳台地区公共机构、私人藏家、研究机构及博物馆所藏先秦至民国的写抄、刻印、排印、影印的汉文古籍资源,版本包含稿抄本、刻本、石印本、铅印本、活字本等均有收录。特色古籍采录海外所藏中国古籍,尤以日本、韩国数量最多。有古籍 3 万种,50 万卷。包括地方文献志、四库全书、续修四库全书、永乐大典、敦煌文献、道家文综等具有收藏价值的古籍文献资源。"鼎秀"古籍沿用经、史、子、集、丛五分法类分数据,如图 3-23~图 3-24 所示。

图 3-23

图 3-24

另外,古籍的阅读页面支持数字文本与原本影像的对照阅读模式。

其数据库特点:①全文检索:设置快速检索、高级检索、书内搜索等功能,可按照部、类、属、书名、著者、出版年代、卷数、版本等多种检索方式。所有古籍图书均做到书中字字可检。②图文对照:可以实现原图显示、文本显示、图文并排显示等不同显示方法,同时实现古籍原版图像和现代文字的逐字逐行对照。③IE 直接阅读:使用 IE 直接浏览方便快捷。④个性功能丰富:支持文字编辑、复制、粘贴,有助于将古籍文献用于学术研究；支持书签功能，便于下次阅读；支持读书笔记，随时记录阅读感受。⑤高速检索引擎：鼎秀全文检索平台采用超速文本检索引擎并配合分布式服务器集群，亿级文字检索只需 1 秒。可实现即翻即看，无等待翻页。⑥保持原文原貌：以高分辨率整版扫描方式，保持真实原貌。文献典籍的图像数据不做任何删减，保留书上的题跋、批校、印章等，原样呈现图书信息。

12. 古籍馆数据库 https：//www.gujiguan.com/（图 3-25）

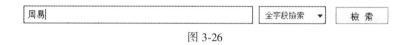

图 3-25

古籍馆数据库由北京古笈轩科技有限公司于 2013 年推出。资源依托全国各类图书馆，整个项目预计收录 1949 年以前的 30 多万种（不同版本）古籍文献资料（超过 8000 万张图片），大约录入 50 亿字。《古籍馆数据库》的建设参考中国图书馆"十二五"规划建设目标，建设一个全面反映中国古代文献流传与存藏状况的大型文献典籍资源总库，实现一站式全文检索。

古籍馆数据库一期收录 6 万种古籍书，6.3 亿字。其中：经部（11400 种）、史部（27500 种）、子部（6200 种）、集部（13700 种）。

特点和优势：

（1）实现古籍资源一站式检索，一期已经收录 6 万种书，是目前收集古籍图书最多的"古籍类型的数据库"。

简单检索之全字段检索（图 3-26）：

图 3-26

简单检索之全文检索，基本做到书中字字可检（图 3-27）。

图 3-27

组合检索之高级按书组合检索（图 3-28）：

图 3-28

组合检索之高级按类组合检索（图 3-29）：

图 3-29

（2）先期以地理志、家谱、别集、别传、四库系列为主要收录对象。

（3）智能全文检索引擎，不管读者输入的是简体、繁体，还是异体字、避讳字都能检索到。

（4）图像打印和文字复制功能。

13. 汉籍数字图书馆：http：//www.hanjilibrary.cn/

《汉籍数字图书馆》是陕西师范大学出版社历时十多年精心准备的正式网络出版物。拟由传世文献库和八大专题分库(专库包括：甲骨文献库、金文文献库、石刻文献库、敦煌文献库、明清档案库、书画文献库、舆图文献库、中医药文献库)组成。现已推出传世文献库、敦煌文献库和中医药文献库三个子库。以下介绍与法学相关的传世文献库和敦煌文献库(图 3-30)。

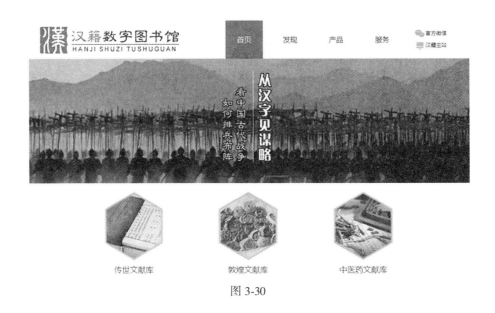

图 3-30

(1)传世文献库。传世文献库是由陕西师范大学出版总社开发制作的大型古籍数据库，是传世文献库的基本库，2016 年 9 月正式上线，http：//www. HanjiLibrary. com。

传世文献库收录文献按照"经、史、子、集、丛"五部分类，依据部、类、属以及版本、印本、图版文件等分层结构组织，采用 PDF 文件格式原版原式呈现。收录文献201371 种，比《中国古籍总目》的 177107 种还多；传世文献图版库收录文献原件 87704种，印本 116671 个，凡 480 余万卷(册件)，约 6400 万页，电子文件 307803 个，数据量超过 7TB。

传世文献库典藏统计(截至 2016 年 5 月，文献图版共计 87704 种，不含不同印本)：

按五部分类统计，经部 5551 种(总类 151、易类 1290、书类 492、诗类 607、礼类813、乐类 205、春秋类 806、孝经类 165、四书类 798、尔雅类 123、羣经总义类 445、小学类 1589)；史部 33218 种(总类 28、纪传类 790、编年类 530、纪事本末类 194、杂史类2413、史表类 98、史钞类 190、史评类 453、传记类 14656、谱牒类 380、政书类 2180、诏令奏议类 658、时令类 87、地理类 3399、方志类 5922、金石考古类 698、目录类 542)；子部 23066 种(总类 70、儒家类 1248、兵家类 369、法家类 59、农家类 265、医家类 2072、天文算法类 493、术数类 595、艺术类 1228、谱录类 616、杂家类 2908、类书类 573、小说类 2272、道家类 3739、释家类 5391、诸教类 936、新学类 232)；集部 22981 种(楚辞类

121、别集类 15832、总集类 1469、诗文评类 781、词类 1179、曲类 3599）；丛部 955 种（杂纂类 316、辑佚类 288、郡邑类 60、氏族类 41、独撰类 250）按时期分类统计：先秦 104 种、秦汉 880 种、魏晋 1333 种、南北朝 744 种、隋唐五代 2857 种、宋辽金 7027 种、元 2303 种、明 13752 种、清 47558 种、民国 3245 种、时期待定 7901 种。

（2）敦煌文献库，http：//dunhuang. HanjiLibrary. com。敦煌文献，又称敦煌遗书、敦煌文书、敦煌写本，是指 1900 年在甘肃敦煌莫高窟发现的 4—11 世纪的多种文字的写本和印本、拓本文献，总数约 6 万种。其中 90% 以上为佛经，其余为经、史、子、集四部书籍以及官私文书等文献。目前这些文献分散在世界各地，除中国国家图书馆藏有敦煌遗书达 16579 号外，其他主要有大英博物馆、法国国家图书馆、俄罗斯科学院圣彼得堡东方研究所等。

敦煌文献库收录北敦、斯号、英藏（其他）、伯号、法藏（其他）、俄藏等。截至 2016 年 5 月，已入库文献涉及编号 72513 个，不同印本重复计算为 97046 条记录，收入图版文件 517022 个，数据量近 1TB。收录编号有部分"空号""馆藏缺"等情况。

敦煌文献库主要功能：读者可以通过"一般检索"模糊查询或"高级检索"精准查询功能快速找到需要的资源，也可以通过"文献浏览"模块，按照文献编号、文献名称、收藏机构三种方式浏览资源。"题记说明""文献释文""规格品形""研究著录"等方面的信息欠缺尚多。敦煌文献库典藏 72513 号统计如下（时间截至：2016 年 5 月）：北敦 19718、斯号 12220、英藏（其他）1975、伯号 12204、法藏（其他）737、俄藏 21257、甘藏 734、北大 365、沪藏 345、津藏 392、台藏 49、港藏 1、美藏 50、爱尔兰藏 4、其他 2462。

14. 台湾地区古籍网络资源

台湾地区中文善本古籍主要藏于"国家图书馆"和"中央研究院"历史语言所（史语所）图书馆、近代史所档案馆等。史语所收藏的清代内阁大库档案（http：//saturn. ihp. sinica. edu. tw/%7Emct/newpage1. htm）包括诏令、题奏、移会、贺表、三法司案卷、实录稿本以及各种黄册、簿册等珍贵文献。

台湾《善本古籍联合目录》数据库（http：//nbinet1. ncl. edu. tw/screens/chrish. htm）包括"台湾故宫博物院"、台湾大学图书馆、政治大学图书馆、台湾师范大学图书馆、东海大学图书馆、"国立中央研究院"台湾分馆、"中研院"史语所图书馆和文哲所图书馆、"国家图书馆"等 9 所图书馆收藏的善本目录 11.6 万条。

三、免费网络资源爱问共享、微盘、百度网盘等。

免费古籍网站的资源往往出于众手，藏本的版本及其内容数据可靠性难以考索，因而无法引注。即使是流传很广的古籍如：四部丛刊或者四库全书，通过网络爬虫得到的网络数据，难免差错。虽然网络使得古籍让人触手可及，但通向古籍的网络途径各有其面向不同的群体特性。无论专业数据库，还是免费的在线检索系统，检索之前要查清其古籍版本来源和特点，结合检索需求进行选择使用。

1. 汉字字源网（Chinese Etymology）https：//hanziyuan. net/#research

这是一个中英文双语网站。1950 年出生于美国俄勒冈州的理查德·西尔斯独自 20 年汇集了近 10 万个古代中文字形，建成古汉字字源数据库。2002 年公开上线，提供免费网站服务。汉字字源网现有 6552 个最常用的现代中文字字源分析，31876 个甲骨文，24223 个金文，以及秦汉大篆书 11109 个、小篆体 596 个。说文解字 11109 字、六书通 38000 多字、金文编 24000 多字、

2. 学院汲古—高校古文献资源库 http：//rbsc. calis. edu. cn/aopac/

Calis 高校古文献资源库读者检索系统，由北京大学牵头联合 23 家高校建立，库中的古籍为各成员高校馆所藏古籍书目记录、古籍影像和地图，金石拓片等古文献类型。支持文献传递。"学苑汲古——高校古文献资源库"是中国高等教育文献保障系统(CALIS)的特色库项目之一。

学院汲古系统目前使用汉语拼音或进行检索，汉语拼音检索仅限于题名、责任者、主题词三种检索途径。中文繁体字最好采用微软拼音输入法输入繁体汉字(图 3-31)。

图 3-31

3. 天一阁 http：//www. tianyige. com. cn：8008/(图 3-32)

注册用户登录后，可以在权限内浏览，没有下载古籍权限，如需权限可请求博物馆方在后台变更权限。

天一阁提供四种检索方式：①分类检索：依据目录树逐级浏览，纸质打开文献，或者文献目录。②简单检索：用户在检索下拉框中选择检索字段，并输入关键词进行检索。③高级检索分为三种模式：古籍、全文和批注，古籍模式利用检索词与逻辑条件组合检索，多个检索词默认的逻辑关系为逻辑"与"(并且 AND)。检索者可以根据需要改变为逻辑"或"(或者 OR)。④二次检索：检索者在一次检索结果页面，还可以缩小检索范围，例如：在检索列表中输入关键词进行二次检索。

4. "宫内厅书陵部收藏汉籍集览"http：//db. sido. keio. ac. jp/kanseki/T_bib_search. php

宫内厅是日本皇室机构，"二战"后宫内厅保有大臣官房、式部职、总务局、书陵部等部门。书陵部即图书馆。书陵部中保藏的汉籍大多为宋元善本，少数为和刻汉籍。收藏

图 3-32

的宋元版本汉籍质量精良，很多版本我国国内无收藏。

以下以孔颖达注疏的《尚书正义》为例进行检索。

在检索主页的检索区内进行检索，选择经部、书类，并输入书名（图 3-33）。

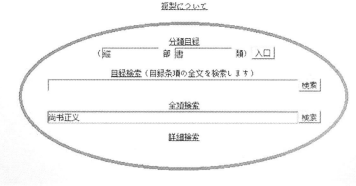

图 3-33

点击"详细检索"按钮，进入如下检索页面（图 3-34）：

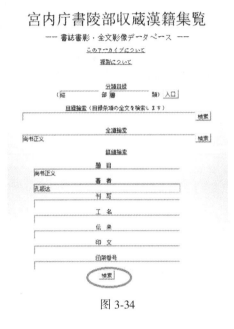

图 3-34

点击"检索"按钮，进入检索结果页面（图 3-35）：

图 3-35

点击"书志书影"进入目录提要及书影页面，了解《尚书正义》的基本信息（图 3-36）。

图 3-36

在检索结果页面，点击"全文影像"进入全文阅读页面（图 3-37～图 3-38）：

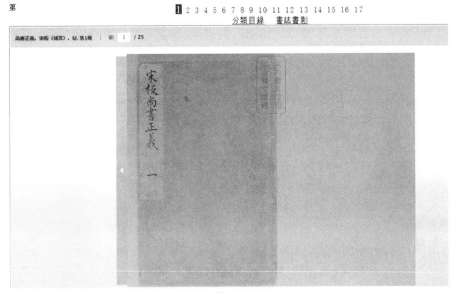

图 3-37

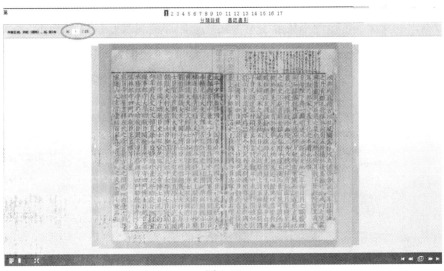

图 3-38

5. 书格 http：//Shuge. org

书格是一个自由开放的在线古籍图书馆。书格开放式分享、介绍、推荐有价值的古籍善本，并鼓励将文化艺术作品数字化归档。分享内容限定为公共版权领域的书籍(参照标准伯尔尼公约)，提倡最大限度地还原书籍品貌、内容，借此推进人类文明的发展进程(图3-39)。

图 3-39

　　一般情况下发布的文件为 PDF 格式(高清彩色)格式。包含部分与中国有关的外文书籍。下载方式主要为网盘(百度云、快传、微盘、云盘、微盘、谷歌 网盘、Skydrive 和独立盘)、P2P 链接(电驴)。

　　6. 国学大师 http：//www.guoxuedashi.com/guji/

　　全站超过 35 万册影印古籍扫描版在线阅读，影印古籍内容包括四库全书系列、各地方志、日本内阁文库、古今图书集成、丛书集成、四部丛刊、万有文库、四部备要、百衲本二十四史、三国六朝文等。古籍书目部分虽然不能查询影印本，但可以查询古籍的版本源流、版本类型、数量(图 3-40～图 3-41)。

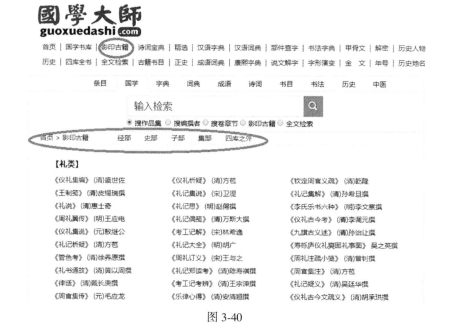

图 3-40

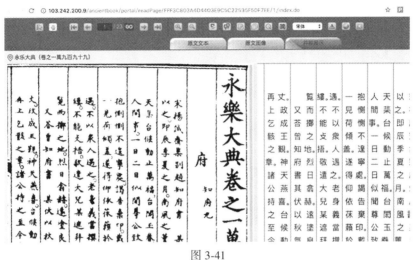

图 3-41

7. 中国古籍全录 http：//guji.artx.cn/

信息检索很方便，一些偏门书籍也可以找到，个别有一些错字，检索事件或者人名会用黄色高亮标出(图 3-42)。

图 3-42

8. 国学网

国学网下国学子库颇多，有付费也有免费的，百度一度坚持约 6 年的百度国学，数据就来自此网站。

9. 寒泉

台湾地区师大图书馆"寒泉"古典文献全文检索数据库，可全文检索十三经、先秦诸子、全唐诗、宋元学案、明儒学案、四库总目、朱子语类、白沙全集、红楼梦、资治通鉴、续通鉴、太平广记、二十五史等(图3-43)。

图 3-43

10. 汉典古籍 http：//gj. zdic. net/

汉典古籍为免费古籍文库。例如，在汉典古籍主页点击"法家"(图3-44)：

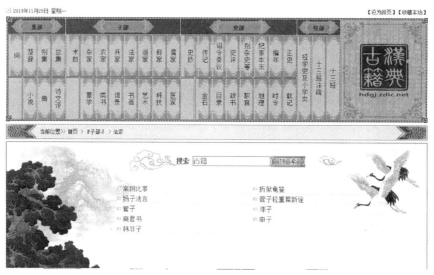

图 3-44

再点击"邓子"，进入目录页(图3-45)：

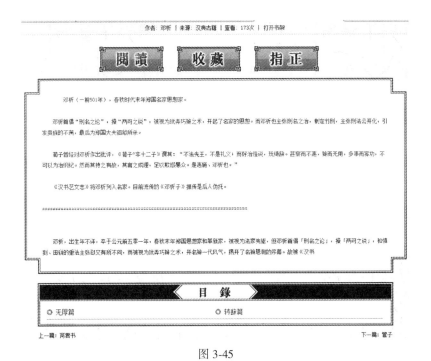

图 3-45

再点击"阅读"进入阅读页面。只有简体字文本阅读，没有古籍影像(图 3-46)。

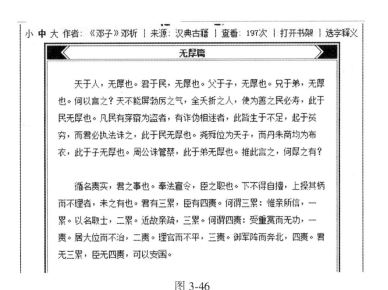

图 3-46

11. 国学导航 http：//www. guoxue123. com/国学导航—中国国学经典在线阅读(图 3-47)

国学导航-尚书正义　　首页 经部 史部 子部 集部 专题 今人新著

上一页 目录页 下一页

卷二 尧典第一

○《释文》："凡十六篇，十一篇亡，五篇见存。"

[疏]"古文尚书尧典第一"。○正义曰：检古本并石经，直言"《尧典》第一"，无"古文尚书"。以孔君从隶古，仍号"古文"，故后人因而题於此，以别伏生所出、大小夏侯及欧阳所传为今文故也。"尧典第一"，篇之名，当与众篇相次。"第"训为次也，於次第之内而处一，故曰"尧典第一"。以此第一者，以五帝之末接三王之初，典策既备，因机成务，交代揖让，以垂无为，故为第一也。然《书》者理由舜史，勒成一家，可以为法。上取尧事，下终禅禹，以至舜终，皆为舜史所录。其尧、舜之典，多陈行事之状，其言寡矣。《禹贡》即全非君言，准之后代，不应入《书》，此其一体之异，以此禹之身事於禅后，无入《夏书》之理。自《甘誓》已下，皆多言辞，则古史所书於是乎始。知《五子之歌》亦非上言，典书草创，以义而录，但致言有本，名随其事。检其此体，为例有十。一曰典，二曰谟，三曰贡，四曰歌，五曰誓，六曰诰，七曰训，八曰命，九曰征，十曰范。《尧典》、《舜典》二篇，典也。《大禹谟》、《皋陶谟》二篇，谟也。《禹贡》一篇，贡也。《五子之歌》一篇，歌也。《甘誓》、《泰誓》三篇、《汤誓》、《牧誓》、《费誓》、《秦誓》八篇，誓也。《仲虺之诰》、《汤诰》、《大诰》、《康诰》、《酒诰》、《召诰》、《洛诰》、《康王之诰》八篇，诰也。《伊训》一篇，训也。《说命》三篇，《微子之命》、《蔡仲之命》、《顾命》、《毕命》、《冏命》、《文侯之命》九篇，命也。《胤征》一篇，征也。《洪范》一篇，范也。此各随事而言。《益稷》亦谟也，因其人称言以别之。其《太甲》、《咸有一德》，伊尹训道王，亦训之类。《盘庚》亦诰也，故王肃云："不言诰，何也？取其徙而立功，非但录其诰。"《高宗肜日》与训序连文，亦训辞可知也。《西伯戡黎》云"祖伊恐，奔告于受"，亦诰也。《武成》云"识其政事"，亦诰也。《旅獒》戒王，亦训也。《金縢》自为一体，祝亦诰辞也。《梓材》、《酒诰》分出，亦诰也。《多士》以王命诰，自然诰也。《无逸》戒王，亦训也。《君奭》周公诰召公，亦诰也。《多方》、《周官》上诰於下，亦诰也。《君陈》、《君牙》与《毕命》之类，亦命也。《吕刑》陈刑告王，亦诰也。《书》篇之名，因事而立，既无体例，随便为文。其百篇次第，於序孔、郑不同。孔以《汤誓》在《夏社》前，於百篇为第二十六；郑以为在《臣扈》后，第二十九。孔以《咸有一德》次《太甲》后，第四十；郑以为在《汤诰》后，第三十二。孔以《蔡仲之命》次《君奭》后，第八十三；郑以为在《费誓》前，第九十六。孔以《周官》在《立政》后，第八十八；郑以为在《立政》前，第八十六。孔以《费誓》在《文侯之命》后，第九十九；郑以为在《吕刑》前，第九十七。不同者孔依壁内篇次及序为文，郑依贾氏所奏《别录》为次，孔未入学官，以此不同，考论次第，孔义是也。

虞书

[疏]正义曰：《尧典》虽曰唐事，本以虞史所录，末言舜登庸由尧，故追尧作典，非唐史所录，故谓之《虞书》也。郑玄云"舜之美事，在於尧时"是也。案马融、郑玄、王肃、《别录》题皆曰《虞夏书》，以虞、夏同科，虽虞事亦连夏。此直言《虞书》，本无《夏书》之题也。案郑序以为《虞夏书》二十篇，《商书》四十篇，《周书》四十篇，《赞》云"三科之条，五家之教"，是虞、夏同科也。其孔於《禹贡》注云"禹之王以是功，故为《夏书》之首"，则虞、夏别题也，以上为《虞书》则十六篇。又《帝告》、《釐沃》、《汤征》、《汝鸠》、《汝方》於郑玄为《商书》，而孔并於

图 3-47

如图 3-47 所示，只有古籍的数据化文字，没有古籍影像。

12. 苏州图书馆-古籍数据库　http：//fzk. szlib. com/book/index(图 3-48)

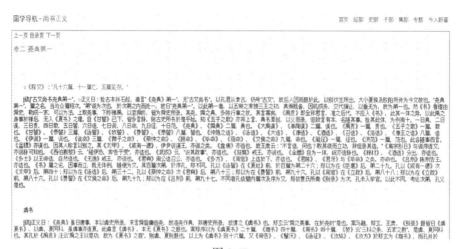

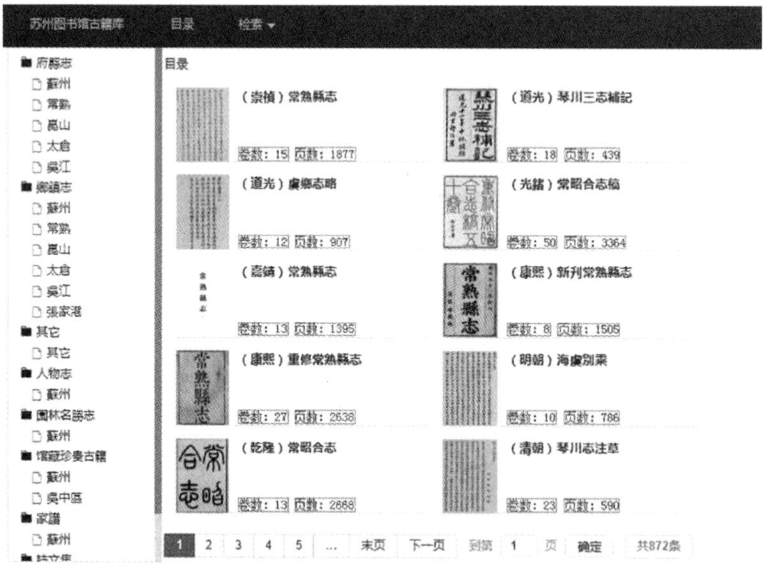

图 3-48

地方古籍文献，分府县志、乡镇志、人物志、园林名胜志、馆藏珍贵古籍、家谱、诗文集等类目，可用分类浏览式检索，也可以按照书名、作者、年代、简介和全文等检索项进行检索(图 3-49)。

图 3-49

四、其他可参考使用网站举要

1. 首都图书馆古籍珍善本图像数据库 http：//gjzsb. clcn. net. cn/index. whtml

2. 上海图书馆家谱、古籍数字库 http：//wrd2016. library. sh. cn/

3. 贵州省地方志全文数据库 http：//dfz. gznu. edu. cn/tpi/sysasp/include/index. asp

4. 长春图书馆馆藏国家珍贵古籍 http：//xuexi. ccelib. cn/guji/index. htm

5. 苏州图书馆馆藏古籍数据 http：//fzk. szlib. com/AncientBook/Main/Ancient _ Index. html

6. 山东省图书馆古籍珍本数据库 https：//www. kuizhangge. cn/

7. 陕西文史资料数据库 http：//www. sxlib. org. cn/dfzy/wszl/

8. 大连图书馆特殊馆藏资源库 http：//www. dl-library. net. cn/book/

9. 香港大学冯平山图书馆藏善本 https：//fpslidx. lib. hku. hk/exhibits/show/fpslidx/home

10. 香港城市大学邵逸夫图书馆电子典藏 http：//www. cityu. edu. hk/lib/digitalcollections/terms_c. htm

11. 香港公共图书馆古籍资源 https：//mmis. hkpl. gov. hk/nlc-ancient-books

12. 台大图书馆特色馆藏 https：//www. lib. ntu. edu. tw/

13. 古汉籍善本数位化资料库国际合作建置计划 http：//rarebookdl. ihp. sinica. edu. tw/ra/ra1. html

14. 126 在线阅读网 http：//www. read126. cn/

15. 新汉籍全文 http：//hanchi. ihp. sinica. edu. tw/ihp/hanji. htm

16. 中国哲学书电子化计划 https：//ctext. org/zh

17. 国际汉学研究数位资源 http：//ccs. ncl. edu. tw/DR/tw/foreword

18. 知识图谱古籍 https：//cnkgraph. com/Book

19. 网上书上网-数字典藏与学习电子书库 https：//ebook. teldap. tw/index. jsp

20. 汉籍数字图书馆 http：//www. hanjilibrary. cn/

21. 红叶山古籍文库 https：//hongyeshan. com/

22. 京都大学人文科学研究所东方学电子图书馆 http：//kanji. zinbun. kyoto-u. ac. jp/db-machine/toho/html/top. html

23. 东京大学东洋文化研究所汉籍善本全文影像 http：//shanben. ioc. u-tokyo. ac. jp/index. html

24. 美国国会图书馆 Chinese Rare Book Digital Collection https：//www. loc. gov/collections/chinese-rare-books/about-this-collection/

25. 法国国家图书馆藏中文古籍 chine https：//gallica. bnf. fr/html/und/asie/france-chine？mode＝desktop

26. 德国柏林国立图书馆藏中文古籍 Sinica https：//digital. staatsbibliothek-berlin. de/

27. 巴伐利亚国家图书馆藏东亚文献 https：//ostasien. digitale-sammlungen. de/help

28. 剑桥大学图书馆 chinese-collections https：//cudl. lib. cam. ac. uk/collections/chinese/1

29. 哈佛大学燕京图书馆 https：//guides. library. harvard. edu/chinese

30. 哥伦比亚大学东亚图书馆 Chinese Paper Gods http：//www. columbia. edu/cu/lweb/digital/collections/eastasian/paper_gods/index. html

31. 加州伯克利大学东亚图书馆中文拓片 Chinese Stone Rubbings Collection https：//www. lib. berkeley. edu/EAL/stone/

第四章　民国文献与法学信息检索

民国文献指称民国元年至民国 38 年之间产生的图书、期刊、报纸、案卷等档案、手稿形态的文献资源，图书约 30 万种，期刊约 3.6 万种。这 38 年是中国社会大变革时期，这一时期产生的文献不仅承载着这段伟大历史时期的史实，而且蕴含着社会变革的巨大思想内容。这一时期的文献既不同于古典文献经、史、子、集的内容，因为引入了西方思想技术而产生了"西学"类文献；也不同于中华人民共和国成立后的当代文献，因为古典文献还有半壁江山。这一时期是古典文献向当代文献过渡的一个文献阶段。民国文献内容既具有古籍的传承性，又有现代文献的专深性。20 世纪中国人的博士论文，能够被誉为世界名著的有两部，一部是萧公权毕业于康奈尔大学的英文博士论文《政治多元论》；另一部是陈体强的《有关国际法上的承认》。著名的政治哲学家卡尔·施密特就引用过萧公权的博士论文。何炳棣对陈体强先生的书评价更高，甚至认为其是 20 世纪中国社会科学的一个奇迹，而王宠惠把德国民法典翻译成英文被英文世界称为典范则是另一个奇迹。

民国学术文献的阅读群体仅限于相关学科的学术型读者，读者群体比较小众，因此，常用的核心出版社测定中的引文分析法、读者利用指标等方法，并不完全适用于对民国文献的测定。

民国文献生成符合近现代文献生成规律，邹鼎杰运用洛特卡定律即文献生产率规律，以复旦大学民国文献数据作为统计抽样样本，从文献的生成时间、作者以及出版社等几个方面属性特征，统计分析了民国文献生长规律。其中生成时间具有明显的时代局势特色：1912—1925 年北洋政府执政期间，文献数量虽然呈增长趋势，但增速缓慢。1925 年南京国民政府成立以后，文献数量呈现出明显迅速增长的趋势，1937 年日本全面对华入侵以后，文献出版数量出现陡降趋势，之后略有回升但仍处于较低水平。1945 年日本投降，文献数量出现爆发式增长趋势。作者以及出版社两个方面的源生分布具有"二八"规律[①]。1926 年美国科学家洛特卡在研究科学家成果数量时就发现，科研成果的数量并非均匀地分布于每一个科学家，而是以特有的幂律形式分布于科学家之中，这就是洛特卡定律。洛特卡发现，大多数科学家的产出率并不高，只有少数科学家产出率较高。产出一份成果的科学家人数大约是所有成果作者数的 60%，产出两份成果的科学家大约是产出一份成果科学家人数的 1/4，产出 3 份成果的科学家人数大约是产出一份成果的科学家人数的 1/9，产出 n 份成果的科学家人数大约是产出一份成果科学家人数的 $1/n^2$。这就是幂律分布，又称长尾效应。民国时期产出作品数为 1 的作者占到作者总人数的 77%，远高于洛特卡定

---

① 邹鼎杰. 基于文献计量的民国文献分布及其应用研究[J]. 图书馆杂志, 2019(9): 83-90.

137

律的理想数值。致使作者间出现显著差异的原因是民国期间更为动荡，作者获得稳定的、持续的创作环境较为不易。绝大部分作者在尝试创作一部或几部作品以后就难以有持续创作的机会，只有少部分作者获得了持续创作的良好环境，他们成为所有作者中占比更小的佼佼者。处于尾部的这部分群体理应受到更大范围的关注。出版社的文献产出规律则符合洛特卡定律。

中华人民共和国成立后，民国文献影印出版约略是五六十年代只有零星出版，八九十年代上海书店出版社影印出版了一大批民国期刊和报纸，以及《明国丛书》。文化部在1985年成立了全国图书馆文献缩微复制中心，重点集中在旧报纸、旧杂志和古籍善本的缩微工作上，而图书则基本上没有被缩微。2000年以来民国文献的影印出版进入了繁荣期。段晓琳则运用二八法则，测定了2000年以来影印版民国文献的八大核心出版社：国家图书馆出版社、缩微中心、上海书店出版社、广西师范大学出版社、大象出版社、中华书局、线装书局及凤凰出版社。[①]

大陆民国文献收藏机构基本集中于国家公共图书馆和高校图书馆，科研机构图书馆收藏量相对较小。国家图书馆收藏88万册，其中图书45万册、期刊1.3万种、报纸4536种；南京图书馆收藏70万册，其中图书40万册、期刊1万种、报纸2000种；上海图书馆收藏48万册，其中图书40万册、期刊19733种、报纸3543种；重庆图书馆收藏20万册，其中图书10万册、期刊5000种、报纸300种。广东图书馆收藏25万册，吉林图书馆收藏19万册，收藏量超过10万册的还有浙江省图书馆、湖北省图书馆、四川省图书馆、湖南省图书、首都图书馆。[②] 北京大学、清华大学、北京师范大学、复旦大学、南京大学、武汉大学、中山大学、南开大学、河南大学、浙江大学等21所高校图书馆收藏民国文献总量122.85万册。[③]

台湾地区民国文献主要收藏机构有"国家图书馆"（原"国立中央图书馆"台湾分馆）、"国史馆""中央研究院"以及中国国民党党史馆、台湾汉学研究中心等处，收藏民国图书570969册、报刊与档案及手稿2400万余件（册）[④]，其中手稿200余件、档案100余全宗。

还有大量民国文献散失于美国、日本及欧洲等地。在美国的主要收藏馆有美国国会图书馆、哈佛燕京图书馆、斯坦福大学东亚图书馆及斯坦福大学胡佛研究所、美国国家档案馆、杜克大学图书馆、美国地理学会图书馆、哥伦比亚大学东亚图书馆、加州大学伯克利分校东亚图书馆、康奈尔大学图书馆等机构。前四个机构收藏有民国书刊手稿日记类文献约4396万册（件）[⑤]。

大陆民国文献收藏单位按各自认同的分类法（如《中图法》及其简本、《科图法》《人大

---

①　段晓林. 影印版民国文献核心出版社测定及其出版研究[J]. 图书馆，2017(11)：56-60.

②　刘民钢. 民国文献整理与研究发展报告2015[M]. 北京：国家图书馆出版社，2015：67-68.

③　刘民钢. 民国文献整理与研究发展报告2015[M]. 北京：国家图书馆出版社，2015：70.

④　张衍，刘志伟，王雅戈. 台湾地区民国文献保护与开发利用研究[J]. 图书馆理论与实践，2014(11)：97-100.

⑤　黄柏楼. 美国研究图书馆与档案馆民国文献收藏和利用概况[J]. 上海高校图书情报工作研究，2018(3)：24-25.

法》《社科法》《四部法》等)类分文献。例如省级公共馆民国文献的分类：黑龙江省图书馆使用科图法、吉林省图书馆使用中小型分类法、辽宁省图书馆使用东北分类法、山西省图书馆使用中图法、内蒙古图书馆按入馆顺序编号、湖南省图书馆使用人大法、四川省图书馆使用四部分类法。七个馆使用七种不同的分类法。[①] 这种不统一的民国文献类分现状造成现今使用和统一整理、研究民国文献的极大困难。胡石在《民国文献分类研究》一文中指出，古典文献的四分法和当代文献普遍使用的《中图法》及其简版《中小型图书馆分类法》(也称《中国图书馆分类法简本》)、《科图法》《人大法》都不适用于明国文献的类分。

民国文献从法学文献内容上可分为民国权威性法学文献、民国准权威法学文献、民国学术法学文献、民国工具法学文献四类。

第一节　民国权威法学文献

民国时期是从清王朝到中华人民共和国之间的一个历史断代，历时 38 年，民国曾先后或并存出现过多个不同性质的政权：孙中山创建的中华民国临时政府(南京)、中华民国军政府(广州)、中华民国陆海军大元帅府大本营(广州)和中华民国政府(广州和武汉)；北洋军阀的中华民国政府(北京)；国民党的南京政府；中国共产党的中华苏维埃政府和各革命根据地政府；日本扶持的"满洲国""华北政务委员会"和汪精卫的"国民政府"等伪政权。他们制定颁布了大量法律、法规和规范性文件。这些法律文献从不同角度反映了当时的政治、经济、军事、外交、文化等诸多方面的历史原貌，其中不乏许多珍贵的历史文献，为研究中国近代史、中华民国史、中国革命史和中国法制史的重要文献源。

下文分为五个部分简述：武昌军政府法律法规、南京临时政府法律法规、北洋政府法律法规、广州国民政府法律法规、南京政府法律法规。

一、武昌军政府法律法规(1911 年 10 月 10 日—1911 年 12 月 31 日)

武昌军政府是辛亥革命时期建立的第一个省级革命政权。依据孙中山等人制定的《中国同盟会革命方略》建立。各省都督府代表联合会成立后，议决在临时中央政府成立前，以湖北军政府代行中央军政府职权。

1911 年 10 月 17 日公布汤化龙等起草的《中华民国鄂军政府暂行条例》；1911 年 10 月 25 日，孙武等推翻此条例，代之以《军政府改订暂行条例》，规定军政府都督下辖 11 部含司法部，颁行一系列政策法令，改革司法；1911 年 10 月中旬宋教仁起草颁布了《鄂州约法》，这是中国第一个带有资产阶级宪法性质的重要文件。

二、南京临时政府法律法规(1912 年 1 月 1 日—3 月 31 日)

以孙中山先生为临时大总统的中华民国临时政府于 1912 年 1 月 1 日在南京成立，它存在了短短 3 个月，史称南京临时政府。南京临时政府的立法机关是临时参议院。参议院

---

① 胡石，明国文献分类研究[J]．上海高校图书情报工作研究，2017(11)：41．

议长林森，副议长王正廷。司法部于 1 月 12 日成立，总长伍廷芳，次长吕志伊。1912 年 1 月 28 日，南京临时参议院成立，从制度上说，临时政府之临时参议院具有临时国会的性质，是国会的前身。临时参议院颁布了具有《中华民国临时约法》和许多巩固民主共和制度、保障人权、发展资本主义、改革封建制度的法律法规和法令。主要有以下三个方面。

（一）宪法行政法文献

《中华民国临时约法》《中华民国临时政府组织大纲》《中央行政各部及其权限》《南京府官制》《大总统令内务、司法两部通饬所属禁止刑讯文》《大总统令内务、司法部通饬所属禁止体罚文》《临时中央裁判所官制令草案》《中央裁判所官职令草案》《律师法草案》以及《法官考试委员会官职令》和《法官考试令》草案，等等。

（二）民商法文献

《大总统通令开放蛋户惰民等许其一体享有公权私权文》《大总统令外交部妥筹禁绝贩卖猪仔及保护华侨办法文》《大总统令内务部禁止买卖人口文》《维持地方治安临时军纪十二条》《商业银行暂行则例》，等等。

（三）教育法文献

《普通教育暂行办法》《普通教育暂行课程之标准》《禁用前清各书通告各省电文》，等等。此一时期《大清律例》《清会典》《皇朝掌故》《国朝事实》前清御批等文书及其他不合民国精神的法律法规一律废止。清朝旧律只有高等教育类法规仍旧照运行。

三、北洋政府法律法规（1912 年 4 月 1 日—1928 年 6 月）

北洋政府是指中华民国前期以袁世凯为首的晚清北洋军阀在政治格局中占主导地位的中国中央政府，是中国历史上第一个以和平的方式完整继承前朝疆域的政权，也是中国继清朝灭亡后第一个被国际承认的政府。1912 年 4 月 29 日，临时参议院迁至北京，取名参议院。1913 年 4 月 8 日，国会成立，接手原参议院全部职权，具有立法、民意、制宪机关三重属性，除立法、制宪外，还享有弹劾权和同意权。国会委员长林森，参议院议长张继，副议长王正廷，众议院议长汤化龙，副议长陈国祥。全国地方设有省议会和县议会。

（一）宪法行政法文献

《中华民国宪法草案》《中华民国约法》《中华民国宪法》《中央行政官官等法》《文官任职令》《文官官秩令》《文官高等考试法》《文官普通考试法》《文官高等考试典试令》《文官普通考试典试令》《外交官领事官考试法》《法院书记官考试暂行章程》《监所官考试暂行章程》《文职任用令》《简任文职任用令》《荐任文职任用令》《委任文职任用令》《征收官任用条例》《审计院编制法》《中央行政官官俸法》《外交领事官官等官俸令》《技术官官俸法》《监所职员官俸法》《文官惩戒条例》《审计官惩戒法》《文官任用法草案》《文官任用法施行法草

案》《官吏服务令》《文官保障法草案》，等等。袁世凯的《大总统政事堂组织令》《省官制》《道官制》《县官制》《政府组织令》等行政体制是清末职官体制的翻版。此后的多项法规，主要参照西方，并或多或少借鉴了清末的法规，颁布了许多现代文官管理的法规。

(二)刑事法律文献

《暂行新刑律》《刑事诉讼条例》等。1912年4月30日公布《暂行新刑律》(法部对《大清新刑律》进行删修而成)，其后的两个修正案才参考各邦立法，斟酌本国情势而成。

(三)民商事法律文献

《民事诉讼条例》《民律草案》《现行律民事有效部分》等。《民律草案》在《大清民律草案》基础上，1926年较大幅度的修订完成。《公司条例》以清末《改订大清商律草案》中的"公司律"为基础修订完成。《商人通例》是将清末《改订大清商律草案》中的"商法总则"为基础修订而成的。《商人通例》和《公司条例》于1914年9月1日同日施行。商事类法律法规主要还有《盐税条例》《印花税法》《税契条例》《特种营业税条例》《贩卖烟酒特许牌照税条例》《所得税条例》《官产处分条例》《国币条例》及《实施细则》《取缔纸币条例》《会计法》《审计法》《权度法》，等等。北洋政府还起草了破产法、公司法、票据法、海船法、保险契约法等草案。

(四)诉讼法法律文献

《民事诉讼条例》《刑事诉讼条例》《行政诉讼法》等参照西方制定颁布实施。
以上四个方面的法律文献都为其后的南京国民政府法制打下了基础。

四、广州国民政府法律法规(1925年7月1日—1926年12月5日)

《国民政府组织法》1925年7月5日。
《中华民国国民政府军事委员会组织法》1925年7月5日。
《国民革命军总司令部组织大纲》1926年7月7日。

五、南京国民政府(1927—1949年)

南京国民政府依据国父孙中山先生的《建国大纲》建立。1928年立法院成立是国民政府名义上的立法机构。立法院院长胡汉民于1928年10月8日开始履职。立法院主要职责是根据国民党中央执行委员会常务委员会或者国民党中央政治会议的立法决议，负责具体起草法律条文，因而其立法权极为有限，具体而言，一般法律的制定、修改、其立法程序要经立法院议决，由政府正式颁布。而特别法则不经立法院议决，直接由政府发布；或由军事委员会及其他各部、会运行制定、公布；甚至由国民党中央或地方党部秘密颁发。立法院成立前，立法权直接由国民党中央执行委员会政治会议行使。立法院的立法活动主要集中在从1928年年底至1937年7月的十年，完成各种法典及一系列单行法规的立法文本，这一时期的立法集中了不少法学专家，这是民国法制史上规模最大的一次法律工作。

（一）宪法行政法文献

《中华民国训政时期约法》（1931年）、《中华民国宪法草案》（亦称为《五五宪草》1936年）、《中华民国宪法》（1947年）等。

行政法规主要有教育、财政、交通、司法行政四类，条文有数千条之多。涉及军政的行政法规：兵役法；要塞堡垒地带法；国军剿匪暂行条例。涉及内政的行政法规：政府组织法、国籍法与国籍法施行条例、户籍法、监督慈善团体法、救灾准备金法等。

（二）民商事经济法律文献

民事法律文献：《中华民国民法》5编1225条，其中《民法总则》于1928年5月23日由南京国民政府公布，《债》《物》两编1929年11月公布，《继承》《亲属》两编于1930年年底公布。

（三）商事法律文献

1929年10月起颁布施行了几十个商事法规。单行商事法系统基本确立，如：《票据法》于1929年10月30日公布施行，共5章146条；《公司法》于1929年12月26日由南京政府公布，1946年又修订9章，449条，1931年2月21日公布《公司施行法》；《保险法》1929年12月30日公布共3章82条，1937年1月11日修正共6章178条；《海商法》1929年12月30日公布全文共8章174条。

（四）经济法律规范和制度

南京国民政府的经济法律规范除在商法中涉及外，主要体现在其财政金融立法上。南京国民政府的财政金融法律规范和制度主要表现在1941年3月《各省田赋改征实物办法暂行通知》、1945年11月公布的《货物税条例》，以及币制：1933年，禁止"银两"流通，实行银元本位制。

（五）刑事法律文献

《中华民国刑法》（1928年）是我国历史上第一部以"刑法"命名的刑法典。总则14章，分则34章，共387条。《中华民国刑法》于1935年修订，总则12章99条，分则35章258条，共计357条。从具体内容来看，它与1928年的《刑法》基本上是一脉相承的。特别刑事法规：主要有《惩治盗匪暂行条例》（1927年）、《暂行反革命治罪法》（1928年）、《危害民国紧急治罪法》（1928年）、《反省院条例》（1929年）、《反革命案件陪审暂行法》（1929年）、《维持治安紧急办法》（1936年）、《惩治盗匪暂行办法》（1936年）、《戡乱时期危害国家紧急治罪条例》（1947年）等。这些特别刑事法规优先普通法典适用。

（六）诉讼法律文献

《民事诉讼法》1930 年、1931 年、1935 年等；《刑事诉讼法》1928 年、1935 年；《特种刑事案件诉讼条例》1944 年。

此外，还有《法院组织法》（1932 年），规定全国设三级法院：地方法院、高等法院、最高法院。宣称"司法独立"法官"依据法律独立审判，不受任何干涉"，等等。

第二节　民国准权威法学文献

准权威性民国法学文献指称案例等与法学相关的档案史料文献。这一部分文献是学术研究中重要的第一手资料，是民国各个时期中央政权及其各级地方政权机关和相关人物在当时的社会环境下形成的社会生活的原始记录，具有极高的研究价值。例如在海内外引起强烈反响的《中华民国史纲》（河南人民出版社 1986 年版）就引用了大量的民国档案文献。以史为鉴，这一时期的档案文献，不仅仅是著作民国史的史料，还是各种专史以及历史比较研究的史料。例如天津市档案馆收藏的天津商会档案，是商法研究以及与商法相关的近代民族工商历史发展状况不可多得的史料，也是研究民国时期人口迁移、宗法制度、土地制度演变及其对法制的影响的重要资料。

一、大陆藏民国档案文献

留在大陆数量极多的民国时期的案例等档案文献的主体部分，保存于中国第二历史档案馆和各地方3000 多个档案馆中。其他收藏机构如博物馆、文物部门、科研机构以及个人手中亦有少量收藏。也散见于民国时期的期刊中，例如《法学会杂志》（1913 年 2 月—1914 年 8 月）有大理院判例栏目。还可见于国外的解密档案文献。

中国第二历史档案馆收藏着 1912—1949 年民国各个政权中央机关及其直属机构生成的档案文献近 800 个全宗约 140 万卷。主要来源于民国时期的国史馆和国民党史料编纂委员会收藏的档案。其中南京中华民国临时政府、广州大元帅府、广州国民政府以及武汉国民政府时期生成的档案文献数量不多。北京政府时期共 71 个全宗近 10 万卷，包括有立法机关、司法部、总检察厅的档案文献。南京国民党政府时期的档案共 593 个全宗，是主体藏品，包括立法院、司法院、监察院全宗。汪精卫政府共 87 个全宗。省级档案馆亦有大量司法档案藏品，例如，河北省档案馆收藏有 1913—1949 年河北高等法院档案 10 多万卷。

二、台湾藏民国档案文献

1949 年之前，国民党政府大量销毁档案①，现有档案主体部分保存于台湾"国史馆"、

---

① 黄存勋，刘文杰等．档案文献学［M］．成都：四川大学出版社，1988（4）：351．

台湾"总督府档案馆"、台湾"中央研究院"、台湾"中国国民党党史会"四大机构。其中台湾"国史馆"藏综合档案约有 173 万卷、台湾"中央研究院"藏外交和经济档案、台湾"中国国民党党史会"收藏人物全宗、台湾"总督府档案馆"藏 1895—1945 年有关台湾地区事物的档案。

三、美国藏民国档案文献

美国国会图书馆、哈佛燕京图书馆、斯坦福大学东亚图书馆及斯坦福大学胡佛研究所、美国国家档案馆、杜克大学图书馆等机构收藏有大量的我国民国时期的档案。例如斯坦福大学胡佛研究所藏有"两蒋日记、四大家族档案、民国影像资料、陈诚早期与中共战争的资料、斯诺夫人档案、孙中山法律顾问林百克个人文集、抗战期间美国来华人士档案、国民党党史档案和东京审判档案原件等。很多民国档案是胡佛研究所珍藏孤本"①。蒋介石日记手稿托存 50 年(2005—2055 年)可以查阅复印本,只能手抄不能拍照。

四、大陆藏民国档案文献的出版概况

(1)第二历史档案馆以及各地方 3000 多个档案馆所藏案例卷宗,20 世纪 80 年代开始已经有多家出版社开始不同程度地结集出版。

(2)东京审判资源库:"东京审判资源库"专题网站,http://mylib.nlc.cn/web/guest/djsp。

(3)民国司法史料汇编,全 50 册,殷梦霞编,国家图书馆出版社 2011 年版,原始资料来源于第二历史档案馆。

(4)已经发现的民国地方司法档案:四川巴县档案(1953 年发现)、四川北部南充市南部县南部档案、台湾淡新档案(原名《台湾文书》)、宝坻档案、黄岩档案、浙江龙泉司法档案,重庆江津区档案民国司法档案。

(5)四川巴县档案上自乾隆十七年(1752 年),下迄民国三十年(1941 年),共约 11.6 万卷,是中国地方政权历史档案中保存较完整的一部分档案。这批档案早先存于巴县档案库,抗日战争时期巴县政府为避空袭将其运至长江南岸樵坪场一座庙中暂存。1953 年西南博物院运回收藏,1963 年 3 月归属四川省档案馆。档案内容主要与法律有关的有:明国时期重庆近代企业开办章程、呈请立案免税,农户耕牛权纠纷;民国初期巴县的税捐征收;清代和民国时期官府派兵护卫外国领事、教士、商人以及司法律例、章程、条规和民、刑诉讼案件等。四川省还发现有民国新繁县司法档案、四川北部南充市南部县南部档案、江津区档案馆共收藏有 1911 年至 1949 年间各类司法档案超过 24000 卷,上海交通大学人文学院历史系整理有纸本出版,同时还有江津区司法档案电子数据库供使用。

(6)2011 年发现浙江龙泉藏有清末至民国地方司法档案,现归属龙泉市档案馆。由于

---

① 黄柏楼. 美国研究图书馆与档案馆民国文献收藏和利用概况[J]. 上海高校图书情报工作研究,2018(3):24.

龙泉僻居深山，清末至民国时期的多次战乱甚少波及，这一司法卷宗成为我国发现的最完整的民国时期的基层法律档案文书。这一地方司法档案共 1.7 万多件卷宗，88 万余页，历时 90 年(1858—1949 年)。20 世纪 70 年代，这批司法档案一直存放在龙泉公安局，80 年代，移交至龙泉档案馆。浙江龙泉司法档案选编 第 2 辑(1912—1927 年)全 44 册，浙江大学地方历史文书编纂与研究中心编中华书局 2014 年出版。

这批档案的主体是诉讼卷宗，其中包括晚清至民国各时期由当事人或代理人撰写的诉状、辩诉状的原件及抄本或副状，知县、承审员或法院推事的历次判词、调解笔录、言词辩论记录、庭审口供、传票、保状、结状、领状以及各级法院、检察院、监狱等司法机构之间的来往公函。附有作为证据的契约、分家书、婚书、系谱简图、法警调查记录、田产山林的查勘图等。

(7)国外的解密档案有集中出版的，也有零星出版的。例如《美国对外关系文件集》(Foreign Relations of the United State，FRUS)是 1861 年以来美国官方出版的解密外交档案集，每年出版 1~2 卷，已经连续出版了 400 多卷。依据 FRUS 文献，国内出版社出版了多种文献，例如，2000 年中华书局出版了《清末教案(第五册)—美国对外关系文件选译》；2006—2012 年广西师大出版社出版了《美国政府解密档案》系列图书，包含中美往来照会和美国驻中国几大领事馆报告。

(8)新近出版的民国案例档案文献：殷梦霞、邓咏秋编《民国文献资料丛编·民国司法史料汇编》共 50 册，北京图书馆出版社 2011 年版。这套丛编包括大理院、最高法院、司法院的判例，大理院和司法院的解释例，均完整无缺。还收录民国各时期出版的司法考察记，司法院职员录等。

(9)李贵连主编《民国北京政府制宪史料》(全 16 册)，线装书局 2007 年版；田奇、汤红霞选编《民国时期司法统计资料汇编》(22 册)，国家图书馆出版社 2013 年版。

(10)黄志繁、邵鸿、彭志军编《清至民国婺源县村落契约文书辑录》(全 18 册)，商务印书馆 2014 年版。全套书收集清至民国民间文书 3600 多份(套)，9000 余张，以契约为主；另外，纳税凭证、状词和账本也有一定数量。好友有供词、招告、托书、合墨、包书、包封、戏文、托字、杂单、手绘地图、分单、证明、售货清单、保证书、符、当会契、修屋清单、聘礼、礼单、药引、婚约、婚前财产公证、拼批等。

(11)《民国时期江苏高等法院(审判厅)裁判文书实录》，法律出版社 2013 年版。全 10 册，4 册刑事卷 600 案，6 册民事卷 900 案。裁判书说理充分，思辨及逻辑性强体现了法官较高的裁判水平。

(12)《民国大案分类纪实系列》，群众出版社 2005—2006 年版。含民国政治谋杀案、民国杀害案、民国涉外案、民国特大刑事案等。

(13)国家图书馆出版社近期已经出版有《民国时期珍稀档案、日记、手札文献》《远东国际军事法庭庭审记录》《远东国际军事法庭证据文献集成》《二战后审判日本战犯报刊资料汇编》《远东国际军事法庭判决书》《中国人民抗日战争纪念馆藏日本强掳中国劳工档案汇编》《横滨审判庭审文献汇编》等《对日战犯审判文献资料丛刊》《东京审判系列文献丛刊》《远东国际军事法庭庭审记录》等历史文献。

（14）广西师范大学出版社是最早关注并开始整理民国档案的出版机构之一《国民政府立法院会议录》。

（15）全国图书馆缩微复制中心：《（民国）中日交涉密档》《国家图书馆藏民国孤本外交档案》《民国外交部国际联盟交通议事密档》《民国外交档案文献汇览》《民国外交部第一次世界大战档案汇编》《外交文牍》《国家图书馆藏民国税收税务档案史料汇编》《（民国）教育部文牍政令汇编》《清末民初铁路档案汇编》《晚清民初西藏事务密档》《清末民初外国在华银行交涉档案》等等历史文献，内容包含专题奏稿、照会、电文、说帖、会议报告、会议讨论记录、清册等官方密档以及民国外交部各国驻华公使等相关机构及官员上行下达之函、电、文、照会。

（16）《民国时期新疆档案汇编》凤凰出版社 2013 年版等。

第三节　民国法学学术文献

民国法学学术文献的文体形式与现当代文献相同，主要是专著与论文，载体形式为图书和报刊。

一、民国法学类图书

1990 年出版《民国时期总书目》法学卷收录民国出版律法类图书 4368 种。上海书店选出 1000 多种以综合丛书的形式出版，其中法律图书被选 22 种。其后，法学专科丛书出现了多种。

（1）《民国丛书》，上海书店 1989 年版。丛书共一至五编，每编 100 册，共 500 册，共收书 1126 种，主要收录了中华民国时期在我国境内出版的中文图书，还酌情选收了同时期国外出版的中文图书。这是 1949 年后大规模出版民国图书的先河。其中法律类 22 种图书：第一编收有程树德的《九朝律考》，陈顾远的《中国法制史》，瞿同祖的《中国法律与中国社会》，杨幼炯的《近代中国立法史》，王世杰的《比较宪法》，李圣五的《国际公法论》上，周鲠生的《国际法大纲》；第二编收有杨鸿烈的《中国法律发达史》，胡元义的《民法总则》，戴修瓒的《民法债编各论》；第三编收有陈顾远的《中国国际法溯源》，徐傅保的《先秦国际法之遗迹》，中国法规刊行社编审委员会的《六法全书》①；第四编收有曹谦的《韩非法治论》，陈烈的《法家政治哲学》，谢无量的《韩非》，陈启天的《中国法家概论》，杨鸿烈的《中国法律思想史》，黄秉心的《中国刑法史》，徐朝阳的《中国刑法溯源》，黄公

---

① 六法全书是民国时期、现在的台湾地区及日本对常用法律汇编工具书普遍采用的名称。1929 年之前的民国立法采"民商分立"原则，六法包括宪法、刑法、民法、商法、刑事诉讼法、民事诉讼法。1929 年之后的民国立法采用"民商合一"原则，六法则包括宪法、行政法、刑法、民商法、刑事诉讼法、民事诉讼法。

觉的《中国制宪史》，吴经熊的《中国制宪史》；第五编没有收入法学书籍。

（2）《民国·比较法文丛》，收入法学著作 11 部：《比较法学概要》《政治学与比较法学》《联邦政治》《各国地方政治制度·法兰西篇》《不列颠自治领》《宪法历史及比较研究》《比较刑法纲要》《世界刑法保安处分比较学》《比较劳动政策》（上、下）、《比较破产法》《比较票据法》。以简化字横排本再版，最大的优点在于大多都附有作者的学术年表和导读，商务印书馆 2014 年出版。

（3）《民国西学要籍汉译文献·法学》（15 种），上海社会科学院出版社 2017 年版。

（4）《清末民国法律史料丛刊》（全 37 卷），包含民国时期的三本法律辞书、"汉译六法"和"法科讲义"三个系列，三本法律辞书之一的《法律大辞典》，由汪翰章、罗文干、戴修赞、郑天锡、张映南、张志让、陈瑾昆、翁敬堂等十余位著名法学家合作编成。之二是李祖荫主编的《法律辞典》，之三为日本学者清水澄主编的《法律经济辞典》。四本"汉译六法"包括《日本六法》《法国六法》《德国六法》以及《苏俄新法典》均为外国法规译本，为南京国民政府建立了中国近代法律体系提供参照。"法科讲义"包含民国时期最具代表性的两所高等法科院校的讲义，即"京师法律学堂笔记"和"朝阳大学法科讲义"。

（5）《华东政法学院珍藏民国法律名著丛书》（全 24 种）。

其他与民国法学相关的丛书：《民国系列图书》《民国时期文献》《民国春秋丛书》《民国文献资料汇编》《民国专题史丛书》《重庆图书馆藏民国时期未刊书丛编》《民国大案分类纪实系列》《民国大师文库》《民国学术丛刊》《民国学术经典文库》《民国学术文化名著丛书》《民国文存》《民国文人系列》《民国人文读本》《民国外交家丛书》《民国演讲典藏文库》《民国万象》《民国老课本》《民国时代》《民国军政幕府与幕僚》《民国三大报人文集》《民国大家谈学养》《民国珍本丛刊》《民国西学要籍汉译文献》《记录民国》《民国分省游记丛书》《民国那些人丛书》《民国名医临证方药论著选粹》，等等。

二、法学类期刊文献

据重庆大学法理学教授程燎原先生统计民国期刊文献：清末至 1949 年，法学期刊共 150 多种，不包括公报类法律期刊。其中清末约 30 种、民国时期 1912—1926 年有 30 余种、1927—1949 年有 90 余种。

（一）民国期刊之公报

民国期刊之政府（或议会）公报约 5000 余种①，为民国期刊总数的 1/5。政府（或议会）公报分为两类四种：中央政府公报、地方政府公报、中央议会公报、地方议会公报。

1. 中央政府公报

（1）孙中山政府公报：

---

① 永石. 旧中国政府公报述略[J]. 烟台师范学院学报，1998（3）：71.

南京临时政府公报(1912 年 1 月—3 月)共 58 期。

广州军政府公报(1917 年 9 月—1922 年 6 月)。

陆海军大元帅大本营公报(1922 年 1 月—1925 年 6 月)。

中华民国国民政府公报(1925 年 7 月—1926 年 12 月)共 52 期。

(2)北洋国民政府公报:

《临时公报》(1912 年 2 月—1912 年 4 月),共 66 期。

《政府公报》(1912 年 5 月—1928 年 6 月),共 5563 期。

司法部有《司法公报》,大理院有《大理院公报》北洋中央政府所属各机关公报比较完备,一般各部均出版了公报。如外交部有《外交公报》,内务部有《内务公报》,财政部有《财政月刊》,教育部有《教育公报》,司法部有《司法公报》,农林部有《农林公报》(1914 年并于农商部),工商部有《工商公报》,农商部有《农商公报》,农工部有《农工公报》,实业部有《实业公报》,交通部有《交通公报》等。其部下各司、局、处也大多编印主管专门业务性公报,如内务部土木司有《河务季报》,农商部商标局有《商标公报》,内务部振务处有《振务通告》等,又盐务署有《盐政汇览》,大理院有《大理院公报》等。

(3)南京国民政府公报:

《中华民国国民政府会报》(1927 年 5 月—1948 年 5 月),共 4425 期。

《总统府公报》(1948 年 5 月—1949 年 4 月)共 222 期,为《中华民国国民政府会报》续刊。见台湾地区成文出版社 1966 年版《中华民国国民政府公报》(全 222 册)。

南京国民政府五院各部公报:

行政院:《司法行政公报》《司法季刊》等。

立法院:《立法院公报》《立法专刊》《统什月报》等。

法院:《最高法院公报》等。

司法院:《司法公报》(1927—1948 年),刊载公文、法规、案例。计 1142 期其中案例 3200 余例。《司法院公报》《司法院工作报告月刊》等。

2. 地方政府公报

民国时期地方政府公报则比较简单,因其政区基本是省县二级制,一般不受中央政府更迭的影响,大多照常编印,只是按其建制行署名称的变动而更改刊名或另起卷期号而已。例如,北京市有《京兆公报》《北京市市政公报》《北京市政府公报》等,共 1600 余期。

河北省有《直隶公报》《河北省政府公报》等,共 12000 余期。

县级政府公报:县级(含省辖市政府公报)因藏地分散,少见著录,大多鲜为人知。但省辖市政府公报并不少见。

3. 中央议会公报

民初南北政府对峙时期,中央有国会之设,并有参众两院及各种行宪会议,均编印公报。

如参议院有《参议院公报》(1913—1923 年)。

众议院有《众议院公报》(1913—1923 年)。

宪法起草委员会有《宪法起草委员会会议录》(1921—1922 年)。

宪法会议有《宪法会议公报》(1916—1923 年)。

宪法善后会议委员会有《善后会议公报》(1926 年)。

国宪起草委员会有《国宪起草委员会公报》(1925 年)。

临时参政院有《临时参政院公报》(1925 年)等。

4. 地方议会公报

国民政府时期，各省、县都设有"参议会"或"临时参议会"，并编印了各种"公报"或"会刊"。如广东省参议会有《广东省参议会周刊》(1934—1935 年)、《广东省临时参议会公报》(1939 年)、《粤参通讯》(1948 年)等，湖南省参议会有《湖南省参议会会刊》(1946—1948 年)，北平临时参议会有《北平临时参议第会一届大会会刊》(1946—1948 年)，福建省临时参议会有《民意月刊》(1944—1945 年)，南漳县参议会有《自治周刊》(1941 年)等。地方均设省议会大都编印公报。如江苏省议会有《江苏省议会汇刊》(1918—1924 年)四川省议会有《四川省议会会刊》(1926—1927 年)等(表 4-1)。

表 4-1　　　　　　　　　　　　　　**民国各时期司法公报简表**

民国各时期	公报名称	出版机关	出版总时长	出版周期
北洋政府时期	司法公报	司法部	1912.10—1928.5	月刊或月出两期
南京民国政府时期	司法公报	司法部	1927.12—1928.11	月出两期
	司法公报	司法院	1929.01—1932.01	周刊
	司法院公报		1932.01—1934.10	周刊
	司法公报		1934.11—1948.01	五日刊
	司法行政公报	司法行政部	1932.01—1934.07	月出两期或月刊
	司法行政公报		1943.01—?	月刊
汪伪政府时期	司法行政公报	司法行政部	1940.05—?	周刊

(二)民国期刊之学术期刊

西北政法学院王健教授认为："清末至民国期间先后出版的法律专门杂志有 77 种之多。其中清光宣之际 3 种；民元至 1923 年间 8 种；1927 年至 1937 年间 41 种；1938 年至 1945 年 9 种；1946 年至 1949 年 16 种……刊载法律作品的杂志，并不仅限于各种专门的法政类杂志，也分布于七八十种(人)文社会科学等类的刊物。"[①]例如《清华大学学报》(清

[①]　王健. 说说近代中国的法律期刊[J]. 法律科学，2003(5)：26.

华大学 1915 年创刊的半月刊)、《北京大学月刊》(北京大学 1019 年创刊的月刊)、《燕京大学学报》(燕京大学 1927 年创刊的半年刊)、《武汉大学社会科学季刊》(武汉大学 1930 年创刊的季刊)、《厦大学报》(厦门大学 1931 年创刊的半月刊)、《河南大学学报》(河南大学 1934 年创刊的双月刊)、《复旦学报》(复旦大学 1934 年创刊的季刊)、《南开大学半月刊》(南开大学 1934 年创刊的半月刊)等。

统计数目最多的是 170 种,张为华据 1986 年书目文献出版社出版的《1833—1949 全国中文期刊联合目录》一书统计。其中司法公报类 40 多种、政法院校学报类 40 多种、学术期刊约 20 种、律师业务期刊近 10 种。这些期刊发行 10 年以上只有寥寥几种;1/3 的期刊只发行一两期就停刊了;超过 1/2 的期刊发行不足一年;少数期刊能生存几年。

南京世界学院中华法学研究社的《中华法学杂志》创刊于 1930 年 9 月,是民国期刊刊行时间最长、民国后期最有影响的法学期刊之一。早期由北平研究院出版发行,在 13 年的发展历程中三易其地,两次停而复刊。1935 年中华民国法学会成立后,1936 年升格为中华民国法学会会刊,仍取月刊形式,但另起第 1 卷第 1 号编序。新编的《中华法学杂志》第 1 号 1936 年 9 月 1 日由正中书局出版发行,到 1948 年 10 月共出版 5 卷 48 期。编委会成员共调整三次,直到 1945 年才最终形成吴祥麟、杨幼炯、戴修瓒、杨兆龙、吴经熊、史尚宽、燕树棠、查良鉴等 40 人的固定队伍。新组成的编辑均是各领域的权威人士或顶级学者,代表了当时法学界的最高水平。其树立"中华新法系"的本土立场是当时法学民族主义话语的代表。

表 4-2 民国时期主要法学期刊表

创刊时间	刊名	创刊者或主编者	备 注
1913-02-15	法学会杂志	章宗祥 汪有龄	沈家本为会长,会员有刘崇佑、王宠惠、许世英、施愚、章宗祥、曹汝霖、汪有龄、江庸、姚震、余启昌、汪曦芝、陆宗舆。沈家本著《法学会杂志序》1913-02-15—1914-12,共发行 18 期
	政法学报	北京国立政法专门学校	1918 年创刊
1921-07-01	法学会杂志	江庸	修订法律馆总裁江庸著《发刊词》中说复刊注重"晦权民商法之重要立法问题"。共发行 10 期,多为征文佳作,还有新法草案以及各省习惯调查报告。1921-07-01—1923-01-01

创刊时间	刊名	创刊者或主编者	备　注
1922-04	法学季刊（法学杂志）The China Law Review	丘汉平孙晓楼东吴大学法学院	中英双语月刊发行 1922-06—1932-06，法学杂志双月刊 1932 年 6 月中英文分开发行，英文部分任为季刊，顾问有：董康、郑天锡、吴经熊、陆鼎揆、盛振为、张志骧、张正学、刘世芳、应时、萨柴德、李中道、罗炳吉。中文部分①(1)介绍或翻译国外法学名著，(2)研究关于法律的具体问题，(3)中外法学比较的研究，1922 年 4 月创刊
1923-06	法律评论②周刊 The Law weekly Review	江庸朝阳大学	不受政府补助，独立发行共 14 卷 721 期，14 卷之后 1947 年至 1949 年复刊为双周刊，1951 年 6 月在台湾复刊至今为月刊，1923 年 6 月创刊
1928	社会科学论丛	中山大学法科	1928 年创刊
1930	政法季刊	上海政法学院	1930 年创刊
	中华法学杂志	南京世界学院中华法学杂志社	1936 年 9 月始为中华民国法学会会刊，卷期另起，编委有夏勤任、盛振为、江一平、何襄明、吴祥麟、林纪东、芮淋、查良鉴、洪兰友、洪文澜、洪钧培、陈霆锐、张志让、张两曼、张庆桢、张企泰、孙晓楼、梅仲协、董霖、杨兆龙、杨幼炯、邓子骏、戴修瓒等。1930-06—1937-06 南京发行月刊，1938-09-01 于重庆复刊，卷期另起
1930	法令周刊	吴经熊俞承修	1930 年创刊
1931	现代法学	郭卫	1931 年创刊
1933	法学专刊	北平大学法商学院	1933 年创刊
1935	民钟季刊	国民大学法学院	1935 年创刊、广州出版

---

①　王健. 说说近代中国的法律期刊[J]. 法律科学，2003(5)：26. 王健教授评论："《法学杂志》可称得上在当时具有相当水准和代表性的一份重要法学刊物。检阅各期杂志，可见其中的论文较民国初年发表的文章篇幅更大，标题层次更为严谨，注释体例也更加规范……不仅显示了东吴法学院学术研究的整合能力，也反映了当时法学研究水平的深入。"

②　王健. 说说近代中国的法律期刊[J]. 法律科学，2003(5)：29. 陈文浩评"法律评论"(《读书通讯》第 139 期)有三大优点：一是以资料收集的丰富与正确闻名，所载最高法院的裁判要旨、庭审议录、司法院解释例、司法行政部令等司法文件，均极可贵；二是作为"评论"精神之所寄的"法律时评"专栏；三是每期上面篇篇可读、字字珠玑的专著四五篇。

(三)民国报刊的现当代整理出版概况

(1)国家图书馆出版社近期已经出版有政府公报类《北平伪中华民国临时政府公报》《华北政务委员会公报》《考试院公报》《民国审计院(部)公报》《民国时期内政公报三种》《内务公报》等。缩微中心"民国珍稀期刊"和"民国珍稀短刊断刊"两大丛刊，上海书店出版社"民国期刊集成"，中华书局"中国近代期刊汇刊"。

(2)线装书局以"伪满"为题材，汇集出版《伪满洲国期刊汇编》《伪满洲国统计资料汇编》《伪满洲国地方政府公报汇编》《伪满洲国政府公报全编》等一批伪满洲国时期的公报等期刊。除对期刊单行本的印行外，学术期刊的整理汇编也有一些出版成果，如《1900—1949年中国学术研究期刊汇编》(第一、二辑)等。

(3)法律出版社2004年出版了《民国法学论文精萃》，分为六类：基础法律篇、宪政法律篇、民商法律篇、刑事法律篇、诉讼法律篇、国际法律篇。

(4)上海书店出版社影印出版了《民国期刊集成》，是民国时期出版的一批珍品期刊，如《学术丛编》《新青年》《现代》等。

《学术丛编》由上海圣仓明智大学主办发行，1916年5月—1917年9月刊行24期，月刊，是金石文献高水准的学术性刊物，办刊宗旨是"研究古代经籍奥义及礼制本末文字源流，以期明上古之文化解经典之奥义，发扬古学沾溉艺林"，名义姬佛陀主编，实为王国维编辑，作者以罗振玉、王国维二人为主，如王国维的著名学术论文《殷周制度考》。还刊载了许多流传不广的图书，为今日一般学者所不易见，是珍贵的文献资料，对当今有关领域的研究者有较大的参考价值，于2015年由上海书店出版社集成全六册出版。

(5)广西师大出版社以美国哈佛大学哈佛燕京图书馆藏本为基础，影印出版《美国哈佛大学哈佛燕京图书馆藏民国文献丛刊》(宗教、政治、法律)。

三、民国报纸文献

民国报纸作为重要的文化传播载体，承载了民国时期中国政治、军事、外交、经济、教育、思想文化、宗教、民生等各个方面的海量信息，客观地反映了该时期的真实面目，全面记载了中国近代社会的巨大变化，是中华民族文化宝库的重要组成部分，具有很高的历史价值、学术价值和重要的现实意义，如《申报》《大公报》等。

第四节　民国工具性法学文献

现有纸质民国工具性法学文献集中在反映民国书刊收藏情况的目录工具，也有少量索引工具。以纸质民国工具性法学文献集为基础的民国文献数据库是目前民国文献的主要工具文献。

一、民国期刊目录与索引

民国时期有一些零星的期刊目录与索引，例如 1937 年郑慧英《中国杂志总目提要》、1940 年《中国宗教报刊》罗文达（Rudelf lowenthal）编①；1930 年 2 月上海《人文杂志》刊载了《最近杂志要目索引》。大规模编制实用的民国报刊文献目录与索引，是在1949年以后。

（一）民国期刊目录

现在所用的民国报刊目录几乎都是 1949 年以后编制的民国期刊目录。

1.《1833—1949 全国中文期刊联合目录》全目增订本

书目文献出版社 1981 年版《1833—1949 全国中文期刊联合目录》（增订本 1276 页，以下简称"全目增订本"），全国图书联合目录编辑组编制。全目增订本基础本是 1961 年北京图书馆出版的全国图书联合目录编辑组编辑《全国中文期刊联合目录》（1833—1949 年，1252 页）。全目增订本收录了全国 50 所图书馆在 1957 年之前所藏建国前国内外出版的中文期刊近 2 万种。县以下的期刊和有关中小学与儿童教育的期刊不在收录之列、伪满、伪华北、汪伪等汉奸军政机关出版的期刊以及反动宗教会道门的期刊也不在收录之列；中国共产党各个时期出版的党刊、抗日民主根据地和建国前各个解放区出版的期刊以及国民党统治区出版的部分进步刊物即建国前革命期刊，收入增订本者不过几百种。②

2.《1833—1949 全国中文期刊联合目录》全目补充本

书目文献出版社 2000 年版《1833—1949 全国中文期刊联合目录》全目补充本收录期刊 16400 种。

书目文献出版社出版③补收的清末至民国时期 16400 余种全目增订本未收期刊，主要是中共期刊、国民党的党政军期刊、伪满伪华北汪伪政权的军政机关期刊、儿童以及中小学教育期刊、文艺期刊，于 2000 年出版《1833—1949 全国中文期刊联合目录》（补充本 571 页）。王永华零星补编补遗 38 条（见《国家图书馆学刊》2001 年版）。

"全目"系列目录是检索清末民国期刊文献较为全面的大型检索工具。"全目"系列目录实用参照本目录还有：全国图书联合目录编辑组 1965 年编印《全国解放前革命期刊联合目录》（1919—1949 年，未定稿），全国图书联合目录编辑组 1967 编印《解放前中文报纸联合目录草目》。上海图书馆 1961 年编印《近代期刊简目》（1840—1918 年）和《辛亥革命时期期刊总目》，1965 年上海图书馆编辑的《中国近代期刊篇目汇录》。此外，可参照的还有地区目录。例如：《北京地区部分图书馆馆藏全国图书联合目录》、南京图书馆 1982 年版

① 周振鹤．再谈范约翰的中文报刊目录-对宁树藩先生的反批评[J]．复旦学报社科版，1992(6)：105.

② 洛洋．《全国中文期刊联合目录》编排问题[J]．图书馆杂志，1984(1)：43.

③ 范军．中国出版文化史研究书录 1978—2009[M]．河南大学出版社，2011：38.

《江苏地区图书馆建国前中文报纸联合目录》收录 1852—1949 年江苏出版的中文报纸 1800 种、天津市委党校图书馆 1987 年版《华北五省市自治区党校馆藏建国前期刊联合目录》、河南大学出版社 1993 年版《全国主要图书馆馆藏河南期刊联合目录：1884—1949》收录 53 家收藏机构河南出版的中文期刊 764 种。人民出版社 1982 年版《辛亥革命时期期刊介绍》（全 5 集）叙录 200 多种学术期刊、中华书局 1954 年版《1919—1927 年全国杂志简目》见《中国现代出版史料（甲编）》、上海人民出版社 1958—1959 年版《五四时期期刊简介》（全 3 集）中共中央马恩列斯著作编译局研究室编辑提要 157 种期刊。

（二）民国期刊索引

民国期刊索引出版与民国期刊目录期刊出版期刊一样，大量编制出版是在 1949 年以后。虽然 20 世纪 30 年代有一些期刊索引，如 1930 年 2 月上海《人文杂志》刊载了《最近杂志要目索引》、中山文化教育馆编《期刊索引》（月刊 1933 年 11 月—1937 年 7 月）和《日报索引》（月刊 1934 年 5 月—1937 年 8 月）、这些索引分类不统一，主题标引也不规范。

1.《中国近代期刊篇目汇录》上海人民出版社 1965—1985 年版

《中国近代期刊篇目汇录》第三卷（上、下两册）上海图书馆编，收录 1912—1918 年期刊篇名。

2.《民国时期期刊索引》国家图书馆出版社 2013 年版

《民国时期期刊索引》全 18 册，是中山文化教育馆编的《期刊索引》（月刊 1933 年 11 月—1937 年 7 月）的影印本。共出版 8 卷 45 期，每期收录期刊约 300 种，论文约 3000 多篇。正文由分类索引和著者索引组成。其中 1 卷 3—6 期附有报纸索引，还含有两个专科索引：第 3 卷第 3 期为《法学论文索引专号》，第 3 卷第 6 期附有《五年来教育论文索引》，其余均为综合性论文集索引。《期刊索引》是查找 20 世纪 30 年代期刊文献的重要索引工具（图 4-1~图 4-2）。

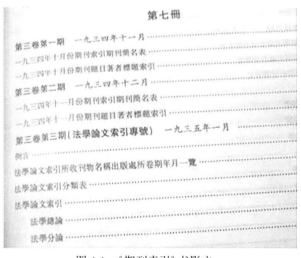

图 4-1　《期刊索引》书影之一

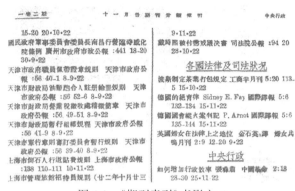

图 4-2　《期刊索引》书影之二

3.《民国时期日报索引》国家图书馆出版社 2013 年版

《民国时期日报索引》(全 13 册)是民国时期中山文化教育馆编的《日报索引》(月刊 1934 年 5 月—1937 年 8 月),共出版 7 卷 39 期,收录当时发行的 11 种重要报纸上的文章目录而成。包括《申报》《新闻报》《时事新报》《中央日报》《西京日报》《武汉日报》《大公报》《北平晨报》《(香港)工商日报》《(香港)循环日报》《星洲日报》。正文由分类索引和著者索引组成。是检索 20 世纪 30 年代报纸资料的重要索引之一(图 4-3)。

图 4-3

二、民国图书目录

民国图书目录的编制出版与民国期刊目录编制出版情形相同,主要出现在 1949 年之后。

(一)民国书目的目录书

1.《民国时期出版书目汇编》

刘洪权编《民国时期出版书目汇编》(全 20 册),国家图书馆出版社 2010 年版。收录民国时期各出版机构编印的出版目录 148 种类分为七种:①六大综合出版社出版书目:商务印书馆、中华书局、大东书局、开明书店、正中书局;②文学社科类在出版机构的出版书目:北新书局、生活书店、亚东图书馆、良友图书公司、贵阳文通书局;③自然科学类出版机构的书目;④国学类出版机构的出版目录;⑤机关团体的出版书目;⑥私家刻书目录;⑦宗教类出版书目,收佛道伊斯兰和基督教的出版书目。

2.《民国时期发行书目汇编》

李晓明编《民国时期发行书目汇编》（全 7 册），国家图书馆出版社 2010 年版。系统收录民国时期编印的各种图书发行目录，分为全国性发行目录和书店发行目录两部分。

3.《生活·读书·新知三联书店图书总目 1932—2007》

全书 1006 页，含民国时期三联书店的出版书目，生活·读书·新知三联书店 2008 年版。

(二)《民国时期图书总目》

《民国时期图书总目》(全 18 卷)国家图书馆 2015 年开始编制，预计收录中文图书 30 余万种。拟编制题名索引和责任者索引，将极大地便利检索与利用。至 2021 年 4 月已经出版了 5 卷：哲学卷、社会科学总论卷、自然科学（基础科学）卷、农业科学卷以及宗教卷。法学卷至今未见出版。

(三)《民国时期总书目》及其法学卷

《民国时期总书目》的出版上承《四库全书总目提要》和《清史稿·艺文志》，下接 1949 年以后的全国总书目，连接古今，为中国目录学史接续补缺，使得我国书目具有历史连续性。

《民国时期总书目》(简称《总目》)书目文献出版社 1986—1997 年版，《总目》的编制工作筹备于 1960 年，1978 年开始编纂，未收录线装书。由北京图书馆(国家图书馆前称)主持经历了 20 个春秋编辑而成。《总目》以北京图书馆、上海图书馆、重庆图书馆的馆藏为基础编撰，收录了 1911—1949 年 9 月间中国出版的中文图书 124000 余种，基本反映了民国时期出版的图书概貌。《总目》是回溯性国家书目，不可能没有遗漏。《总目》按《中国图书馆图书分类法》分类编排的学科分为 20 卷，著录以《中文普通图书统一著录条例》为依据。同类图书以出版年月排列；多卷本以著者拼音字顺排列；同一著者著作以书名拼音字顺排列。所收图书大部分撰写了题要。所有图书都注有收藏馆代号，便于检索后就近查阅或进行文献传递。各分册附书名音序索引表和笔画检索表。

《法律卷》于 1990 年出版，收书 4368 种，仅占《总目》3.5%，虽然社科人文书籍中，又以文学、政治、经济为多，这三部分约占《总目》的 45%。其中，法学图书 605 种、宪法图书 667 种、部门法图书 9 种、行政法图书 708 种、民法婚姻家庭法继承法图书 415 种、商法图书 253 种、刑法诉讼法应用法学图书 545 种、立法司法图书 922 种、国际法国际私法图书 244 种。

《总目》收书不完整，南京图书馆收藏有民国图书 7 万多种，20 多万册，就有约 2 万种图书未被收入《总目》，[1] 驻华使馆等藏书机构书目、港澳台文献收藏机构书目、也不含线装书目和少数民族文字书目。[2]

① 陈希高，余红玲. 民国文献开发的新尝试[J]. 江苏图书馆学报，2001(2)：36.
② 蔡迎春，段晓林. 民国文献目录编制沿革及其趋势[J]. 图书馆论坛，2017：3.

《总目》收录大量译著，主要是社科人文类名著，又以苏、日图书为多，约占社科人文的24%。收书对立场、观点、态度不同的图书基本上是兼收并蓄，不加排斥，客观全面地提供历史资料。

（四）解放区根据地图书目录

1. 中国人民大学出版社1989年版《解放区根据地图书目录》

《解放区根据地图书目录》汇集了80家收藏馆藏目约1万种，收入1937—1947年的进步书籍，也有少量1937年以前的图书收入该目录。

2. 奚景鹏收集的毛泽东著作

被称为"红色收藏家"的书刊收藏达人奚景鹏"收集的毛泽东著作达2000多册，其中1949年以前出版的有639册。经核查，国家图书馆馆藏革命历史文献简目，在这639册中有359册未见列入；有282册在《解放区根据地图书目录》中亦未见列入"①。2000年12月，奚景鹏获得了中共北京市委宣传部、文化局、新闻出版局、妇联和科协等单位联合授予的"北京市第二届家庭读书藏书状元户"的称号。

3. 四川大学出版社1992年版《抗日战争时期出版图书联合目录》

《抗日战争时期出版图书联合目录》四川省中心图书馆委员会编制，收录1937年7月—1945年9月在国内出版的中文图书，分为：哲学、宗教、农业、工业、社会、政治、语言文字等17大类。

4.《中国抗战大后方历史文献联合目录》

周勇，王志昆所著，重庆出版社2011年版，收录图书、期刊、图纸和报纸缩微胶卷。

此外，可参阅混合目录《全国图书馆民国文献缩微品联合目录》（全18册），国家图书馆出版社2013年版。该书收录了全国图书馆文献缩微复制中心成立以来制作的民国文献缩微品10万多种，涉及图书、期刊、报纸。按照学科内容编排而成，著录项目包括缩微中心片盘代码、题名、责任者、原件信息、收藏馆等重要信息。并且附有书名索引，便于检索使用。亦有少量地方出版书目和特种工具可供参考如：倪波主编《民国时期江苏版图书书目》（870页）江苏人民出版社1996年版；《近代人物年谱辑刊》（全20册）国家图书馆出版社2011年版，收录近代人物年谱113种。《近代人物年谱辑刊》可与此前国图出版社出版的《清代民国藏书家年谱》《历代妇女名人年谱》《晚清名儒年谱》配合使用。

（五）各图书馆馆藏民国目录

各图书馆馆藏民国报刊文献自编目录列表如表4-3所示：

---

① 石妍. 用一生收藏毛泽东著作[J]. 大地，2001(21).

表 4-3　　　　　　　　全国大陆各图书馆馆藏民国报刊文献自编目录表

目　录　题　名	编印时间
国立南京图书馆入藏中文期刊目录(约 2000 种报纸和 8000 多种期刊①)	1951
华南师范大学图书馆旧期刊目录	1956
北京大学图书馆中文旧期刊目录	1956
广东省中山图书馆藏广东杂志目录：1949 年以前	1956
四川财经学院图书馆馆藏中文旧期刊目录：1904—1949	1957
上海市报刊图书馆中文期刊目录：1881—1949	1957
徐家汇藏书楼所藏杂志目录初稿(上海图书馆)	1957
湖南省中山图书馆馆藏中文旧期刊目录	1958
馆藏旧平装书目录(一、二)(四川省图书馆)	1958
南京大学图书馆中文旧籍分类目录初稿	1958
上海市报刊图书馆中国报纸目录：1861—1958	1958
中文期刊目录：1949—1958.3(开封师专图书馆)	1958
武汉大学中文期刊目录(解放前期刊)	1959
广东省中山图书馆中文旧期刊目录	1958
馆藏广西地方文献目录(解放前部分广西壮族自治区第一图书馆)	1960
江西省图书馆馆藏解放前中文图书目录	1960
四川师范学院图书馆馆藏中文旧期刊目录	1960
近代期刊简目：1840—1918(上海图书馆)	1961
无锡市图书馆馆藏解放前各种期刊目录	1961
四川省图书馆馆藏旧平装书目录：语言文学部分	1962
云南省图书馆馆藏解放前期刊交换目录(中文部分)	1964
馆藏高等院校学报论文索引(中国人民大学图书馆)	1964
湖南省图书馆藏中文图书目录(解放前出版物)	1976
上海图书馆藏中文旧报纸目录	1976
广西壮族自治区第二图书馆馆藏期刊目录(解放前部分)	1978
辽宁师范学院中文报刊馆藏目录(上下册)	1980
南开大学图书馆馆藏解放前中文期刊目录	1980
青海省图书馆解放前中文期刊目录：1898—1949	1980

---

①　陈希高，余红玲．民国文献开发的新尝试[J]．江苏图书馆学报，2001(2)．

续表

目 录 题 名	编印时间
华中师范学院图书馆中文期刊馆藏目录(建国前部分)	1980
北京图书馆馆藏解放前中文期刊目录(全五册)	1980
福建省图书馆馆藏解放前中文期刊目录(1902—1949)(上下册,续编)	1981
厦门大学图书馆藏解放前中文期刊目录	1982
南京图书馆建国前中文报纸目录	1982
河南师范大学图书馆藏中文旧期刊目录	1982
东北师范大学图书馆中文期刊目录(1889—1979)	
民族文化宫图书馆馆藏解放前旧平装书目(第二辑)	1982
民族文化宫图书馆馆藏解放前旧平装书目(第一辑)	1983
南京林产工业学院图书馆藏中外文科技期刊、报纸目录(1907—1982)	1983
武汉大学图书馆藏解放前中文报刊目录	1983
安徽省图书馆馆藏解放前中文报纸目录索引(1903—1949)	1983
广西师大图书馆藏解放前中文期刊目录	1983
江西省图书馆藏建国前中文期刊目录(1873—1949)	1983
上海师范大学图书馆解放前期刊提录	1983
新疆大学图书馆馆藏解放前中文期刊目录(1904—1949)	1984
重庆图书馆馆藏抗战期间重庆版文艺期刊篇名索引	1984
四川省图书馆藏解放前四川进步期刊题录(1—5,索引)	1984
西北农学院图书馆藏中文工具书目录:1934—1981	1984
厦门大学图书馆藏解放前中文期刊目录(二)	1985
中山大学图书馆馆藏建国前中文报纸目录	1985
上海辞书出版社图书馆馆藏中文工具书目录:1806—1985	1986
山东省图书馆藏中文期刊目录:建国前部分	1986
广西桂林图书馆藏广西地方文献目录(上下册)	1987
中国社会科学院经济研究所图书馆馆藏中文期刊目录(1949年以前)	1988
北京师范大学图书馆解放前中文教育书目	1989
安徽省图书馆藏解放前中文期刊目录(上下)	1990
华南师范大学图书馆馆藏中文图书目录:1949年以前	1991
浙江省革命文化史料馆馆藏目录	1991
北京艺术博物馆民国版书目	1996

目 录 题 名	编印时间
江西省图书馆馆藏解放前杂志、报纸目录	
南京图书馆建国前中文期刊分类目录	
西南民院、四川省图书馆馆藏有关康藏图书期刊目录	
北京市档案馆馆藏抗战损失档案专题目录	2007
天津社会科学院图书馆珍贵馆藏图书目录	2009
美国哈佛大学哈佛燕京图书馆藏民国时期图书总目	2010
国家图书馆藏民国时期抗战图书书目提要	2010
湖南图书馆民国图书期刊报纸目录	2011
天津社会科学院图书馆珍贵馆藏图书目录(满铁卷)	2012
国家图书馆藏民国时期毛边书举要	2013
首都图书馆藏革命历史文献书目提要	2013
内蒙古图书馆馆藏日文旧籍目录：内蒙古民族地方文献卷	2015

三、民国文献电子检索工具

据《民国文献发展研究报告2016》统计，大陆23家民国文献馆藏量较为丰富的综合性高校图书馆，有18家自建有全文或者专题民国文献数据库。[①] 民国文献商业数据库目前总数已达20多个，详见下文。

第五节　民国法学文献检索

民国法学文献检索分为纸质文献检索和电子文献检索。纸质文献检索一般从检索者所属机构的图书馆馆藏目录查询、借阅图书；如果本机构图书馆无馆藏，可从检索者所属省公共图书馆或者邻近高校图书馆馆藏公共目录查询，然后通过本机构图书馆馆际互借或者文献传递借阅图书。电子文献检索目前主要是网络数据库检索。

一、民国综合文献数据库检索

民国文献各类数据库计20多个，以下分别进行概述。

---

① 刘民钢，蔡迎春．民国文献整理与研究发展报告2016[M]．北京：国家图书馆出版社，2016：154.

（一）国家图书馆系列民国文献数据库

1. 国家图书馆出版社民国图书数据库

国家图书馆出版社"民国文献资源总库"由图书库、期刊库、报纸库、图片库、档案库 5 个子库构成，目前出品"民国图书数据库"（http：//www.nlcpress.com/）归入"中国历史文献总库"的子库，是国家图书馆 2011 年启动的"民国时期文献保护计划"项目的重要成果。此项目从 60 余家重点图书馆（省公共图书馆和高校图书馆）普查汇总后收录 30 万条书目数据，是本数据库的书目基础。"中国历史文献总库"由古籍、民国图书、近代期刊、近代报纸、历史档案、历史图片六种文献子库组成。"民国图书数据库"2012 年完成一期收录 5 万种图书，2016 年完成二期图书数量增加到 10 万种，2017 年完成三期图书数量增加到 15 万种，2018 年完成四期图书数量增加到 18 万种，2019 年完成 20 万种。此后将持续进行更新，直至涵盖现存所有的民国图书书目约 30 万种。2017 年 9 月，"民国图书数据库"完成了全新的改版提供上线服务（图 4-3）。

图 4-3

检索方式分为以下 3 种：

（1）分类检索：可通过图书分类进行导航式检索，浏览该类别全部图书。

（2）书目检索：部分书目有全文对应。

（3）高级检索：高级检索需要检索字段与检索式和其他检索条件进行组合检索。系统提供任意词、书名、作者、出版者、出版年、出版地、关键词等检索检索字段；检索结果可自动按图书分类、作者、出版社、出版年进行聚合；检索结果可按书名、作者、出版年进行排序；提供同义词整合，可选择精确匹配和模糊匹配两种方式，可选择是否显示存目图书(图 4-4)。

图 4-4

2. 国家图书馆书店有限责任公司民国图片资源库 http://www.minguotupian.com (图 4-5)

图 4-5

《民国图片资源库》主要收集 1911—1949 年的中国历史图像资料 70000 幅，其中包括 53840 幅民国翻拍照片与 16417 幅民国期刊与画报照片，分为民国人物、历史事件、民生民情和建筑景观 4 个子库，24 个二级分类。其中历史事件子库收录民国期间的政治、军事、外交、文化、经济等重大历史事件的图片 13000 多幅，多侧面、多角度地展示民族工业初显兴旺的"黄金十年"，或者民生凋零的饥荒岁月，或者血雨腥风的抗战年代的波澜壮阔历史画面。

检索方式分为以下几种：

(1)分类检索，按照民国人物、历史事件、民生民情和建筑景观 4 个大类，大类下分 24 个二级分类。逐级点选阅读。

(2)快速检索，在检索框中输入关键词，点击"搜索"进入检索结果页面(图 4-6)。

图 4-6

(3)高级检索，即在民国人物、历史事件、民生民情和建筑景观 4 个子库中任选一个，进行多字段检索词布尔逻辑组配检索。字段有题名、关键词、责任者、主题词、时间以及全文六大选项。点击"+"或"−"按钮，可以添加或删减检索项，最多可以同时组配六大字段检索(图 4-7)。

图 4-7

(4)特色检索，分为①地图检索，即按地图上省份、直辖市及其下级市或区为单位进行全局数据检索。②人物关联检索，在检索框内输入人物姓名，点击搜索即可获取人物关系视图。点击彩色圆圈可以看到圆圈中人物的关联人物。点击两圆之间的关系线条可以查阅与两人相关图片。③时间数轴检索，依次显示以年为单位的时间分类数据。点击某年"查看更多"，可以看到该年份所有月份的数据。

3. 国家图书馆民国文献 http：//www.nlc.cn/或者 http：//mylib.nlc.cn/web/guest/home

利用国家图书馆的民国文献有两种方式：一是检索民国文献目录，二是阅读少量数字版民国文献全文。

（1）检索民国文献目录．2011 年，国家图书馆联合业界共同策划实施"革命文献与民国时期文献保护计划"项目。2012 年，国家图书馆开发了"民国时期文献联合目录"系统，访问地址：http：//pcpt．nlc．cn。截至 2019 年年底，国家图书馆与上海图书馆、重庆图书馆、南京图书馆等 31 家普查成员单位共同合作完成民国文献 70 余万条普查数据，其中图书 30 万种，期刊 1.4 万种，报纸 4000 余种。目前，这批普查数据集中发布于"革命文献与民国时期文献联合目录"平台。国家图书馆主页上的"民国时期文献保护网"也提供联合目录检索入口。

（2）检索方式：①快速检索，字段与检索词组配，可选字段题名、著者、出版年、出版地、出版者、主题词以及收藏单位 7 个，默认为全部字段与检索词组配检索（图 4-8）。②高级检索，高级检索是快速检索式的多次布尔逻辑组配检索。检索阅读少量国图数据版民国文献全文：国图民国时期文献 http：//read．nlc．cn/specialResourse/minguoIndex 见本节后文：民国法律法规检索、东京审判资料库检索以及民国法律学术文献检索。

图 4-8

（二）上海图书馆系列民国文献数据库（近代文献资源总库）

"上海图书馆近代文献资源总库" http：//www．cnbksy．com 包括五个子库：晚清期刊全文数据库、中国近代图书全文数据库（1840—1949）、民国时期期刊全文数据库、字林洋行中英文报纸全文数据库和中国近代中文报纸全文数据库-新闻报。各个子数据库的检索方式大同小异。

1."中国近代图书全文数据库（1840—1949）"

至 2021 年 4 月，收录图书达 12 万余种，其中法律类图书 4181 种。提供普通检索、高级检索、分类浏览等基础功能。同时新增地图检索、人名规范关联以及版本对比等新功能（图 4-9）。

图 4-9

检索方式分为 5 种：分类浏览式检索、普通检索、高级检索、专业检索和地图检索。

（1）分类浏览："中国近代图书全文数据库（1840—1949）"收录图书均按照中国图书馆图书分类法标引图书。点击本数据库主页检索框下"分类浏览"进入分类浏览页面。分类浏览页面分为两栏，左栏是图书分类目录，可勾选 A-Z 各个类别，逐级点击可打开各级目录；右侧即显示相应类别书目，点击可查看书目详情（图 4-10）。

图 4-10

（2）普通检索："中国近代图书全文数据库（1840—1949）"主页的检索框键入书目的题名、作者、出版地、出版社、出版年、主题词，即可快速进行书目检索。

（3）高级检索：在任何检索结果页面上方，检索框右侧可见"高级检索"入口。点击"高级检索"进入页面。高级检索提供 7 个检索字段：题名、作者、主题词、出版地、出版社、发行制作机构、出版年，可同时多字段组合精准检索，也可用全字段检索。例如：检索杨鸿烈在上海商务印书馆出版的《中国法律发达史》，检索结果页面有两条书目，无全文阅读入口(图 4-11)。

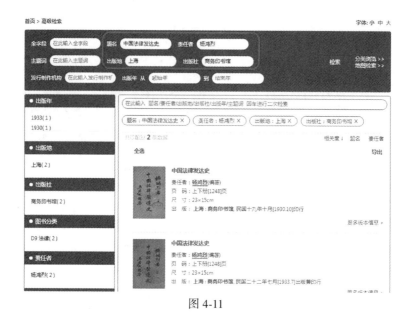

图 4-11

目前不是每本书都有全文,杨鸿烈的《史学通论》可阅读全文,可单页下载(图 4-12)。

图 4-12

点击阅读页面上方工具条上左起第一个内有 D 字母的红色小方块,可以在线查字词典(图 4-13)。

图 4-13

（4）专业检索：检索需求较复杂，通过简单检索或高级检索的输入框不太容易表达清楚，我们建议您采用高级检索的检索式进行表达，直接输入检索式。因为检索式通过优先级算符、布尔逻辑算符及通配符的组配和运算能更全面、准确地表达您的检索要求。

专业检索页面检索框上方，列有各个子数据库的检索字段。例如：检索民国时期，杨鸿烈在商务印书馆出版的所有图书，检索式编写为：

CBJG：商务出版社 AND ZRZ：杨鸿烈（图 4-14）

图 4-14

（5）地图检索：点击"地图检索"，进入地图检索页面。例如：检索杨鸿烈民国时期在东南区域出版的图书。在检索框中输入"杨鸿烈"，点击"鼠标绘制多边形进行检索"按钮，然后框选地图，双击完成绘制后将检索书目信息(图 4-15)。

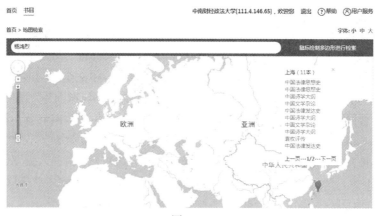

图 4-15

2. 民国时期期刊全文数据库(1911—1949 年)

预计收录民国时期出版的 2500 余种期刊，近 1000 万篇文献。目前已收录近 2.1 万余种期刊，900 万余篇文献。检索方式与图书库基本相同。

3. 字林洋行中英文报纸全文数据库(1850—1951 年)

字林洋行是 19 世纪英商在上海创办的最主要的新闻出版机构，也是当时英商在华最大的报业印刷出版集团。本数据库收录有字林洋行的北华捷报、字林西报、字林西报行名录、上海新报、沪报、消闲报、汉报共约 55 万版，其中北华捷报、字林西报是中国近代出版时间最长、发行量最大、最具影响力的英文报纸，被称为中国近代的"泰晤士报"。检索方式与图书库基本相同。

4. 中国近代中文报纸全文数据库中《新闻报》(1893—1949 年)

收录了上海图书馆该报的完整珍稀馆藏近 40 万版。收录有著名报刊，例如：《时报》(1904—1939 年)，1904 年 6 月 12 日《时报》在上海创刊，梁启超撰写《时报发刊辞》。《时报》与《新闻报》《申报》鼎足而立。该报刊行 35 载，直至 1939 年才停刊。检索方式与图书库基本相同。

(三)民国文献其他付费数据库

1. 瀚堂近代报刊数据库 http://www.neohytung.com/

北京时代瀚堂科技有限公司的"瀚堂近代报刊数据库"收录从上海的《申报》，天津的《大公报》《益世报》到北京的《顺天时报》等 2.5 万种民国报纸期刊 5200 万余条记录、原报照相件加工入库共近 11 万帧。

检索方式分为分类检索，高级检索和日期检索：

(1)分类检索。检索主页左侧的收藏文献管理以"目录树"方式呈现，逐层点击展开，查阅文献(图 4-16)。

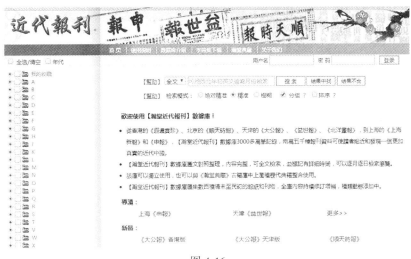

图 4-16

（2）高级检索。高级检索区（图 4-17）：

图 4-17

高级检索区的高级检索模式是组合检索模式。可以单独在检索框内输入检索式（字、词或者多个字词与布尔逻辑符组配）点击"搜索"进行检索，也可以将检索式与检索字段（即检索范围）和检索模式进行组合检索。无论是单独还是组合，都可以在检索结果页面选择"精确"检索模式，点击"结果中找"或"结果不含"进行二次结果优化。

系统提供 4 个检索字段即"检索范围"："全文""出处""标题"与"书目"。"标题"适合近代报刊中的新闻标题检索。"书目"字段独特一点，可以进行近代报刊入库刊目和版本信息检索，并在检索结果中选择或连续阅读。

（3）报刊期号检索：字段选择"全文"，检索框内输入报纸或期刊名称，空一格输入期号，然后点击检索，即可进入检索结果页面。例如检索框输入"申报 25600"检索结果页面呈现：《申报》第 25600 期，也是最后一期《申报》，点击期号内容可阅读。

（4）日期检索：字段选择"全文"，检索模式选择"精确"，检索框内输入报纸或期刊名称，空一格输入年月日期号，然后点击检索，即可进入检索结果页面。例如检索框输入"胡适 Mar 1949"，各关键词之间空一格，年代采用公元纪年，月份统一使用英文缩写。点击检索，检索结果页面即可呈现有关胡适 1949 年 3 月的文章。点击题名即可阅读文章。

检索模式包括"绝对精准""精准""模糊""分组""排序"五种。"绝对精准"检索系统不对检索式作任何转换处理。"精准"检索系统自动启动简繁体和常用异体字转换。"模糊"检索系统自动进行人工智能分词检索和简繁体、异体字自动转换。检索结果下面带有文字对应的原书影像缩图，点击缩图可以图文对照查验原书影像。"分组"，对所有结果进行年代分组。此功能尤其适合报纸内容检索结果的年代分布统计。"排序"功能特别适合检索结果小于 200 条记录，系统可按照年代先后进行排序，并优先输出带有全文 Fulltext 标记的文献。超过 200 条则不进行排序。

2. 大成故纸堆 www. dachengdata. com

2010 年 6 月成立的北京尚品大成数据技术有限公司推出的大成故纸堆是 7 个子库的集合：老旧刊、民国图书、近代报纸、古方志集、古籍文献、党史(—1949)、老照片。

老旧刊子库收录近代期刊 7000 多种 14 万多期老旧刊分为 21 学科专辑，收录法律期刊 84 种，如东吴大学的《法律杂志》、上海商务印书馆的《法政杂志》。

民国图书子库目前收录 5.2 万余种，其中政治法律图书 4000 多种。

近代报纸子库其收录近代报纸 48 种。

古方志集子库收录建国前方志 3400 多种，5 万多卷。

古籍文献子库收录古籍图书约 1.5 万多种，共 7 万多册。

党史(—1949)子库收录期刊 200 多种，约 1 万期。

老旧刊子库提供三种检索方法：分类浏览、快速检索和高级检索。

(1) 分类浏览：老旧刊子库的近代期刊类分为 21 大类，其中政治法律类收录 941 种期刊，细分为 12 子类，法律子类收录 84 种期刊。点击老旧刊子库主页排列的分列表中的政治法律类，即可进入政治法律类期刊检索结果页面，分两栏呈现，左栏是 12 子类列表，右栏是政治法律类期刊列表。点击 12 子类中的法律子类，右栏排列的即是 84 种法律期刊名录。点击刊名后，即可点选某期号阅读该期各篇论文。

(2) 快速检索：检索条件分为两大类："按篇检索""按刊检索"。点选"按篇检索"则一个或多个检索词与三个字段"题名""作者""刊名"之一组配检索；点选"按刊检索"则一个或多个检索词与四个字段"刊名""年代""创刊地""出版者"之一组配检索。

(3) 高级检索：快速检索式的多次布尔逻辑表格式组合检索(图 4-18)。

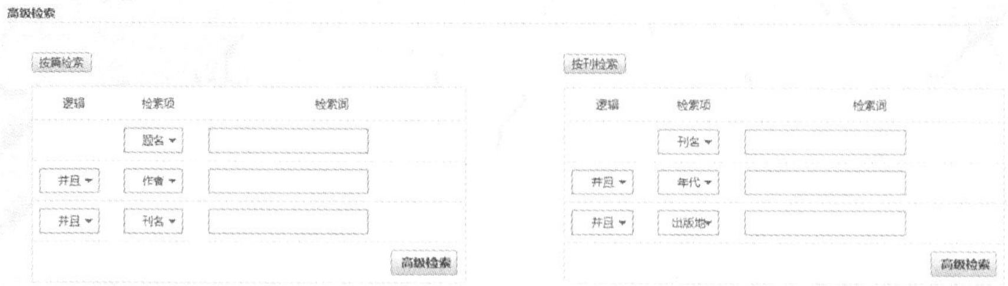

图 4-18

其他子库检索方法大同小异。

3. CADAL http：//www. cadal. cn

CADAL(China Academic Digital Associative Library 大学数字图书馆国际合作计划，浙江大学联合国内外的高等院校、科研机构共同承担)CADAL 数据库向项目成员单位免费提供全文服务。截至 2021 年 4 月，CADAL 民国图书子库收录 176326 册民国图书。民国期刊子库收录 155165 期民国期刊(图 4-19)。

图 4-19

(1)民国图书检索：系统提供 5 个条件(全部、名称、作者、馆藏单位和出版时间)与检索词组配检索。图书只能借阅不能下载。在检索结果页面直接点击图书章节标引文字，可查询、浏览原始书影(图 4-20)。

图 4-20

(2)民国期刊检索：检索方式同民国图书子库(图 4-21)。

图 4-21

4. 瀚文民国书库 http：//www. hwshu. com

北京瀚文典藏文化有限公司的民国图书全文数据库，收录自 1900—1949 年近 50 年间出版的图书，共约 8 万余种 12 万余册，含民国时期各类学术图书 10194 种 11060 册、翻译文献 3342 种 3675 册、海外文献 710 种 967 册。采用三级分类体系，13 个一级类目(哲学宗教、社会科学、政治、法律、军事、经济、文化艺术、教育、语言文字、文学、历史地理、科学与技术、综合性图书)81 个二级类目 498 个三级类目。

检索方式分为以下几种：

(1)书目检索：多字段(题名、作者、目次、学科分类)与检索词组配检索。

(2)全文检索：多字段(书名、作者、出版社、出版时间、学科分类、章节目录)与最多 3 个关键词词组配检索。全文阅读还可阅读全文原版书影。注册检索者可每天下载不超过 50 页的图书，所有下载页面自动生成 PDF 文档至指定位置(图 4-22)。

图 4-22

（3）高级检索：点击"高级检索"按钮进入高级检索页面。多字段（书名、作者、摘要、目录、出版社）选择其一与检索词组配，再进行单次或多次布尔逻辑连接（也可不连接），可点选精确与模糊之一然后点击检索，进入检索结果页面（图 4-23）。

图 4-23

5. 典海民国图书资源平台 http：//www. dianhai. com

中国出版社集团公司下属公司典海集团数字传媒有限公司推出的"典海民国图书资源平台"，收录民国年间出版的各类图书 10 万余种其中收录法律 6368 种，以《中国图书馆图书分类法》为参照，分 20 个专辑。收录范围包括中国大陆及港澳台地区公共、学校、科研机构图书馆及博物馆等所藏民国图书文献。基本汇集了民国时期的科研成果，有写抄本、刻印本、排印本、影印本等类型图书文献（图 4-24）。

图 4-24

6. 民国电子资源数据库

民国电子资源数据库，由成立于 2007 年的常州维库数字技术有限公司出版，收录民国 38 年间文献总计超过 20 万种。民国时期（1911 年民国元年—1949 年民国 38 年）是中国从古代社会向现代社会过渡的历史时期，其间曾先后出现过多个性质迥异、对峙并存的政权。它们在其存续期间制定颁布了大量法律、法规和规范性文件。这些法律文献从不同的角度反映了当时的政治、经济、军事、外交、文化等诸多方面的历史原貌，其中不乏珍贵的历史文献，维库收录客观反映了这一历史时期的社会真实，与当前的现实有着最为密切的关联，具有很高的研究利用价值的重要权威文献源 8568 篇。维库民国电子资源影像全文提供互联网和本地镜像两种服务，数据库阅读器使用 DJVU6.0 以上中文版本。首次使用需要下载并安装 DJVU 阅读插件。

检索方式有以下 3 种：

(1)分类浏览：分类按照总部、哲学部、宗教部、社会科学部、自然科学部、文学部、史地部等学科大类浏览。在主页点击"分类浏览"，相关资源就会按类别列出。然后浏览页面文献前的方框里勾选。

(2)快速检索：快速检索方式下，在检索框里输入检索词，选择检索范围，然后点击检索，进入检索结果页面，针对检索结果还可以进行二次检索。

(3)高级检索：维库资源库以民国图书出版时间排序，提供字段检索和多条件限定组合的高级检索。可在书名、作者、关键字、出版机构和描述等字段里检索或将这些字段逻辑组合进行检索，针对检索结果还可以进行二次检索。

7. 睿则恩近代报刊数据库 http：//bk. reasonlib. com/，民国图书数据库 http：//ts. reasonlib. com/

上海睿则恩信息技术有限公司成立于 2009 年，近代报刊收录 12000 余种，22 万多期。如《东方杂志》《申报》等民国时期著名报刊均有收录。

8. 青苹果华文报刊数据库 http：//www. huawenku. cn 子库《申报》全文数据库

湖南青苹果数据中心于 1992 年成立，其《华文报刊文献数据库》(简称华文库)收录清嘉庆年间至今近 200 年间 4000 种报刊中精选的 400 种(近代 200 种、现代 200 种)，其中《申报》是一个独特的子库。

《申报》1872 年 4 月 30 日创刊至 1949 年 5 月 27 日停刊，完整收录本报上海版 26847 期、汉口版 489 期、香港版 198 期，总计 27534 期，共约 42 万版。记录了 1872—1949 年近 80 年间政治、军事、经济、文化、社会各方面情况，被誉为"中国近现代史百科全书"，是近代报刊史上最长、影响最大的中文报纸之一，具有很高的文献学价值。

9. 中国教育图书进出口有限公司和得泓咨询有限公司《大公报》1902—1949 年 http：//tk. cepiec. com. cn

《大公报：1902—1949》全文检索数据库由中国国家图书馆提供原始图档，中国教育图书进出口有限公司、得泓咨询有限公司联合开发。《大公报》于 1902 年在天津创办，有天津、上海、重庆、汉口、桂林、香港及大公晚报等不同版本 200 万篇以上，高清全版版面 20 万幅，是目前《大公报》版本收集整理最为完整全面的数据库。可为文学、史学、新闻学、语言学及古籍研究等提供文献学支持。

数据库提供通用检索和进阶检索两种检索方式，支持 and/or/not 逻辑检索，可组配字段：全文、主题、作者、摘要等，还可以选择图表、专栏、版名、期号、日期、报别等多种信息进行高效精准组合检索。

10. ProQuest 近现代中国英文报纸数据库 http：//search. proquest. com

ProQuest 的近现代中国英文报纸数据库收录 1832—1953 年 120 年间的 12 份近代中国英文报纸。《中国丛报》The Chinese Repository 1832—1851、《华北捷报》The North-China Herald 1850—1941、《教务杂志》The Chinese Recorder 1868—1940、《上海泰晤士报》The Shanghai Times 1914—1912、《北京日报》Peking Daily News 1914—1917、《京报》Peking Gazette 1915—1917、《密勒士评论报》The China Weekly Review 1917—1953、《北京导报》Peking Leader 1918—1919、《上海新报》The Shanghai Gazette 1919—1921、《广州时报》The Canton Times 1919—1920、《大陆报》The China Press 1925—1938、《中国评论周边》The China Critic 1939—1946。这里可以从另一个视角看当时的中国。

11. 台湾地区得泓中国近代报刊数据库

"中国近代报刊数据库"是台湾地区得泓公司推出的大型近代史报刊研究数据库，目前推出《申报》《中央日报》以及日据时期在台湾地区发行的《台湾时报》《台湾日日新报》和《台湾民报》5 种报纸。

12. 爱如生中国近代报刊库和民国图书库

北京爱如生数字化技术研究中心研制的"中国近代报刊库"是收录晚清和民国期间报刊类出版物的综合性大型数据库。该库精选 3000 余种 1833—1949 年出版的报纸和期刊，目前已推出第 1、2 辑晚清民国期刊共 200 种 1.1 万期，第 3 辑为报纸，推出《申报》。

13. 台湾文献汇刊

由九州岛出版社和厦门大学出版社联合出版，广泛收集大陆图书馆、档案馆及民间保存之台湾历史文献资料 600 余部，约 1 亿字。记载内容涵盖明清及民国初期之私人著述及地方志书，结合闽台的古籍、档案数据、族谱、民间文件和契约四部分共同组成七辑，100 册；并有《台湾文献丛刊》中所未能收录的古籍，含大量孤本、稿本甚至珍本。

(四)民国文献其他免费纸本服务图书馆和网站

1. "杂·书馆"藏"民国文献"提供近 20 万种纸本阅读
2. 哈佛燕京图书馆藏民国时期文献 Chinese Republican Period（1911—1949）Collection
3. 莫里士中国老照片 Hedda Morrison Photographs of China，1933—1946

http：//hcl. harvard. edu/libraries/harvard-yenching/collections/morrison/

4. 粤港澳古籍民国文献网上资源共享平台

http：//www. zslib. com. cn/jingtaiyemian/yga/nav. html

5. 无锡夜书房图书有限公司的古籍网民国文献目录 www. bookinlife. net/gallery-6. html

二、民国法律法规的检索

对民国的某项典章制度或法律法规的专深研究，就必须熟悉这一时期的相关文献（如上文所述）。收录法律法规最全面是《临时公报》《政府公报》《司法公报》。

目前检索利用民国法律法规文献，最为有效的方法是以纸本检索工具为主，结合电子检索工具进行。

检索实例：《法商研究》1999 年第 2 期上刊载有中南财经政法大学法学院武乾老师的一篇题名《论北洋政府的文官制度》的文章。这一命题的关键词有两个，第一是"文官制度"，其次是"北洋政府"。武乾老师在文中提到 1915 年 9 月 30 日公布实施《文官高等考试令》《文官普通考试令》《文官高等考试典试令》《文官普通考试典试令》。"北洋政府"既是时间限定又是主体限定，中心关键词是"文官制度"。

检索这四"令"：

1. 利用纸质北洋政府时期的中央政府公报

北洋政府时期的中央政府公报现今存世较少，但尚完整。这一时期的中央政府公报分为《临时公报》《政府公报》两种。

《临时公报》（1912 年 2 月—1912 年 4 月）是袁政府于清帝退位后将清《内阁公报》改出的政府公报共出 66 号（期）。1912 年 5 月更名为《政府公报》。

《政府公报》（1912 年 5 月—1928 年 6 月）大多按日刊行，总数为 5663 号。1912 年 5 月 1 日至 1915 年底刊行 1310 号，1916 年 1 月 1 日—1928 年 6 月中旬连续刊行 4353 号。刊行当时的政府公文，包括政令文告、法律、案例、中央任免文件、各部咨函、会议记录等。

现在可以查询的纸本书目有 1988 年上海书店出版，中国第二历史档案馆编辑的纸本《北洋政府公报（1912—1928）》。此书没有整理法律法规的篇名索引，只能利用公报本身的文本目录顺序，此四"令"之《文官高等考试令》位于 1915 年政府公报命令栏之教令第四十九号。"十月一日第一千二百二十一号　五"。"五"即第 5 页（图 4-25）。

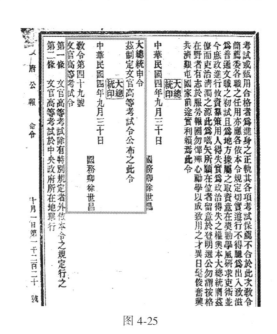

图 4-25

教令第五十四号《文官普通考试令》第"三十"页；教令第五十五号教令《文官高等考试

典试令》第"三十二"页；第五十六号《文官普通考试典试令》在"三十三"页。每令之前均有大总统申令，大总统申令附有"大总统印"和国务卿副署。

2. 检索国家图书馆或者各个省图书馆的馆藏目录(OPAC)获得纸本图书或期刊文献的线索。

示例：在国家图书馆网站检索民国时期的"政府公报"。

(1)进入国家图书馆 http：//www. nlc. cn/(图 4-26)。

图 4-26

(2)点击"馆藏目录检索"，字段选择"正题名"，检索框中键入"政府公报"(图 4-27)。

图 4-27

（3）点击检索框右侧的"更多选择"（图4-28）。

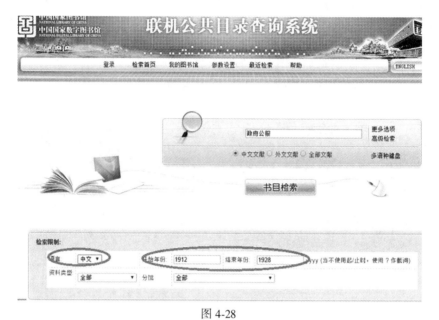

图 4-28

（4）在"检索限制"中，对语言和时间进行限定，然后点击"书目检索"按钮（图4-29）。

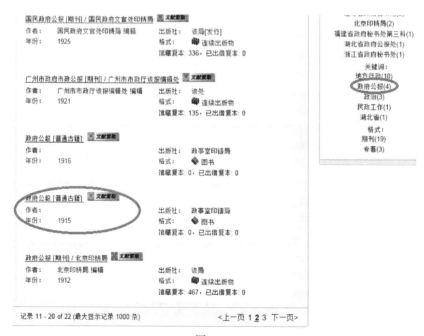

图 4-29

（5）点击1915年的政府公报，可见是合刊为书，然后就可以申请文献传递服务了（图4-30）。

图 4-30

3. 检索中国国家数字图书馆 http：//mylib. nlc. cn/web/guest/home

阅读图书或期刊文献的电子版本，或者获取线索，目前国家数字图书馆"民国时期文献"收录法律法规判例文献 8113 种（图 4-31）。

图 4-31

示例：在线阅读民国文献："文官高等考试令"。

（1）点击"电子图书"选项中的"民国法律"按钮，在篇名字段中键入"文官高等考试令"（图4-32）。

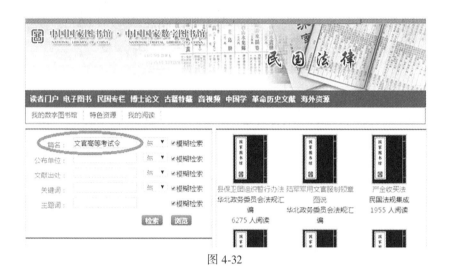

图4-32

（2）点击"检索"按钮（图4-33）。

图4-33

（3）点击书名（图4-34）。

图 4-34

(4)点击"在线阅读"可阅读电子版本(必须是注册用户，且需登录)(图 4-35)。

图 4-35

二、准权威性民国法学文献检索

(一)远东国际军事法庭审判集及相关文献

1."东京审判资源库"专题网站 http：//mylib.nlc.cn/web/guest/djsp 检索步骤

（1）键入网址，进入东京审判网络资源库（图4-36）。

图 4-36

（2）点击"进入"按钮进入主页，例如：在"判决书"项下点击"中文判决书"，结果页面呈现判决书的出版信息、提要和简目（图4-37~图4-38）。

图 4-37

图 4-38

（3）点击"开始阅读"进入阅读页面（图 4-39）。

图 4-39

2015 年 8 月 14 日，"东京审判资源库"在国家图书馆官方网站特色资源中正式上线东京审判指 1946 年 1 月 19 日—1948 年 11 月 12 日，在日本东京对第二次世界大战中日本首要战犯的国际审判。2011 年起，国家图书馆与上海交通大学合作建立东京审判研究中心，搜集、整理、研究东京审判相关文献史料，建设了"东京审判资源库"，包括庭审记录、人物介绍、证据文献、判决书、影像记录等 8 个子库，对于了解真实的历史，并以史为鉴、面向未来具有重要的意义。内容包括国家图书馆近年来从海外征集到馆的东京审判庭审记录 4.9 万页，中英文判决书各 1200 页，证词、证据文件 4949 份，庭审现场历史照片

384 张等。

远东国际军事法庭审判，又称"东京审判"，是世界反法西斯联盟各国依据《波茨坦公告》，对日本甲级战犯进行的一次国际军事审判。审判由中国、苏联、美国、英国、法国等 11 国提名的 11 名法官组成远东国际军事法庭，自 1946 年 5 月 3 日开始，至 1948 年 11 月宣判终结，期间共开庭 818 次，出庭作证证人达 419 人，出示法庭证据 4336 件，庭审记录长达 49000 页，判决书长达 1213 页。经过审判，法庭确认了日本侵略战争的犯罪性质，裁定了日本的战争责任，对 26 名甲级战犯做出了有罪判决。2011 年，在文化部、财政部的大力支持下，国家图书馆牵头策划并启动实施了"民国时期文献保护计划"，全面开展民国时期文献的抢救与保护工作，其中文献整理出版是推动民国时期文献保护工作的重要助力。自 2013 年面向全国组织申报民国时期文献出版项目以来，截至目前，已立项 120 项，已完成 66 项，形成民国时期文献资料丛编，对日战犯审判文献资料丛刊，民国时期珍稀档案、日记、手札文献，抗日战争文献史料丛编，革命历史文献资料丛编以及目录、图录、索引等 6 大系列；成功推出了《远东国际军事法庭庭审记录》，共 80 册，内容包括远东国际军事法庭成立、立证准备、检方立证、辩方立证、检方反驳立证、辩方再反驳立证、检方最终论告、辩方最终辩论、检方回答、法庭判决的全过程。《远东国际军事法庭庭审记录》对于研究国际法、近代史、国际关系史研究者，具有重要的档案文献价值与现实意义。

70 册规模的《国际检察局讯问记录》是国家图书馆和上海交通大学合作整理出版的东京审判系列文献取得的又一重要成果，根据美国国家档案馆所藏关于远东国际军事法庭审判的国际检察局文书整理汇编而成，包括人物、事件、团体等 470 个案件。本书作为《远东国际军事法庭庭审记录》和《远东国际军事法庭证据文献集成》的有力补充，是揭露日本在"二战"期间的战争暴行的又一铁证，对披露历史真相，以及东京审判、中日战争史、日本侵华史等专题研究，均具有极高的档案文献价值。

(二)近十年国家图书馆出版的法律档案文献

自 2013 年起，国家图书馆面向全国组织申报民国时期文献出版项目，经过三年的努力，这项工作已取得了明显的成效。2013—2015 年，共立项 91 项，5497 册。目前已出版 50 项，共 2960 册，并在实践中逐步形成了民国时期文献资料丛编，对日战犯审判文献资料丛刊，民国时期珍稀档案、日记、手札文献，抗日战争文献史料丛编，革命历史文献资料丛编以及目录、图录、索引等 6 大系列。例如：

《民国江苏司法档案辑录》《华南抗战史料汇编》《抗战时期英国驻华大使馆档案资料汇编》。

(三)其他公共图书馆馆藏民国法律检索文献出版

《汪伪政府公报汇刊》、重庆图书馆《重庆图书馆藏〈刘赞廷藏稿〉》、浙江图书馆《民国浙江续通志稿》、江西省图书馆《江西省政府公报》等。

三、民国法学学术文献检索

(一)专著检索

借助《民国时期总书目·法学卷》和各个藏书机构的纸本馆藏目录或者 OPAC 进行专著检索。

示例：在国家图书馆网页检索瞿同祖的著作。具体操作为：

(1)在中国国家数字图书馆主页，点击"民国时期文献"进入民国时期文献检索页面。"民国时期文献"分列"民国图书""民国法律""民国期刊""民国报纸"。进入检索页面，可查书目信息，部分有全文免费阅读，不能下载(图 4-40)。

图 4-40

(2)在检索区"责任者"后的检索框键入"瞿同祖"，然后点击灰色的"检索"按钮，进入检索结果页面(图 4-41)。

图 4-41

（3）结果页面显示检索到一本瞿同祖的著作《中国法律与中国社会》。点击《中国法律与中国社会》封面图片，获得此书的基本出版信息和提要（图 4-42）。

图 4-42

（二）期刊报纸学术论文检索

各个民国时期文献网站和数据库都提供民国时期报纸与期刊的检索，检索方式参见本节前述内容。以下以检索中国国家数字图书馆网站（http：//read. nlc. cn/user/index）民国时期报纸与期刊文献为示例。

中国国家数字图书馆推广工程是重大文化惠民工程，在国内率先开展馆藏民国报纸与期刊资源库建设，提供免费民国报纸检索和阅览服务。

1. 期刊学术论文检索

民国期刊 http：//read. nlc. cn/user/index。

（1）进入中国国家数字图书馆主页，点击主页下半部的特色资源栏目下"民国时期文献"进入民国时期文献检索页面。在快速检索框中输入期刊名称，或者高级检索方式下，点选题名字段，并且检索框中输入期刊或报纸名称，点击检索，即可查阅题录信息。

（2）点击"民国期刊"右栏"更多"按钮，进入民国期刊浏览页面，点击期刊名查阅期刊题录信息。目前收录 4597 种期刊。暂无全文。

2. 报纸文章检索

民国报纸 http：//read. nlc. cn/user/index。

（1）进入中国国家数字图书馆后，在主页下半部的特色资源栏目下"民国时期文献"，点击"民国报纸"右栏"更多"按钮，进入民国报纸检索页面。目前收录有《益世报》《华北日报》《新华日报》和《大刚报》4 种报纸。点击报纸名称即可查阅期刊题录信息。并可阅读全文(图4-43)。

图 4-43

(2)点击图4-43中"在线阅读"按钮,即可进入有报纸版式的阅读页面(图4-44)。

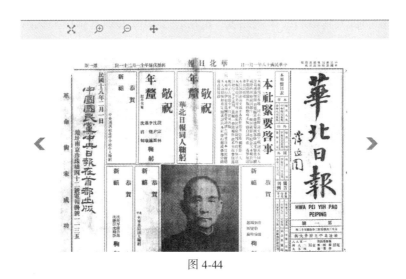

图 4-44

第五章　中华人民共和国成立后法学文献概况

约三代人的心血使得互联网被打造成了人类智慧的总汇。互联网时代之前的研究和独立思考能力如果不接受互联网将难以为继。现今人类对数字化的依赖如此普遍，使得地球村落化，但无论数字化多么普及，现今的学术研究还是以出版物为基础和依托，这就是当代法学研究的文献环境。

本章当代法学文献指称中华人民共和国成立来大陆地区出版的法学类文献，不包括港澳台三个法域生成的法律文献。

中华人民共和国成立后的法学文献依据法学研究者检索与利用文献的习惯，可分为权威性法学文献、准权威性法学文献、法学论著论文文献、工具性法学文献四类。

第一节　中华人民共和国成立后法学权威及准权威文献

从文献生成源的角度来说，权威性当代法学文献指称中央和各级地方立法机关以及获得立法机关授权的机关制定的，失效和现行的法律法规以及规章制度类文献。而准权威性当代法学文献仅指案例。

一、权当代威法学文献

从权威性文献群分布的地点来说，这类文献的纸本分散在五大国家法制系统（各级立法机关、各级行政机关、各级检察机关、各级公安机关、各级司法机关）中的文献收藏机构，公共图书馆和高校图书馆等文献收藏机构，以及个人收藏者手中。收藏机构的纸本文献通常只对相对人开放。但是文献书目信息可以通过文献收藏机构的"联机公共目录查询系统"自由获取。电子文本有多种网站和多个数据库可以获取。

中华人民共和国成立后颁布的第一部法律是由中央人民政府委员会制定、于1950年5月1日公布实行的《中华人民共和国婚姻法》。而较大范围的立法活动是1954年9月15日至28日召开的第一届全国人民代表大会，这次大会通过了《中华人民共和国宪法》以及其他五部组织法。①

---

① 1931年11月第一次全国苏维埃代表大会上，通过了《中华苏维埃共和国宪法大纲》，规定当时的"苏维埃政权"主要分为权力机关和行政机关两部分。权力机关是全国苏维埃代表大会，也就是立法机关，闭会期间是中央执行委员会；行政机关是人民委员会，设有外交、劳动、土地、军政、财政、国民经济等委员会。当时的立法有《处理反革命案件和建立司法机关的暂行条例》《关于镇压内部反革命问题》《中华苏维埃共和国惩治反革命条例》《中华苏维埃共和国土地法》等。

截至 2021 年 5 月 26 日，在全国人大官网可检索到我国现有有效宪法及其修正案 7 件、人大立法法律 353 件、行政法规及文件 659 件、地方性法规 15582 件、司法解释及文件 651 件。① 共计近 17400 件现行有效的法律法规及规章等权威性法学文献。

我国参加的公约 101 件，条约 14 件、双边条约 208 件。

法律法规的引注规范，遵循 2015 年修订的《中华人民共和国立法法》和 2015 年的 GB/T 7714-2015《信息与文献 参考文献著录规则》。例如，引用 2015 年《中华人民共和国立法法》，一条完整的引注信息应有如下格式：

中华人民共和国全国人民代表大会．中华人民共和国立法法［J/OL］．中华人民共和国全国人民代表大会常务委员会公报，2015（2）：169［2017-09-09］．http：//www.npc.gov.cn/wxzl/gongbao/site161/20150616/fc4dd4f775c816ea23c001.pdf.

2015 年修订的《中华人民共和国立法法》有关引注标准文本的立法规定：

第五十八条 签署公布法律的主席令载明该法律的制定机关、通过和施行日期。

法律签署公布后，及时在全国人民代表大会常务委员会公报和中国人大网以及在全国范围内发行的报纸上刊载。

在常务委员会公报上刊登的法律文本为标准文本。

第七十一条 行政法规签署公布后，及时在国务院公报和中国政府法制信息网以及在全国范围内发行的报纸上刊载。

在国务院公报上刊登的行政法规文本为标准文本。

第七十九条 地方性法规、自治区的自治条例和单行条例公布后，及时在本级人民代表大会常务委员会公报和中国人大网、本地方人民代表大会网站以及在本行政区域范围内发行的报纸上刊载。

在常务委员会公报上刊登的地方性法规、自治条例和单行条例文本为标准文本。

第八十六条 部门规章签署公布后，及时在国务院公报或者部门公报和中国政府法制信息网以及在全国范围内发行的报纸上刊载。

地方政府规章签署公布后，及时在本级人民政府公报和中国政府法制信息网以及在本行政区域范围内发行的报纸上刊载。

在国务院公报或者部门公报和地方人民政府公报上刊登的规章文本为标准文本。

2. 当代准权威法学文献

1949—2016 年最高人民法院工作报告的最高人民法院和全国地方各级人民法院结案数据（表 5-1）：

① 国家法律法规数据库［EB/OL］．［2021-05-26］．https：//flk.npc.gov.cn/index.html.

表 5-1 　　　　　　　　　　　　**1949—2016 全国人民法院结案数据表**

年	最高院结案数	地方各级法院结案数	合计	报告人
1949—1956		刑事案件 560 万余例，民事案件 727 万余例	1287 万①	
1957—1966		刑事案件 582 万余例，民事案件 608 万余例	1190 万例②	
1966—1976		刑事案件 145 万余例，民事案件 182 万余例	327 万例③	
1977				
1978—1982		222.8 万例刑案 264.8 万例民案	487. 万例	江华
1983		74 万例民案 4.4 万例经济案④	78.4 万例	郑天翔
1984⑤		80 万例民案 8.57 万例经济案	88.57 万例	
1985		110.2 万刑案(3 年数) 84.6 万民案 22.66 万经济案	217.46 万例	
1986⑥		29.8 万刑案 98.9 万民案 32.2 万经济	160.9 万例	
1987		29.2 万刑案 119.65 万民案 36.6 万经济案件	185.45 万例	
1988		31.3 万刑案 145.5 万民案 246 涉台案件 51.36 万经济案件	474.16 万例	任建新

---

① 数说人民法院审判工作 60 年［EB/OL］. ［2017-09-02］. http：//www. court. gov. cn/fabu-xiangqing-119. html.

② 数说人民法院审判工作 60 年［EB/OL］. ［2017-09-02］. http：//www. court. gov. cn/fabu-xiangqing-119. html.

③ 数说人民法院审判工作 60 年［EB/OL］. ［2017-09-02］. http：//www. court. gov. cn/fabu-xiangqing-119. html.

④ 1983 年全国各地普遍设立经济审判庭。

⑤ 1984 年全国人大常委会决定设立海事法院，1984—1988 年共审结 1454 件海事案件。

⑥ 1986 年各地行政审判庭建立，1986—1988 年共审结 14513 件行政案件。

续表

年	最高院结案数	地方各级法院结案数	合计	报告人
1989		39.25 万刑、181.53 万民、69.5 万经、725 海事	2913515 例	
1991		42.76 万刑、191 万民（含涉外 1055 和港澳台 1348）、58.71 万经、910 海事海商、25667 行政	2950880 例	
1988—1992		刑 2016357、 民 8951833、 经 3016608、 行政 84305、海事 4652、涉外 6186、 涉港澳 9264、涉台 1140	1556 万例	
1993①		刑 40.3 万、民 208.9 万、经 89.44 万、海事 1830、行政 27911	3406467 例	
1994②		刑 48.3 万、民 238.2 万、行政 34567、海事 2139、涉外涉港澳台 6353 例	3943095 例	
1995③		刑 49.6、民 271.85、经 127.88、涉外（含港澳台及海事）6619、行政 51370、国家赔偿 197 例	454.6 万例	
1996		刑 572008、民 3083388、经 1500647、海事 3648、涉外 3287、港澳台 3851、行政 79527 例	5764619 例	
1993—1997		刑 2437426、 民 13515156、 经 6168398、海事 14790、涉外 19074、港澳台 17368、 行政 281974 例	22417744 例	
1998—2002	20293	刑 283 万、民 2362 万、经 67 万、行政 464689、国家赔偿 11321	2960 万例	肖扬
2003—2007	20451		3178.5 万例	
2008	10553		1071.1 万例	
2009	13318		1137 万例	
2010	12086		11700263 例	

---

① 1993 年中央部署反腐。

② 1994 年由历年的七类典型刑案：杀人、涉黄、抢劫、爆炸、绑架、流氓和涉黑，增加了三类：贩毒、拐卖妇女儿童、走私文物。

③ 1995 增加了涉枪犯罪。1995 年 1 月 1 日国家赔偿法实施。

续表

年	最高院结案数	地方各级法院结案数	合计	报告人
2008—2012	50773	刑 414.1 万、商事 1630.7、涉外及海事 10.6 万、涉港澳台 6.5 万、民 1474.9 例	5610.5 万例	王胜俊
2013	11016		1421.7 万例	周强
2014	11210		1565.1 万例①	
2015	15985		1951.1 万例	
2016	22742		2303 万例	

　　由表 5-2 可知 60 多年总计 26505.4044 万例。26505.4044 万案例中，约 8% 已经公开：最高人民法院公布了（2017 年年初可以检索并阅读判决书全文）3300 多万例（33027072例）。数据由以下几项构成：最高人民法院裁判文书上载 11302 例、最高人民法院公报过刊裁判文书选登 301 例、典型案例 76 例、指导性案例 96 例；最高人民法院中国裁判文书网公开 32975556 例（刑事文书 5186024 篇民事文书 20465995 篇行政文书 1094509 篇赔偿文书 26677 篇执行文书 6080341 篇）；最高人民法院中国司法案例网②案例库 38836 例、2013—2017 年推选案例 614 例以及大数据案例 195 例，全部指导性案例 96 例（民法 33 例、刑法 29 例、行政法 8 例、经济法 7 例、商法 4 例）。只有"中国裁判文书网"和"中国司法案例网"的案例文献具有检索功能（检索示例见下章），其他的只能分类浏览。

表 5-2　　　　　　　　　　　五年与十年人民法院审结案统计表

时间	五年人民法院审结案总数	十年人民法院审结案总数
1978—1982 年	487 万例	1213.78 万例
1983—1987 年	726.78 万例	
1988—1992 年	1556 万例	3797.7244 万例
1993—1997 年	2241.7244 万例	
1998—2002 年	2960 万例	6138.5 万例
2003—2007 年	3178.5 万例	
2008—2012 年	5610.5 万例	12851.4 万例
2013—2016 年	7240.9 万例	

---

　　①　2015 年 2 月底裁判文书网上线，各类案例 629.4 万件，其中最高院 7993 件。
　　②　2016 年 9 月最高人民法院司法案例研究院成立，以"互联网+司法案例"模式开创案例研究，该网即为司法案例研究院的研究成果平台，发布研究院的案例研究成果。

第二节　中华人民共和国成立后法学学术文献

法学学术文献主要指称法学专著和论文，论文以期刊论文为常见形式，此外论文还有会议论文、学位论文和项目报告等等形式。其载体形式大多是纸质版图书和期刊，同时又有电子版。

一、中华人民共和国成立后的法学图书

1949 年 2 月中共中央的《关于废除国民党的六法全书与确立解放区司法原则的指示》宣告："国民党的六法全书应该废除，人民的司法工作……以人民的新的法律为依据。"宣布国民政府的法律制度不适用于解放区。中华人民共和国的法律以 1954 年的《中华人民共和国宪法》为核心，加上一些条例、规则，主要是党和政府的政策，逐步形成了最初的法律制度。法学教学与研究就此展开，形成的法学图书型文献从数量上说已经小有规模，1949—1965 年出版了 605 种法学著作(含翻译文献—基本是苏联的法学著作和教材)。[①]

法学文献的再次起步是从 1978 年至 20 世纪 80 年代末。这一时期，政治法学文献的总量约为 15695 种，法学约为 1/3，不过几千种，年均几百种。这一时期的文献处于"法学幼稚"期，这一点法律学人有清醒的认识。但是有些部门法文献却在这一时期产生并开疆拓土，如商法、环境与资源保护法。

20 世纪 90 年代开始中国法学文献逐渐发展并进入了繁荣期，直至今日。

图书的数量在时间上的分布：

到 2015 年，大陆出版图书 6646461 种。

自 1949—1990 年，40 年间大陆出版图书 100 多万种(1027153 种)；1991—2000 年大陆出版图书 100 多万种(1132480 种)；2001—2005 年大陆出版图书近 100 万种(946646 种)；2006—2015 年平均每 3 年大陆出版图书 100 多万种(共计 3540182 种)。2006—2015 年大陆出版的政法类图书 150893 种，约占总出版量的 4.26%。2017 年 17256 种，其中新版 13002 种，重印 5254 种。2018 年 18972 种，其中新版 13501 种、重印 5471 种(表 5-3)。

---

① 数据来源《全国总书目》1949—1965 年；张晋藩. 综论百年法学与法制中国[M]//张晋藩文选. 中华书局，2007：752.

表 5-3　　　　　　**2006—2015 年全国图书出版种数与政法类图书出版种数①**

年代	2006	2007	2008	2009	2010	2011	2012	2013	2014	2015
出版总数	233971	248283	275668	301719	328387	369523	414005	444427	448431	475768
政法总数	10989	11968	13306	13730	13903	15669	16791	17481	18005	19051

在数量如此庞大的图书中，一批批优秀的图书脱颖而出，其中法学类优秀的有：倪正茂著《法哲学经纬》(上海社会科学院出版，获第三届国家图书奖提名奖)；沈宗灵著《比较法研究》(北京大学出版社出版，获第四届国家图书奖)；李浩培著《条约法概论》(法律出版社出版，获第一届国家图书奖)；高铭暄著《刑法学原理》(3 卷)(中国人民大学出版社出版，获第二届国家图书奖)；《比较刑法原理——外国刑法学总论》(武汉大学出版社出版，获第六届国家图书奖)；杨一凡等编著《中华人民共和国法制史》(修订本)(黑龙江人民出版社出版，获第四届国家图书奖提名奖)；王名扬编著《美国行政法》(中国法制出版社出版，获第三届国家图书奖提名奖)②。

二、中华人民共和国成立后的法学期刊

新闻出版总署 2000 年的《期刊出版管理规定》对期刊的定义："期刊又称杂志，是指有固定名称，用卷、期或者年、季、月顺序编号，按照一定周期出版的成册连续出版物。"③我国期刊管理的官方机构新闻出版管理部门至今没有就学术水平的高低为学术期刊划分过等级。

期刊的文献识别码，ISSN(International Standard Serial Number)是连续出版物(报纸、期刊、年鉴等)的国际标准刊号。不同国家、不同语言、不同机构的不同载体的连续出版物，统一使用 ISSN 编码系统。ISSN 的建立是为在信息控制、交换、检索时使用国际统一的、标准的、简明的、唯一的识别代码。

(一)中华人民共和国成立后期刊文献概况

中华人民共和国成立后期刊文献概况用出版数据来做说明最为一目了然(表 5-4)。

---

① 数据来源：1949—1999 年数据(张伯海．新中国期刊五十年[M]．中国出版史料第三卷(下册)，山东教育出版社、湖北教育出版社，226-227.)。2000—2012 年数据(中国新闻出版统计网，http：//www.ppsc.gov.cn/)。2013—2016 年数据(http：//www.gapp.gov.cn/news/1656.shtm)。

② 中国版本图书馆收藏代表性法学理论著作[EB/OL]．http：//www.capub.cn/bbgc/gccg/04/1414.shtml.

③ 2005 年《期刊出版管理规定》(中华人民共和国新闻出版总署第 31 号令) 第 2 条第 3 款。

表 5-4 **1949—2018 年全国期刊出版统计表①**

年份	总数（种）	年份	总数（种）	年份	总数（种）
1949	257	1972	194	1995	7583
1950	295	1973	320	1996	7916
1951	302	1974	382	1997	7918
1952	354	1975	476	1998	7999
1953	295	1976	542	1999	8187
1954	304	1977	628	2000	8725
1955	370	1978	930	2001	8889
1956	484	1979	1470	2002	9029
1957	634	1980	2191	2003	9074
1958	822	1981	2801	2004	8490
1959	851	1982	3100	2005	9468
1960	442	1983	3415	2006	9468
1961	410	1984	3907	2007	9468
1962	483	1985	4705	2008	9549
1963	681	1986	5248	2009	9851
1964	856	1987	5687	2010	9884
1965	790	1988	5865	2011	9849
1966	191	1989	6078	2012	9867
1967	27	1990	5751	2013	9877
1968	22	1991	6056	2014	9966
1969	20	1992	6486	2015	10014
1970	21	1993	7011	2016	10084
1971	72	1994	7235	2017	10130

2018 年出版期刊 10139 种；报纸 1871 种，其中全国性和省级报纸 977 种，地、市级报纸 875 种，县级报纸 19 种。

以是否具有学术性为依据，期刊可分为三类：学术期刊、行业实践业务交流期刊、大

---

① 数据来源：1949—1999 年数据（张伯海. 新中国期刊五十年［M］. 中国出版史料第三卷（下册），山东教育出版社、湖北教育出版社，226-227.）；2000—2012 年数据（中国新闻出版统计网，http：//www. ppsc. gov. cn/）；2013—2016 年数据（http：//www. gapp. gov. cn/news/1656. shtm）。

众期刊。报纸粗略分为新闻与理论版面两类，其中理论版具有学术检索意义。

什么是学术期刊？通常刊载特定的学科或各学科的原创论文、综述、书评等学术研究成果的期刊被称为学术期刊，可分为核心期刊与非核心期刊。

我国学术期刊由 1976 年 300 种激增到目前的近 5000 种。出版周期越来越短，改革开放前，半年刊、季刊居多，而现在双月刊、月刊、半月刊居多。各类学术学会、协会成立后，编辑本学协会学术期刊推动了学术的发展。例如 2011 年被 SCI、SCIE、EI 收录的中国期刊(含港、澳、台期刊)共 111 种；国内也出现了 8 大评价体系，中国的学术期刊开始走向成熟。

期刊文献按文献计量学分区标准可分为三个区域：核心区、相关区与其他区。其中核心区的期刊通常被称为"核心期刊"。核心期刊反映某一学科或某些学科研究论文集中分布在核心区域的期刊现象。以文献计量学为基础、运用统计学数学工具对全样本或抽样进行量化分析的期刊分区。"核心期刊"首先通用于各种现行学术期刊评价体系。现在也用于期刊文献检索与阅读的遴选。

核心期刊是期刊中学术水平较高的刊物，是我国学术评价体系的一个重要组成部分。某学科的核心期刊是指该学科所涉及的期刊中，刊载论文较多，论文学术水平较高，且能反映本学科最新研究成果及本学科前沿研究状况和发展趋势的，较受该学科读者重视的期刊。一般认为某专业 20% 的期刊占据了 80% 以上的本专业论文，这 20% 的本专业期刊就是本专业的核心期刊。

各类核心期刊体系由我国各个文献研究机构根据期刊的引文率、转载率、文摘率等指标的一定值域而遴选出的学术期刊群。确认核心期刊的标准也是由这些文献研究机构制定的，各文献研究机构的指标体系不尽相同各有其特色。我国现有文献研究机构推出有 8 大核心期刊(或来源期刊)遴选体系：北京大学图书馆主持编纂的"中文核心期刊"、南京大学的"中文社会科学引文索引来源期刊"(CSSCI)、中国科学院文献情报中心的"中国科学引文数据库来源期刊"(CSCD)、中国科学技术信息研究所"中国科技论文统计源期刊"(CSTP 中国科技核心期刊)、中国社会科学院文献信息中心"中国人文社会科学核心期刊"CHSSCD、中国人文社会科学学报学会的"中国人文社科学报核心期刊"、武汉大学信息管理学院的"RSSCI"以及万方数据的"中国核心期刊遴选数据库"。其中南京大学体系和北京大学体系影响广泛。

各个文献研究机构的学术核心期刊遴选指标中有两项关键指标：影响因子和半衰期。

影响因子是一个国际通行的期刊评价指标。1972 年由美国文献学家加菲尔德于首先提出，这一指标可以相对公平地评价各类学术期刊的影响力。通常，期刊影响因子越大，其学术水平越高，其学术影响力也相应增大。

半衰期即被引半衰期，指某期刊在统计当年被引用的全部次数中，较新的一半是在多长一段时间内发表的。引用半衰期和被引半衰期都是测度期刊老化速度的指标。这两种半衰期通常用来测度某一学科或专业领域的文献总和。

1931 年著名文献学家布拉德福首先揭示了文献集中与分散规律，发现某时期某学科 1/3 的论文刊登在 3.2% 的期刊上；1967 年联合国教科文组织研究了二次文献在期刊上的分布，发现 75% 的文献出现在 10% 的期刊中；1971 年，SCI 的创始人加菲尔德统计了参考文献在期刊上的分布情况，发现 24% 的引文出现在 1.25% 的期刊上，等等。这些研究都表明期刊存在"核心效应"，从而衍生了"核心期刊"的概念。引文率和引用率是核心期刊评价的最为重要的指标。例如《中文核心期刊要目总览》《中文核心期刊目录总览》核心期刊目录由中国知网、中国学术期刊网和北京大学图书馆期刊工作研究会联合发布中文核心期刊目录。1992 年推出《中文核心期刊目录总览》，之后每 4 年推出目录总览新版。

1. 北京大学中文核心期刊

《中文核心期刊要目总览》是由北京大学图书馆等多家单位共同完成的中文核心期刊评价体系的研究成果。采用了被索量、被摘量、被引量、他引量、被摘率、影响因子、获国家奖或被国内外重要检索工具收录、基金论文比、Web 下载量等 9 个评价指标。自 1992 年出版第 1 版到已出版 8 版，2018 年 12 月出版的第 8 版共收入近 2000 种期刊，法学 28 种。

2. 南京大学中文核心期刊

CSSCI(2019—2020)收录来源期刊 568 种，其中法学 24 种按刊名音序排序如表 5-5 所示：

表 5-5 　　　　　　　　　　　　**CSSCI(2019—2020)法学期刊目录**

序号	期刊名称	主办(管)单位	CN 号
1	比较法研究	中国政法大学比较法研究所	11-3171/D
2	当代法学	吉林大学	22-1051/D
3	东方法学	上海法学会、上海人民出版社	31-2008/D
4	法律科学(西北政法大学学报)	西北政法大学	61-1470/D
5	法商研究	中南财经政法大学	42-1664/D
6	法学	华东政法大学	31-1050/D
7	法学家	中国人民大学	11-3212/D
8	法学论坛	山东省法学会	37-1343/D
9	法学评论	武汉大学	42-1086/D
10	法学研究	中国社会科学院法学研究所	11-1162/D
11	法学杂志	北京市法学会	11-1648/D
12	法制与社会发展	吉林大学	22-1243/D
13	国家检察官学院学报	国家检察官学院	11-3194/D
14	行政法学研究	中国政法大学	11-3110/D
15	华东政法大学学报	华东政法大学	31-2005/D
16	环球法律评论	中国社会科学院法学研究所	11-4560/D

序号	期刊名称	主办（管）单位	CN 号
17	清华法学	清华大学	11-5594/D
18	现代法学	西南政法大学	50-1020/D
19	政法论丛	山东政法学院	37-1016/D
20	政法论坛	中国政法大学	11-5608/D
21	政治与法律	上海社会科学院法学研究所	31-1106/D
22	中国法学	中国法学会	11-1030/D
23	中国刑事法杂志	最高人民检察院检察理论研究所	11-3891/D
24	中外法学	北京大学	11-2447/D

CSSCI（2019—2020）扩展版来源期刊 214 种，其中法学 12 种，按刊名音序排序如表 5-6 所示：

表 5-6 **CSSCI（2019—2020）扩展版法学期刊目录**

序号	期刊名称	主办（管）单位	CN 号
1	北方法学	黑龙江大学	23-1546/D
2	电子知识产权	工业和信息化部电子科学技术情报研究所	11-3226/D
3	法律适用	国家法官学院	11-3126/D
4	甘肃政法学院学报	甘肃政法学院	62-1129/D
5	国际经济法学刊	北京大学	
6	河北法学	河北政法职业学院等	13-1023/D
7	交大法学	上海交通大学	31-2075/D
8	科技与法律	中国科学技术法学会	
9	武大国际法评论	武汉大学	
10	知识产权	中国知识产权研究会	11-2760/N
11	中国法律评论	法律出版社	
12	中国政法大学学报	中国政法大学	11-5607/D

（二）当代法学期刊的发展概貌

截至 2017 年 9 月，法律类期刊近 300 种。依据学术性的强弱，可将法学期刊分三层：学术期刊、司法实践业务交流期刊、普法期刊周刊。《人民警察》由上海人民警察社于

1949 年 12 月创刊①，是中华人民共和国成立后最早的法学类期刊。1949 年—1964 年法律类期刊有 20 余种，其中法学学术期刊仅有 5 种：《中国新法学研究院院刊》《政法研究》（1978 年复刊更名为《法学研究》）、《法学简报》《政法译丛》《华东政法学报》（1957 年更名为《法学》）。

创刊于 1950 年 5 月的《中国新法学研究院院刊》归属北京中国新法学研究院研究指导委员会；② 创刊于 1954 年的月刊《政法研究》是 1953 年成立的中国政治法律学会的会刊，该学会是我国第一个法律类全国性学会，1957 年社科院法学研究所成立后转入法学所（1978 年复刊更名为《法学研究》）；北京政法学院创刊于 1954 年的《法学简报》；创刊与 1956 年年初的《政法译丛》是《政法研究》的姊妹刊；创刊于 1956 年 6 月的双月刊《华东政法学报》，于 1957 年更名为《法学》，是华东政法学院的院刊。《全国人民代表大会常务委员会公报》于 1957 年 1 月创刊，刊期不定，除刊载中华人民共和国成立以来制定的法律、法令的标准文本外，还刊载三类文件：全国人民代表大会会议通过和批准的文件、全国人大常委会通过和批准的文件、全国人大常委会免任人员文件。《国务院公报》1955 年创办，刊期不定，内容主要分为五类：全国人民代表大会和人大常务委员会公布的法律、法令；我国政府同外国政府签订的条约、协定，我国政府发表的外交文件（声明、公报）；国务院发布的决议、决定、命令、指示、条例、规定、办法等重要文件；国务院各部委的规章制度；以及国务院批准的有关机构调整、行政变动和人事任免。

1978 年《法学研究》和《人民司法》复刊。到 1996 年，法学期刊总数为 387 种③。至 2017 年 9 月法律类期刊近 300 种④。从 1978 年至今约 40 年，我国的法学学术期刊从草创到发展再到成熟，经历了草创期，发展期，成熟期三个阶段。

1981 年的法学期刊还只有为数不多的几种《国务院公报》《国外法学》《法学研究》《法学译丛》《民主与法制》⑤《人民司法》等。《最高人民法院公报》创刊于 1985 年，汇编最高人民法院的官方文献，栏目设置为：文献、法律选登、司法解释、司法统计、司法文件、任免事项、裁判文书选登及典型案例，于 2015 年、2016 年连续两年荣膺"年度中国期刊海外发行 50 强"⑥。

20 世纪 70 年代后期到 80 年代中期是草创期，这一阶段的法学期刊多为综合性双月刊或季刊，绝大多数法学论文发表在社会科学类期刊如表 5-7 所示：

---

① 北京图书馆. 北京图书馆中文期刊目录［M］. 北京：北京图书馆出版社，1955：3.

② 据宋应离《1949—2000 期刊出版记事》一文（刊载于《中国期刊年鉴》2000 年）记载，1950 年全国学术期刊总计 78 种。

③ 赵雪松. 建国以来法学期刊的回顾与展望［J］. 武汉大学学报（哲社版），1998（2）.

④ 期刊名录数据库［OL］. http：//www. bkpcn. com/MP/MagazineInfo. aspx？Cateid＝B12.

⑤ 吉林省图书馆采编部编. 国内中文期刊简介［J］. 吉林省图书馆，1981（9）.

⑥ 公报介绍［OL］. http：//gongbao. court. gov. cn/SinglePage. html？result＝introduction.

表 5-7 20 世纪 80 年代前后主要法学期刊

刊名	出版机构	出版频率
《国外法学》	北京大学法学院	双月刊
《法学研究》	中国社会科学院法学研究所	双月刊
《法学泽丛》	中国社会科学院法学研究所	双月刊
《民主与法制》	该刊编辑部双月刊	双月刊
《中国社会科学》	中国社会科学出版社	双月刊
《国外社会科学》	中科学院情报研究所	双月刊
《社会科学》	上海社会科学院	双月刊
《社会科学辑刊》	辽宁社会科学院	双月刊
《社会科学战略》	吉林人民出版社	季刊
《求是学刊》	黑龙江大学	季刊
《社会科学战线》	吉林人民出版社	季刊
《求是学刊》	该刊编辑部	季刊
《北方论丛》	哈尔滨市师范大学	双月刊
《学习与探索》	黑龙江省社会科学院	双月刊
《内蒙古社会科学》(汉)	该刊编辑部	双月刊
《齐鲁学刊》	该刊编辑部	双月刊
《东岳论丛》	山东省社会科学研究所	季刊
《江淮论坛》	安徽省社科院主办	双月刊
《群众》	群众杂志社	双月刊
《群众论丛》	该刊编辑部	双月刊
《中州学刊》	河南人民出版社	季刊
《江汉论坛》	湖北省社会科学院	双月刊
《求索》	湖南省社联	双月刊
《社会科学》	甘肃省社会科学院主办	季刊
《社会科学研究》	四川省社会科学院主办	双月刊
《贵州社会科学》	贵州省社会科学院编辑出版	双月刊

　　20 世纪 80 年代后期到 90 年代，法学期刊向学科专业化发展阶段，《著作权》《比较法研究》和《行政法学研究》创刊，以及一系列法学刊物的创刊，都使我国法学刊物的发展明显地朝专业化方向发展。尤其是以书代刊的一些法学刊物，如《民商法论丛》《法哲学与法社会学论丛》，葛洪义主编的《法律方法与法律思维》、徐显明主编的《人权研究》、谢晖、陈金钊主编的《民间法》以及陈金钊、谢晖主编的《法律方法》等的创立。

三、其他学术文献形式

1. 学位论文(Ph. D. Thesis，Ph. D. Dissertation，Master's Thesis，M. S. Thesis)

学位论文是高等学校或研究院所的学生在导师指导下从事某一学术课题的研究，为获得某种学位而撰写的学术论文，通常不出版，在学位授予机构提供公开阅览，对一部分硕士学位论文和全部博士论文提供电子版阅读和下载。其特点是研究的问题专深、详细与系统，一般在其领域内具有一定的独创性、新颖性。

2. 学术会议文献(Conference Document、Conference Paper)

学术会议文献是在各种学术、专题会议上发表的论文。会议文献的内容新颖，学术性强，通常代表某学科或专题的最新研究成果。同时会议文献针对性强、信息传递速度快，能反映具有代表性的各种观点。学术会议文献有纸本、电子版本和数据库会议文献多种形式。数据库型会议文献是了解国际及各国最新研究水平、动态及发展趋势的重要文献来源。其特点是更新周期短，其内容与书籍期刊相比成熟度较低。

会议分为国际会议、全国会议、地区性会议三种。会议名称常含有：Congress(会议)、Convention(大会)、Symposium(专题讨论会)、Workshop(专题学术讨论会)、Seminar(学术研讨会)、Conference(学术讨论会)Colloquium(学术讨论会)、Proceedings(会议录)。

3. 学术研究报告(Report)

学术研究报告是研究人员或研究组织围绕某一专题或项目从事研究取得成果以后撰写的正式报告，或者是在研究过程中某一个阶段的进展情况的阶段性报告。研究报告内容新颖、专深，理论与数据均居前沿性。

报告的类型有技术报告(Technical Reports)、札记(Notes)、论文(Papers)、备忘录(Menorandum)、通报(Bulletin) 可行性报告(Feasibility Report)、市场预测报告(Market Prediction Report)。进展报告 PR(Progress Report)、年度报告 AR(Annual Report)、年终或结项报告 FR(Final Report)。

研究报告一般划分为保密(Classified)、解密(Declassified)及公开(Unclassified)等几种密级。

4. 标准文献 Standards

标准文献是一种规范性的技术文件，指经过公认的权威当局批准的以文件形式表达出的统一规定。包括技术标准、技术规格和技术规则等文献的总称。标准是在科学研究活动中生产对技术项目、工程、或产品的质量品种，检验方法及技术要求所作的统一规定，供人们遵守和使用。包括 Standard(标准)、Specification(规范)、Requirement(技术要求)。按标准使用范围可分为：国际标准、区域性标准、国家标准、专业标准和企业标准五大类型。每一种技术标准都有统一的代号和编号，独自构成一个体系。技术标准是行业技术活动中经常利用的一种统一标准。标准(Standard)有时称为规范(Specification)或者技术要求(Requirement)标准代号如国际标准 ISO、美国国家标准 ANSI、我国的国家标准 GB。

著录格式：标准代号(标准顺序号-发布年) 标准名称、标准颁发单位。

例如：GB/T 166642-1996.计算机集成制造系统体系结构.北京：国家技术监督局.

5. 专利文献 Patents

专利文献通常指发明人向政府部门（专利局）递交的、说明自己的创造的技术文件，同时也是实现发明所有权的法律性文件。专利文献是专利形成过程中产生的一系列官方文件和有关出版物的总称。专利文献包括专利说明书、专利公报（摘要）、商标、设计公报以及检索专利的工具等。专利文献具有技术性、新颖性、独创性、实用性等特征，是重要的技术经济信息来源。专利文献类型分为发明专利、实用新型专利和外观设计专利三种。如专利申请书、专利说明书、专利公报等。

专利识别标志：IPC（国际专利分类号）、专利国别及专利号。专利国别代码是由国际标准化组织（ISO）规定的，专利文献由各国专利局出版发行，因此，无出版地、出版社等项目。

著录格式：专利权人名称、专利名称、专利国代号、专利号、优先权项、国际专利分类号、专利申请日期、申请号等。

检索数据库：中国国家知识产权局、中国专利信息网、万方数据库、欧洲专利局、美国专利数据库等。

6. 政府出版物（政府机构、国际组织）Government Publication

各国政府部门及其所属的专门机构发表、出版的文件，其内容广泛，从基础科学、应用科学到政治、经济等社会科学。就文献的性质来看，其内容可分为行政性文件（如政府法令、法规、方针政策、调查统计资料等）和科技文献（科技报告、科普资料、技术政策等）两大类。这类文献可了解一个国家的科学技术、经济政策、法令、规章制度等。这类资料具有极高的权威性，对科研及生产活动具有重要的指导性。

政府出版物识别：由于政府出版物与其他类型文献有一定重复，如有书、报告、会议录等多种形式，因此，可根据具体情况按具体出版形式加以识别。

此外，广播电视等多传媒、任务书、协议书、技术指标审批文件、研究计划、产品资料等亦有与法律相关的文献。

第三节　中华人民共和国成立后法学工具文献

法学工具文献包含法学文献分类法、目录索引、字词典、百科全书和法学文献检索系统。

一、法学文献分类法

检索法学文献的三大方法的第一大方法就是分类检索法，分类检索的依据就是文献分类法。

中华人民共和国成立以来法学文献分类法分为三种：《中国图书馆图书分类法》（以下简称《中图法》）、《中国科学院图书馆图书分类法》（以下简称《科图法》）、《中国人民大学图书馆图书分类法》（以下简称《人大法》）。20世纪90年代以来，渐渐统一使用《中图法》。

同一时期国外使用三类分类法，其一是体系分类法（也称列举式或枚举式分类法）。体系分类法产生于 19 世纪中后期的美国，以杜威的《杜威十进图书分类法》DDC（1876 第 1 版）和美国国会《国会图书馆分类法》LCC（1901—1977 年陆续出版）最为闻名。其二是分面分类法（也称组配分类法或分析—综合分类法）产生于 20 世纪中期的印度和英国，以印度阮冈纳赞的《冒号分类法》（1933 年第 1 版）和英国《布利斯书目分类法》（1977 年第 2 版）BC2 最为典型。其三是体系—分面法（也称为半分面分类法），以《国际十进分类法》UDC 为典范。

　　三类分类法都是依据概念逻辑和科学分类原理而编制的，一般包括五大部分：主体分类表、标记符号、说明与注释、复分表和索引。不同的是类表结构和标记方法。体系分类依据学科概念的划分与概括原理，把类目组成一个层层隶属、详细列举的等级结构体系。而分面分类法则是依据学科概念的分析与综合原理，将主题概念组成"分面-亚面-类目"的结构体系。① 是通过各分面内类目之间的组配来表达文献主题。因此分面分类法和半分面分类法两种分类法能适应网络环境的文献分类与检索。体系分类法则需要通过叙词表进行转换，以适应网络环境的文献分类与检索。例如我国《中图法》就配有《中国图书分类主题词表》。

　　《中图法》是等级列举式分类法，初版于 1975 年，国家图书馆出版社 2010 年出版第 5 版是目前广泛适用的最新版本，分为 5 大基本部类和 22 个基本大类（表 5-8）。

表 5-8　　　　　　　　　　　　　　《中图法》基本部类表

5 大基本部类	22 个基本大类（分类号）	22 个基本大类（分类名）
马克思主义、列宁主义、毛泽东思想、邓小平理论	A	马克思主义、列宁主义、毛泽东思想、邓小平理论
哲学、宗教	B	哲学、宗教
人文社科	C	社会科学总论
	D	政治、法律
	E	军事
	F	经济
	G	文化、科学、教育、体育
	H	语言、文字
	I	文学
	J	艺术
	K	历史、地理

---

① 俞君立，陈树年．文献分类法[M]．武汉：武汉大学出版社，2001：32-68.

续表

5 大基本部类	22 个基本大类 （分类号）	22 个基本大类（分类名）
自然 科学	N	自然科学总论
	O	数理科学和化学
	P	天文学、地球科学
	Q	生物科学
	R	医药、卫生
	S	农业科学
	T	工业技术
	U	交通运输
	V	航空、航天
	X	环境科学、安全科学
综合性文献	Z	综合性图书

　　法学归属 D 类，有两个系列，D9 是依据《中图法》第三版及以前版本分类的图书类号，DF 是依据《中图法》第 4 版及以后版本分类的图书类号。D9 系列适用于一般文献收藏机构的法律文献类分，DF 适用于法律文献馆藏量较大的文献收藏机构进行法学文献类分。

　　《科图法》科学出版社 1958 年出版第 1 版，1982 年出版第 2 版，1994 年出版第 3 版。《科图法》设有马克思列宁主义、毛泽东思想，哲学，社会科学，自然科学，综合性文献五大部类，不同版次因修订而有不同数目的若干大类（表 5-9）。

表 5-9　　　　　　　　　　　《科图法》基本部类表

5 大基本部类	基本大类（分类号）	基本大类（分类名）
马克思列宁主义、 毛泽东思想	00	马克思列宁主义、毛泽东思想
哲 学	10	哲学
	11	马克思主义哲学
	12	哲学史、世界哲学
	13	中国哲学
	14	亚洲哲学
	15	欧、非、美、大洋洲哲学
	16	逻辑（论理学）
	17	伦理学（道德哲学）
	18	美学
	19	心理学、无神论、宗教学

5 大基本部类	基本大类(分类号)	基本大类(分类名)
社会科学	20	社会科学
	21	历史、历史学
	22	中国史
	24	亚洲史
	25	欧洲、非洲、美洲、大洋洲史
	26	传记、考古学、风俗习惯、民俗学
	27	经济、经济学
	28	世界各国经济、经济史地、世界经济、国际经济关系、中国经济、其他各国经济
	29	专业经济与部门经济
	31	政治、社会生活
	32	世界政治、中国政治
	33	社会主义、共产主义、共产党、工人运动与组织、农民运动与组织、青年、学生运动与组织、妇女运动与组织、社会学、民族学、国际关系、外交学
	34	法律、法学
	36	军事、军事学
	37	文化、科学、教育、体育
	38-39	教育
	41	语言、文字学
	42	文学
	43	中国文学
	46	亚洲文学
	48	艺术
	49	无神论、宗教学

续表

5 大基本部类	基本大类（分类号）	基本大类（分类名）
自然科学	50	自然科学
	51	数学
	52	力学
	53	物理学
	54	化学
	55	天文学
	56	地学、地球科学
	57	地理学
	58	生物科学
	59	动物学、人类科学
	61	医药、卫生
	62	医学、中华医学
	63	临床医学
	64	专科医学
	65	农业科学
	66	农作物
	67	园艺
	68	林业、林业科学
	69	畜牧、兽医、蚕蜂、水产
		工程技术
	72	能源学、动力工程
	73	电技术、电子技术
	74	矿业工程
	75	金属学　物理冶金
	76	冶金学
	77	金属工艺、金属加工
	78	机械工程、机器制造
	79	仪表、器械
	81-82	化学工业
	83	食品工业
	85	轻工业、手工业及生活供应技术
	86	土木建筑工程
	87	运输工程

续表

5 大基本部类	基本大类（分类号）	基本大类（分类名）
综合性文献	90	综合性图书
	91	书目、索引、文摘
	92	百科全书、类书
	93	词典
	94	年鉴、年刊
	95	连续出版物
	96	著作集、论文集、杂著
	97	丛书
	98	中国古代经籍
	99	特藏

对法律类文献的类分处理为单设一大类，符合法律科学发展的需要。法律大类下设子类若干（表 5-10）：

表 5-10　　　　　　　　　　　　　**法律大类下设 2 类**

34	法律、法学
34.03	法的理论、法学
34.4	法学史、法律思想史
34.9	法制史
35.1	法学各部门
35.2	中国法律
35.4—35.5	其他各国法律
35.9	国际法

《科图法》主要被中国科学院系统文献收藏机构、部分国内科学研究机构和部分高校图书馆采用，据统计，1979 年使用机构多达 1000 多个。曾经，在北京图书馆和上海图书馆编制的统一编目卡片上的在版分类号就印有《科图法》分类号。

《人大法》1952 年编成草案，1953 年出版，中国人民大学出版社 1996 年出版第 6 版，第 6 版仍然分为 4 大基本部类和 17 个基本大类（表 5-11）。

表 5-11　　　　　　　　　　　　　　《人大法》基本部类表

4 大基本部类	17 个基本大类(分类号)	17 个基本大类(分类名)
总结科学	1	马克思主义、列宁主义、毛泽东思想
	2	哲学
社会科学	3	社会科学政治
	4	经济
	5	军事
	6	法律
	7	文化、教育、科学、体育
	8	艺术
	9	语言、文字
	10	文学
	11	历史
	12	地理
自然科学	13	自然科学
	14	医药、卫生
	15	工程技术
	16	农业科学技术
综合性文献	17	综合性科学、综合性图书

《人大法》除了中国人民大学图书馆及该校各系资料室采用外，1949—1956 年曾被中国新建立的一些图书馆采用。1956 年 4 月—1987 年 12 月，中国的"统一书号"曾采用该分类法的大类号码标识新出版图书的学科类别。

二、目录索引

1949 年后，对全国出版的图书和期刊进行了系统的编目(不包括港澳台)，图书编目有《全国总书目》《全国新书目》及《1949—1986 全国内部发行图书总目》等，期刊有《全国报刊索引》等。

1.《全国总书目》《全国新书目》及《1949—1986 全国内部发行图书总目》

《全国总书目》是《全国新书目》的编年本，由分类目录、专题目录和附录 3 部分组成。1949—1954 年出版书目合为第 1 期，由新华书店总店编辑出版，此后基本一年一期(1966—1969 年《全国总书目》合为一册)。1956 年后改由版本图书馆编辑出版，1966—1970 年停刊。1971—2004 年每年出版一本印刷版，2004 年起不再出版印刷版，以光盘形式出版发行，每年一张光盘目录，由新闻出版总署电子出版物数据中心出版。月刊《全国新书目》是中国现行国家书目，中国版本图书馆《全国新书目》编辑部编辑出版。新书目根据各个出版社的呈缴本编制，创刊于 1950 年，初名《每周新书目》，1953 年改名为《每月新书目》，1955 年 5 月起改由文化部版本图书馆编印，更为现名《全国新书目》，1966 年 7月—1973 年停刊，1973 年复刊为简目月刊。基本款目著录书名、编著者、译者、出版者、出版年月、开本、页数、字数、定价、印刷册数，1976 年以后增加内容提要。1960 年代前按《中国人民大学图书馆图书分类法》编排，60 年代起采用《中国图书馆图书分类法》的基本大类排列，旨在提供最新图书的出版信息，是了解中华人民共和国成立以来中国出版物唯一详尽、可靠的资料性杂志。

中国出版的内部发行图书一律由《全国总书目》编辑部另行编录。1988 年出版了《1949—1986 全国内部发行图书总目》。

2.《全国报刊索引》及《全国报刊索引数据库》

《全国报刊索引》月刊，前身是 1951 年 4 月由山东省图书馆编印的《全国主要资料索引》。1955 年 3 月改由上海图书馆编辑出版，1956 年更名为《全国主要报刊资料索引》并在内容上开始增加了报纸的部分。在 1966 年 10 月—1973 年 9 月停刊，1973 年 10 月复刊，并改为现名《全国报刊索引》。1980 年分为"哲学社会科学版"（ISSN1005-6696）与"自然科学技术版"（ISSN1005-670X）两种，分别按月出版。1980 年之前仅限于部分公开发行的期刊。1981 年起增收该上海图书馆收藏的内部刊物，现已索引了国内全部公开发行期刊及一部分内部发行刊物。

《全国报刊索引数据库》以纸本《全国报刊索引》为基础，在索引的种类及数量上比纸本多。每年收录全国社科、科技期刊 6000 多种，加上港台地区的期刊共计 8000 种左右。报纸 200 余种，基本索引了全国邮发和非邮发的学术报刊。内容涉及哲学、社会科学、科学与技术方面的各个学科。核心期刊全收、非核心期刊选收，每年新索引量约 50 余万条，为目前国内特大型文献数据库之一。是与报刊新文献保持同步发展的权威性检索刊物，反映了全国最新学术进展信息。因而是查找 1949 年以后报刊论文资料最重要的检索工具。

3.《法学论文目录集 1949—1984》等

《法学论文目录集 1949—1984》，童兆洪、吕雪梅著，浙江人民出版社 1986 年版。这本书收录了中华人民共和国成立后 35 年内大陆公开发行的 400 多种中文报刊（法学期刊、各高等院校人文科学、哲学社会科学版学报）上发表的有关法学方面的论文目录 1 万余条。内部发行及试刊阶段报刊的论文目录均未收录。

另外，还有全国人大常务委员会法制工作委员会所编《建国以来法律法令目录》，群众出版社 1980 年版，全书共 217 页；

王庆西编《中文法学与法律图书目录》，西南政法学院 1984 年版。第 1 辑 399 页、第 2 辑 401~773 页、第 3 辑 399 页、第 4 辑 757 页、第 5 辑 1133 页；

中国法学会编《中国法学图书目录》，群众出版社 1986 年版，全书共 1355 页；

曾宪义主编《百年回眸：法律史研究在中国》，中国人民大学出版社 2009 年版，第 4卷目录索引卷 626 页。

三、法学字词典

《法学词典》，上海辞书出版社 1980 年第 1 版，共 572 页，收录 3238 词条，1984 年增订版推出，共 980 页，收录 4243 词条，1989 年第 3 版，共 999 页，收录 4562 词条。是 1949 年之后出版的第一部法学辞书，由社科院倡议并组织全国各地法学专家编辑而成。内容包括法的基本理论、法律思想史、法律制度史、宪法、行政法、刑法、民法、经济法、婚姻法、劳动法、诉讼法、司法组织、国际法、国际私法、刑事侦查法，以及法医学、司法精神病学等门类中的术语、法规、学说、学派、人物、著作等。词目按笔画顺序编排，书后附汉语拼音索引，便于检索。

四、法学百科全书

1993 年，《中国大百科全书》第 1 版(74 卷)出版，收 7.8 万条目，是中国第一部大百科全书，其中法学独立成卷。先后有 2 万余名专家学者参与，历时 15 载编成。全书按 66 个学科分类，陆续分 74 卷出版。2009 年 8 月，《中国大百科全书》第 2 版(32 卷)历时十年(1995—2009)重新撰写部分条目，删去过时条目，约收 6 万条目出版。全书根据国际惯例音序排列方式，全部条目按汉语拼音顺序统编排列成综合性百科全书。内容包括各个学科领域古往今来的基本知识，涵盖了全人类科学文化成果，注重我国各民族历史文化遗产和科技成就的总结，尤其凸显时代核心价值体系和取得的科学文化成就。第 2 版收录法学学科条目数为 2258 条。

《中国大百科全书》第 3 版法学卷的编纂开始于 2011 年，预计收录 5000~6000 条目。分为 19 个大的分支学科：法理学、宪法学、行政法学、刑法学、民法学、商法学、经济法学、劳动与社会保障法学、刑事诉讼法学、民事诉讼法学、司法鉴定学、知识产权法学、国际法学、国际私法学、国际经济法学、环境资源法学、军事法学、中国法制与法制思想史、外国法制与法制思想史等。分支均由本学科领域具有较高学术声誉和地位的学科带头人担任主编。

五、法学工具文献之数据库

依托中国知识基础工程，已经建立了多个中文当代法学文献数据库。常用的中文法律与案例商业数据库有北大法宝、北大法意、万律和知网法律数据库，以及各级政府网站各级法院网站，如全国人大法律法规信息网、最高人民法院中国裁判文书网。常用的中文论文商业数据库有中国知网数据库、万方数据库、维普数据库，以及各法学研究机构、法律学协会网站。常用的中文论著商用数据库有超星图书数据库、方正图书数据库、书生图书数据库，以及各出版机构网站、图书网络免费或付费网站。

第六章　中华人民共和国成立后权威及准权威法律文献检索

中华人民共和国成立后权威法律文献涵盖法律、行政法规、地方性法规、自治条例和单行条例、国务院部门规章和地方政府规章，以及我国缔约的条约和军事法规规章。

法律指全国人民代表大会及其常委会制定和修改刑事、民事、国家机构的和其他的基本法律。

行政法规指国务院依据宪法和法律而制定的，在公布后的三十日内报全国人民代表大会常务委员会备案的规范文本。

地方性法规指省、自治区、直辖市的人民代表大会及其常务委员会制定的，在公布后的三十日内报全国人民代表大会常务委员会和国务院备案(设区的市、自治州的人民代表大会及其常务委员会制定的地方性法规，由省、自治区的人民代表大会常务委员会报全国人民代表大会常务委员会和国务院备案)的规范文本。

自治条例和单行条例指民族自治地方的人民代表大会制定且须经全国人民代表大会常务委员会批准备案的规范文本。自治州、自治县的自治条例和单行条例指自治州、自治县的人民代表大会制定须经省、自治区、直辖市的人民代表大会常务委员会批准的，且由省、自治区、直辖市的人民代表大会常务委员会报全国人民代表大会常务委员会和国务院备案的规范文本。

国务院部门规章指国务院各部、委员会、中国人民银行、审计署和具有行政管理职能的直属机构依据法律和国务院的行政法规、决定、命令，在本部门的权限范围内，制定的，报国务院备案的规范文本。

地方政府规章指省、自治区、直辖市和设区的市、自治州的人民政府，可以根据法律、行政法规和本省、自治区、直辖市的地方性法规，制定的报国务院备案的同时报本级人民代表大会常务委员会备案(设区的市、自治州的人民政府制定的规章应当同时报省、自治区的人民代表大会常务委员会和人民政府备案)的规范文本。

军事法规指中央军事委员会根据宪法和法律，制定的规范文本；军事规章指中央军事委员会各总部、军兵种、军区、中国人民武装警察部队，依据法律和中央军事委员会的军事法规、决定、命令，在其权限范围内制定的规范文本。

目前任何检索工具对法律法规文献都不可能一网打尽。常用中文法律与案例检索工具，商业数据库有北大法宝、北大法意、威科、万律和知网法律数据库；法律法规信息公开网有全国人大国家法律法规数据库、最高人民法院中国裁判文书网、各级政府网站各级法院网站，等等。

第一节　政府网络门户法律法规文献检索

政府网络门户法律法规文献主要是全国人民代表大会官网的国家法律法规数据库，各省级立法机构官网上的法律法规库。

一、宪法人大立法法律文献网络检索

中国人大网 http：//www.npc.gov.cn/法律法规库。

国家法律法规数据库（https：//flk.npc.gov.cn/index.html）新版国家法律法规数据库（简称法律法规库）于 2019 年 3 月 1 日正式上线，时有不稳定难以进入的情形。国家法律法规数据库提供的电子文本与法律规定的标准文本不一致的，使用时请引用标准文本。国家法律法规数据库由全国人大常委会办公厅维护。

1. 法律法规库的数据规模

国家法律法规数据库目前提供中华人民共和国现行有效的宪法（含修正案）、法律、行政法规、地方性法规、自治条例和单行条例、经济特区法规、司法解释电子文本。从数量上统计：信息库收录数据 17454 条。我国现有有效宪法及人大立法法律 353 件，其中：宪法相关法（60）、民法商法（28）、行政法（114）、经济法（95）、社会法（31）、刑法（14）、诉讼与非诉讼程序（12）。授权行政法规 659 件，地方性法规 15582 件；司法解释及文件 651 件。[①] 以上并不包括我国缔约的条约和军事法规规章。我国缔约的条约可检索外交部"中华人民共和国条约数据库" http：//treaty.mfa.gov.cn/Treaty/web/index.jsp，军事法规规章可检索"中华人民共和国国防部法规文献" http：//www.mod.gov.cn/regulatory/index.htm。

2. 检索方式：分类浏览、快速检索、高级检索

（1）分类浏览。该网站将法律法规分为多个栏目：新法快递、宪法、法律、行政法规、司法解释、地方性法规。这些栏目可以从两种方式进行浏览，一种是该网首页的工具条；另一种是该网首页内容分栏。

例如浏览新法快递（工具栏无此栏目工具条）（图 6-1）：

---

① 国家法律法规数据库［EB/OL］．［2021-05-26］．https：//flk.npc.gov.cn/index.html.

图 6-1

（2）快速检索。例如，检索《中华人民共和国国家情报法》，在主页检索框内输入"中华人民共和国国家情报法"，然后点击放大镜形状的检索按钮即可进入检索结果页面，可浏览也可部分下载。如果选择公报原版浏览模式，则文本选择功能不可用，可用截屏方式保存文本。如果选择 WPS 版本浏览模式，则可用文本选择功能保存文本（图 6-2）。

图 6-2

（3）高级检索。例如，检索《中华人民共和国立法法》时，首先在主检索框输入主题词

"立法法"，然后点击检索框右侧的"高级检索"按钮，设定时间范围以及效力等检索信息，之后点击"确定按钮"即可进入检索结果页面(图 6-3)。

图 6-3

二、行政法规网络检索

行政法规库 http：//xzfg. moj. gov. cn/search2. html，根据行政法规制定程序条例，集中统一对外公开现行有效行政法规 610 件。

图 6-4

这里不能查看数据规模，但可以试探检索结果比较。例如：检索有关物业管理行政法 2018 年第 3 次修订文本 1 件。

同理，可检索各省市自治区的地方法律法规和地方行政法规。

第二节　商业数据库法律法规文献检索

有关法律法规的商业数据库最著名的莫过于北大法宝、北大法意、万律、威科先行、中国知网法库。

一、北大法宝数据库

北大法宝1985年诞生于北大法律系，现由北大英华公司和北京大学法制信息中心共同开发和运营。该法律数据库包含法律法规、司法案例、法学期刊、律所实务、专题参考、英文译本、法宝视频和司法考试八大检索系统。目前的最新版本是5.0版。

1. 法律法规数据库的数据范围

该库收录自1949年至今的法律法规，包括中央司法解释、地方法律规章、合同与文书范文、港澳台法律法规、中外条约、外国法律法规、法律动态、立法背景资料等(图6-5)。

图 6-5

2. 检索方式

北大法宝提供简单检索、高级检索、二次检索(结果中检索)。

(1)简单检索。

①标题关键词检索。当检索者知道所要检索的标题中的关键词时，标题关键词检索是最适合检索方式。在检索框中输入关键词，例如"劳动法"；同时点选检索框后的"标题"，点选检索框下方"检索方式"一栏的"精确"，点选"检索方式"栏下方资源分类中的"地方法规规章"；然后点击"检索"按钮(系统也会显示推荐检索词列表，可以有更多的自由选

择)。"精确"检索是完全匹配的检索模式，准确定位，严格按照所输入的关键字查找。系统默认精确检索，并推荐使用精确检索。"模糊"检索是对输入的关键词词串进行分词处理，忽略词之间的位置关系进行简单的逻辑运算。扩大检索范围，能更全面地兼顾相关信息，检索结果范围更广。

②全文关键词检索：需要查询正文内容中包括某词汇的全部文件时，这种查询是最快捷有效的方法。如检索全文中含有"劳动法"三字的文件，便会高亮显示全文范围内命中"劳动法"的区域。并且辅以全文显示和摘要显示，在同一页面就能看到所检索的信息。"同句"检索即所输入的两个及两个以上关键词在同一句中同时出现，精确检索出所需的文献。这种检索方式必须是在"全文""精确"的条件下进行检索。例如"劳动""合同"。"同段"检索即所输入的两个或两个以上关键词在同一段中同时出现。这种检索方式必须是在"全文""精确"的条件下进行有效检索。

(2)高级检索。北大法宝每一数据库子库内都提供高级检索，以实现快速精准检索。从简单检索右侧点击"高级检索"直接进入高级检索页面。

高级检索是为了缩小检索结果范围，提高查准率，适用于检索者对所查找的内容了解更多线索的情形。高级检索的具体字段根据每个子库文献性质不同而略有不同，可以根据字段提示将所掌握的线索关键词输入对应文本框中(字段不必完全填满)，然后点击"检索"即可进入结果列表页面。法律法规数据库高级检索按发布部门、批准部门、时效性、类别、批准机关等详细分类，精确检索，一步到位(图6-6)。

图 6-6

司法案例数据库高级检索以案件标题、案由分类、审理法官、核心术语、代理律师等案件审理相关信息作为检索点，以便于案例精准检索。

(3)二次检索"结果中检索"。在数据库高级检索中设置二次检索，即"结果中检索"功能，可以缩小检索结果范围。在检索结果页面进一步输入限定条件后，点击"结果中检索"，就可以在前一次检索的结果中再次检索。

检索举例：第一次检索：在检索框中输入检索内容，如检索地方法律法规文件名含有"劳动合同"关键词的文件，点击"标题"检索方式，输入"劳动合同"，选择子库"地方法规规章"进行检索，则得到所有标题含有"劳动合同"关键词的地方法律法规(图6-7)。

图 6-7

第二次检索：在检索结果，再勾选"结果中检索"，在检索框中输入"纠纷"，点击检索，即可得到第一次检索中所有文件含有"纠纷"关键词的检索结果列表（图 6-8）。

图 6-8

（4）北大法宝逻辑运算符在检索中的运用。

在使用标题和全文关键词检索时，如果合理运用逻辑运算符，可以优选检索结果。逻辑运算符及其范例（表 6-1）：

表 6-1　　　　　　　　　　　　　　　法宝逻辑符用法示例

查询要求	符合或字母	范　　例
逻辑与，包含多个关键词的文献	＊或空格	在标题检索框中输入：物业＊管理，查询结果为所有标题中同时包含"物业"和"鼓励"两个关键词的文献
逻辑或，至少包含多个关键词之一的文献	＋	在法规全文或文件全文框中输入：证券＋上市，检索结果为所有正文中至少包含"证券"或"上市"其中一个关键词的文献

217

续表

查询要求	符合或字母	范　例
逻辑否，不包含符号后关键词的文献	–	法规全文或文件全文框中输入：版权-网络版权，检索结果为所有正文中包含"版权"但不包含"网络版权"的文献

同时这三种符号还可以用英文输入状态下的"（ ）"进行组合。如：（A+B）＊C 表示包含 A 或 B，并且又包含 C 的文件。

注意事项：全文检索中尽量不要单独使用助动词如"的、地、得"，简单的数词如"1、2"等进行检索。

（5）法宝检索结果分析。

第一，法条联想 Clink 功能　相关信息均互相关联与印证，呈现立体化的法律知识关联体系。北大法宝 2003 年推出法条联想功能，法条联想功能不仅能直接显示引用的法律法规和司法解释及其条款，还可链接与本法规或某一条相关的所有法律法规、司法解释、案例、条文释义、法学期刊、英文译本等，无论是检索还是研究或者是利用法条，这一功能不可小视。

例如，检索"1997 年刑法"，查检到第 263 条"抢劫罪"，条文文本之下列有法条联想链接信息（图 6-9）：

（法宝联想：司法解释约 11 篇 地方法规规章约 53 篇 案例与裁判文书约 4792 篇 法学期刊约 204 篇 律所实务约 6 篇 修订沿革 条文释义 法学文献约 159 篇）。

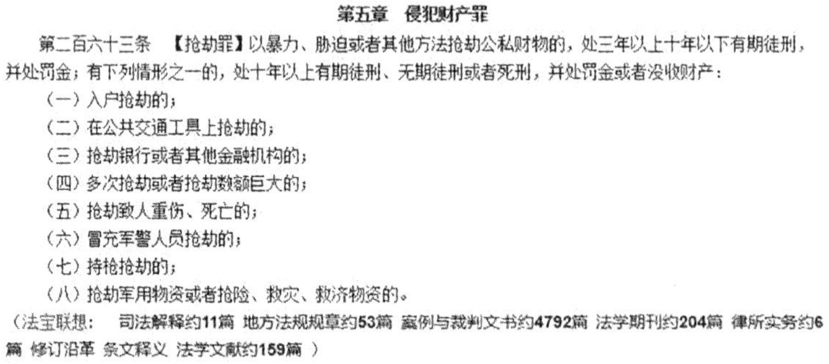

第五章　侵犯财产罪

第二百六十三条　【抢劫罪】以暴力、胁迫或者其他方法抢劫公私财物的，处三年以上十年以下有期徒刑，并处罚金；有下列情形之一的，处十年以上有期徒刑、无期徒刑或者死刑，并处罚金或者没收财产：

（一）入户抢劫的；

（二）在公共交通工具上抢劫的；

（三）抢劫银行或者其他金融机构的；

（四）多次抢劫或者抢劫数额巨大的；

（五）抢劫致人重伤、死亡的；

（六）冒充军警人员抢劫的；

（七）持枪抢劫的；

（八）抢劫军用物资或者抢险、救灾、救济物资的。

（法宝联想：　司法解释约 11 篇 地方法规规章约 53 篇 案例与裁判文书约 4792 篇 法学期刊约 204 篇 律所实务约 6 篇 修订沿革 条文释义 法学文献约 159 篇　）

图 6-9

第二，法宝之窗功能。弹出小窗自动显示完整法条及与其相关的信息。在勾选显示法宝之窗后浏览法规和案例时，如果鼠标停留在引用的法条处，法宝之窗中会立即显示该法条具体内容及其相关信息。法宝之窗是北大法宝继"法条联想"后推出的又一项独创功能。

如图 6-10 所示，当鼠标停留在"宪法"处，法宝之窗则显示出关于宪法信息。

图 6-10

第三，检索结果筛选。检索结果动态分组筛选功能，使检索过程更加轻松有趣。例如，第一次检索：先输入"合同"，勾选子库"中央法规司法解释"，进行标题检索（图 6-11）。

图 6-11

再点击左边的筛选条件，条件按照法律使用习惯分类，进行逐层筛选。点击行政法规→国务院各机构→现行有效，则检索出国务院各机构发布的行政法规中标题含有"合同"两字的现行有效文件（图 6-12）。

图 6-12

第四，摘要显示功能。摘要显示在北大法宝数据库中指称全文关键词命中预览和所有命中段落的聚合展现，快速提前筛选，集中选择利用。即在检索结果列表中除了相关标题外，在标题下方同时显示内容的摘要，并可滚动浏览同一文件中的多个摘要，同时还可聚焦浏览所有命中摘要。

在检索框中输入“抢劫”，选择全文检索方式进行检索。检索后可以点击“全部命中”“上一命中”“下一命中”进行摘要浏览，选择所需内容。查到所需位置后，点击摘要内容，弹出来的界面将直接显示所需的位置，达到高效查看正文的目的(图 6-13)。

中央法规司法解释（373篇）
法律(16篇)
更多>>
中华人民共和国刑法修正案(八)（英文译本）
2011.02.25
四、将刑法第五十条修改为："判处死刑... 民法院核准，执行死刑。 "对被判处死刑缓期执行的累犯以及因故意杀人、强奸、抢劫、绑架、放火、爆炸、投放危险物质或者有组织的暴力性犯罪被... (命中第1/共2)
全部命中　上一命中　下一命中　命中到条　全文
中华人民共和国侵权责任法（英文译本）
2009.12.26
第五十二条　盗窃、抢劫或者抢夺的机动车发生交通事故造成损害的，由盗窃人、抢劫人或者抢夺人承担赔偿责任。保险公司在机动车强制保险责任限额范围内垫付抢救费用的，有权向交通事故责任人追偿。 ... (命中2次)
下一命中 命中到条 全文

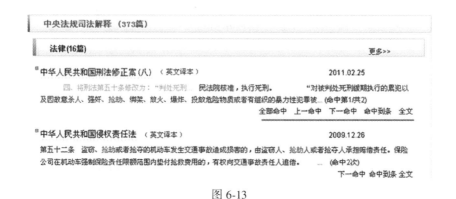

图 6-13

第五，修订沿革与时效提示功能。修订沿革与时效提示功能直观提示法律文本的修订版本和时效性。当查询的某一法律法规或具体法条已被修订时，“修订沿革”中将显示变动记录，并提供更改后的最新法律法规或相应法条。通过对我国法律、法规的历次修改及相关法条变动的梳理，记录了解立法发展史，便于研究法律发展方向。图 6-14 展示了刑法的修订沿革。

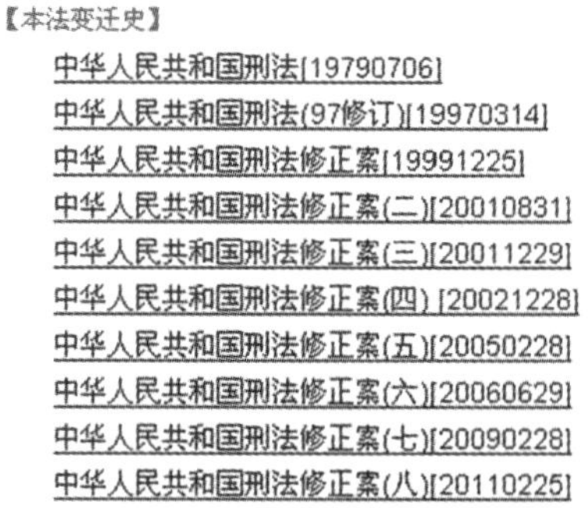

【本法变迁史】
中华人民共和国刑法[19790706]
中华人民共和国刑法(97修订)[19970314]
中华人民共和国刑法修正案[19991225]
中华人民共和国刑法修正案(二)[20010831]
中华人民共和国刑法修正案(三)[20011229]
中华人民共和国刑法修正案(四) [20021228]
中华人民共和国刑法修正案(五)[20050228]
中华人民共和国刑法修正案(六)[20060629]
中华人民共和国刑法修正案(七)[20090228]
中华人民共和国刑法修正案(八)[20110225]

图 6-14

第六，法宝引证码。法宝引证码功能是北大法宝正在逐渐完善的引证体系，意在避免信息漂移，便于快速定位与共享。主要用于法律文献的引注和查询检索服务，现已在“北大法宝"法律法规、司法案例、法学期刊、法学在线、英文译本五个数据库中有所应用，在引证码检索框中输入引证码，即可查询到具体文献。

二、万律数据库法律法规检索

万律(Westlaw China)中国法律法规双语数据库是汤森路透法律信息集团研发的法律信息平台；现今由成立于2006年5月12日北京一线富通咨询有限公司经营，是由专业律师以及多年从事法律工作的专家组成的编辑团队对中国大陆地区的法律法规以及裁判文书进行整理和归纳而成的中国法律法规双语数据库(图6-15)。

图 6-15

1. 万律数据规模

万律(Westlaw China)设置34个法律专题、涵盖28000个法律要点。法律法规数据收集了中央政府机关、全国31个省、市、自治区政府自1949年至今所颁布的超过52万篇法律法规(英文法律法规数量达到7500篇)、案例数据收集了最高人民法院、全国31个省、市、自治区地方法院以及包括海事法庭在内的专门法院官方公布的案例达到22万多例(英文裁判要点数量将超过3000条)。万律(Westlaw China)的内容每天更新，确保客户获得最新最权威的法律信息。万律时讯服务更是每日多次更新，为客户推送经由专业法律编辑精心筛选的最新行业资讯。法律专题分类体系以法律实务为指向，力求信息的精准、权威，对数据库内的法律法规和判例进行专业分析和高度整合，使法律从业人士处理日常实务时，能够便捷、快速地获取所需信息。每个法律要点下均收录了法条援引，裁判要点，相关文件，以及相关参考等内容。第6版万律(Westlaw China)中文数据库新增了能源法法律专题；英文数据库新增了专利法律专题。各个法律专题列表如图6-16所示：

法律专题	中文	英文
民法通则	✓	✓
合同	✓	
商标	✓	✓
著作权	✓	✓
专利	✓	
房地产	✓	
担保	✓	
票据	✓	
外商投资	✓	✓
公司与企业法	✓	
企业并购	✓	✓
物权法	✓	
证券法	✓	
刑法	✓	
行政许可	✓	
行政处罚	✓	
行政复议	✓	
反不正当竞争	✓	✓
产品质量	✓	
银行	✓	
招投标	✓	
外汇管理	✓	
个人所得税	✓	
税收征管	✓	
营业税	✓	
土地增值税	✓	
契税	✓	✓
海关	✓	
劳动及社会保障	✓	
电信互联网	✓	✓
国有资产管理	✓	
国际贸易	✓	
民事诉讼	✓	✓
刑事诉讼	✓	
行政诉讼	✓	
总裁	✓	✓

图 6-16

万律数据库文献范围：中华人民共和国成立后的法律法规和国际条约 1099234 篇。法律法规按照法律层级进行分类。万律英文法律信息数据库的法律文献专业翻译，经英美法律专家编辑、校正，内容严谨并精确使用专业法律用语。万律英文法律信息数据库包含 20673 篇重要法律法规和国际条约。

法律状态标志：

黄色小旗子表示法律法规已被修订。指部分法条被其他法律法规宣布失效、废止或修改。万律通过在法律法规修订记录或正文中加注提示的方式，提醒检索者被修订的具体信息。

红色小旗子表示法律法规已废止。

橘色小旗子表示法律法规虽标示为有效，但与本法直接相关的其他法律法规效力发生变化，或本法的调整对象已不存在等，万律在法律法规标题前显示 及法律法规正文页面中显示效力提示，以提醒检索者关注此类信息。

表示本文档为全文文档。

2. 万律检索方式

万律提供三种检索方式：简单检索、高级检索、分类检索。

(1)简单检索。在首页点击位于页面上方的"法律法规"选项，进入法律法规检索页面，系统默认简单检索页面。在"标题/文号/颁布机关"或"全文"字段后键入关键词(最长为 128 个字)，然后点击检索按钮，即可进入检索结果页面。如果选择了"有效"选项，则检索结果为现行有效的法律法规全文。在"标题/文号/颁布机关"字段下的框内里输入不加双引号的关键词，可以查找出在标题中含有此关键词的全部法律法规。如果知道需要检索的法律法规的确切标题，则在双引号内输入该标题，如"中华人民共和国物权法"。点击"查询"按钮即可进入检索结果页面。重新检索点击"重置"按钮即可。

检索实例：检索上海住宅小区违规建筑的有关法律法规，设定关键词：上海 物业管理(图 6-17)。

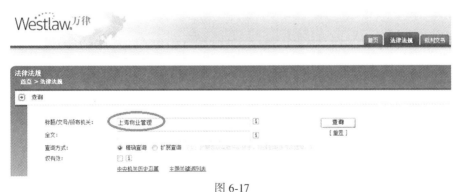

图 6-17

选择"精确查询"，点击检索按钮"查询"进入结果页面(图 6-18)。

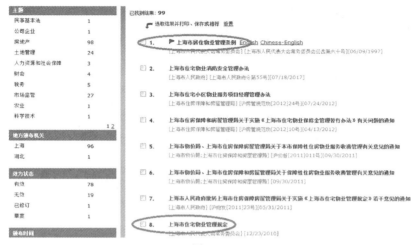

图 6-18

在"全文"字段下检索，关键词可以与连接符组合成检索式。输入几个关键词，万律将自动使用逻辑与连接符"&"（AND）连接它们。查询结果将显示包含所有关键词的文献。例如：输入物业管理将显示包含物业和管理的所有法律法规。如需将两个词结合起来进行精确查找，则应输入"物业管理"（加英文输入法状态下的半角双引号）（图 6-19~图 6-20）。

图 6-19

图 6-20

（2）高级检索。点击快速检索页面右上方的"高级查询"按钮进入高级检索页面。此页面提供检索七种字段（法律层级、标题、全文、文号、颁布机关、主题和时间），三种可选择状态（法律法规的效力状态、是否已翻译、还有精确还是模糊检索）（图 6-21）。

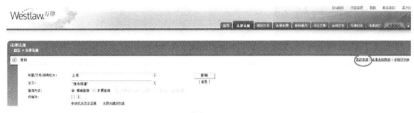

图 6-21

检索实例：检索全国各地的"违法搭建"有关的物业管理规定（图 6-22）。

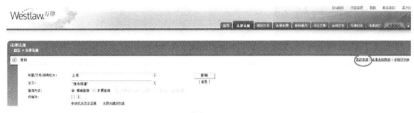

图 6-22

系统依据键入的关键词自动编辑成精确方式检索的检索式：（标题（"物业管理"））AND（全文（"违法搭建"））AND 仅 有效 AND（法律层级（中央法规 AND 地方法规））。

法律法规库检索条件说明：

颁布机关字段：可输入颁布机关全称或通用简称。多个颁布机关名称之间用空格隔开，可查询多颁布机关的联合发文；多个颁布机关名称之间用 OR 隔开（OR 前后有空格）的，可检索到相应颁布机关各自颁布的法律法规（图 6-23）。

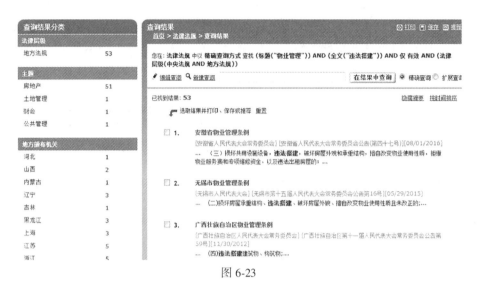

图 6-23

主题字段：其后的检索可键入主题词，也可通过点击检索框右侧的图标，选择相应主题词。

时间字段："颁布时间"和"实施时间"，万律支持的格式为"MM/DD/YYYY"进行。系统会自动添加"/"。当用户在左侧框输入完整的"MM/DD/YYYY"后，光标会自动跳转至右侧框。

（3）分类检索。在法律法规检索主页面快速检索的下方即是分类检索区（图 6-24）。

图 6-24

分类检索分为"法律层级"和"主题"两种分类方式。

按照分类列表逐层点击浏览法律法规，无需在"标题/文号/颁布机关"或"全文"字段中输入任何关键词。同时，在每一个分类对应的文件夹右侧都列明了该文件夹下收录的文件数量。

检索实例：法律法规→法律层级→宪法法律→民事基本法律(9)→点击第 4 条检索标题"中华人民共和国经济合同法"(标题前的小红旗标识：此法已经失效；标题后的英文提示有英文翻译，有英汉对照全文)进入经济合同法的阅读页面(图 6-25)。

图 6-25

标题前的蓝色 H 标识出历史沿革的各个版本。检索者借此快速了解法律法规的历史沿革和发展(图 6-26)。

图 6-26

引文次数 1862 由各条被引次数总计而成(图 6-27)。

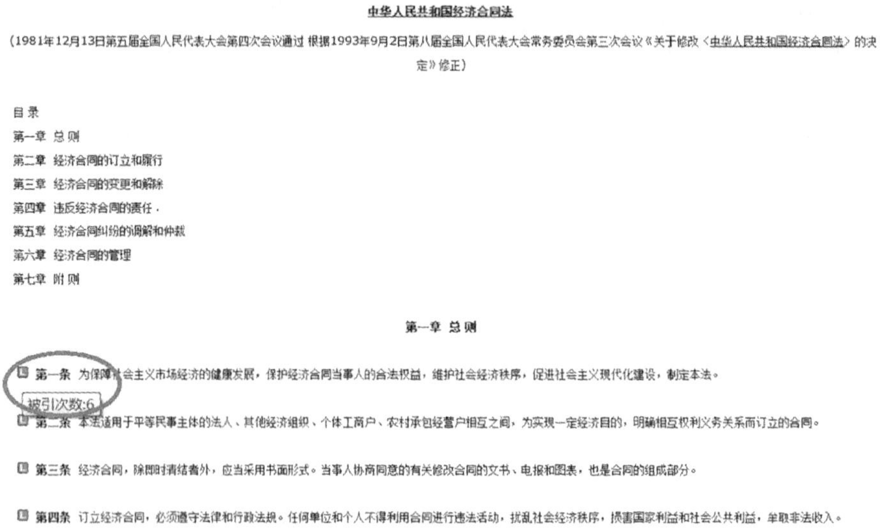

中华人民共和国经济合同法

（1981年12月13日第五届全国人民代表大会第四次会议通过 根据1993年9月2日第八届全国人民代表大会常务委员会第三次会议《关于修改〈中华人民共和国经济合同法〉的决定》修正）

目录

第一章 总则

第二章 经济合同的订立和履行

第三章 经济合同的变更和解除

第四章 违反经济合同的责任

第五章 经济合同纠纷的调解和仲裁

第六章 经济合同的管理

第七章 附则

第一章 总则

第一条 为保障社会主义市场经济的健康发展，保护经济合同当事人的合法权益，维护社会经济秩序，促进社会主义现代化建设，制定本法。

被引次数:6

第二条 本法适用于平等民事主体的法人、其他经济组织、个体工商户、农村承包经营户相互之间，为实现一定经济目的，明确相互权利义务关系而订立的合同。

第三条 经济合同，除即时清结者外，应当采用书面形式。当事人协商同意的有关修改合同的文书、电报和图表，也是合同的组成部分。

第四条 订立经济合同，必须遵守法律和行政法规。任何单位和个人不得利用合同进行违法活动，扰乱社会经济秩序，损害国家利益和社会公共利益，牟取非法收入。

图 6-27

点击橙色 L，被引的 6 次显示在阅读页面的下方(图 6-28)。

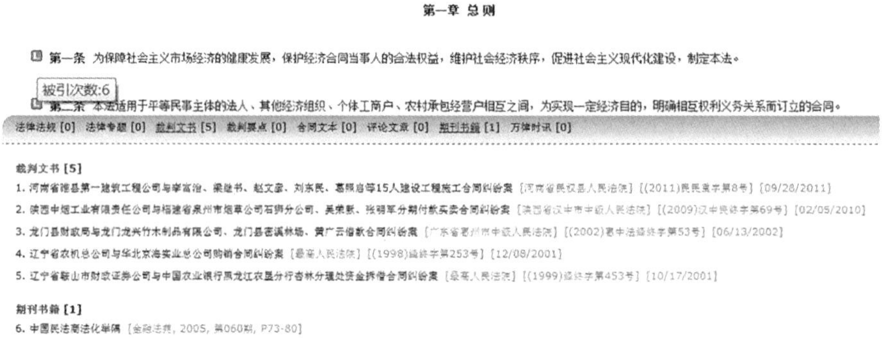

第一章 总则

第一条 为保障社会主义市场经济的健康发展，保护经济合同当事人的合法权益，维护社会经济秩序，促进社会主义现代化建设，制定本法。

被引次数:6

第二条 本法适用于平等民事主体的法人、其他经济组织、个体工商户、农村承包经营户相互之间，为实现一定经济目的，明确相互权利义务关系而订立的合同。

法律法规 [0]　法律专题 [0]　裁判文书 [5]　裁判要点 [0]　合同文本 [0]　评论文章 [0]　期刊书籍 [1]　万律时讯 [0]

裁判文书 [5]

1. 河南省睢县第一建筑工程公司与李富治、梁继书、赵文彦、刘东民、葛照启等15人建设工程施工合同纠纷案 [河南省民权县人民法院] [(2011)民民重字第8号] [09/28/2011]
2. 陕西中烟工业有限责任公司与福建省泉州市烟草公司石狮分公司、吴荣跃、张弱军分期付款买卖合同纠纷案 [陕西省汉中市中级人民法院] [(2009)汉中民终字第69号] [02/05/2010]
3. 龙门县财政局与龙门龙兴竹木制品有限公司、龙门县密溪林场、黄广云借款合同纠纷案 [广东省惠州市中级人民法院] [(2002)惠中法经终字第53号] [06/13/2002]
4. 辽宁省农机总公司与华北京海实业总公司购销合同纠纷案 [最高人民法院] [(1998)经终字第253号] [12/08/2001]
5. 辽宁省鞍山市财政证券公司与中国农业银行黑龙江农垦分行香林分理处资金拆借合同纠纷案 [最高人民法院] [(1999)经终字第453号] [10/17/2001]

期刊书籍 [1]

6. 中国民法商法化举隅 [金融法苑, 2005, 第060期, P73-80]

图 6-28

三、北大法意法律法规检索

北京法意科技有限公司由北京大学参股，简称“北大法意”①。北大法意网是北京大学实证法务研究所、北京大学金融法研究中心以及北京法意网科技有限公司共同研发的在线法律数据库。2003 年，几名北大法院的博士、硕士研究生坚信文科学术成果也能转化为生产力，他们以法律数据库检索服务为主营业务注册成立北京法意科技有限公司。法意的法规子库和案例子库源自 2000 年 10 月北京大学金融法研究中心电子法务实验室研发的案例

① 取自严复的译著《法意》，商务印书馆 1913 年首次出版。《法意》即 1748 年法国启蒙思想家孟德斯鸠《论法的精神》的中文初名，1961 年张雁深翻译为《论法的精神》。

法规全互动数据库 1.0 版。[①] 2001 年 10 月升级为北大法意数据库 2.0 版。以此为基础，北京法意科技有限公司成立后，2004—2006 年相继出版北京大学电子法务软件系列之《法规数据库高端专业版》《中国司法案例数据库》《合同签约自助系统》《律师合同业务支持系统》《企业合同事务支持系统》等软件。2008—2010 年，北大法意研发完成的《人民法院审判质量与效率评估管理系统》《律师事务所管理信息系统》《企业法律管理信息系统》《人民法院司法文书纠错系统》先后上线服务。

1. 法意数据

北大法意网法律法规数据规模：中国大陆法规库、大陆法规英译本、香港法规、澳门法规、台湾法规、外国法规、国际条约等子库，总记录数 150 多万篇。其中中国法律法规 1520831 篇、中英文本对照库 3759 篇、新旧版本对照库 213 篇、香港法规库 3050 篇、澳门法规库 32368 篇、台湾法规库 10550 篇、外国法规库 1016 篇、国际条约库 5668 篇、法规解读库 1840 篇、古代近代法规库 648 篇。

北大法意网目前一共拥有 35 个子数据库，以法规、案例、合同、特色专题四大基础数据库群组为核心。

数据来源：数据内容采用全国人大及常委会、国务院及各部委、最高人民法院、最高人民检察院等有关机关提供的法规文本，包括：政府政报文告及正式出版物；中央政府、各部委及地方政府网站；具有政府背景的权威网站；合作政府及研究机构等。

数据组织：北大法意网设有教育频道、企业频道、律师频道、政法频道、法律资源和法律咨询六个频道。其中，律师频道和咨询频道不分子库。法律资源频道提供 18 个数据库检索服务，包括：法院案例库、法律法规库、法学论著库、合同文本库、法律文书库、法律咨询库、法学辞典库、财会专题、金融法库、统计数据、政报文告库、审判参考库、立法资料库、行政执法库、法务流程库、司法考试库、法律人库、WTO 法律库。政法频道由五个子系统组成：人民法院裁判文书上网审查系统、人民法院调研系统、人民法院审判质量与效率评估管理系统、人民法院文书制作系统、人民法院司法文书纠错系统。适用于人民法院系统。企业频道由法律法规数据库、中国司法案例数据库、企业合同事务支持系统、企业合同信息管理系统四个子库组成，适用于企业法务。

教育频道由五个子库组成，其中案例数据库群和法规数据库是其核心数据。

法规数据库由法规库、中英文本对照库、新旧版本对照库、香港法规库、澳门法规库、台湾法规库、外国法规库、国际条约库、法规解读库、古代近代法规库、配套规定共 11 个相关法律文献资源库组成。这套数据库群整合了国内外法律法规信息的中文数据资源，适用于律师事务所、法律院校、法院、检察院、政府法制部门、公司企业法务部门等机构和专业人士进行系统的法律和案例的检索。

2. 法意法规检索

法意法规提供三种检索方式：快速检索、高级检索、分类检索。

---

① 法意与北大［EB/OL］.［2017-05-09］. http：//www. lawyee. com/about. aspx？id = 7a393f0c-7386-43fc-b998-41abc185b9d4#.

（1）快速检索（图6-29）：

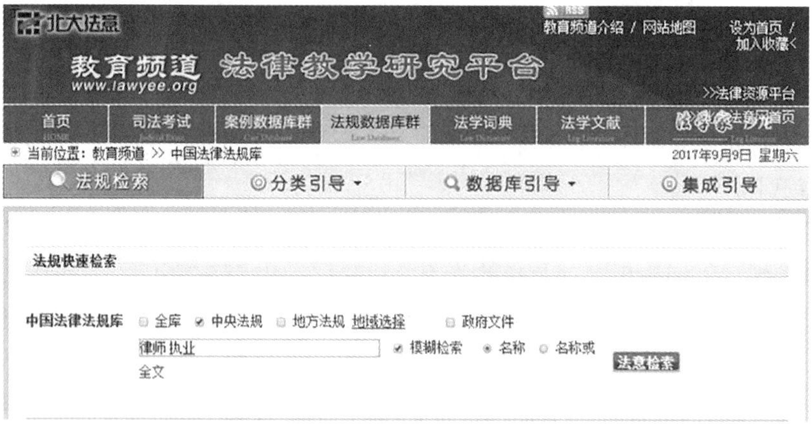

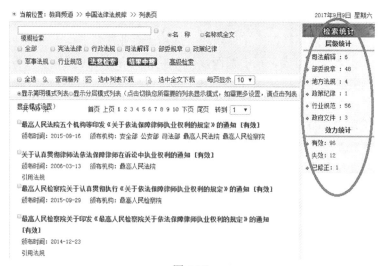

图6-29

检索实例：检索有关律师执业的中央法规。

检索框中键入关键词（可以键入多个关键词，多个关键词之间用空格分离，空格等同逻辑与的作用。例如"律师 执业"；点选检索框后的"模糊检索"和"名称"；点选检索框上端检索的文献范围中的"中央法规"；然后点击"法意检索"按钮，检索结果页面优化功能如下（图6-30）：

第一，分类统计功能，结果页面的右侧列出检索结果总数量以及按效力层级分类的统计数目。点击相应项则可查看相应的法规列表。

第二，检索结果排序功能，两种排序功能：时间上从新到旧，效力层级上从高到低。

第三，二次检索功能，"结果中搜索"即是不限次数的在检索结果范围内再检索功能。

图6-30

（2）高级检索（图 6-31）：

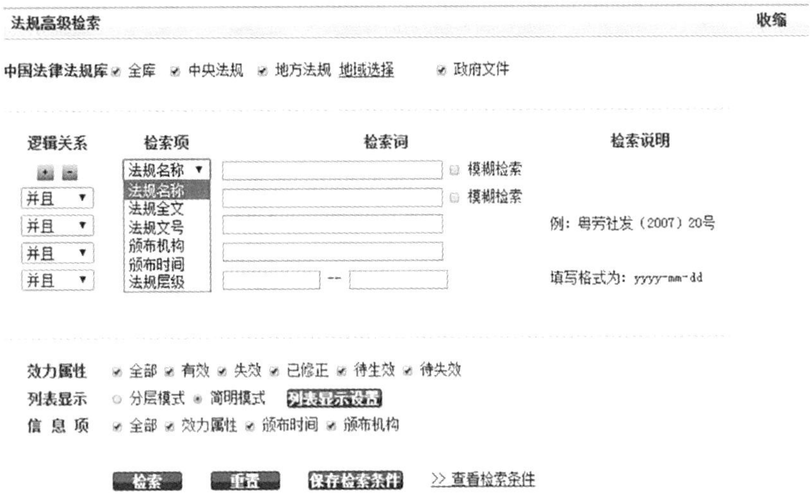

图 6-31

高级检索提供 12 种检索字段（条件）供选择（多项供选，不必全选）：法规名称、法规全文、法规文号、颁布机关、颁布时间、法规层级、有效法规、失效法规、已修订法规、待生效法规、待失效法规、各种效力属性的全部法规。分层和简明两种检索结果列表显示设置。

检索实例：检索有关律师执业的相关法规（图 6-32）。

图 6-32

高级检索的检索字段说明：

法规名称：法规全名称或法规名称中含有的关键词。多个关键词之间用空格分隔，等同关键词逻辑"并"的组配。支持模糊查询。

法规名称或全文：法规名称或全文中含有的关键词。多个关键词之间用空格分隔等同关键词逻辑"并"的组配。支持模糊查询。

颁布机构：下拉选择或者填写要检索的法规的颁布机构。支持颁布机构简称查询。输入"上海"可以查询所有颁布机构包含"上海"字样的法规；输入"最高法"。可以查询到所有最高人民法院颁布的司法解释。通过下拉菜单可以同时选择多个颁布机构。支持模糊查询。

法规文号：通过输入要查询法规的发文号查询法规。如"国函〔2006〕68 号"或"国函〔2006〕"。支持模糊查询。

效力属性：选择要查询法规的效力属性：有效、失效或已修订，默认选项为"全部"。

法规层级：从高到低为宪法法律、行政法规、司法解释、部门规章、地方法规、军事法规、行业规范、政策纪律或国际条约，默认选项为"全部"层级。

颁布时间：填写要查询法规的颁布时间。不填写颁布时间则时间范围默认查询全部时间段法规。时间填写格式为"1949-01-01"。

结果排序：检索结果列表显示页面分为：按照颁布时间先后排序和按照法规层级高低排序，可以任选一种。默认按照颁布时间排序。

检索显示：检索结果列表既有排序规则，同时还有显示范围，其中效力属性、颁布时间和颁布机构都是默认显示在列表中。此外，"全文逐条"显示是北大法意网的独创功能（图 6-33）。

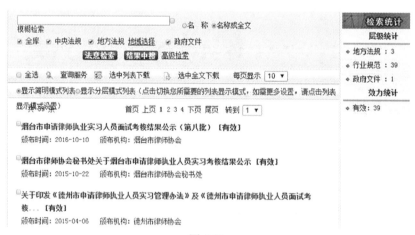

图 6-33

如果要检索到湖北律师执业规范，在以上结果页面中可进行两种检索，其一，点击右侧的"层级统计"中的"地方法规"，显示如下（图 6-34）：

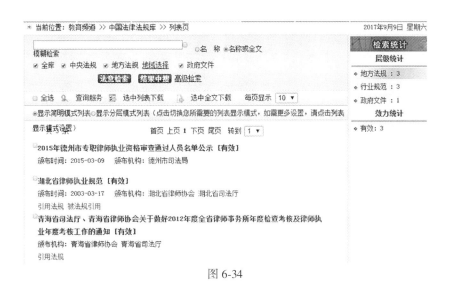

图 6-34

其二，进行二次检索，在检索框之内键入"湖北"，限定"地方法规"，然后点击"结果中搜"按钮，显示如下（图 6-35）：

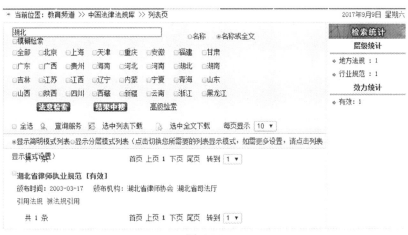

图 6-35

（3）分类检索。

法意的分类检索分为 3 类 7 种：分类引导包含法规层级引导检索、法规主题引导检索、法规专题引导检索；数据库引导包含中央法规、地方法规、政府文件库；集成引导。

法规层级引导检索是按照法规的效力层级分类而进行的浏览式检索。点击图 6-36 中右侧的层级分类即可浏览检索结果（图 6-36）。其他 5 种分类检索原理与法规层级引导检索原理相同。

图 6-36

3. 法意法规数据技术功能

（1）提供快速、多条件、高级检索、结果中检索、全文逐条检索等多种功能；同时提供简明、普通、集成三种不同列表反馈模式以及检索统计功能。

（2）全面覆盖同类法规软件的内容及功能：提供法规名称、全文、法规文号、颁布机构、颁布时间、法规层级、效力属性等各类信息项的高级检索功能，不限次的二次检索和关键词标记功能，法规文本导成文本文档功能。

（3）精细专业分类体系：整个法律法规库设有 8 个效力层级、32 个实务行业专题、14 个学科专题、4 个司法区域的分类检索体系，是利于某一类数据的分析和研究功能。

（4）互动高效检索功能：提供失效、修订及效力存疑法规的特殊标记及链接，法规之间、案例之间、法规与案例之间的互动链接，法规检索结果的分类统计和逐条对比显示，法规中文本与英译本的逐条对照显示功能。

（5）多方式文本互动链接分析：以文内链、关联资料等形式提供法规文本的注释，法条的释义等文本互动链接分析功能。

（6）应用功能：提供法条摘录、单页或多页查看、法规目录、记事本、多种对照方式、阅读区背景色设置、列表或全文打印、下载以及分库安装卸载、自定义在线更新等功能。

（7）增值指定查询服务功能：凡是在法规数据库中查询不到的信息，检索者可以通过"指定查询服务"在线提交查找需求，北大法意会指定信息服务专员收集相关信息，并通过电子邮件或传真的方式及时反馈功能。

四、中国知网的中国法律知识资源总库（法库）

CNKI 工程是以实现全社会知识资源传播共享与增值利用为目标的信息化建设项目，

由清华大学、清华同方发起，始建于1999年6月。中国法律知识资源总库（以下简称"法库"）是CNKI工程的一部分。

1. "法库"法律法规库及其数据

截至2016年12月，"法库"全部论文文献均来源于中国知识资源总库，从中精心遴选法律及其相关学科文献，共计220万篇。

收录全国各级人民法院的典型案例、媒体报道的案例，包括民事经济纠纷、知识产权纠纷、海事海商纠纷、刑事犯罪案件、行政诉讼案件、行政复议、行政执法案件、司法鉴定案例，共计53万篇。

收录法律、行政法规、军事法规、部门规章、地方性法规、地方政府规章、司法解释、行业规定、国际条约、港澳台法律、外国法律、团体规定、立法背景资料等，共计100万余篇。其中中央单位159145篇、地方单位837883篇、世界与其他国家与地区4624篇。[①]

"法库"是在上述大规模法律信息集成的基础上首创法规-案例-论文三大信息资源的关联整合的检索工具，是能够沟通理论研究、立法与司法实践，达到全面了解法制建设发展脉络、正反对比分析的目的，支持法律数字化学习，开展新型法律数字化研究的目标的检索工具。[②]

2. 检索方式。

"法库"提供的检索方式有：快速检索、标准检索、专业检索、分类检索，还提供二次检索和引文检索，可用于检索结果的优化与拓展。

（1）快速检索

快速检索需要层层推进，才能最终到达检索目标。

快速检索实例：检索外交部2017年3月20如发布的《学校招收和培养国际学生管理办法》（图6-37）。

图 6-37

快速检索条件说明：

篇检索，也就是查阅整部法规。系统默认篇检索。通过控制条件如：标题、发布机关、关键词、发文本字号、全文等，可检索到相关法律法规。

快速检索不支持多关键词同时检索，如图6-38中，键入"国际学生"和"管理办法"得

---

① 数据依据中国法律知识资源总库法律法规库检索首页数据统计。

② 关于《中国法律知识资源总库》. 中国知网［OL］. ［2017-09-10］. http：//202.114.238.112：8000/rwt/CNKI/http/NSRYPLUDN3WXTLUPMW4A/page_chanpin2.html#a02.

不到预计的检索结果。

图 6-38

二次检索：在检索结果页面的检索框里键入"管理办法"点击"在结果中检索"（图 6-39~图 6-40）。

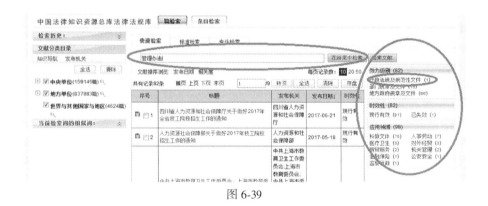

图 6-39

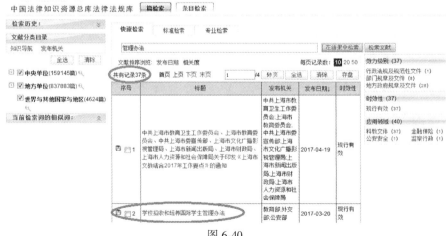

图 6-40

利用检索结果页面右侧的分类(图6-41~图6-42):

图6-41

图6-42

(2)标准检索。

标准检索页面有系统预设的表单式检索项之间的逻辑关系,只需要选择关键词键入即可。标准检索下,可进行法律法规的篇检索和条目检索(图6-43)。

图6-43

标准检索之法律法规条目检索：

"法库"可实现法律法规的检索深入条目，每个条目都可以进行检索。通过控制条件如：标题、条目全文、发布机关、条目序号、条目关键词等可检索相关的法律条目。

条目查询共有三种方式，以查找有关"抢劫"的法条为例：

第一种方式：通过"条目关键词"。选择中国大陆法规条目，检索"条目关键词=抢劫"，检索出结果。

第二种方式：通过"法规名称+条目序号"例如"标题=刑法，条目序号=263"。选择中国大陆法规条目。

第三种方式：在篇知网节内通过"法内检索"和"法规目录导航"也可以查阅该部法规的条目（图6-44）。

图 6-44

（3）专业检索。

TI="国际学生" and TI="管理办法" and FB="外交部"（图6-45）。

图 6-45

（4）分类检索（导航体系）：知识导航和发布机关导航。

《法律法规库》发布机关导航设中央单位、地方单位、世界其他国家与地区等三个一级栏目。知识导航分为 14 个：法理学与法律史、宪法、行政法、民商法、经济法、环境与资源保护法、刑法、犯罪学、诉讼法、司法及司法行政制度、国际法、国家安全与军事法、法学综合、公安知识库。

以查找外交部发布的《学校招收和培养国际学生管理办法》为例（图 6-46）。

图 6-46

点击可连接的标题"学校招收和培养国际学生管理办法"，即可进入结果页面（图 6-47）。

图 6-47

239

结果页面的知网节技术功能，知网节技术功能即引文检索功能(图6-48)。

图 6-48

3. 法库技术功能：条目检索、智能聚类、法规篇知网节、条目知网节

第三节　法院网络门户案例文献检索

2014 年 1 月 1 日，《最高人民法院关于人民法院在互联网公布裁判文书的规定》正式实施。2015 年 2 月底裁判文书网上线。最高人民法院建立中国裁判文书网，统一公布各级人民法院的生效裁判书。中西部地区基层人民法院在互联网上公布裁判书的时间进度由各自所属的高级人民法院决定，并报备至最高人民法院。2013 年以前分散在各级主审法院系统内的卷宗管理机构。2013 年 7 月，《最高人民法院裁判文书上网公布暂行办法》正式实施。该办法规定，除依法定特殊情形外，最高人民法院发生法律效力的判决书、裁定书、决定书，一般均应在互联网上公开。尤其是社会关注度高的案件，生效裁判文书应当在互联网上公布。这些文献目前远远还未形成具备多种检索方式的规模文献，也许将来能在此基础上形成中国判例文献中心中国裁判文书网数据来源于各级法院录入审核过的裁判文书，这些裁判文书依据法律与审判公开的原则予以公开。大量案例、审结案件卷宗还是内部专业文献源，集中存放在各级主审法院的档案处。当然北大法宝和北大法意也做了这类文献的建设。

最高人民法院网站案例检索 http：//www. court. gov. cn/。

一、最高人民法院案例数据

至 2016 年年底，1949 年之后案例统计约 2. 65 亿例案例中，约 8% 已公开：最高人民法院公布了（可以检索并阅读判决书全文）3300多万例（33027072例）①。1978年下半年以来，最高人民法院通过召开会议、发出文件、检查案件、选编案例等方式，大力推动复查工作的开展。案例数量开始逐年递增，非一审结案数量巨大，民事案件调解结案比例很高，占总数的85%左右。②

《最高人民法院公报》（以下简称《公报》）是最高人民法院的官方文献汇编，由最高人民法院办公厅主办，在国内及海外公开发行，是最高人民法院公开发布司法解释、司法文件、典型案例等各类重要司法信息的权威载体。《公报》创刊于1985年，月刊，栏目设置为：文献、法律选登、司法解释、司法统计、司法文件、任免事项、裁判文书选登及案例。

二、最高人民法院案例概说

最高人民法院案例网站公布的案例33027072例，其中最高人民法院中国裁判文书网（以下简称"中国裁判文书网"）和最高人民法院中国司法案例网（以下简称"中国司法案例网"）的案例文献具有检索功能。这两个子网上的案例总数有33014392例，占最高人民法院案例网站公布的案例的99.96%。

1. 最高人民法院门户网的多种检索功能的子网

（1）中国裁判文书网 http：//wenshu.court.gov.cn/。

从最高人民法院首页点击网页中部的连接图标"中国裁判文书公开"即进入中国裁判文书网首页；直接输入中国裁判文书网网址同样进入中国裁判文书网首页。

（2）中国司法案例网 http：//anli.court.gov.cn/。

从最高人民法院首页点击网页中部的连接图标"中国司法案例网"即进入中国司法案例网首页；直接输入中国司法案例网网址同样进入中国司法案例网首页。

2. 最高人民法院网上只能分类浏览的案例

（1）指导性案例96例，http：//www.court.gov.cn/fabu-gengduo-77.html 路径：最高院首页下端"权威发布"栏→指导案例。

（2）重大案件133例，http：//www.court.gov.cn/fabu-gengduo-15.html 路径：最高院首页下端"权威发布"栏→重大案件。

（3）典型案例76例，http：//www.court.gov.cn/zixun-gengduo-104.html 路径：最高院首页中部"新闻发布会"栏→典型案例发布。

（4）公报过刊裁判文书选登301例，http：//gongbao.court.gov.cn/。路径：最高院首页中部"新闻发布会"栏→典型案例发布→公报→裁判文书选登。《公报》坚持贯彻最高人民法院党组确定的办刊指导思想，在指导审判实践、宣传法院工作、促进司法公开、扩大与国外司法界的交流等各个方面发挥了重要而积极的作用。《公报》2015年、2016年连续

---

① 见第四章第一节。

② 江华. 最高人民法院工作报告（1983年）[OL]. 全国人大网 [2017-05-10]. http：//www.npc.gov.cn/wxzl/wxzl/1983-06/07/content_1461977.htm.

两年荣膺"年度中国期刊海外发行 50 强" ①。

（5）最高人民法院裁判文书案例数 11302 例，http：//www. court. gov. cn/wenshu. html。路径：点击最高院首页下端"裁判文书"栏，也可快速检索。

3. 最高院中国庭审公开网

313649 例庭审视频含最高院 773 例，http：//tingshen. court. gov. cn/。路径：最高院首页中部"庭审直播"栏（或"中国庭审直播公开"链接）→中国庭审公开网。

依据案件分类浏览，点击视频名称即可在线观看庭审视频。本网页的案件分类如下：

重大案件：聂树斌故意杀人、强奸妇女再审案宣判，乔丹商标争议行政纠纷案宣判，海难救助纠纷案，乔丹商标争议行政纠纷系列案件审理。

刑事：危害公共安全罪、破坏社会主义市场经济秩序罪、侵犯公民人身权利及民主权利罪、侵犯财产罪、妨害社会管理秩序罪、危害国防利益罪。

民事：婚姻家庭及继承纠纷、物权纠纷合同无因管理及不当得利纠纷、侵权纠纷、与公司证券保险票据等有关的民事纠纷、人格权纠纷。

行政：作为类案件、不作为类案件、行政赔偿类案件。

地区直播：北京、天津、河北、山西、内蒙古、辽宁、吉林、黑龙江、上海、江苏、浙江、安徽、福建、江西、山东、河南、湖北、湖南、广东、广西、海南、重庆、四川、贵州、云南、西藏、陕西、甘肃、青海、宁夏、新疆、新疆兵团。

三、最高人民法院案例检索

1. 中国庭审公开网

检索实例：乔丹商标争议行政纠纷案宣判，审判长：陶凯元（图 6-49～图 6-50）。

图 6-49

---

① 公报介绍，最高人民法院网［OL］. ［2017-05-09］. http：//www. court. gov. cn/index. html.

图 6-50

2. 中国裁判文书网 http：//wenshu. court. gov. cn/Index（图 6-51）

图 6-51

中国裁判文书网的裁判书，分为五类多审级：刑事案件裁判书、民事案件裁判书、行政案件裁判书、赔偿案件裁判书和执行案件裁判书，以及经过二审、再审、申请再审等不同审判程序的案件裁判书。截至 2020 年 5 月 14 日，已经公布的裁判书总量达到 9234 万份。

中国裁判文书网案例检索提供快速检索、高级检索和优化检索结果的二次检索。

其中，快速检索通过在中国裁判文书网首页的检索框内输入关键词即可实现。

快速检索支持关键词联想功能。在快速检索框中输入关键词后，联想功能推荐案由、关键词、审理法院、当事人、审理人员、律师、律所、法律依据八个类型的检索信息供检索者选用。

在检索结果列表中，除了符合检索条件的文书外还有关联文书。关联文书即检索结果通过文书的一、二审文书关联在一起显示，客观、完整的展现案件的全过程。关联文书会显示文书的审理程序、审理法院、案号、裁判日期、结案方式五项信息（图 6-52 ~ 图 6-54）。

图 6-52

图 6-53

图 6-54

在检索结果列表左边有检索结果分类优化显示，分为关键词、案由、法院层级、地域及法院、裁判年份、审理程序、文书种类七类供筛选。

点击检索列表中文书标题，可进入该文书全文页面，在全文页面的页眉有关联文书按钮、左页边有当前文书的目录、右页边有当前文书的概要。

点击关联文书，当前文书关联文书展示与列表页关联文书相同的内容。

点击当前文书的左页目录图标，显现当前文书的全目录；点击目录中的段落名称，会自动定位到裁判文书的相应位置。

点击当前文书概要图标，会展开当前文书的基本信息和法律依据。

点击"最高法院(12)"（图 6-55～图 6-58）。

图 6-55

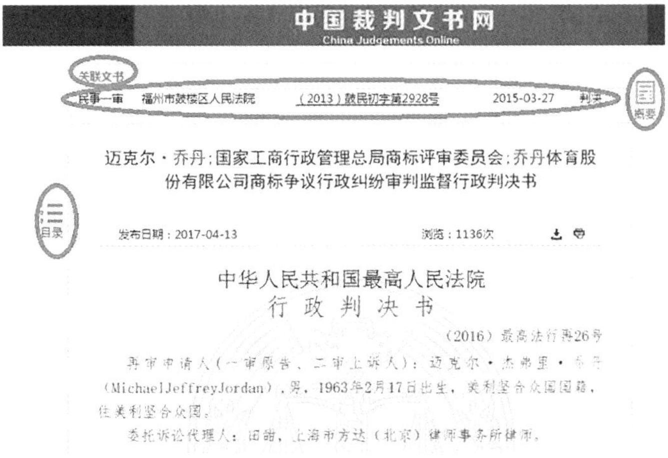

图 6-56

图 6-57

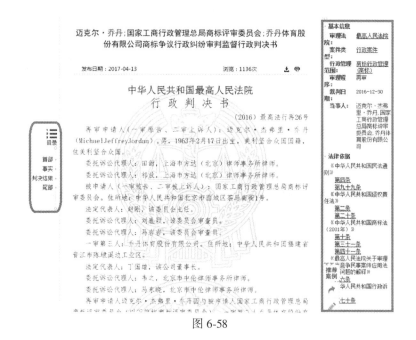

图 6-58

　　高级检索通过在高级检索窗口中填写多个检索项来实现，高级检索可以实现多个检索项组合检索。裁判文书网的高级检索中提供全文(分为 6 个子字段：全文、首部、事实、理由、判决结果和尾部)、案由(分为 4 大子类，每个子类还各自分为多层级子类：刑事案由、民事案由、行政案由和赔偿案由)、案件名称、案号、法院名称、法院层级(分为 5 个子类：全部、最高院、高院、中院和基层)、案件类型(分为 5 个子类：刑事、民事、行政、赔偿和执行案件)、审判程序(分为 8 个子类:一审、二审、再审、非诉执行审查、复核、刑法变更、再审审查与审判监督和其他)、文书类型(分为 11 个子类:全部、判决书、裁定书、调解书、决定书、通知书、批复、答复、函、令和其他)、裁判日期、审判人员、当事人、律所、律师、法律依据等共计 15 个信息项的检索,从而实现多信息项组合检索功能(图 6-59~图 6-60)。

图 6-59

图 6-60

高级检索的结果页面提供的检索拓展功能：

①关联文书：关联文书通过文书案号，将一、二审文书关联在一起显示，客观、完整地展现案件的最终结果。关联文书会显示文书的审理程序、审理法院、案号、裁判日期、结案方式五项信息。②分类引导：列表页左侧，分为关键词、案由、法院层级、地域及法院、裁判年份、审理程序、文书种类七种分类引导，缩小检索结果范围。③目录：用户点击全文页的目录图标，会展开当前裁判文书的目录；点击目录中的段落名称，会自动定位到裁判文书的相应位置。④概要：用户点击全文页的概要图标，会展开当前裁判文书的基本信息和法律依据。

登录检索可批量下载，还可以留言提建议；匿名检索只可能单篇下载。中国裁判文书网除拥有检索、查看、收藏、分享、下载的主体功能外，同时提供用户注册、登录，建议，留言等附加功能，满足用户对裁判文书网多样的使用需求。

3. 中国司法案例网

中国司法案例网是最高人民法院司法案例研究院的官网，提供简单检索、多关键词分段和联合查询，满足专业级、普通级的检索需求。用户可以按照案例来源、部门法、案号、案由、案件类型、审理法院、相关法条、律师、律所、当事人等条件进行多种组合检索，全面覆盖用户的检索需求。

提供同义词检索，同义词检索是一种单词衍生形态查询，当输入"离婚"时，搜索引擎除以"离婚"为条件搜索外，还会以"离婚后损害责任纠纷""离婚后财产纠纷"等同词根的词进行查询。

提供追加检索，即二次检索，是在前次检索结果集合的范围内，通过追加限定条件，进一步缩小检索结果集的范围，锁定你的需求。

案件类型：刑事案件、民事案件、行政案件、赔偿案例、执行案件、知识产权案件。

案例来源：指导性案例、公报案例、公布案例、审判参考案例、推选案例、大数据案例。

审理程序：一审、二审、再审、复核、刑罚变更、非诉执行审查、再审审查与审判监督、其他。

库 38836 例、2013 年至 2017 年推选案例 614 例以及大数据案例 195 例，全部指导性案例 96 例（民法 33 例、刑法 29 例、行政法 8 例、经济法 7 例、商法 4 例）。

第四节　商业数据库案例文献检索

一、法意案例数据库

（一）法意案例数据库及案例数据规模

法意案例数据库群由中国裁判文书库、精品案例库、精选案例库、中国媒体案例库、行政执法案例库、国际法院案例库、外国法院案例库、中国古代案例库、教学参考案例库、香港法院案例库、澳门法院案例库、台湾法院案例库共 12 个数据库组成。不仅可以查询最高法院、各级法院的判决及审判政策，还可以查询各仲裁机构作出的仲裁裁决。这套数据库适用于公检法机关、律师事务所、仲裁所；同时为高校法律案例教学、法律实证研究提供了强有力的基础文献保障。

北大法意网案例数据规模：

北大法意案例数据内容采用最高人民法院、最高人民检察院等有关机关提供的文本，包括：政府政报文告及正式出版物；中央政府、各部委及地方政府网站；具有政府背景的权威网站；合作政府及研究机构等。

至 2016 年年底，我国案例统计约 2.65 亿例。北大法意网案例数据库群由中国裁判文书库、精品案例库、精选案例库、中国媒体案例库、行政执法案例库、国际法院案例库、外国法院案例库、中国古代案例库、教学参考案例库、香港法院案例库、澳门法院案例库、台湾法院案例库共 12 个数据库组成，至 2017 年 9 月 12 日，总共统计案例 18266356 例，约占我国已决案件的 0.06%。

法意中国裁判文书库收录最高院以及各省市各级人民法院的裁判文书，分为刑事、民经、行政、知识产权、海事海商和国家赔偿六类裁判文书 13177095 例。

法意精品案例库收录 24814 例，是法意选择的典型性、疑难性和热点性案例，在案件的客观要素信息外，提炼出法律点、案情摘要、裁判要旨、核心学理词、法律依据等内容，有利于检索者在最短的时间内抓住案件的核心争论点。

法意精选案例库收录 4286667 例，多为经资深编辑提炼出案由、当事人、审理法院、审判人员等案件客观信息要素的案例。

法意中国媒体案例库收录 55753 例，包括各地媒体报道的案例，由专家、专业书籍、报刊等所选录的分析性案例。

法意行政执法案例库收录 1918 例，包括行政处罚决定、责令整改通知书、通报批评、撤销决定等相关案例。

法意中国古代案例库收录 467 例中国古代经典案例。

中国港澳台地区案例：香港法院案例库收录 89704 例香港地区各级法院案例，澳门法院案例库收录 17720 例澳门地区各级法院案例，台湾法院案例收录 610832 例台湾地区各级法院案例。

法意国际法院案例库收录 140 例国际法相关案例。

法意外国法院案例库收录 808 例，包括英美合同法、公司法、银行法、证券法相关案例。

法意教学参考案例库收录 438 例教学参考案例，是法学类高校教师在教学过程中运用的参考案例，通过教学参考案例让学生加深对法学理论和法学实践的认识，对于教师的教学、学生的学习都有较大的促进作用。知识点体例由北大博士后亲自参与制定，编辑参与人员均为来自人大、政法、吉大等名校的研究生，内容涉及主要的教学课程。所选案例年代较新，来自由著名教授编著的教学参考案例。具有代表性、典型性，方便老师备课，方便学生学习，也方便社会人士自学。案例的选取充分覆盖各个知识点，对一些重要知识点提供不同类型的对比案例。教学参考案例库可链接至其他数据库(法规库、裁判文书库、法学词典库)，拥有北大法意强大的数据平台支撑。

(二)法意案例检索

法意案例库提供四种检索方式：快速检索、高级检索、分类检索、智能检索。

1. 法意中国裁判文书库快速方式检索

分为题名关键词和提名与全文关键词两种方式。

检索实例：检索许霆盗窃案。

检索框中键入"许霆"，选择"名称"(图6-61)：

图 6-61

点击"法意检索"按钮，进入检索结果页面(图6-62)：

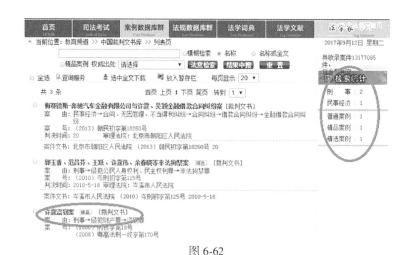

图 6-62

点击案例题名"许霆盗窃案"，进入裁判文书"案例数据包"阅读页面(图6-63~图6-65)：

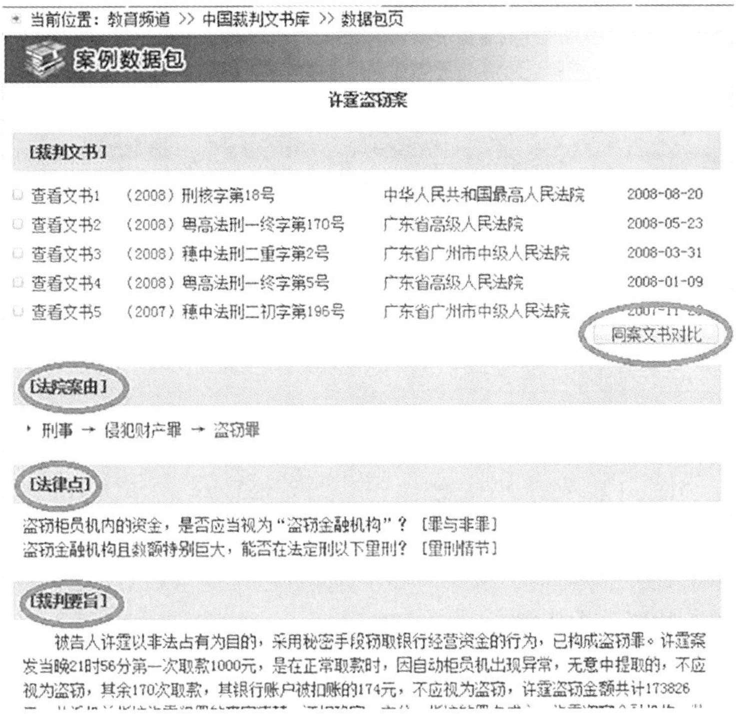

当前位置：教育频道 >> 中国裁判文书库 >> 数据包页

案例数据包

许霆盗窃案

[裁判文书]

□ 查看文书1	（2008）刑核字第18号	中华人民共和国最高人民法院	2008-08-20
□ 查看文书2	（2008）粤高法刑一终字第170号	广东省高级人民法院	2008-05-23
□ 查看文书3	（2008）穗中法刑二重字第2号	广东省广州市中级人民法院	2008-03-31
□ 查看文书4	（2008）粤高法刑一终字第5号	广东省高级人民法院	2008-01-09
□ 查看文书5	（2007）穗中法刑二初字第196号	广东省广州市中级人民法院	2007-11-20

同案文书对比

[法院案由]

▸ 刑事 → 侵犯财产罪 → 盗窃罪

[法律点]

盗窃柜员机内的资金，是否应当视为"盗窃金融机构"？〔罪与非罪〕
盗窃金融机构且数额特别巨大，能否在法定刑以下量刑？〔量刑情节〕

[裁判要旨]

　　被告人许霆以非法占有为目的，采用秘密手段窃取银行经营资金的行为，已构成盗窃罪。许霆案发当晚21时56分第一次取款1000元，是在正常取款时，因自动柜员机出现异常，无意中提取的，不应视为盗窃，其余170次取款，其银行账户被扣账的174元，不应视为盗窃，许霆盗窃金额共计173826

图 6-63

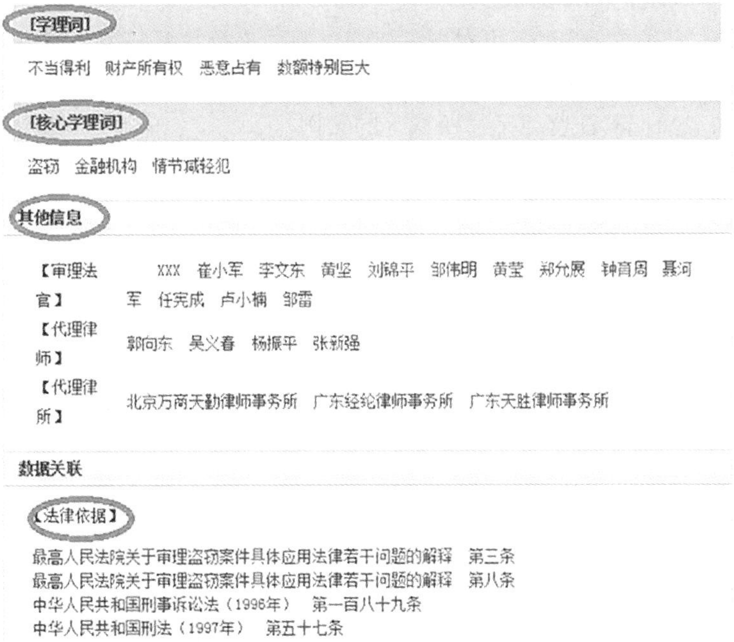

[学理词]

不当得利　财产所有权　恶意占有　数额特别巨大

[核心学理词]

盗窃　金融机构　情节减轻犯

其他信息

【审理法官】	XXX　崔小军　李文东　黄坚　刘锦平　邹伟明　黄莹　郑允展　钟育周　綦河军　任宪成　卢小楠　邹雷
【代理律师】	郭向东　吴义春　杨振平　张新强
【代理律所】	北京万商天勤律师事务所　广东经纶律师事务所　广东天胜律师事务所

数据关联

[法律依据]

最高人民法院关于审理盗窃案件具体应用法律若干问题的解释　第三条
最高人民法院关于审理盗窃案件具体应用法律若干问题的解释　第八条
中华人民共和国刑事诉讼法（1996年）　第一百八十九条
中华人民共和国刑法（1997年）　第五十七条

图 6-64

图 6-65

案例数据包说明：

"裁判文书"一栏中"文书 1"～"文书 5"：本案的多个审级的裁判文书(或同一审级的多种文书)；点击文书之后对应的法院，可查看同一法院的审判案例；"同案文书对比"提供本案 5 种文书的比较分析功能。

"法院案由"：逐级显示本案在案由体系中的案由。

"法律点"：本案的争论分类焦点。点击"法律点"进入法律点分类体系，可对同类法律点进行纵向研究，检索时也可以在线键入法律点进行有目的的研究。

"判决要旨"：简要呈现本案案情。

"学理词"与"核心学理词"：可对同一核心学理词进行数据归类，横向比较研究。

"其他信息"：分为"审理法官""代理律师""代理律所"三类信息检索点。点击法官、律师、律所，可查看同名法官律师律所参与的案例。

"数据关联"：本案的法律依据。

"同案同判"与"同案异判"：本案与他案的比较研究。

例如：选择本案文书 5"同案同判"(图 6-66)：

图 6-66

点击"显示相关案例列表"按钮，进入可选的待比较案例页面(图 6-67)。

图 6-67

选择供选案例之后，点击"放入暂存栏"（图 6-68）。

图 6-68

使用"全文对比"功能键，只需点选案例，然后点击"全文对比"按钮即可。使用"导读对比"功能键，还需要在"导读对比选项"浮动窗口进一步选择（图 6-69）。

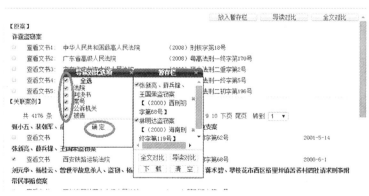

图 6-69

点击"确定"按钮，方可进入已选案例的比较阅读页面(图 6-70)。

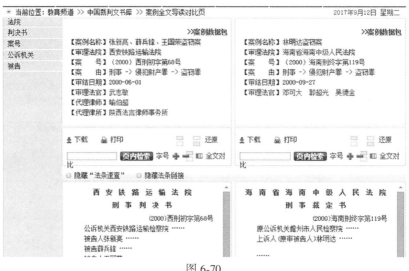

图 6-70

2. 智能检索(图 6-71)

图 6-71

检索项说明：

"逻辑关系"：检索项按"并且""或者""不包含"三种逻辑关系进行组合检索；"并且""或者""不包含"无优先级，按先后顺序进行组合；默认逻辑关系为"并且"。

"检索项"：目前只适用于刑事案例，分为四大类可选变量：罪犯分析、犯罪分析、刑法和案件分析。下拉列表的检索项名称是从刑事案件中专业筛选出来的。刑事案件涵盖的各类信息形成一个树形结构，分级别显示。选中一个检索项后，后面的检索词会对应动态显示。具体形式有：输入关键词、输入时间、输入数值、选择类型等。例如，罪犯分析变量组中共有年龄、性别、文化程度、身份、户籍居所、所属单位性质、是否单位犯罪、是否初犯再犯8类分析条件变量，其中年龄细分2类，身份再分6类，户籍居所细分3类，总计19项分析条件变量。检索项对应的"检索词"项分析条件变量更多。

检索项的加减：点击"逻辑关系"下的加号按钮，新增一行检索项；点击"逻辑关系"下的减号按钮，删除最后一行检索项(图6-72~图6-73)。

图 6-72

图 6-73

3. 高级检索

全文关键字、案号、案由、学理词、当事人、专题、权威出处、审理法院、法院级别、文书类型、审理法官、判决时间、审级、法律点、代理律所、代理律师。

例如：检索许霆盗窃案，选择"当事人"字段，键入"许霆"；再选择"全文关键词"字段，键入"银行"；两个关键词之间选择逻辑关系"并且"(图6-74~图6-75)。

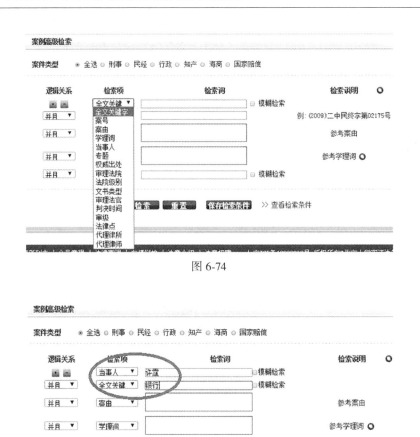

图 6-74

图 6-75

点击检索，进入结果页面。设定检索条件会让检准率变高，检索结果具有唯一性。

部分检索条件说明：

案件类型：分类为：刑事、民事经济、行政、知识产权、海事海商和国家赔偿。

案号：最高人民法院和地方各级人民法院判决文书上，各法院给定的案件编号。案号具有唯一性。案号检索式，独立使用即可。

案由：用名词简要概括的某件案件性质和内容，简言之：案件的案由。在刑事案件中用罪名表示如盗窃、抢劫；民事案件案由是民事案件名称的重要组成部分，反映案件所涉及的民事法律关系的性质，也将诉讼争议所包含的法律关系进行概括。① 参考案由

① 行政案件案由见《最高人民法院关于规范行政案件案由的通知》(2004 年 1 月 14 日法发〔2004〕2号)；民事案件案由(含知识产权案件案由和海事海商案件案由)见 2011 年 2 月 18 日最高人民法院《关于修改民事案件案由规定的决定》；国家赔偿案件案由见《最高人民法院关于国家赔偿案件案由的规定》(2012 年 1 月 13 日法〔2012〕32 号)。

（图 6-76）。

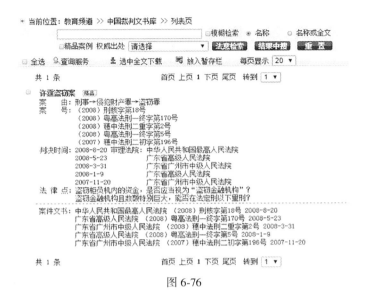

图 6-76

学理词：法学专业词汇。参考学理词。

法律点：法意数据库编辑提炼包含 4 类 72 个法律点，每个法律点下都有精选精编的案例。

文书类型：法意数据库编辑分类（图 6-77）。

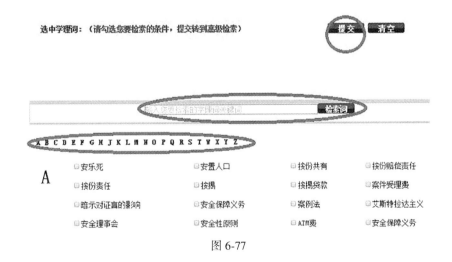

图 6-77

4. 分类检索

分类检索分为法院案由引导、专题分类引导、法律点体系引导、法院地域引导四种（图 6-78）。

图 6-78

（1）法院案由分类检索：

两种检索方式：其一在检索框中键入关键词（案由），进行检索。

检索实例：检索有关"生命权"的所有案例。在检索框中键入"生命权"，点击检索按钮"检索树"（图 6-79）。

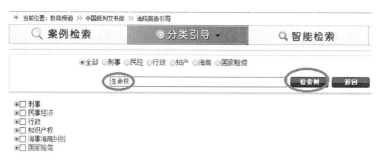

图 6-79

然后点击检索按钮"检索树"进入案由"生命权、健康权、身体权"分类页面（图 6-80）。

图 6-80

勾选"生命权、健康权、身体权纠纷"前面的复选框，然后点击"提交"进入检索结果页面(图6-81)。

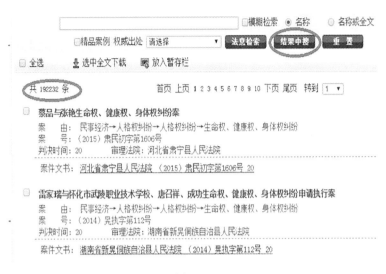

图6-81

若检索结果太多，可进行二次检索，或者重新检索。

其二逐层点击检索框下方的案由分类，提交检索(图6-82)。

图6-82

检索实例：检索有关"生命权、健康权、身体权"的所有案例。逐层点击到"生命权、健康权、身体权纠纷"，勾选"生命权、健康权、身体权纠纷"前面的复选框，然后点击"提交"(图6-83~图6-84)。

(2)专题分类检索共有27个专题

勾选"腐败"专题分类之前的复选框，然后点击检索按钮"提交"进入检索结果页面(图

6-85～图 6-86）。

图 6-83

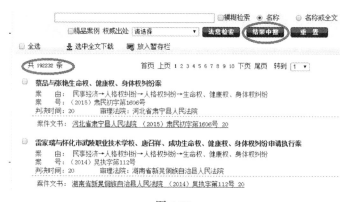

图 6-84

图 6-85

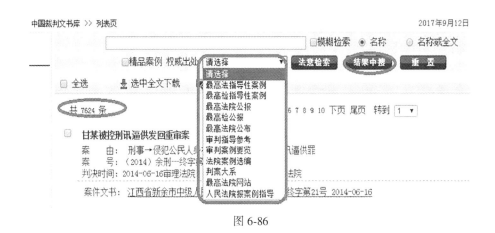

图 6-86

（3）法律点体系分类检索：包含 4 类 72 个法律点，每个法律点下的案例经过都是精选精编的。检索方式与法院案由分类检索类似。

（4）法院地域分类检索：地域涵盖最高院以及地方各级人民法院。以法院的分类检索点，体系完整，但是案例有待收集。检索法式与法院案由分类检索类似。

二、万律（Westlaw China）案例数据库

截至 2017 年 9 月，万律已收录裁判文书 2199257 篇。来自最高人民法院、各级地方人民法院和各专门法院所做的裁判文书，并按照案由分为刑事、民事经济、行政、知识产权、海事海商类。著作权 1289，商标 1436，仲裁 114，反不正当竞争 860，合同 963，担保 137，民事诉讼 710，外商投资 128，专利 610，电信互联网 1，房地产 54，民法通则 345，票据 18，行政诉讼 240，行政许可、处罚、复议 77，刑法 12，劳动及社会保障 291，公司与企业法 254，物权法 43。英文裁判要点 4658 个，英文裁判要点由资深法律编辑通过对裁判文书的深入剖析提炼而成，用于帮助检索者有效分析裁判文书中的法律问题。每个裁判要点都链接至对应的法律要点和中文裁判文书。英文裁判要点数量统计：著作权 980、商标 1244、仲裁 114、反不正当竞争 750、合同 319、民事诉讼 638、外商投资 93、专利 240、民法通则 268、公司与企业法 12。

（一）万律案例数据库中国高校校园网登录页面

首页导航栏从左向右详细排列着各个检索标签：网站首页、法律法规、法律专题、裁判文书、裁判要点、合同文本、评论文章、期刊书籍、万律时讯、实务领域、法律词汇、专题模块、期刊书籍和实务领域（图 6-87~图 6-88）。

万律（Westlaw China）

- 万律（Westlaw China）中国法律法规双语数据库是汤森路透法律信息集团基于世界领先的Westlaw法律信息平台的技术和经验，为中国和英语世界的中国法律执业人士提供智能的法律信息检索、全面的法律知识及中国法律研究解决方案。

- 由专业律师以及多年从事法律工作的专家组成的编辑团队，对中国大陆的法律法规以及判例进行整理和归纳，为客户提供经过高度整合的法律信息增值服务。

- 万律（Westlaw China）的内容每天更新，确保客户获取最新最权威的法律信息。万律时讯服务更是每日多次更新，为客户推送经由专业法律编辑精心筛选的最新行业资讯。

万律专题评论

万律专题评论是针对当下热点法律专题推出的电子简报，邀请专业人士就专题中的实务

文件下载

请点击以下链接浏览或保存万律（Westlaw China）简介及用户使用指南。

订阅用户

如果您已经是万律（Westlaw China）订阅用户，请由此点击"登录"

高校校园网用户（CERNET）请由此登录（仅用于中国校园登录）

免费试用

如果您还未成为万律（Westlaw China）订阅用户并希望体验万律（Westlaw China）产

图 6-87

图 6-88

　　选择"裁判文书"标签进入裁判文书库可以通过简单查询或高级查询查找裁判文书，或者通过法院、案由列表浏览裁判文书（图 6-89）。

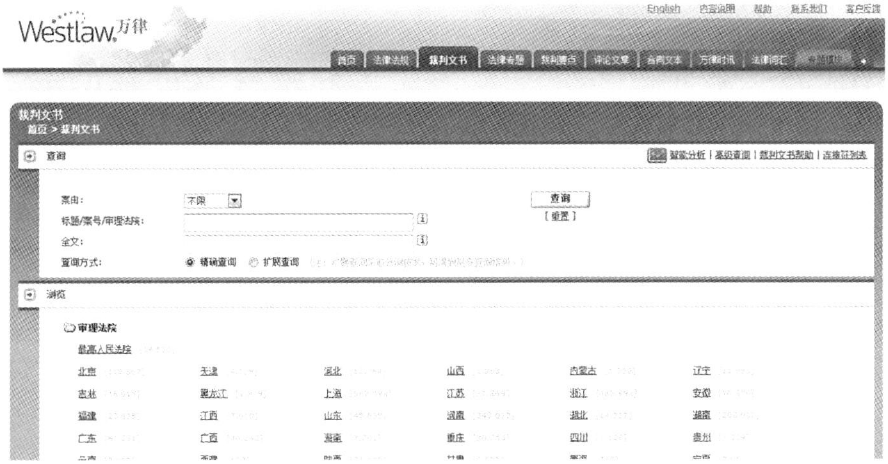

图 6-89

(二)万律检索:快速检索、高级检索、分类检索

1. 快速检索

快速检索适用万律的"关键词和连接符"功能,即输入多个关键词,万律将自动使用逻辑与"&"(AND)连接符将其连接。

在首页点击位于页面右上方的"裁判文书"选项,进入裁判文书的快速检索页面,可以通过"案由""标题"或"全文"查询裁判文书。输入的查询条件越全面,则查询结果越准确。选择"案例精选",查询结果将仅限于精选裁判文书。

检索条件说明:

精确检索:即检索结果与检索关键词进行精确匹配。检索结果相对集中并具有很高的针对性。精确查询适用于在"时间"和"钥匙码"以外的其他查询条件中查询。

扩展检索:即模糊检索,万律搜索引擎将检索关键词进行分词处理后,模糊匹配检索结果(图 6-90~图 6-91)。

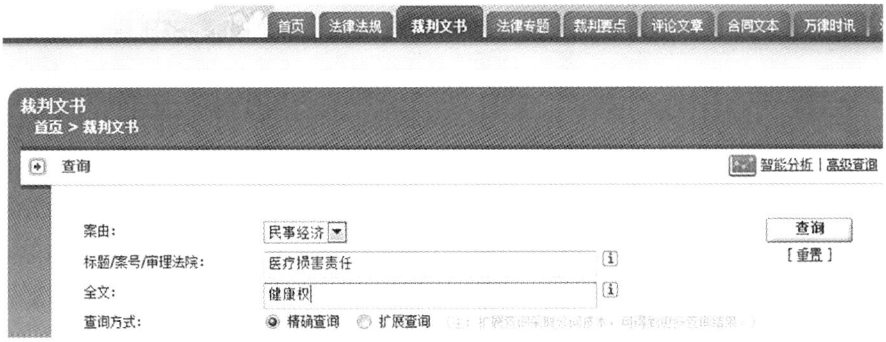

图 6-90

图 6-91

当精确检索方式没有任何检索结果时，万律搜索引擎会自动切换至扩展检索方式进行查找。扩展检索通过对检索关键词的智能拆分、组合，有效扩展检索的范围和结果，使查询结果更全面。

2. 高级检索

高级查询适用"检索项和连接符"功能，即在不同的检索项内输入关键词，万律将连接不同的检索项下的检索词与逻辑连接符，组成检索式进行检索。检索结果将显示包含所有关键词的案件。

点击位于"裁判文书"简单查询页面右上方的"高级查询"选项，进入高级检索页面。在高级检索页面可以输入全面的查询条件进行精确检索。输入的检索条件越全面，检索结果就会越准确。除了可以通过"内容""标题"或"全文"检索外，还可以通过"案号""审理法官""代理律所""代理律师""判决时间""案由""文书性质""审理程序""法院级别"等检索条件进行检索。

选择"案由"检索添加项时，可以选择全部案由，也可以选择部分案由进行检索。例如，选择"民事经济"，并点击右侧的"显示二级案由"后，在其下方显示的二级案由框中，用户可选取 10 个以内(包括 10 个)的二级案由进行检索，检索范围也将限于选定的二级案由项下的裁判文书(图 6-92~图 6-93)。

图 6-92

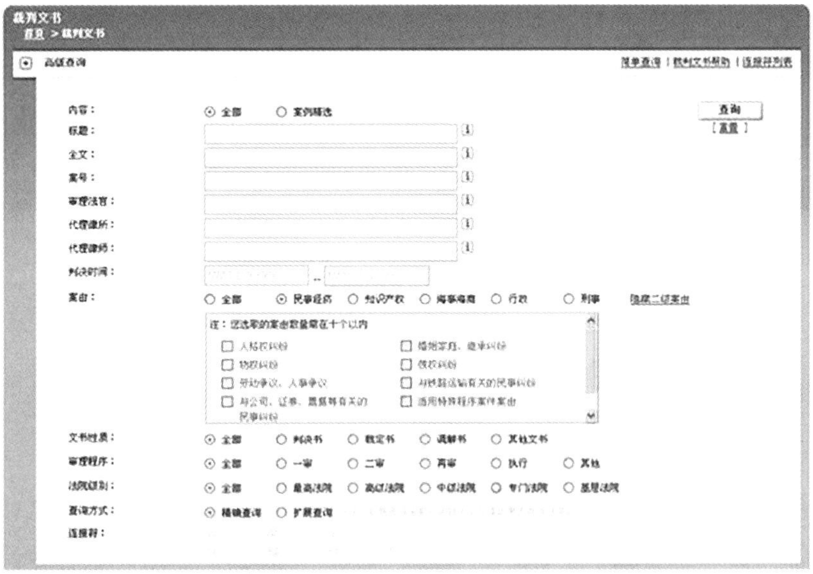

图 6-93

其他检索条件还有精确查询和扩展查询。

精确检索：即检索结果与检索关键词进行精确匹配。检索结果相对集中并具有很高的针对性。精确检索适用于在"时间"和"钥匙码"以外的其他查询条件中查询。通过"时间"或"钥匙码"进行检索时，及通过"&"以外的连接符进行查询时，精确查询的结果同于扩展查询的结果。检索"判决时间"时，应按照万律支持的格式"MM/DD/YYYY"进行。当输入"MM"或"DD"后，系统会自动添加"/"，省去手动添加"/"的不便。当在左侧框输入完整的"MM/DD/YYYY"后，光标会自动跳转至右侧框(图 6-94)。

　　扩展检索：即模糊检索，万律将检索关键词进行分词处理后，模糊匹配检索结果。

　　当精确检索方式没有任何检索结果时，万律会自动切换至扩展检索方式进行查找。扩展检索通过对检索关键词的智能拆分、组合，有效扩展检索的范围和结果，使查询结果更全面（图6-95）。

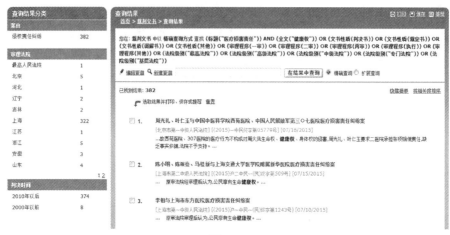

图 6-94

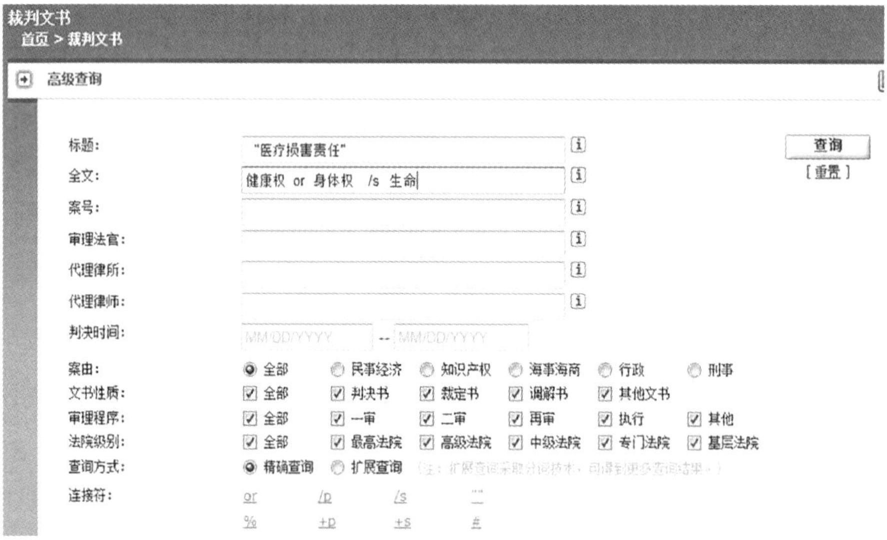

图 6-95

　　点击位于"查询"按键下方的"重置"选项，即可删除原查询关键词并可输入新的查询关键词（图6-96）。

图 6-96

分类检索（图 6-97）：

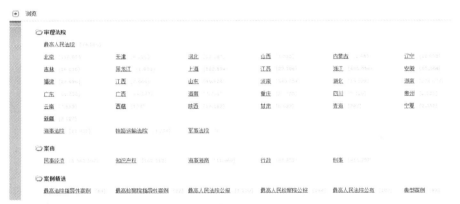

图 6-97

例如，点击"典型案例"（图 6-98）：

图 6-98

点击"人格权纠纷"（图 6-99）：

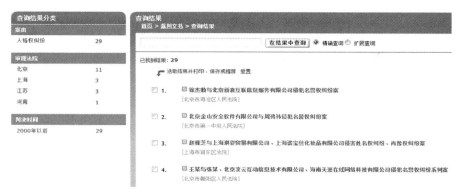

图 6-99

连接符定义：万律支持使用大量不同类型的连接符。最常用的连接符是 AND 和 OR。在默认状态下，如果键入不含连接符的多个查询关键词，万律会自动在其间插入 &（AND）连接符。

连接符列表：以下列出可在万律中使用的连接符、符号和查询结果（表 6-2）。

表 6-2　　　　　　　　　　　　　　　万律连接符使用实例表

连接符	符号	查询结果
和	&（或空格）	所有查询关键词在同一个文件中： 商标 & 专利
或	or	其中一个或所有查询关键词在同一个文件中： 商标 or 专利
词组	" "	查询关键词以词组形式出现在同一个文件中： "商标侵权"
语法意义上的连接符	/p	所有查询关键词在同一段落中： 专利/p 申请
	+p	查询关键词 1 在查询关键词 2 之前且在同一个段落中： 商标 +p 注册
	/s	所有查询关键词在同一个句子中： 商标/s 损害赔偿
	+s	查询关键词 1 在查询关键词 2 之前且在同一个句子中： 商标 +s 注册
不包含	%	符号 % 之后的查询关键词不包含在文件中： 商标 % 专利 连接符 % 可能导致相关文件不包含在查询结果中，请谨慎使用

需要注意的是，连接符与关键词之间需要输入一个空格。以商标/p 专利为例，商标与/p 之间，需要输入一个空格，/p 与专利之间，需要输入一个空格。

通配符：

在法律专题的钥匙码查询中可以使用通配符 * 和!，* 指代一个数字或字符,! 指代 0 个至多个数字或字符。

避开同义词、繁简体转换：

万律在默认状态下支持查询关键词的同义词、繁简体转换。例如，用户输入关键词"上海"，查询结果包括"沪"。用户可以通过在某一特定查询关键词前键入#符号的方式避开同义词。例如：查询"上海"，但无需查询"沪"时，即可输入#沪。

高级查询中的连接符：

在高级查询区域下方显示连接符列表。当光标位于特定查询框时，用户通过点击某一连接符，可以将该连接符自动添加到查询框内，而无需手动输入。某查询框不支持的连接符显示为灰色，且没有链接。如，法律专题的钥匙码查询仅支持通配符 * 和!，其他连接符在该页面呈灰色。注：点击""，该连接符会被自动添加到光标的两侧，因此，可先点击输入""，再输入关键词。

3. 分类检索

分类检索即浏览裁判文书的目录树。浏览裁判文书的目录树分为法院、案由及精选裁判文书三个子目。点击其中一个子目，将会显示一组二级目录，以此进一步缩小检索范围。单击最后一层，系统将显示该层级的裁判文书列表。目录右侧的数字为该目录下收录的裁判文书数量(图 6-100～图 6-101)。

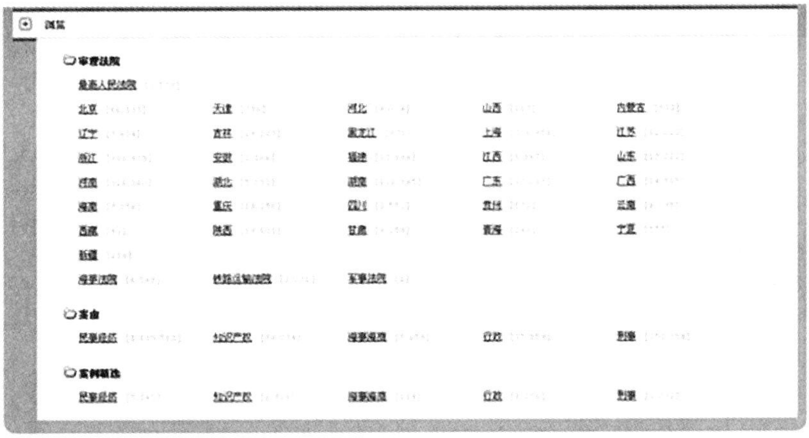

图 6-100

裁判文书全文

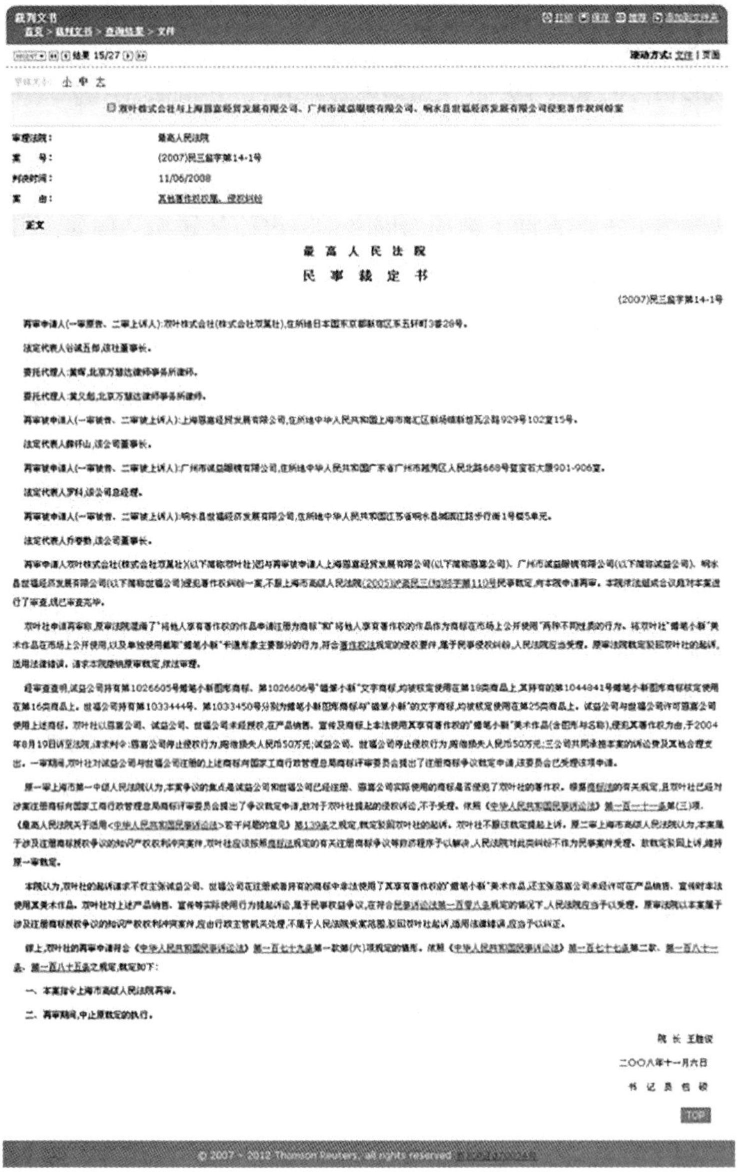

裁判文书
首页 > 裁判文书 > 查询结果 > 文件
打印 保存 推荐 添加到文件夹

结果 15/27　　浏览方式: 文件 | 页面

字体大小: 小 中 大

双叶株式会社与上海恩嘉经贸发展有限公司、广州市诚益眼镜有限公司、响水县世福经济发展有限公司侵犯著作权纠纷案

审理法院: 最高人民法院
案　号: (2007)民三监字第14-1号
判决时间: 11/06/2008
案　由: 其他著作权权属、侵权纠纷

正文

最 高 人 民 法 院
民 事 裁 定 书

(2007)民三监字第14-1号

再审申请人(一审原告、二审上诉人):双叶株式会社(株式会社双叶社),住所地日本国东京都新宿区东五轩町3番28号。

法定代表人谷诚五郎,该社董事长。

委托代理人:黄晖,北京万慧达律师事务所律师。

委托代理人:黄义彪,北京万慧达律师事务所律师。

再审被申请人(一审被告、二审被上诉人):上海恩嘉经贸发展有限公司,住所地中华人民共和国上海市南汇区新场镇新世纪公路929号102室15号。

法定代表人薛仟山,该公司董事长。

再审被申请人(一审被告、二审被上诉人):广州市诚益眼镜有限公司,住所地中华人民共和国广东省广州市越秀区人民北路668号金宝石大厦901-906室。

法定代表人罗科,该公司总经理。

再审被申请人(一审被告、二审被上诉人):响水县世福经济发展有限公司,住所地中华人民共和国江苏省响水县城西江路步行街1号楼5单元。

法定代表人乔春勤,该公司董事长。

再审申请人双叶株式会社(株式会社双叶社)(以下简称双叶社)因与再审被申请人上海恩嘉经贸发展有限公司(以下简称恩嘉公司)、广州市诚益眼镜有限公司(以下简称诚益公司)、响水县世福经济发展有限公司(以下简称世福公司)侵犯著作权纠纷一案,不服上海市高级人民法院(2005)沪高民三(知)终字第110号民事裁定,向本院申请再审。本院依法组成合议庭对本案进行了审查,现已审查完毕。

双叶社申请再审称,原审法院混淆了"将他人享有著作权的作品申请注册为商标"和"将他人享有著作权的作品作为商标在市场上公开使用"两种不同性质的行为。将双叶社"蜡笔小新"美术作品在市场上公开使用,以及单独使用截取"蜡笔小新"卡通形象主要部分的行为,符合著作权法规定的侵权要件,属于民事侵权纠纷,人民法院应当受理。原审法院裁定驳回双叶社的起诉,适用法律错误,请求本院撤销原审裁定,依法审理。

经审查查明,诚益公司持有第1026605号蜡笔小新图形商标、第1026606号"蜡笔小新"文字商标,均被核定使用在第18类商品上,其持有的第1044841号蜡笔小新图形商标核定使用在第16类商品上。世福公司持有第1033444号、第1033450号分别为蜡笔小新图形商标与"蜡笔小新"的文字商标,均被核定使用在第25类商品上。诚益公司与世福公司许可恩嘉公司使用上述商标。双叶社以恩嘉公司、诚益公司、世福公司未经授权,在产品销售、宣传及商标上非法使用其享有著作权的"蜡笔小新"美术作品(含图形与名称),侵犯其著作权为由,于2004年8月19日诉至法院,请求判令:恩嘉公司停止侵权行为,赔偿损失人民币50万元;诚益公司、世福公司停止侵权行为,赔偿损失人民币50万元;三公司共同承担本案的诉讼费及其他合理支出。一审期间,双叶社对诚益公司与世福公司注册的上述商标向国家工商行政管理总局商标评审委员会提出了注册商标争议裁定申请,该委员会已受理该项申请。

原一审上海市第一中级人民法院认为,本案争议的焦点是诚益公司和世福公司已经注册、恩嘉公司实际使用的商标是否侵犯了双叶社的著作权。根据商标法的有关规定,且双叶社已经对涉案注册商标向国家工商行政管理总局商标评审委员会提出了争议裁定申请,故对于双叶社提起的侵权诉讼,不予受理。依照《中华人民共和国民事诉讼法》第一百一十一条第(三)项、《最高人民法院关于适用<中华人民共和国民事诉讼法>若干问题的意见》第139条之规定,裁定驳回双叶社的起诉。双叶社不服该裁定提起上诉。原二审上海市高级人民法院认为,本案属于涉及注册商标授权争议的知识产权权利冲突案件,双叶社应该按照商标法规定的有关注册商标争议等行政程序予以解决,人民法院对此类纠纷不作为民事案件受理。故裁定驳回上诉,维持原一审裁定。

本院认为,双叶社的起诉请求不仅主张诚益公司、世福公司在注册或者持有的商标中非法使用了其享有著作权的"蜡笔小新"美术作品,还主张恩嘉公司未经许可在产品销售、宣传时非法使用其美术作品。双叶社对上述产品销售、宣传等实际使用行为提起诉讼,属于民事权益争议,在符合民事诉讼法第一百零八条规定的情况下,人民法院应当予以受理。原审法院以本案属于涉及注册商标授权争议的知识产权权利冲突案件,应由行政主管机关处理,不属于人民法院受案范围,驳回双叶社起诉,适用法律错误,应当予以纠正。

综上,双叶社的再审申请符合《中华人民共和国民事诉讼法》第一百七十九条第一款第(六)项规定的情形。依照《中华人民共和国民事诉讼法》第一百七十七条第二款、第一百八十一条、第一百八十五条之规定,裁定如下:

一、本案指令上海市高级人民法院再审。

二、再审期间,中止原裁定的执行。

院 长 王胜俊
二〇〇八年十一月六日
书 记 员 包 硕

TOP

图 6-101

裁判文书标题前出现S标识的，表示该裁判文书为精选的裁判文书。点击裁判文书中的案由链接，可浏览同属该案由的所有裁判文书。点击裁判文书中的钥匙码链接，可浏览实务领域中该钥匙码项下的所有文件。点击裁判文书中的裁判要点路径，可浏览该裁判要点的正文。点击裁判文书正文中的案号链接，可跳转至该案号对应的裁判文书。

三、北大法宝案例数据库 http：//www. pkulaw. cn/case

(一)法宝案例数据库及数据

截至 2020 年 5 月 15 日，法宝司法案例数据库 8000 万篇司法案例由案例与裁判文书、案例报道、仲裁裁决与案例 3 个数据库组成。精选收录我国大陆法院的各类案例，提供全方位检索、导航功能，推出个案系统呈现、案例帮助系统及刑事比对功能。新增"核心术语""案例要旨""案例情节""相关资料"等深加工的信息，使检索和浏览更加准确和充实。每个案例右侧的"相关资料"里从多角度提供与检索目标相关联的资料。案例评析、疑难问题等均来源于最高人民法院，充分保证了内容的准确与权威。800 余篇最高人民法院通过和发布的典型案例的英文译本涉及行政、民事、刑事、经济、知识产权和海事等多个领域。每个判例都经过了编辑，包含案例背景、事实、当事人、判决、上诉程序，推理和准据法以及法庭判决。专题参考库的 1500 余个民商事裁判标准知识点，2100 余个民商事裁判疑难问题释疑，让检索者熟悉规范化裁判标准。

案例与裁判文书已有 8000 余万例，包括各级人民法院陆续公布的法院裁判文书。其内容分为：刑事、民商经济、知识产权、海商海事、行政等 5 大类。指导案例进行了"核心术语""争议焦点""案例要旨"等方面做了深加工，意在满足一站式检索裁判文书的需求。

案例报道已有案例 4 万多例(40924)，包括各级人民法院陆续公布最新的案例。仲裁裁决与案例已有案例 645 例，收录了中国国际贸易仲裁委员会及其分会，以及中国海事仲裁委员会等仲裁机构公布的仲裁裁决与案例。

公报案例 1750 例，将最高人民法院公报和最高人民检察院公报单独成库，优化了公报案例的检索项目，支持按照年份和期号检索。

案例要旨 19558 例，北大法宝选取近年来的典型案例，并由专人对案例的争议焦点进行总结，提炼出关键词，并对法官判案的主要事实和法律依据、裁判理由进行概括描述，形成案例要旨，以作为处理相同或相似案件的参考。

裁判文书大数据平台已收录 10073205 篇裁判文书。

(二)法宝案例检索

1. 法宝案例快速检索

在检索框在键入关键词(下拉框有推荐词列表提供选择)，系统支持关键词与运算符的组配检索，也支持拼音检索(键入拼音时下拉框有汉字推荐词列表提供选择)，法宝系统支持的逻辑运算符在检索中的运用(表 6-3)。

表 6-3　　　　　　　　　　　　　法宝逻辑符使用实例

逻辑关系	表示符	范　　例
逻辑与	＊或空格	在标题检索框中输入：姓名权＊人身权，检索结果为所有标题中同时包含"姓名权"和"人身权"两个检索词的文档。

续表

逻辑关系	表示符	范　　例
逻辑或	+	在全文框中输入：姓名权+人身权，检索结果为所有正文中至少包含"姓名权"或"人身权"其中一个词的文档。
逻辑否	-	在全文框中输入：姓名权-财产权，检索结果为所有正文中包含"姓名权"但不包含"财产权"的文档。

"＊"或空格""+""–"这三种符号还可以用英文输入状态下的()进行组合。如：（A+B)＊C 表示包含 A 或 B，并且又包含 C 的案例。

检索条件说明：

精确检索：完全匹配的检索模式，准确定位，严格按照所输入关键字查找。系统默认精确检索，并推荐使用精确检索(例如输入"酒后驾车"，将出现文件中含有与其完全匹配的词组的文件)。

模糊检索：对输入的关键词词串进行分词处理，忽略词之间的位置关系进行简单的逻辑运算。扩大检索范围，更全面兼顾相关信息，检索命中范围更广(例如输入"中国知识产权"，将出现标题中含有"中国""知识产权""中国知识产权"的案例)。

同句检索：所输入的两个及两个以上关键词在同一句中同时出现，能更精确地检索出所需的案例。此检索方式只能在输入两个或两个以上词的时候有效。

同段检索：所输入的两个或两个以上关键词在同一段中同时出现。此检索方式只能在输入两个或两个以上词的时候有效。

检索实例：有关投资的合同诈骗案(图 6-102)。

图 6-102

在检索结果页面，"法宝之窗"可预览每条检索案例的类型；点击"展开"可浏览案由及文书类型等。检索结果页面提供检索结果预览，对检索结果的显示中有一项显示功能是"摘要显示"：即检索结果列表中除了相关标题外，在标题下方同时显示命中内容的摘要，并可滚动浏览同一文件中的多个命中摘要，便于快速提前筛选。点击"全部命中""上一命中""下一命中"进行摘要浏览，选择所需内容。查到所需位置后，点击摘要内容，弹出来的界面将直接显示在所需的位置，达到高效查看正文的目的(图 6-103)。

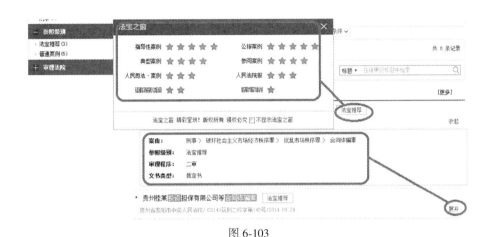

图 6-103

点击第一例案例题名"何廷磊、巩洪国、上海嘉道艺术品投资有限公司、徐俊等合同诈骗案"进入案例阅读页面(图 6-104)。

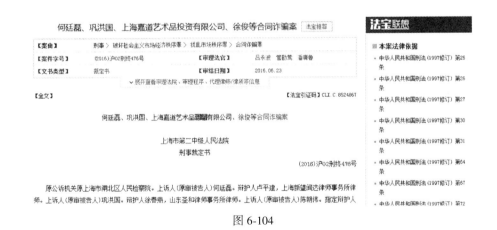

图 6-104

阅读页面提供本案全文，同时提供"法宝联想"功能。法宝联想功能呈现与本案有关的文献类型："本案法律依据"法律条文 12 条、"同案由重要案例"10 例、"本法院同类案例"10 例、"相关实务专题"2 类、"相关论文"10 篇。

查看"案例要旨"检索实例：检索案例要旨的有关建筑工程施工案例，法宝司法案例网中有建筑工程施工案例6081例，但只有11例具有"案例要旨"两种方式进入，第一种，在"案例与裁判文书"子网中检索(图6-105)。

图 6-105

第二种方式，直接在"案例要旨"子网中检索(图6-106)。

图 6-106

2. 法宝案例高级检索

点击"司法案例"首页快速检索框右侧的"高级检索"按钮，进入高级检索页面。法宝检索系统详细分库，每一数据库内又按照检索习惯分类提供检索范围，实现快速精准检索。高级检索是为了缩小检索内容，提高查准率，适用于对所检索的内容有明确的线索的情况。高级检索的具体检索项根据各个子库性质不同而略有不同（检索项不必完全填满），然后点击"检索"即可得到结果列表（图 6-107）。

图 6-107

司法案例各个子库的高级检索的通用检索筛选条件：

案由：浮动窗口中选择（图 6-108）。

图 6-108

审理程序：全部、一审、二审、再审、其他审理程序、死刑复核、破产、执行、公示催告、督促、其他（图 6-109）。

图 6-109

终审结果：全部、死刑复核案例、二审维持原判案例、二审改判案例、再审维持原判案例、再审改判案例（图 6-110）。

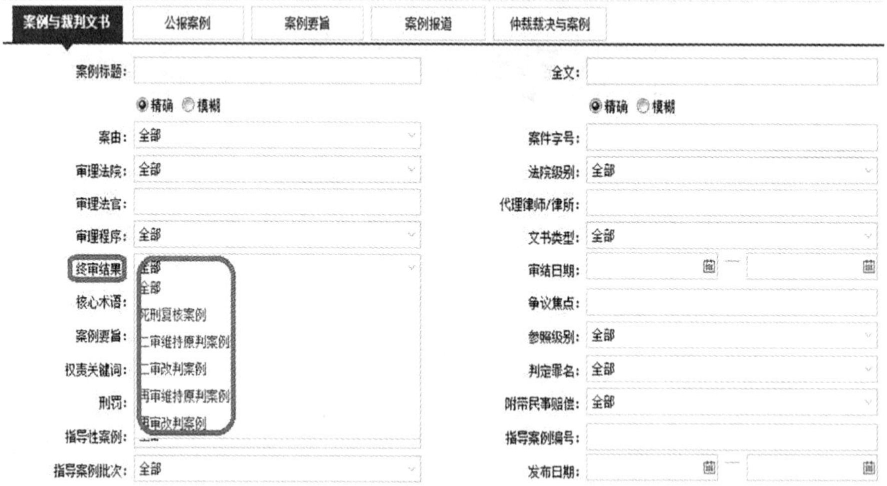

图 6-110

权责关键词：浮动窗口中选择（图 6-111）。

图 6-111

案例特征：全部、评析案例、案例要旨、涉外案例。

法院级别：全部、最高法院、高级法院、中级法院、基层法院、专门法院。

文书类型：全部、判决书、裁定书、决定书、调解书、其他文书。

审结日期：全部、一月内、三月内、半年内、一年内、自定义。

分类检索：分为 3 类，分别是案由、参照级别和审理法院，可直接逐级浏览（图 6-112）。

图 6-112

3. 法宝技术功能

法宝联想：法宝联想功能 2003 年首先应用于法条联想，不仅能直接印证引用的法律法规和司法解释及其条款，还可链接与本法规或某一条相关的所有法律法规、司法解释、案例、条文释义、法学期刊、英文译本等，呈现立体化的法律知识关联体系(图 6-113)。

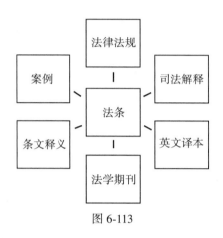

图 6-113

法宝之窗：在勾选显示法宝之窗后浏览法规和案例时，如把光标停留在引用的法条处，法宝之窗中会即刻显示该法条具体内容和相关资料。法宝之窗是北大法宝继"法条联想"之后推出的又一项独创功能。

辅助功能之我的法宝—主界面辅助功能：检索者登录法宝后即显示"登录设置""修改密码""用户信息""收藏夹""最近搜索""最近浏览"和"产品与服务"等用户个性化设置信息。

辅助功能之法宝工具栏—阅读界面辅助功能：阅读页面的工具栏提供页内查找、功能复选项、文件下载、收藏、打印、转发等功能。注："聚焦命中"可集中查看本页关键词所在段落；通过"转第＿＿＿条"网页可直接定位至本法律文件的某条处，方便快速查看；如想看纯文本文件，可复选"隐藏相关资料"，隐藏与本文有关的裁判文书、修订沿革、相关论文等北大法宝法条联想资料。

四、中国知网之中国法律数字图书馆案例数据库

(一)中国知网之中国法律数字图书馆案例数据库及数据

在 CNKI 主页左侧行业知识服务与知识管理平台板块下的，点选"法律"，进入中国法律数字图书馆主页，在中国法律数字图书馆主页工具条上，点选"案例"标签，即可进入案例检索页面。

中国法律数字图书馆案例包括文书型案例和评析型案例两种，两种案例的比例大约是

6 : 4。截至2016年3月，共收录51万余篇，年更新7万篇。中国法律数字图书馆案例收录1979年至今全国500家各级人民法院的典型案例、媒体报道的案例，海外、历史具有重要参考价值的案例等。部分评析型案件追溯到1949年及以前，主要是历史上的大案要案、疑难案件；文书型案例优选最新案例，2000年以后的案例占71%，2005年以后的案例占60%。

案由分布：民事经济纠纷、知识产权纠纷、海事海商纠纷、刑事犯罪案件、行政诉讼案件、行政复议、行政执法案件、司法鉴定案例，细分为1150余个小类。

导航体系：知识导航、案由导航、审理法院导航。

特色功能：案由导航；案例要素检索；案例知网节。

(二)中国知网之中国法律数字图书馆案例数据库

中国知网之中国法律数字图书馆案例数据库提供快速检索、标准检索、专业检索、分类检索。

1. 快速检索(图6-114)

图6-114

无次数限制的二次检索—优化检索结果(图6-115)。

图 6-115

2. 标准检索（图 6-116）

图 6-116

3. 专业检索（图 6-117）

图 6-117

4. 分类检索(图 6-118~图 6-124)

图 6-118

图 6-119

图 6-120

【法律依据】审理本端的法条依据。

法律法规

🔍 共找到 1 条

[1] 全国人民代表大会常务委员会. 中华人民共和国商标法[L]. 2001-10-27

【同法律依据案例】与本案法律依据相同的案例，提供相似案件的横向对比。

案例

🔍 共找到 2 条

[1] 北京市宣武区人民法院. 商品化权及其法律保护[Z].

[2] 娱中不要让杨利伟为难[Z].

图 6-121

【专题研究】

| 期刊论文 | 博士论文 | 硕士论文 | 会议论文 |

🔍 共找到 140 条　下一页 末页 1 /14 转页

[1] 孙立. 姓名权与商标权冲突法律问题研究－－以 Michael Jeffrey Jordan 诉乔丹体育股份有限公司侵犯姓名权案为例 [J]. 邵阳学院学报(社会科学版). 2017年04期

[2] 习佳星. "乔丹"姓名权侵权纠纷案探析 [J]. 邵阳学院学报(社会科学版). 2017年04期

[3] 曹粤. 浅议民事法律体系中的姓名权 [J]. 法制博览. 2017年24期

[4] 商晓林. 姓名权与商标权冲突的法律问题分析－－以"乔丹案"为例 [J]. 山西青年职业学院学报. 2017年02期

[5] 刘练军. 姓名登记规范研究 [J]. 法商研究. 2017年03期

[6] 崔建远. 姓名与商标路径及方法论之检讨 最高人民法院(2016)最高法行再27号行政判决书之评释 [J]. 中外法学. 2017年02期

[7] 沈超. 论商标设计中商标权与姓名权的冲突－－以"乔丹商标案"为例 [J]. 商场现代化. 2017年06期

[8] 罗兰. 论"假王菲菲"及其推手的法律责任 [J]. 山西青年. 2017年06期

[9] 黄小洵. 公众人物姓名商标注册的法律规制－－以公众人物姓名与注册商标权利冲突为视角 [J]. 北方法学. 2017年02期

[10] 赵轶聚. 论《商标法》禁止性条款对在先姓名权的法律适用问题 [J]. 法制博览. 2017年07期

图 6-122

【相关案件】案件所涉行业领域相同，但案由不同的案件。为某一领域的理论学习、研究提供材料，为该领域司法实践提供适用法律的选择、参考。

案例

🔍 共找到 1884 条　下一页 末页 1 /189 转页

[1] 广东省广州市白云区人民法院. 郑某非法经营罪案[Z]. 2017-01-20

[2] 安徽省太和县人民法院. 尹某合同诈骗罪案[Z]. 2016-12-12

[3] 广东省佛山市顺德区人民法院. 杨某诉佛山市南海区市场监督管理局拒绝履行法定职责案[Z]. 2016-11-08

[4] 广东省佛山市顺德区人民法院. 李某诉佛山市南海区市场监督管理局行政管理行政不作为案[Z]. 2016-11-08

[5] 河南省安阳市中级人民法院. 马某与林州市工商行政管理局工商行政处罚上诉案[Z]. 2016-04-22

[6] 甘肃省兰州市西固区人民法院. 蔡某等非法经营罪案[Z]. 2016-01-29

[7] 河南省开封市鼓楼区人民法院. 楠某等组织、领导传销活动罪案[Z]. 2015-11-25

[8] 黑龙江省哈尔滨市道里区人民法院. 郭某等串通投标罪案[Z]. 2015-08-31

[9] 上海市浦东新区人民法院. 陈某等组织、领导传销活动罪案[Z]. 2015-08-21

[10] 江苏省徐州市云龙区人民法院. 王某组织、领导传销活动罪案[Z]. 2015-08-20

【文献分类导航】 说明：从导航的最底层可以看到与本文研究领域相同的文献，从上层导航可以浏览更多相关领域的文献。
　民事经济纠纷
　　↳ 权属、侵权及不当得利、无因管理纠纷
　　　↳ 人身权纠纷
　　　　↳ 姓名权纠纷

图 6-123

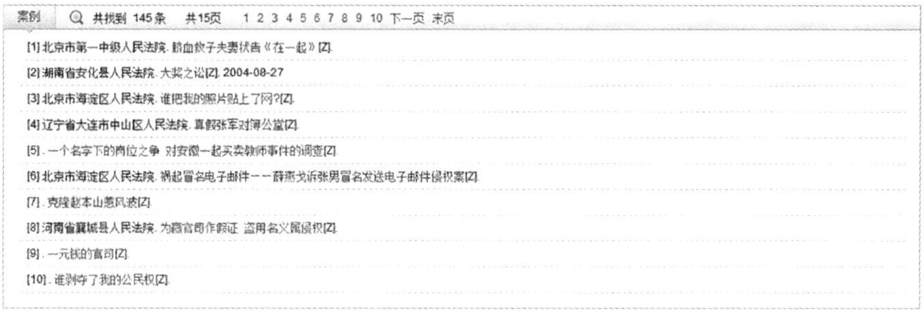

图 6-124

　　其他还有无讼网及中国审判案例数据库等。其中，中国审判案例数据库 http：//www. chncase. cn/是中国人民大学出版社推出的综合性法律应用案例平台。数据库以最高人民法院案例和大型审判案例丛书《中国审判案例要览》为基础，以案例为中心，关联法律法规、图书、法院、法官、律所、律师等各类数据，为法律人提供丰富的参考资料和专业的知识服务。

第七章 当代中文法学图书数据库检索

因图书新型载体的出现，中华人民共和国成立后法学论著的检索可分为印刷版论著检索和电子版论著检索，中华人民共和国成立后出版的纸质本图书，公共图书馆和高校图书馆都有不同程度的收藏，纸质版图书检索绕不过书目查询。书目检索有两种途径，一种途径是分两步，第一步查阅纸本《全国总书目》和《全国新书目》或其光盘版；第二步检索公共图书馆和高校图书馆的馆藏目录，然后获取纸本图书。另一种途径是径直从第二步入手。无论是否先行查阅纸本《全国总书目》和《全国新书目》或其光盘版，都要查询本机构或相关机构馆藏目录 OPAC，检索到目标文献的索书号，并且处于可借阅状态，才能借阅目标文献。

电子版法学图书检索工具首选数据库。熟悉检索目标文献的前提下，可以通过网络搜索引擎检索免费扫描版电子书。

电子图书是与传统纸本图书相对应的一种新型文献载体。电子图书主要由纸本图书的数字化而成为多种文本形式的电子版。随着在版图书数字化的基本完成和多种电子书手持阅读器技术不断成熟，电子图书有可能成为图书阅读的新常态。阅读电子图书需要具备三要素：第一需要个人电脑手提或平板电脑、手机、电子书手持阅读器等阅读终端；第二需要阅读软件；第三需要适合阅读软件阅读的文本格式。

基于电脑终端的电子书，国外的数据库大多采用 PDF 文本格式。例如：爱思唯尔（Elsevier）、威科（Kluwer）、斯普林格（Springer），等等。我国的数据库商家虽然主流各行其道，例如：超星采用 PDG 文本格式、中国知网采用 CAJ 文本格式、方正采用 CEB 文本格式、书生采用 SEP 文本格式等，但同时兼用 PDF 文本格式。数据库商家对电子图书的版权保护采用 DRM（Digital Rights Management）加密保护技术是大趋势。目前有 DRM 控制的电子图书数据库，对图书打印和下载有严格的技术控制，绝大多数数据库中间商和部分出版社采用这种方式，如方正、书生等；无 DRM 控制的电子图书数据库，采用与电子期刊平台相似的访问方式，可以按篇章下载打印，绝大多数出版社和部分集成采用这种方式，如 Elsevier、Springer、超星等。

我国电子图书主要由中间商提供，例如：超星数字图书馆、方正电子图书、书生之家电子图书、中国数字图书馆电子图书、圣典 E-BOOK、TAO 台湾学术图书数据库等。本章主要内容为叙说法学常用图书数据库超星方正书生三大数据库检索方法。

第一节 超星数字图书馆检索

超星数字图书馆，采用超星公司研发的独秀学术搜索平台提供检索服务。并且读秀

3.1 版本可以挂接订阅机构的馆藏纸本数据，通过读秀搜索平台链回订阅机构的图书馆纸本书的 OPAC 页面；3.2 版本读秀可以通过知识频道进行图书的全文检索，通过图书频道和知识频道还可以进行章节检索，这是图书馆纸本书系统无法提供和具备的；图书馆一般有 20% 甚至更多的纸本馆藏因为无法找到而沉入书海。这类文献正好可以通过读秀的检索优势呈现在检索者面前，从而提高纸本的利用率。读秀的目录和正文试读功能，节约了检索者查阅文献决定取舍的时间。

一、超星数字图书发展历程及其数据规模

1993 年超星公司创立，开发基于小波变换的图文资料数字化技术 PDG 文本格式及其阅读软件 SSReader，为中央档案馆等各部委档馆进行档案资料数字化。1996 年陆续出版了 400 余种电子出版物。

1997 年 12 月开通国内首家互联网数字图书馆。1998 年以 PDG 技术入选国家图书馆数字图书馆建设项目，为国家图书馆数字化了超过 17 万种中文图书。2000 年 6 月被列入国家"863 计划中国数字图书馆示范工程"参与中国数字图书馆建设。

超星阅读器 SSReader 支持图书下载离线阅读，并支持其他图书资料导入阅读，支持的文献格式有 PDG、PDZ、PDZX、PDF、HTML、TXT 等多种常用格式。超星阅读器 SSReader 不仅可以用来下载阅读 PDG 文件还可以用来编辑制作 PDG 格式文件，还有图片文字识别的功能。但是超星阅览器不能安装到中文路径下。

超星数字图书馆提供 100 多万学术图书检索或下载阅读。

二、超星数字图书的检索

超星数字图书在读秀检索平台上图书提供 4 种检索方式：快速检索、高级检索、专业检索和分类检索。

1. 快速检索

进入超星独秀检索平台主页，默认的检索框就是快速检索方式。

(1) 在默认的"知识"标签下检索。

知识搜索是在图书的目录和全文中进行知识点检索。是图书知识碎片化处理技术使得用户可以瞬间浏览结果页面上检索知识点的所有相关文献。

例如检索有关"实证法律研究"的专著内容和论文段落。

首先在检索框内输入"实证法律研究"点击中文检索按钮，进入检索结果页面。在此建议输入多个检索词，词与词之间空一格，以便快速准确地命中目标。

其次，选择需要的章节，点击标题链接进入阅读页面。在阅读页面可对全文内容进行翻页、放大、缩小、文字提取、查看本页来源等操作。点击"文字提取"按钮，出现选择框。点击文字提取按钮，还可以在阅读页面点击鼠标左键，将整页的文字转化为文本格式，然后进行复制、粘贴和引用。也可以使用文字摘录功能，按住鼠标左键，拖动鼠标，选择摘录区域，对一段文字进行摘录(图 7-1~图 7-2)。

图 7-1

图 7-2

　　再次，可以缩检。如果检索的结果太多，对找资料来说就没什么意义，一般而言可能是检索词太短或太通用了，即限制条件太少。此时，可以增加条件，缩小命中范围。在读秀检索结果页面，可以选择年份、学科等左侧聚类进行限定，也可以选择某字段如标题、关键词、作者等进行限定，还可以在结果中检索，或者用更多的同义词、下位词关系进行检索等。聚类技巧和特定年份技巧以及除去特定词技巧用于缩小检索结果数量。

　　最后，可以扩检。如果检索结果太少或者没有检索结果，可能条件太严包括：检索词太多或太长。此时，可以减少检索条件进行扩大检索范围。例如，可以缩短或去掉某些检索词；也可以关注右侧相关的其他文献，看看是否有相关检索结果等(图 7-3)。

图 7-3

另外，检索结果页面提供网页阅读及本地下载。如果需要把资源下载到本地使用，可以点击阅读页面的保存按钮或检索结果页面的"PDF 下载"按钮，进入下载页面，在下载链接上点击鼠标右键，选择"目标另存为"对该章节进行下载。

点击"本页来源"按钮，查看该知识点内容的来源(图 7-4)。

图 7-4

(2)选择"图书"标签进行检索。

检索框下方提供有全部字段、书名、作者、主题词、丛书、目次 6 个检索字段，检索时可以根据需要选择检索字段，并在检索框内输入关键词。完成之后点击"中文搜索"搜索中文图书，或点击"外文搜索"搜索外文图书。

读秀图书检索下面的"目次"检索功能：任何一个词，在目次中检索的结果数量都是书名等传统字段检索结果的倍数。用好这个检索功能，可以检索到大量相关图书的相关章节，是获得全面的资料的神器。若只用书名、作者、分类等传统检索手段进行检索，很多章节根本就无法检索到，因为这些章节字段中并不包含以上检索关键词。检索者往往只需要某本图书的个别章节相关内容。读秀检索平台是将超星所有图书打碎后重新组装的一本超级大书，只需把它当成一本检索工具书就好了(图 7-5~图 7-6)。

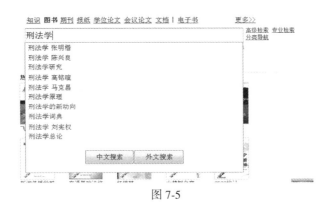

图 7-5

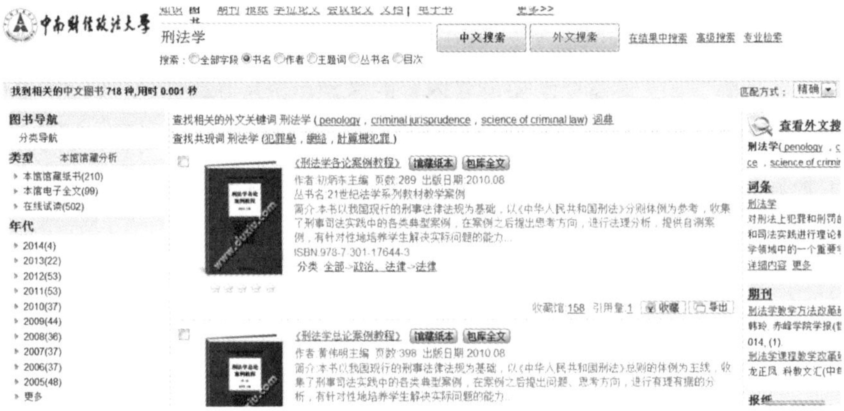

图 7-6

(3)快速检索基础上的二次检索(图 7-7)。

图 7-7

2. 高级检索

点击简单检索框后面的"高级检索"按钮，进入高级检索界面，可以灵活地进行多条件组合检索。可以由原来限定某个字段检索变为全部字段，同时选择将精确或者模糊匹配方式。

高级检索提供书名、作者、主题词、出版社、ISBN号、分类、年代多个检索字段，根据需要完成一个或多个检索字段的填写，还可以对检索结果显示的条数进行选择。完成之后点击"高级搜索"按钮进入检索结果阅读页面（图7-8）。

图 7-8

3. 专业检索

专业检索需要构造词之间的布尔逻辑关系，利用逻辑词连接关键词的方式编写检索式。点击快速检索框右侧的"专业搜索"按钮或者在高级检索页面点击"切换至专业检索"链接，进入图书专业搜索页面。按照检索框下方的说明使用，以便更灵活地组合检索条件，进行多条件图书精准检索。

（1）可检索字段（＝后面为字段所包含的值）：图书T＝书名、A＝作者、K＝关键词、Y＝年（出版发行年）、R＝摘要、P＝出版社（出版发行者）、Bn＝ISBN、C＝目录、S＝丛书名。

（2）逻辑符及其连接规则：逻辑与用＊标识、逻辑或用＝标识、逻辑否用-标识；逻辑符号均为半角符号并且前后均应有半角空格作为分隔；（）圆括号内的逻辑优先运算；大于等于用＞标识，小于等于用＜标识（图7-9）。

图 7-9

例如：（T＝移动图书馆 ｜ T＝手机图书馆 ｜ K＝移动图书馆 ｜ K＝手机图书馆） ＊（Y＝2010 ｜ Y＝2011）＊（-K＝iPad）。

也可以将快速检索结果页面出现的近义词、外文词、共现词等，这些词与所检索的词相关性很高，将这些词进行逻辑或组合，进行专业检索，获得更完整、准确的结果。

4. 分类检索

利用分类导航。在检索框后方设置有图书"分类导航"链接，点击"分类导航"进入图书导航页面。超星图书根据《中图法》分类，点击所需检索的类目，随后将会显示该类目包含的子类，逐次查找。

例如：点击一级分类"政治、法律"，则可浏览"政治、法律"类别的图书（图7-10～图7-11）。

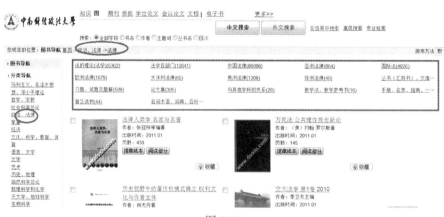

图 7-10

图 7-11

5. 检索结果分析

无论上述何种检索方式，都有检索结果。进入图书检索结果页面，可以看到页面采用三栏式设计，中间一栏就是检索到的图书列表。可通过以下步骤的操作获取想要的图书：

第一步，在检索到的众多图书中进一步筛选图书。在搜索框中再次输入关键词，点击搜索按钮后方的"在结果中搜索"进行二次检索，也可以使用左侧的聚类按照图书类型、年代、学科、作者显示图书，还可以在右侧选择将图书按照书名、作者、时间降序、时间升序、访问量、收藏量、引用量、点评量、电子馆藏排序。

第二步，选择需要的图书。如果在检索结果页面可以直接找到需要的图书，则可以跳过第一步，直接进行第二步。找到需要的图书，点击图书封面或书名链接，进入图书详细信息页面。

第三步，查看图书详细信息。在图书详细信息页面，可以看到图书详细信息——作者、出版社、出版日期、ISBN 号、主题词、分类号等。读秀还提供了图书的书名页、版权页、前言页、目录页、正文部分页在线试读。点击在线阅读中的"目录页"链接，就可以对目录页进行试读。

第四步，获得图书。读秀提供了馆藏纸书借阅、阅读电子全文、图书馆文献传递、网上书店购买等多种渠道获取图书。另外，还提供了推荐图书馆购买功能。

绝大多数频道的检索结果页面采用三栏显示，右侧一栏显示的就是其他频道的相关信息，点击相关频道连接即可进入该频道的检索结果页面，避免反复输入关键词查找的繁琐过程。实现了一站式检索，为读者提供全面的学术信息。

左侧的聚类按照图书类型、年代、学科、作者显示图书，还可以在右侧选择将图书按照书名、作者、时间降序、时间升序、访问量、收藏量、引用量、点评量、电子馆藏排序。

中间一栏就是检索到的图书列表。可通过以下步骤的操作获取想要的图书：点击"图书馆文献传递"按钮，进入图书馆文献咨询服务中心。在这里填写想要获取的图书正文页码范围，并正确填写邮箱地址和验证码，点击确认提交即可。登录邮箱就可以看到申请的图书信息。

点击"本馆馆藏纸书"链接，进入文献服务机构馆藏书目查询系统，查看该本纸质图书的借阅情况。

6. 超星阅读器的使用

超星阅读器 4.0 的功能有以下几个：

(1)阅读：整宽、整高、缩放页面、翻页、自动滚屏、旋转、更换背景、多窗口浏览(在已经打开的窗口栏上点击鼠标右键，弹出菜单选择"新建窗口"也可以打开一个新窗口，利用"窗口"菜单选择窗口的排列方式)、历史。

(2)检索：目次检索。

(3)复制：图像文字识别(OCR)、图像截取。

(4)添加书签：方便下次阅读，快速定位。

(5)标注：标注重点、添加读后感等。

(6)下载：一般只可下载到当前电脑上阅读。

超星数据库的图书下载到第一台电脑上，转移到第二台电脑上就阅读不了。因为每台电脑安装了超星阅览器后，软件会自动根据电脑的硬件配置随机计算出一个机器码，并记住这个号码。每台电脑的配置不同，机器码也就不同，一台电脑下载的书只能在本电脑上看，到了第二台电脑上，阅读器识别出不是本机下载的书，则不能打开。

鉴于此，超星给出的解决方法是：要想在第二台电脑上阅读第一台电脑下载的图书，第一，找到第二台电脑的机器码。具体操作方法为：在第二台电脑上安装超星阅览器后打开阅览器，点"注册"—"用户信息"，会看到第二台电脑的机器码。第二，下载离线证书。具体操作方法为：将第二台电脑的机器码发给第一台电脑，第一台电脑下载有图书，无须登录超星网站，上网后，打开超星阅览器，点"注册"—"离线登录"—"帮助"，就会看到有个"第二步＊＊＊＊＊＊＊"，下面有个网址，点击进入，输入用户名和密码，再输入第二台电脑的机器码。然后点"登录 Login"，就能下载离线证书。第三，复制离线证书到第二台电脑上。具体操作方法为：打开第二台电脑的超星阅览器，点"注册"—"离线登录"输入用户名再导入离线证书，就可以阅读从第一台电脑上转入的图书。

除以上步骤之外，还必须进行如下三点：

其一，下载电子图书前，必须在阅读器中使用申请的用户名与密码登录，然后下载需要的电子图书；其二，下载的图书复制到其他离线电脑上阅读时，必须使用申请的用户名与证书登录后才可阅读；其三，请牢记用户名、密码、证书，忘记将导致下载的图书无法阅读。

第二节　方正电子图书检索

2000 年 12 月北大方正集团推出方正电子图书数据库，收录了 400 多家出版社 2000 年以来的图书资源、全国各级各类报纸及年鉴、工具书、图片等特色资源，分为 23 大类，旨在为读者提供在线阅读、全文检索、离线借阅、移动阅读、下载、打印等数字内容和知识服务。

一、方正电子图书数据规模

方正阿帕比电子图书数量已经超过 35 万册。方正中华数字书院电子书总数量超过 250 万种电子书含 2000 多种工具书，2000 多种年鉴及全国各大行业年鉴，包含了统计出版社出版的所有统计年鉴。700 种报纸，其中 500 多种在线正式运营，70% 可当日更新，约为全国正式发行报纸的 50%；1800 多个计算机科学与技术的教学资源。

二、方正电子图书阅读环境

方正图书数据库使用 Apabi 阅读器。文本格式分为使用电脑阅读的电子书 CEB 格式和使用手持阅读器阅读的电子书 XEB 格式两种。Apabi Reader 是一款国产的免费电子文档阅读软件，集电子书阅读、下载、收藏等功能于一体，既可看书又可听书，还兼备 RSS 阅读器和本地文件夹监控功能，是 CEBX、CEBX/M、CEB 文件的专属阅读器，同时可阅读 PDF、TXT、HTM、HTML 等格式的电子图书及文件。支持新的电子图书的版权保护加密保护技术 DRM(Digital Rights Management)。

阅读方正电子图书，最好下载并安装 Apabi 阅读器，下载安装前需要注册，注册时输入姓名和 E-mail，完成后即可进行电子图书阅读。安装时关闭浏览器，并确保 Apabi Reader 安装在全英文目录下。一台计算机一年内可以下载 50 本电子图书，每种电子图书提供 5 个复本供读者下载使用，在线阅读的时间限制为 1 个小时。

"中华数字书苑"是一款"跨媒体阅读平台"，可以通过电脑、手机、平板电脑、电子书手持阅读器、U 盘等随时随地地登录"中华数字书苑"，在线检索阅读或下载离线借阅。

提供精确检索、模糊检索，关键字检索、关联检索、全文检索。

电子书有借期与借阅册数限制，借期一周，借阅 12 册。Apabi 电子书采用加密技术不允许打印操作，也无法转换为不加密的 Word/PDF/TXT 格式。但是大部分的图书可以拷贝部分文字内容，同时也可以进行快照。每启动一次 Apabi Reader，限制拷贝文字和快照的次数各 7 次，每次可拷贝文字为不超过 2000 字节，每周允许拷贝文字和快照的最大次数各为 50 次。

第三节　书生之家数字图书馆检索

2000 年 4 月北京书生科技有限公司出版了书生电子图书数据库，或称为书生之家数字图书馆。

一、书生之家图书数据规模

以收录 1999 年以来的图书为主，约 20 万种图书，分为 31 大类、332 次级类目。数据按年度更新。图书文本为 SEP、IFR、GD 格式，检索前需要下载专用书生之家阅读器。

二、书生之家图书检索方式

书生之家数字图书馆是建立在中国信息资源平台基础之上、集数据库应用平台、信息资源电子商务平台与资源数字化加工服务平台三位一体的综合性数字图书馆。资源内容分为书(篇)目、提要、全文三个层次，提供全文、标题、主题词等十种数据库检索功能。

书生之家提供三种检索方式：分类检索、组合检索、高级全文检索。

三、书生阅读器的使用方法

书生数字信息阅读器用于阅读、打印书生电子出版物，包括电子图书、电子期刊、电子报纸等。书生电子书、报、刊特点是完全忠实于原始印刷版的出版物，保留原印刷版的全部信息，包括文字、图表、公式、脚注、字体字号、修饰符号、版式位置等，并在其基础上进行二次加工，增加了各种检索信息以及导读、超文本链接等信息。

书生电子浏览器能够显示、放大、缩小、拖动版面、提供栏目导航，顺序阅读，热区跳转等高级功能，可以打印出黑白和彩色复印件。

第八章　当代中文法学论文数据库检索

期刊这种文献形式，从产生到发现核心期刊及其分区规律，历经了300多年。如果没有20世纪上半叶基于期刊论文研究的文献三大定律，也许至今还没有出现时下流行的期刊数据库与数据库检索。我国目前学术期刊数据库主要有中国科学引文数据库CSCD、中文社会科学引文索引CSSCI、国家哲学社会科学学术期刊数据库、中国学术期刊网络出版总库、中国知网CNKI、中国学术期刊数据库、中文科技期刊全文数据库、万方期刊数据库、维普中文期刊数据库、龙源期刊网、全国报刊数据库、中国重要报纸数据库，等等。本章重点概述与法学密切相关的中国知网CNKI、万方期刊数据库、维普中文期刊数据库三大中文期刊网的使用方法。

第一节　中国知网 CNKI 文献检索

中国知网 CNKI（http：//www. cnki. net）是中国国家知识基础设施（China National Knowledge Infrastructure）的简称。[①] CNKI 工程由清华大学和清华同方一同发起[②]建立的大

---

　　①　清华同方知网技术产业集团(简称 TTKN Group，地址：清华大学华业大厦 A 座)，由清华同方知网(北京)技术有限公司(简称 TTKN)、中国学术期刊(光盘版)电子杂志社(简称 CAJPH)与清华同方光盘股份有限公司(简称 TTOD)组成，目前拥有员工 1400 多人。TTKN Group 主要从事知识文化信息资源的互联网出版与相关技术服务，以发展互联网出版产业为定位，以建设中国国家知识基础设施(CNKI)、促进全球知识信息传播为目标，是中国互联网出版与信息服务业的领头羊。

　　TTKN 是清华同方股份有限公司全资境外子公司——清华同方(美国)公司通过其境外全资子公司 KNOW CHINA 在北京设立的全资子公司，主要负责技术研发(网格资源共享技术与非线性知识传播技术)和市场开发，是 TTKN Group 的产业核心。CAJPH 是清华大学主办的专业互联网与电子出版机构，在诺贝尔奖金获得者杨振宁博士为首的 130 多位科学家的指导下，负责知识信息资源的组织、采集，产品的设计、编辑与出版。TTOD 是高科技企业，是 CAJPH 数据库产品的信息加工基地和 TTKN 的网络存储设备与技术提供商。

　　②　NKI 由世界银行于 1998 年提出。NKI 来自 NII，20 世纪 80 年代中期，美国国防高级研究计划局，(Defense Advanced Research Projects Agency，简称 DARPA，旧称 ARPA，是美国国防部属下成立于 1958 年的一个行政机构，负责研发用于军事用途的高新科技其总部位于弗吉尼亚州阿灵顿县)进行了美国国家信息基础设施(National Information Infrastructure NII)的设计，NII 后来被 ARPA 专家们称为"信息高速公路"(Information Super Highway)。1992 年，美国总统的候选人克林顿提出将建设"信息高速公路"作为振兴美国经济的一项重要措施。1993 年，"信息高速公路"成为美国政府的建设计划。1993 年 9 月 15 日美国政府发表的"国家信息基础设施行动动议"(The National Information Infrastructure 一词正式出现在官方文件中)。NII 与信息高速公路为同义词，随后，日本、加拿大和欧洲的工业发达国家也都决定要加速建设"信息高速公路"。从此"信息高速公路"在全世界成为热词。

型综合性文献网络数据库，子数据库众多，其中学术期刊数据库处于核心地位。中国知网的目标是实现全社会知识资源传播共享与增值利用。中国学术期刊网是中国知网的前身，现在是中国知网的组成部分，由 10 大专辑 168 个专题组成，全学科覆盖。

一、中国知网 CNKI 成立背景及其数据规模

1995 年 9 月，清华大学首创全文电子出版技术，① 随即开发大规模集成整合我国学术期刊的全文数据库。次年末《中国学术期刊(光盘版)》正式出版发行，随后形成中国学术期刊标准。1999 年年初，国家新闻出版署发文执行"中国学术期刊(光盘版)检索与评价数据规范"。1999 年 6 月，"中国期刊网"开通全文网络服务。两年后在国内率先推出引文链接检索新功能。2005 年 1 月，《中国学术文献网络出版总库》入选国家"十一五"重大网络出版工程，2005 年启动《中国学术文献网络出版总库》的建设。已经建成的《中国学术期刊网络出版总库》是《中国学术文献网络出版总库》的子项目，收录中华人民共和国成立后中文学术期刊文献的网络型全文数据库提供检索服务，并提供具有学术文献评价统计分析系统、数字化学习与研究系统等增值服务功能的网络出版服务平台。

CNKI 的信息资源已逐步形成"源数据库"和"知识仓库"两大类型。"源数据库"是指期刊、报纸、博硕士论文、会议论文、专利、海外数据库等按文献信息来源分类的数据库，"知识仓库"是指在"源数据库"基础上，按照专业的标准知识结构，从"源数据库"中挑选出来重新整合形成的数据库。"源数据库"因其文献著录格式标准不同具有不同的数据结构，因此"知识仓库"是异构数据库。可以检索、更新、管理各类异构数据库的统一平台，称为"CNKI 知识网络服务平台"。目前是 "CNKI 知识网络服务平台 8.0"，简称 KNS 8.0。数据库结构描述语言采用国际标准 PDF 数据结构，并可自动扩展为 XML 国际标准结构。支持异构数据库和多媒体数据库的检索与管理。全文检索采用基于知识挖掘技术的智能算法，文献输出选用 PDF 格式，多媒体输出支持各种国际标准。

中国知网目前的数字出版模式有 4 种：传统印刷版学术论文的单篇网络首发、整刊形式的优先于印刷版出版、又包括具有内部及外部链接功能并依赖于互联网络发布的学术论文增强数字出版、整刊后于印刷版出版。增强数字出版与仅把印刷版期刊的数字化发布不同，新型出版模式出版的内容发布时以 HTML(Hyper Text Markup Language 超文本标记语言，简称 HTML) 文本标识。

截至 2021 年 5 月底，中国知网收录期刊 8150 种，含北大核心期刊 1960 余种，网络首发期刊 2120 余种，最早回溯至 1915 年，共计 5740 余万篇全文文献；博硕士学位论文近 500 万篇，最早回溯至 1984 年；1999 年以来会议论文 350 余万篇，最早回溯至 1953 年；学术性报纸文献 650 余种以及 2000 年以来的全文文献 1990 余万篇。

二、中国知网检索方法

检索中国知网期刊文献，最后下载并安装中国知网文献阅读器 CAJ 全文浏览器

---

① 《中国学术期刊(光盘版)》创建大事记，中国知识基础设施工程(CNKI 导报)1996 年总第一期第四版，CNKI 官网[EB/OL]. https：//www.cnki.net/gycnki/daobao/cnkidaobao1/1.004.jpg.

CAJViewer。CAJViewer 是中国知网的专用全文格式浏览器，支持中国知网的 TEB、CAJ、NH、KDH 和 PDF 格式文件。可配合网上原文的阅读，也可以阅读下载后的中国知网全文，其打印效果与原版的效果一致。

中国知网检索提供普通检索、高级检索、专业检索、分类检索、引文检索。

1. 普通检索

中国知网的普通检索是在首页的单个检索框中键入检索词，选择单个数据子库或多个子库组合的情况下点击检索按钮进行的检索。

（1）在主页检索框内，输入检索词直接进行多库检索。

子数据库不同，相应地检索项也不同。如果不选择特定子数据库，默认为文献检索标签下，包括期刊、博硕士、会议、报纸、标准、成果和图书子库联合检索。默认为文献检索提供的可选字段有主题（默认字段）、全文、篇名、作者、作者单位、第一作者、通讯作者、关键词、基金、小标题、摘要、参考文献、分类号、文献来源以及 DOI。其中主题检索是在中国知网标引出来的主题字段中进行检索，该字段内容包含一篇文章的所有主题特征，检索系统嵌入了专业词典、主题词表、中英对照词典、停用词表等工具，并采用关键词截断算法，将低相关或微相关文献进行截断。基金检索指称根据基金名称，可检索受到此基金资助的文献。支持基金检索的资源类型包括：期刊、会议、学位论文、辑刊。分类号指中图分类号和专利分类号。小标题为期刊、报纸、会议的论文的各级标题名称，学位论文的小标题为原文的中英文目录，中文图书的小标题为原书的目录。根据检索需要，可选取不同字段来提高检索的查准率（图 8-1）。

图 8-1

例如：选择在全文中检索关键词为"数据仓库"的文献，当输入检索词时，系统会根据输入的词，自动提示相关的词，选中提示词，点击检索键（或回车键），即可呈现检索结果。在检索结果页面的下方，系统提供了相关词，点击相关词即可进行新的检索并获得新的检索结果。当输入检索词时，系统还会根据输出的词给出"检索建议"，即系统智能的识别所输入的检索词是否与检索项对应。例如：在"文献"中，检索项为"全文"，检索词用"中南财经政法大学"，点击"检索"按钮（或者直接回车），则系统给出智能提示"建议在'单位'中检索'中南财经政法大学'"。在检索的结果页面右下方有检索历史记录，点击历史检索词，回到曾经的检索结果页面。

（2）数据库切换单库检索。

首页上只列出常用的几个数据库，可随意切换。如果想切换其他数据库，例如"法律数据库"，点击"更多≫"，然后选择"法律"进入法律数据库主页。

（3）检索结果页面提供的阅读分析功能。

中国知网在检索结果页面提供多种阅读分析功能：

第一，在检索结果页面中分析"提要浏览""分组"与"排序"。

分组浏览(来源数据库、学科、发表年份、研究层次、作者、机构、基金)，如果某个库有分组，则在检索结果中显示相关的分组详细情况，且分组中若包含年份，则默认展开，并且每一个分组后面都显示了该组的数量。点击某个分组之后，背景色为红色(表示选中)，下方结果则发生相应的变化。排序，每个数据库对应的分组形式和排序形式都不一样，表 8-1 是每个数据库对应的分组和排序方式。

表 8-1　　　　　　　　　　中国知网各主要子库排序与分组表

数据库名称	排序	分组
期刊	发表时间、相关度、主题排序、被引、下载	学科、基金、研究层次、作者、单位、全部类别
学术期刊	发表时间、相关度、主题排序、被引、下载	学科、基金、研究层次、作者、机构、全部类别
麻省理工科技创业		年、相关度
博硕士学位论文	发表时间、相关度、被引、下载、学位授予年度	学科、基金、导师、学科专业、研究层次、全部类别
博士学位论文	发表时间、相关度、被引、下载、学位授予年度	学科、基金、导师、学科专业、研究层次、全部类别
优秀硕士学位论文	发表时间、相关度、被引、下载、学位授予年度	学科、基金、导师、学科专业、研究层次、全部类别
会议论文	时间、相关度、被引、下载频次	来源数据库、学科、主办单位、基金、研究层次、作者、单位、全部类别
国内会议	时间、相关度、被引、下载频次	学科、主办单位、基金、研究层次、作者、单位、全部类别
国外会议	时间、相关度、被引频次、下载频次	学科列表、主办单位、研究资助基金、研究层次、文献作者、作者单位、全部类别
报纸	报纸日期、相关度	学科、作者、单位、全部类别
年鉴	年鉴年份、相关度、下载	学科、地域、年鉴级别、全部类别
工具书	出版时间、相关度、文字量	学科
百科	出版时间、相关度、文字量	学科
词典	出版时间、相关度、文字量	学科
学术辑刊	发表时间、相关度、被引、下载	学科、基金、研究层次、作者、单位、全部类别
统计年鉴	年鉴年份、相关度、下载	学科、地域、年鉴级别、全部类别
法律	发表时间、相关度	来源数据库
法律论文	发表时间、相关度、被引频次、下载频次	

续表

数据库名称	排序	分组
法律案例	裁判日期、相关度、出版时间	
法律法规	发布日期、相关度	
专利	时间、申请日、相关度、公开日	
中国专利	时间、申请日、相关度、公开日	

第二，切换显示模式到"摘要"。

点击检索结果页面右上方"摘要"，则目录列表检索结果页面可以变为摘要模式。选择摘要模式，则之后检索都是以这种模式进行显示(图8-2)。

图 8-2

第三，导出参考文献。

知网提供了多个库检索结果进行组合，以满足多结果进行存盘等功能，例如"个人公开权"Right of Publicity。

在"文献"多数据库的检索结果中选中3条、继续在"期刊"数据库中检索(可以输入不同的检索词)选中2条、在"报纸"数据库检索结果中选中一条，集中导出参考文献(图8-3~图8-4)。

图 8-3

图 8-4

导出参考文献—分析(图 8-5~图 8-6)。

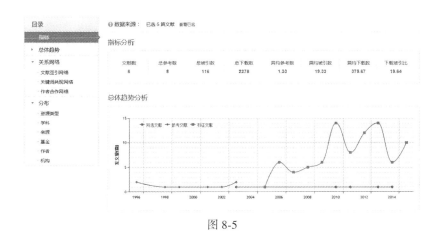

图 8-5

图 8-6

导出参考文献—阅读(图8-7)。

图 8-7

(4)对检索结果的修正,"在结果中检索"——二次检索(图8-8)。

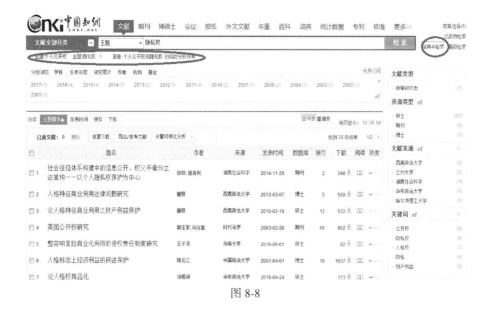

图 8-8

2. 高级检索

上文叙述了普通检索也即一框检索,而多框组合检索就是高级检索模式,高级检索是专业检索的表格化。在检索的首页中,选择要检索的数据库,再点击"高级检索"。这里以"期刊"数据库高级检索为例(图8-9)。

图 8-9

高级检索中"＋"和"－"按钮用来增加和减少逻辑组配项，即检索条件，"词频"指检索词在检索结果文献中出现的频次。高级检索还提供更多组合条件，如：作者、作者单位、期刊来源、期刊来源类别、支持基金，还有时间限定以及中英文扩展和同义词扩展（图 8-10）。

图 8-10

例如：在核心期刊中检索有关个人公开权的文章。示例 1，在"主题"项下输入两个主题词"个人""公开权"，并进行逻辑和连接，其他检索项可以不组合，然后点击检索按钮，执行检索，检索到 4 篇论文（图 8-11）。

图 8-11

这时发现检索结果太少，更换主题词进行示例 2 检索。示例 2，在"主题"项下进行"公开权"与"隐私权"的并列检索后，得到与这两个主题词相关的 7 篇论文，选取其中 3 篇(图 8-12 ~ 图 8-13)。

图 8-12

高级索结果文献的组合阅读，在图 8-12 所示检索结果页面中，可以选择不同子库的文献进行组合，实现组合预览，这种功能仅支持期刊、博士、硕士、会议和年鉴组合。选取的 3 篇论文如图 8-13 所示，然后点击图 8-12 中右栏中部的"分组浏览"进入图 8-14 和图 8-15 所示的可切换阅读页面。

图 8-13

如图 8-14～图 8-15 所示，在组合预览的页面里，文档内容以目录的形式显示。

图 8-14

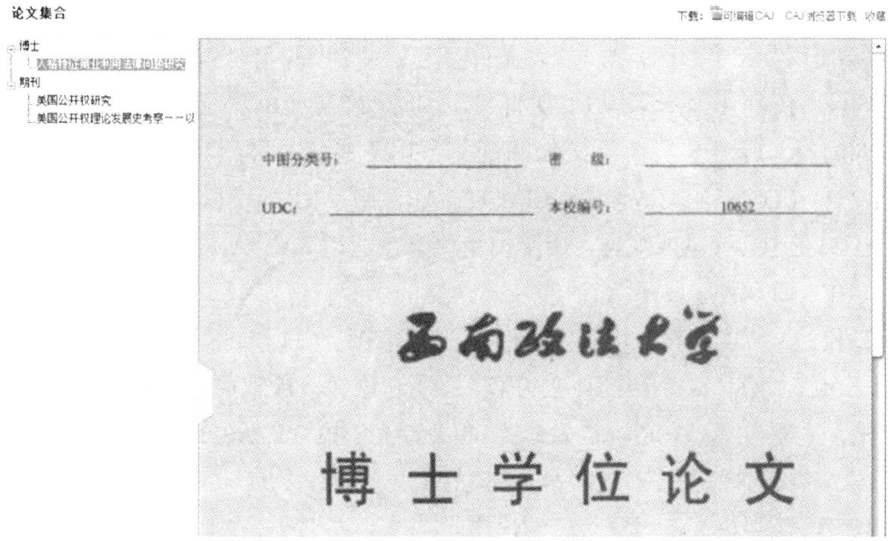

图 8-15

在高级检索结果页面的左侧，列出检索结果文献的不同遴选条件，点击任意一种条件，结果发生相应的变化。在高级检索中，有"结果中检索"功能即二次检索功能，如果检索结果不是很满意，可以增加检索条件，选择"结果中检索"，这样搜索的范围会更精确、范围更小。

在高级检索模式里的检索结果页面进行分析阅读，基本和一框式检索结果功能类似，这里不再重复。

3. 专业检索

专业检索需要构造专业检索式，用于精准检索、查新、信息分析等，使用逻辑运算符和关键词构造检索式进行检索。专业检索是所有检索方式里面比较复杂的一种检索方法。检索式语法必须正确，否则不能检索到想要的结果。每个子库的专业检索都有字段代码说明，详细语法可以点击右侧参看详细的语法说明。在期刊库中，其可检索字段：

(1)检索字段：SU＝主题，TI＝题名，KY＝关键词，AB＝摘要，FT＝全文，AU＝作者，FI＝第一作者，AF＝作者单位，J JN＝中文刊名 & 英文刊名，RF＝引文，RT＝更新时间，PT＝发表时间，YE＝期刊年，FU＝基金，CLC＝中图分类号、SN＝ISSN、CN＝统一刊号、IB＝ISBN、CF＝被引频次、SI＝SCI 收录刊，EI＝EI 收录刊，HX＝核心期刊。

(2)逻辑符：逻辑与，用＊号或者 AND 标识；逻辑或，用+号或 OR 标识；逻辑否，用–号或 NOT 标识。( )标识优先运算符号。

编辑检索式是所有符号和英文字母，都必须使用英文半角字符；逻辑关系符号"AND""OR""NOT"前后要空一个字节；三种逻辑运算符的优先级相同；如要改变组合的顺序，需要使用英文半角圆括号 ( )将条件括起；使用"同句""同段""词频"时，需用一组西文单引号将多个检索词及其运算符括起，如："经济/PRG N 犯罪"。

(3)匹配符：等号＝是相等文献匹配符，用于精确检索。适用 KY、AU、FI、RP、JN、AF、FU、CLC、SN、CN、IB、CF、TI、AB、FT、RF 各字段。

百分号%是包含文献匹配符，用于模糊检索。适用 KY、AU、FI、RP、JN、FU、TI、AB、FT、RF、CLC 各字段。

%＝是相关文献匹配符，用于模糊检索。适用 SU、CLC、ISSN、CN、IB 各字段。

例如：检索"隐私权"且含有"公开权"的期刊论文，检索式 SU %＝'隐私权 ＊ 公开权'用于检索主题与"隐私权"和"公开权"相关论文。检索式 AB %'隐私权 ＊ 公开权'用于模糊检索摘要包含"隐私权"和"公开权"的论文。检索式 TI＝'隐私权 ＊ 公开权'用于精确检索包含"隐私权"和"公开权"的论文。

(4)位置算符："#、%、/NEAR N、/PREV N、/AFT N、/SEN N、/PRG N"是单次对单个检索字段中的两个值进行限定的语法，仅限于两个值，不适用于连接多值进行检索。并且需用一组英文半角单引号将检索值及其运算符括起来(表8-2)。

表 8-2 位置算符功能表

符号	功　　能	适用字段
#	'STR1 # STR2'：表示包含 STR1 和 STR2，且 STR1、STR2 在同一句中	
%	'STR1 % STR2'：表示包含 STR1 和 STR2，且 STR1 与 STR2 在同一句中，且 STR1 在 STR2 前面	
/NEAR N	'STR1/NEAR N STR2'：表示包含 STR1 和 STR2，且 STR1 与 STR2 在同一句中，且相隔不超过 N 个字词	
/PREV N	'STR1/PREV N STR2'：表示包含 STR1 和 STR2，且 STR1 与 STR2 在同一句中，STR1 在 STR2 前面不超过 N 个字词	
/AFT N	'STR1/AFT N STR2'：表示包含 STR1 和 STR2，且 STR1 与 STR2 在同一句中，STR1 在 STR2 后面且超过 N 个字词	TI、AB、FT
$ N	'STR $ N'：表示所查关键词 STR 最少出现 N 次	
/SEN N	'STR1/SEN N STR2'：表示包含 STR1 和 STR2，且 STR1 与 STR2 在同一段中，且这两个词所在句子的序号差不大于 N	
/PRG N	'STR1/PRG N STR2'：表示包含 STR1 和 STR2，且 STR1 与 STR2 相隔不超过 N 段	
$ N	'STR $ N'：表示所查关键词 STR 最少出现 N 次：FT='大数据 $ 15'	
/SUB N	第 n 位包含检索词：AU='刘强 /SUB 1'	AU

(5)比较运算符：BETWEEN，使用 YE 字段，例如：YE BETWEEN（'2010'，'2018'）。大于号>、大于等于号 >=、小于号<、小于等于号<=，适用于 YE、CF 字段。例如：CF > 0 或 CF >=1，用于检索被引频次不为 0 的论文。

专业检索式构造示例：

首先选择检索项。跨库专业检索支持对以下检索项的检索：SU、TI、KY、AB、FT、AU、FI、AF、JN、RF、YE、FU、CL、SN、CN、IB、CF。其次使用逻辑运算符连接检索项成为检索式，优先运算符号()用于改变检索式的检索顺序。

例 1：要求检索刘仁山在中南政法学院或中南财经政法大学时发表的文章。检索式：AU=刘仁山 and（AF=中南政法学院 or AF=中南财经政法大学）

例 2：要求检索刘仁山在中南政法学院期间发表的题名或摘要中都包含"国际私法"的文章。检索式：AU=刘仁山 and AF=中南政法学院 and（TI %国际私法 or SU %=国际私法）

例3：要求检索钱伟长在清华大学或上海大学时发表的文章。检索式：AU＝钱伟长and（AF＝清华大学 or AF＝上海大学）

例4：要求检索钱伟长在清华大学期间发表的题名或摘要中都包含"物理"的文章。检索式：AU＝钱伟长 and AF＝清华大学 and（TI＝物理 or AB＝物理）[1]

在专业检索模式里的检索结果页面进行分析阅读，基本和一框式检索以及高级检索结果功能类似，这里不再重复。

4. 分类检索

分类检索又称为导航，文献学科分类导航最为常见，中国知网还有出版物(期刊、报纸、年鉴、工具书)导航、学位授予单位导航、会议导航。

文献学科分类检索，提供以鼠标滑动显示的方式进行展开，包括基础科学、工程科技、农业科技等领域，每个领域又进行了细分，根据需要点击某一个分类，即进行检索(图8-16)。

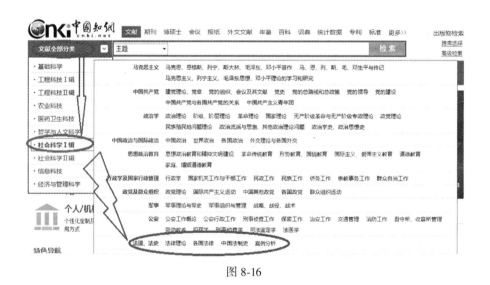

图 8-16

点击"案例分析"，获得检索结果111304篇案例分析文章，如图8-17所示，检索结果太多，可利用"聚类"功能进行检索结果文献分析。

在这个检索结果页面的右侧，是检索结果的不同聚类。可选择不同的出版物或主题再进行二次结果文献分析。

如按"资源类型"聚类：期刊论文58935篇、报纸论文51156篇、硕士学位论文938篇、国内会议论文264篇、国际会议论文11篇。

---

[1]　http：//epub. cnki. net/kns/help/help. aspx？helpType＝zhuanye&url＝help_yufa. htm，2018-06-02.

图 8-17

按"关键词"聚类：有(89)篇"行政处罚"论文、有(69)篇"盗窃罪"论文、(59)篇著作权、(58)篇因果关系、(57)篇案例、(52)篇盗窃、(51)篇医疗纠纷、(51)篇侵权、(45)篇行政诉讼、(44)篇法律适用、(42)篇法律、(39)篇诈骗罪、(38)篇案例分析、(36)篇共同犯罪、(36)篇合同效力。

出版物分类检索，即出版物导航。在知网首页点击出版物检索进入导航首页(图 8-18)。

图 8-18

进入导航首页，在该页中有字母导航和学科分类导航。左侧文献分类目录提供快速定位的分类；导航首页有推送的栏目，是当前热门的期刊论文等文献；下面是一些热门的特色导航的推荐文献：期刊、会议、年鉴、工具书、报纸、博士学位授予单位、硕士学位授予单位。

共收录 10824 种期刊、1660734 期，共计文章 58817218 篇。学术期刊共 8387 种、优先出版期刊共 3302 种、独家授权期刊共 1611 种、世纪期刊共 3779 种(图 8-19)。

图 8-19

导航内容覆盖各个学科各种层次的期刊。收录期刊大部分回溯至创刊，最早的回溯到1915 年。读者可直接浏览期刊基本信息，按期查找期刊文章。核心期刊导航按 2018 年版"中文核心期刊要目总览"核心期刊表分类，只包括被 2018 年版"中文核心期刊要目总览"收录的期刊。世纪期刊按期刊的知识内容分类，只包括 1994 年之前出版的期刊。期刊的影响因子按《中国学术期刊影响因子年报（2016 版）》结果显示（图 8-20～图 8-22）。

图 8-20

图 8-21

图 8-22

每个出版物的导航体系根据各文献独有的特色设置不同的导航系统。

报纸导航：中国重要报纸全文数据库收录 2000 年以来中国国内重要报纸刊载的学术性、资料性文献，是连续动态更新的数据库。文献来源于国内公开发行的 622 种重要报纸，累积报纸全文文献 15014853 篇。

年鉴导航：中国年鉴网络出版总库是连续更新的动态年鉴资源全文数据库。

工具书导航：《中国工具书网络出版总库》是持续更新的百科知识库，是传统工具书的数字化集成整合，不但保留了纸本工具书的科学性、权威性和内容特色；而且配置了强大的全文检索系统，大大突破了传统工具书在检索方面的局限性；同时通过超文本技术建立了知识之间的链接和相关条目之间的跳转阅读，可在一个平台上方便获取分散在不同工具书里的、具有相关性的知识信息。中国知网收录了近 300 多家出版社的字典、词典、专科辞典、百科全书、手册、图录图鉴、表谱、名录等共 8903 部，含 25890388 个条目，100 多万张图片，其内容涵盖自然科学、人文科学、社会科学与工程技术、农业、医学等各个方面。年鉴总计3520种，28845本，共计条数25890388条。

学位授予单位导航："中国博硕士学位论文全文数据库"与774家高校、科研院所合作，其中包括431家博士培养单位，720家硕士培养单位，收录始于1984年，累积收录博硕士学位论文文献3307938篇，连续动态更新，覆盖各个科学领域。

会议导航：国内外重要会议论文全文数据库的文献是由国内外会议主办单位或论文汇编单位书面授权并推荐出版的重要会议论文，重点收录1999年以来中国科协系统及国家二级以上的学会、协会，高校、科研院所，政府机关举办的重要会议以及在国内召开的国际会议上发表的文献，部分重点会议文献回溯至1953年。已收录出版国内外学术会议论文集31763本，累计文献总量2850357篇。

5. 引文检索(见下文知网节)

三、中国知网优势功能

无论是一般性的论文阅读还是论文写作前的选题或查新，中国知网基于8000多种学术期刊提供的多种优势功能，例如：学术趋势分析、论文知网节、期刊评价等，都是值得重视的不可不用的工具。

(一)论文知网节

论文知网节又称文献知网节，指称以某篇论文为节点文献的知识网络基本信息，包括节点文献的引文网络、主题网络、相似文献、关联作者等。其他知网节还有作者知网节、机构知网节、学科知网节、基金知网节、关键词知网节、出版物知网节。例如：图8-23所示的节点文献题名为"我国社会组织立法的困境与出路"的论文的知网节。

图 8-23

1. 知网节引文分类

知网节分引文网络和其他相关文献两部分，并以图形的形式显示出来。

在引文网络部分可分为：二级参考文献、参考文献、引证文献、二级引证文献、共引文献、同被引文献 6 大引文群。

2. 各类引文文献的含义

（1）参考文献：反映节点文献的研究背景和依据。

（2）二级参考文献：节点文献参考文献的参考文献。进一步反映节点文献的研究背景和依据（图 8-24）。

图 8-24

（3）引证文献：引用节点文献的文献。节点文献研究工作的继续、应用、发展或评价。

（4）二级引证文献：节点文献节点文献引证文献的引证文献，进一步反映节点文献研究的继续、发展或评价。

（5）共引文献：与节点文献有相同参考文献的文献，与节点文献有共同研究背景或依据。

（6）同被引文献：与节点文献同时被作为参考文献引用的文献。

图形式列表功能，每种文献的数量标示在标题后面，用括号括起来，例如：图 8-24 中"节点文献"下的"参考文献（17）"。

点击任意类型文献的题名，该类文献将在图表下面显示出来。涉及的数据库有中国学术期刊网络出版总库、中国优秀硕士学位论文全库、Springer 期刊数据库和外文题录数据库等数据库的文献。每个库中的文献在首页显示 10 条(图 8-25~图 8-27)。

图 8-25

图 8-26

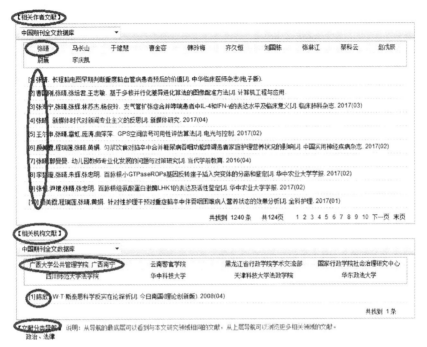

图 8-27

(二)期刊的统计与评价,如"法商研究"(图 8-28)

图 8-28

1. 法商研究年度总文献量（图 8-29）

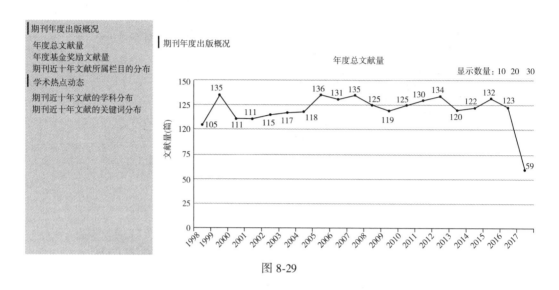

图 8-29

2. 法商研究的年度基金资助文献量（图 8-30）

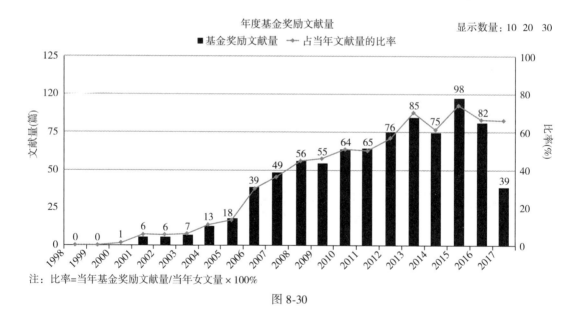

注：比率=当年基金奖励文献量/当年女文量×100%

图 8-30

3. 法商研究十年的各部门法学科文献量（图 8-31）

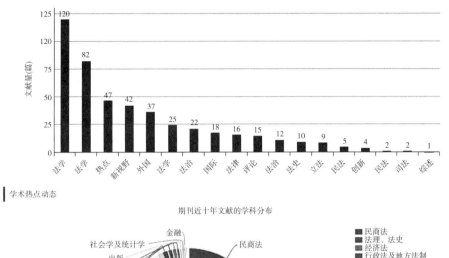

学术热点动态

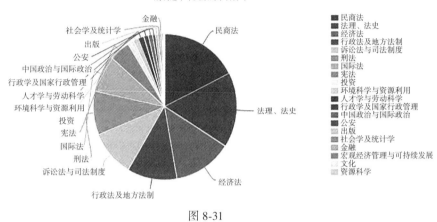

图 8-31

4. 法商研究十年文献各部门法学科的关键词量分布（图 8-32）

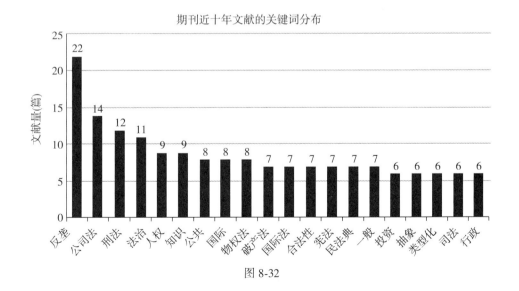

图 8-32

（三）学术趋势分析

CNKI学术趋势分析以中国知网资源为基础，以关键词为检索点，深入分析知网收录自1997年后发表的期刊文献的发展趋势和关注度，提供学术关注趋势图和用户关注趋势图，并统计逐年及各个年度的热门被引文章、近一年及各个月份的热门下载文章，借此可迅速了解与检索词关联的研究领域或方向的发展趋势（图8-33）。

图 8-33

1. 学术趋势分析首页概说

搜索首页的内容分区：

（1）搜索输入区：在此处输入关键词，或者跳转到全文文献、工具书、数字、学术定义和翻译助手等其他数据库检索页面。如果想对比多个关键词，需要用逗号分隔各个词，最多可以对比5个词的学术趋势。

（2）样例区：提供热点词汇或者搜索频率比较高的词汇。

（3）页脚区：可以跳转到中国知网首页、查看学术趋势搜索帮助等。

如果输入3个关键词，趋势图中也会展现3条曲线，用不同的颜色标识，趋势图右侧展现热门被引文章和热门下载文章。默认列出第一个关键词的全部年份的热门被引文章和近一年的热门下载文章。点击第二个关键词或第三个关键词即可查看相应关键词的热门被引和下载文章。

2. 关键词下的学术趋势分析

（1）学术关注度趋势图：查看与关键词相关的学术文献1997年后的发展趋势，查看各个年度的文章收录数量。学术关注度：以CNKI知识资源总库中与关键词最相关的文献数量为基础，统计关键字词作为文献主题出现的次数，形成的学术界对某一学术领域关注度的量化表示。高频被引文献：学术关注度统计图中被标记高亮点的地方，显示此年份被高频引用的文献（图8-34）。

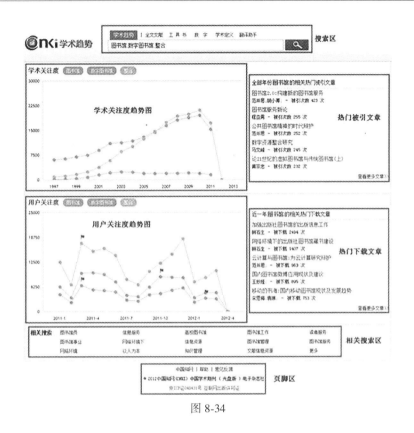

图 8-34

（2）用户关注度趋势图：查看与关键词相关的学术文献近一年的下载趋势，查看各个月份的下载量。用户关注度：以用户在 CNKI 系列数据库中所下载文章的数量为基础，统计关键词作为主题的文章被下载的次数，形成的用户对某一学术领域关注度的量化表示。高频浏览文献：用户关注度统计图中被标记高亮点的地方，显示此月份的网节被高频浏览的文献。

（3）热门被引文章：查看与关键词相关的全部年份或各个年份的热门被引文献。

（4）热门下载文章：查看与关键词相关的热门下载文献。

查看热点年份的相关热门被引文章或热点月份的相关热门下载文章：

点击左侧学术关注度趋势图中小红旗所在的绿色圆点，即可在右侧查看相关的热门被引文章；同样，点击用户关注度趋势图中小红旗所在的绿色圆点，即可在右侧查看相关的热门下载文章。

（四）CNKI Scholar(即 CNKI 学术搜索）

CNKI Scholar 是基于知识发现的统一的学术资源搜索引擎。国内外出版社和数据库厂商通过加盟将自己的学术资源快速发布到 CNKI 学术搜索平台，提高加盟商数据库在中国大陆地区的知名度、使用量和学术影响力，旨在为国内外学者提供一个跨语种、跨文献类型、权威的知识发现平台。CNKI Scholar 给检索者提供免费的题录检索。学术搜索平台涉及的核心技术包括知识库管理、搜索引擎、知识挖掘、自然语言理解等(图 8-35)。

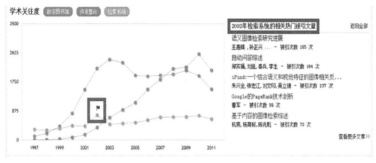

图 8-35

(五)指数检索

KDN 检索平台新加了 CNKI 指数功能，CNKI 指数是反映某一个关键词的关注度，包括学术关注度、媒体关注度、学术传播度和用户关注度。CNKI 指数以中国知网海量文献为基础的免费数据分析服务，它能形象地反映不同关键词在过去一段时间里的变化趋势。CNKI 指数以最权威的文献检索数据为基础，通过科学、标准的运算，以直观的图形界面展现，帮助用户最大化的获取有价值的信息。通过 CNKI 指数，可以检索、发现和追踪学术热点话题。

指数检索步骤：首先选择指数数据库，其次在检索框中输入检索词如："云计算"，最后点击"检索"按钮，进入指数分析页面(图 8-36)。

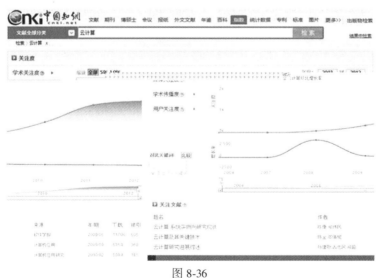

图 8-36

第二节　万方数据库论文检索

万方数据股份有限公司是以科技部下属的中国科技信息研究所(简称中信所)为主组建的高新技术股份有限公司,1993年成立于北京并推出万方数据库,其后自主开发的数据库总计有一百多个,组成万方数据资源系统。万方数据资源系统被科技部和教育部同时指定为科技查新必查数据库。

一、万方数据库及其数据

万方数据主要包括期刊、学位、会议、外文文献、科技报告、专利、标准、地方志、成果、法规、机构、图书专家、学者等自有数据,还有大量合作数据。

期刊(论文)全文库,是万方数据知识服务平台的主体组成部分,收录科技及人文和社会科学期刊中外文8000余种[1],其中,绝大部分是进入科技部科技论文统计源的核心期刊。其中法学期刊119多种,NS核心法学期刊52种。内容包括论文标题,论文作者,来源刊名,论文的年、卷、期,中图分类法的分类号,关键字,所属基金项目,数据库名,摘要等信息,并提供全文下载。总计约131720319条篇[2]。期刊论文采用国际通用的PDF格式。

学位论文全文库,万方的学位论文以中信所的收藏为基础,兼收外文。中信所是国家法定的国内学位论文收藏机构之一,自1980年开始收集我国自然科学领域的博士、博士后及重点高校硕士研究生论文。同时,万方也与高校研究生处签约,从而保证了论文收录的完整性和对质量的要求。万方不仅收录全国优秀硕士、博士学位论文,还收录博士后论文,累积60余万册[3]。内容包括:论文题名、作者、专业、授予学位、导师姓名、授予学位单位、馆藏号、分类号、论文页数、出版时间、主题词、文摘等信息,总计约6260623条篇[4]。

会议论文库,收录由中国科技信息研究所提供的国家级学会、协会、研究会组织召开的各种学术会议论文,每年涉及3000余个重要的学术会议累积766万篇全文[5],范围涵盖自然科学、工程技术、农林、医学等多个领域,内容包括:数据库名、文献题名、文献类型、馆藏信息、馆藏号、分类号、作者、出版地、出版单位、出版日期、会议信息、会议名称、主办单位、会议地点、会议时间、会议届次、母体文献、卷期、主题词、文摘、馆藏单位等,总计约13886227条[6],为用户提供最全面、详尽的会议信息,是了解国内

---

[1]　万方数据2019年12月8日访问。
[2]　万方数据2019年12月8日访问,2019年12月6日万方更新提供的数据。
[3]　万方数据2019年12月8日访问。
[4]　万方数据2019年12月8日访问,2019年12月6日万方更新提供的数据。
[5]　万方数据2019年12月8日访问。
[6]　万方数据2019年12月8日访问,2019年12月6日万方更新提供的数据。

学术会议动态、科学技术水平，进行科学研究必不可少的工具。

中国法律法规全文数据库收录范围为 1949 年至今，总记录数为：1219292 条①。内容包括全国人大法律、国务院行政法规、最高人民法院和最高人民检察院等单位颁布的法律法规、各部门规章、司法解释、还有各地地方性法规和地方政府规章，以及我国参与的国际条约和公约等规范性文件。该库包含 13 个基本的数据库：国家法律库、行政法规库、司法解释库、部门规章库、地方法规库、合同范本库、仲裁裁决库、国际条约库、裁判文书库、文书样式库、公报案例库、港澳台法律库和外国法律库。采用国际通用的 HTML 格式。

外文期刊及会议论文数据库，万方数据作为国家科技图书文献中心（简称：NSTL）的战略合作伙伴，将 NSTL 的外文期刊与外文会议论文检索平台安装在签约站点上，用户不仅能免费检索到外文资料的文摘信息，并通过该平台能够快速全文传递。其中外文期刊数据库收录了 1995 年以来世界各国出版的近 12000 余种重要学术期刊，共 780 余万条记录，部分文献有少量回溯。外文期刊论文是全文资源含题录资源。范围主要涉及自然科学工程技术范围涉及自然科学工程技术各个学科领域。也有社会科学和人文科学，每年新增论文约 20 余万篇，每月更新，目前总记录数为：34935471 条②。外文会议论文数据库收录了 1985 年以来世界各主要学、协会，出版机构出版的学术会议论文 260 万余篇，收录会议数量近 4 万余个，有少量文献有回溯。范围涉及自然科学工程技术各个学科领域。外文会议论文是全文资源含题录资源。

中外科技报告数据库目前总记录数 1175441 条③。收录中文始于 1966 年，计 2.6 万余篇，外文主要来自美国四大科技报告（AD、DE、NASA、PB），始于 1958 年，计 110 万余篇。范围涉及自然科学工程技术各个学科领域。

中外专利技术数据库④，目前总记录数为 105946743 条，收录了自 1985 年国内发明、实用新型及外观设计等专利约 2200 多万项，国外专利自 1780 年代以来共有 8000 多万条，内容涉及自然科学各个学科领域。

中外标准数据库⑤，目前总记录数为 2306976 条，综合了由国家技术监督局、建设部情报所、建材研究院等单位提供的相关行业的各类标准题录。其中国际标准以及各国标准 55 万篇。

地方志数据库目前总记录数为 7719380 条⑥，方志条目时间起自 1949 年以后出版的中国地方志的所有条目。

科技成果数据库目前总记录数为 918473 条⑦，主要收录了 1978 年以来国内的科技成果及国家级科技计划项目。内容由《中国科技成果数据库》等十几个数据库组成，收录的

---

① 万方数据 2019 年 12 月 8 日访问，2019 年 12 月 3 日万方更新提供的数据。
② 万方数据 2017 年 4 月 28 日访问，2017 年 4 月 28 日万方更新提供的数据。
③ 万方数据 2019 年 12 月 8 日访问，2019 年 12 月 3 日万方更新提供的数据。
④ 万方数据 2019 年 12 月 8 日访问，2019 年 12 月 2 日万方更新提供的数据。
⑤ 万方数据 2019 年 12 月 8 日访问，2019 年 12 月 3 日万方更新提供的数据。
⑥ 万方数据 2019 年 12 月 8 日访问，2018 年 8 月 31 日万方更新提供的数据。
⑦ 万方数据 2019 年 12 月 8 日访问，2019 年 12 月 3 日万方更新提供的数据。

科技成果总记录约 90 万余项, 内容涉及自然科学各个学科领域。

机构数据库目前总记录数为 198509 条①, 收录了国内外企业机构、科研机构、教育机构、信息机构各类信息。

图书数据库目前总数为 48352 条②。2013 年 12 月以后没有新数据。

科技专家数据库目前总数为 12120 条③。2014 年 5 月以后没有新数据, 国内自然科学技术领域的专家名人信息, 介绍了各专家的基本信息、受教育情况及其在相关研究领域内的研究内容及其所取得的进展, 有助于国内外相关研究人员了解相关研究领域的前沿信息。

学者数据库目前总数为 16758393 人④。

二、万方数据检索

万方数据库提供的检索方式有快速检索、高级检索、专业检索、分类检索。

1. 快速检索

在万方全部文献中进行跨库快速检索, 首先点击检索框选择检索字段(题名、作者、作者单位、关键词、摘要)其次在字段后面键入检索词, 最后点击检索按钮进行检索得到检索结果(图 8-37)。

图 8-37

相关度是万方数据库的默认排序方式, 检索结果页面最相关文献被万方排列在第一页。相关度、出版时间和被引频次三种排序方式可以切换, 比单一指标排序更有研究价值。优化检索结果可通过检索结果页面右栏的多种方式的实时聚类(资源类型、年份、学科分类、语种、来源数据库、出版状态、作者、机构)进一步缩小检索结果范围, 也可以进行二次检索。二次检索不是重新检索, 而是检索结果的优化。检索不是一步到位的, 最重要的是经验, 要不断调整检索式, 才能提高技能。调整检索式的根据是检索结果, 多次调整逐步接近目标, 调整的过程中关键词是检索的灵魂, 使用适当数量和高质量的关键词

① 万方数据 2017 年 4 月 28 日访问。
② 万方数据 2017 年 4 月 28 日访问, 2013 年 12 月万方更新提供的数据。
③ 万方数据 2017 年 4 月 28 日访问, 2014 年 5 月万方更新提供的数据。
④ 万方数据 2017 年 4 月 28 日访问。

是检索成功的保证(图 8-38)。

图 8-38

点击"展开更多"按钮，在检索结果页面的右栏，从上到下与检索词相关的依次是：国内外文献保障服务(并非每篇文章都有)、研究趋势、相关热词、相关视频(图 8-39)。

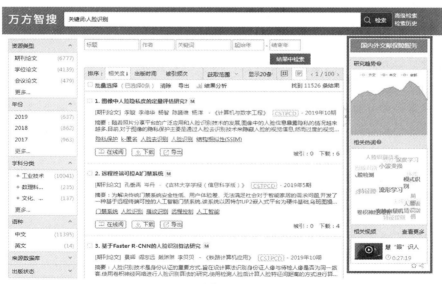

图 8-39

检索结果页面中间是检索结果的相关排序，可以在线阅读或者下载阅读，也可以导出相关数据，例如导出参考文献格式（图8-40）。

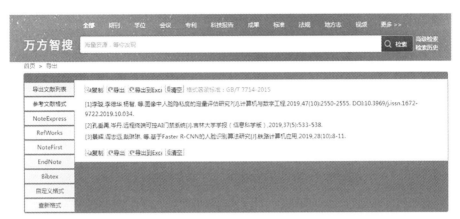

图 8-40

还可就检索词在检索结果范围内进行整体检索结果分析（图8-41）。

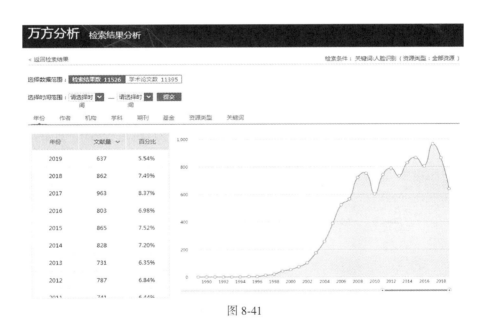

图 8-41

在万方首页检索框下的资源导航默认为资源类型，可切换为数据库，即可显示万方全部数据库来源。点击某一单个数据库可进行单库快速检索。例如，点击期刊全文数据库，就某个概念进行最新观点的教学和科研的查询；在科研、项目、和对某一个知识点的深度挖掘需要学位论文全文数据库数据库；对各行业的最新发展动态、最新观点的了解，需要会议论文全文数据库等（图8-42）。

图 8-42

2. 高级检索

高级检索是实现不同字段填表式检索，采用不同检索策略实现不同目的。高级检索方式下，可选择检索结果与检索词的匹配是模糊或者精确。模糊检索：直接输入的任何词或者短语，表示在全部字段中检索。精确检索：检索词部分使用引号""或书名号《》括起来，表示精确匹配。在高级检索中选择检索条件，由系统生成检索表达式（图 8-43）。

图 8-43

3. 专业检索

专业检索即指令检索或命令检索，功能上比高级检索更精准，适用于熟练掌握 CQL 或者 PQ 检索表达式的检索者。需要检索者根据系统的检索语法编制检索式进行检索。万方知识服务平台首页、检索结果等页面的检索输入框默认接受的检索语言为 PairQuery，也就是 PQ( ) 表达式。

(1)检索式的构成：

每个 PQ 检索式由三部分(检索字段、冒号、检索词)组成表达为：检索字段 ： 检索词。三部分之间由空格分隔，每个 Pair 由冒号分隔符"："分隔为左右两部分，冒号左侧为限定检索的字段，右侧为要检索的词或短语。

检索字段：论文文献有标题、作者、关键词、摘要等文字组成部分，这些文字部分是计算机识别论文的"线索"，而这些线索可变成"检索字段"。在特定检索字段里检索，会提高检索效果。

(2)万方各类文献子数据库适用字段：

法规文献的检索字段：发文文号、标题、颁布部门、效力级别、效力代码、内容分类、内容分类码、行业分类、终审法院、批准日期、签字日期、颁布日期、实施日期、失效日期。

成果文献的检索字段：成果名称、完成单位、关键词、摘要、公布时间、所在地区、鉴定时间、成果类别、成果水平、成果密级。

标准文献的检索字段：标准类型、标准号、标题、关键词、发布单位、起草单位、中国标准分类号、国际标准分类号。

专利文献的检索字段：申请号、申请日期、公开号、专利名称、摘要、主分类号、分类号、申请人、发明人、代理机构、代理人、主权项、国别省市代码。

期刊论文的检索字段：作者、论文标题、作者单位、中图分类号、来源、关键词、摘要、发表日期。

学位论文检索字段：标题、作者、导师、关键词、摘要、学校、专业、发表日期。

会议论文检索字段：作者、论文标题、中图分类号、关键词、摘要、会议名称、主办单位、会议时间。

(3)匹配符：

冒号"："用于字段限定。例如，标题：电子证据。万方对同一字段的限定字段名可以有多种形式，例如"Title""标题""题名"均代表对 Title 字段进行限定检索。"主题"字段包含标题、关键词、摘要；"标题或关键词"字段检索，即标题或者关键词。

(4)逻辑符：

逻辑符用于连接 PQ 或者检索词。逻辑与用 AND、and 或者星号"＊"标识，表示同时出现。逻辑或用 OR、or 或者加号"＋"标识，表示同时出现或者出现一个。逻辑否用 NOT、not 或者符号"＾"标识，表示不出现。

(5)检索规则：

符号(空格、冒号、引号、横线)可任意使用全角、半角符号及任意的组合形式。

　　日期范围：日期范围的检索采用 Date：1998—2003 的形式，"—"前后分别代表限定的年度上下限，上限和下限可以省略一个，代表没有上限或下限，但"—"不可省略。

　　限定的检索字段以及"："可以省略，省略时候的含义是在任意字段中检索。例如："隐私权 公开权"表示检索任意字段中包含"隐私权"与"公开权"的文献，表示模糊匹配检索。

　　检索词精确检索限定符用双引号""或者书名号《》标识。

　　限定检索顺序符用圆括号( )标识。

　　优先顺序 not>and>or，运算符使用英文半角形式输入。

　　(6)检索示例：

　　例如：在《中国法学》期刊中检索电子证据方面的文章。

　　PQ 检索表达式：主题："电子证据"* 刊名："中国法学"(图 8-44~图 8-46)。

图 8-44

图 8-45

图 8-46

如文献太少，则增加检索词："证据排除"，运用逻辑或链接。

PQ 检索表达式变为：（主题："电子证据"+主题："证据排除"）* 刊名："中国法学"（图 8-47）。

图 8-47

4. 分类检索

分类检索也称浏览，可以了解某学科、某大类、某数据库的文献概貌。

（1）期刊论文浏览：点击页面右上角的"学术期刊"，进入学术期刊浏览页面，然后按照学科分类、地区分类和首字母顺序来查找期刊，并且进一步找到期刊论文。同时可在检索区进行简单检索（图 8-48）。

图 8-48

（2）学位论文浏览：点击页面右上角的"学位论文"，进入学位论文浏览页面，再按照学科专业目录、学校所在地来检索学位论文，同时可在检索区进行简单检索。

（3）会议论文浏览：点击页面右上角的"学术会议"，进入学术会议浏览页面，下一步按照会议学科分类、主办单位分类来检索会议论文，同时可在检索区进行简单检索。

（4）法律法规浏览：点击页面右上角的"法律法规"，进入法律法规浏览页面，继而按照法规的效力级别和法规的内容分类来检索法规资源，同时可在检索区进行简单检索。

（5）其他文献浏览：地方志浏览、中外专利浏览、中外标准以及科技成果浏览：点击页面右上角各个相应数据库，随后按导航进行检索，同时可在检索区进行简单检索。

四、万方数据库优势技术

万方指数（WFMetrics）：是传统评价指标的补充。

检索结果分析：文献计量分析，为科研提供客观数据。

研究趋势：根据用户检索的关键词，统计不同年份的中英文文献的发文量，呈现该领域的发文趋势。

热门文献：根据文献的下载量和被引量，提供不同学科、不同类型文献的月、季、年排行，满足用户对高价值文献的需求。

其他的还有：专题聚焦、基金会议、科技动态、万方检测、万方知识脉络分析。

第三节　维普数据库文献检索

维普资讯网 www.cqvip.com，2000 年上线提供服务。重庆维普资讯有限公司是科学技术部西南信息中心下属的一家大型的专业化数据公司，1989 年，维普资讯开发建设了我国第一个期刊数据库《中文科技期刊数据库》（软盘版）。2001 年《中文科技期刊数据库（全文版、文摘版、引文版)》获得国家新闻出版总署连续型电子出版物出版许可。

一、维普数据库及其数据

维普《中文期刊数据库》是经国家新闻出版总署批准的大型连续电子出版物，收录中文期刊自 1989 年以来的数据。其数据库资源按照《中国图书馆分类法》进行分类，分 3 个版本(全文版、文摘版、引文版)和 8 个专辑(社会科学、自然科学、工程技术、农业科学、医药卫生、经济管理、教育科学、图书情报)定期出版。专辑又细分为 27 个专题。

维普期刊收录期刊 15425 种，现刊 9000 多种，论文总量 7000 万余篇①，核心期刊分类为中国科技核心期刊、北大核心期刊、CSCD 来源刊、中国人文社科核心、CSSCI 来源刊。采用国际通用的高清晰 PDF 全文数据格式，中心网站每日更新。著录标准采用《中国图书馆分类法》《检索期刊条目著录规则》(GB3793—83)和《文献主题标引规则》(GB3860—83)。技术标准采用自主开发的海量文献搜索引擎技术，提供 B/S 方式的 WEB 数据库服务，同时支持 OpenURL 等国际标准协议。

二、维普文献检索

维普提供基本检索、高级检索、专业检索、分类检索(期刊导航)。

(一)基本检索

基本检索的检索框中输入的所有字符均被视为检索词，不支持任何逻辑运算；如果输入逻辑运算符，将被视为检索词或停用词进行处理。

检索步骤：首先，在平台首页的检索框左侧选择字段限定检索范围，可选字段有任意字段、题名或关键词、题名、关键词、文摘、作者、第一作者、机构、刊名、分类号、参考文献、作者简介、基金资助、栏目信息。其次，在检索框中输入检索词，最后，点击检索按钮进行检索，即可见到检索结果呈现页面。检索功能相对简单，使用快捷方便。进入结果显示页面，可实现题录文摘的查看或下载及全文下载功能，也可进行二次检索或重新检索(图8-49)。

图 8-49

---

① http://qikan.cqvip.com/，2019-12-9.

　　检索结果页面分两栏呈现检索结果，左侧是优化检索结果的各项条件：二次检索、年份、学科、核心期刊、主题、期刊、作者和机构(图 8-50)。

图 8-50

　　右侧的顶部，有三组小工具，一组是导出题录、引用分析和统计分析，另一组是检索结果的义摘、详细和列表三种显示方式，还有一组是检索结果的相关度、被引量和时效性三种排序方式。

(二)高级检索

　　高级检索适用于检索请求非常明确，对查准率和查全率要求相当高的检索者。高级检索综合运用字段与布尔逻辑式组配的表格向导式检索方式检索，执行检索前，还可以选择时间、期刊来源、学科等检索条件对检索范围进行限定。使用扩展功能，能定义复杂精准的检索请求。向导式检索提供分栏式检索词输入方法。可选择逻辑运算、检索项、匹配度外，还可以进行相应字段扩展信息的限定，尽可能提高检准率。使用检索条件限定，可以进一步缩小检索范围，获得更符合需求的检索结果。用户可根据需要，选择合适的时间范围、学科范围、期刊范围等限制条件。同义词功能只适用于三个检索字段：关键词、题名或题名与关键词(图 8-51)。

　　如需查看检索词为"区块链"、作者所属机构为"社会科学院"，"国家社会科学基金"资助的期刊文献，则如图 8-52 所示，能阅览 5 篇论文。

图 8-51

图 8-52

(三) 专业检索

在检索框中直接输入由字段标识和逻辑运算符组配的检索式进行检索。若显示无检索结果，则应该调整检索式，再次进行检索。

1. 检索代码

检索词前面的英文字母是各字段的代码，可在检索式检索页面查看 (表 8-3)。

表8-3 **检索字段代码对照表**

代码	字段	代码	字段
U	任意字段	S	机构
M	题名或关键词	J	刊名
K	关键词	F	第一作者
A	作者	T	题名
C	分类号	R	文摘
Y	参考文献		

2. 逻辑运算符号(表8-4)

表8-4 **逻辑符简表**

逻辑运算符	逻辑运算符	逻辑运算符
*	+	-
并且、与、and	或者、or	不包含、非、not

逻辑运算符号与"＊"、或"＋"、非"－"、括号"()"不能作为检索词进行检索(注意,符号必须大写,运算符两边需空一格),检索式范例:(K＝图书馆学 OR K＝情报学)AND A＝范并思。如果检索逻辑符,直接用英文的引号将其引起来即可检索。运算顺序依次为:NOT＞AND＞OR(非＞与＞或)。可灵活运用括号"()"改变优先级,括号内的逻辑式优先执行。

维普数据库检索符号逻辑"非"不能用"－",因为它易与英文的连字符混淆,可以采用二次检索来实现逻辑非的功能。

3. 检索式编写规则

(1)字段标识符必须为大写字母,每种检索字段前,都须带有字段标识符,相同字段检索词可共用字段标识符,如:K＝CAD+CAM。

(2)逻辑运算符"并且"(AND/and/＊)、"或者"(OR/or/+)、"非"(NOT/not/－)三种简单逻辑运算,大小写均可,前后须空一格,逻辑运算顺序为:NOT＞AND＞OR,且可通过英文半角圆括号符改变运算顺序。

(3)检索式中,检索内容包含 AND/and、NOT/not、OR/or、＊、－等运算符或特殊字符检索时,需加半角引号,如:"multi-display""C++"。

检索范例:

范例一:S＝中南财经政法大学 AND A＝吴汉东

或者:S＝中南财经政法大学 ＊ A＝吴汉东

此检索式表示：查找机构中含有"中南财经政法大学"，并且作者为吴汉东的文献。

范例二：（K=（版权 OR 著作权）OR T=雷达）AND R=知识产权 NOT K=专利

或者：（K=（版权 OR 著作权）OR T=雷达）＊R=知识产权 NOT K=专利

此检索式表示：查找文摘中含有知识产权，并且关键词中含有版权或著作权、或者题名中含有"知识产权"，但关键词不包含"专利"的文献。

（四）分类检索

分类检索有两种方式，一种是检索时按中图学科分类树的组合来缩小范围的检索方式，能实现自由选择的跨学科结构的检索。如同时选择生物和医学类组合进行学科限定，排除无关学科内容。另一种是分类导航限制检索，依据《中国图书馆分类法》（第四版）的原版分类体系，分类细化到最小一级分类进行浏览的检索方式。

（五）引文检索

用参考文献的任意字段检索出所需要的中刊文献。同时提供了以引文为线索的文献关联漫游功能，可以实现文献间求根溯源的参考、被引、耦合等关联漫游，对知识追根溯源头，此方向的使用特点是文献越查越老；通过不断查看引证文献的引证文献进行无限漫游，实现对知识后续利用情况的追踪，此方向的使用特点是文献越查越新；从而理清知识发展脉络。引文范围涉及各个学科 3000 余种期刊。

三、维普技术

维普数据库提供多种文献阅读及分析技术，主要有以下 4 种。

1. 数据关联技术

维普采用国内一流检索内核"尚唯全文检索系统"实现数据库的检索管理。采用 OpenURL 技术规范实现同异构数据库或信息资源进行数据关联。

2. 主题标引技术

维普参照《汉语主题词表》（1980 年版）、《机械工程叙词表》和《化工汉语主题词表》等学科主题词表，并依据《检索期刊条目著录规则》（GB/T3793—1983）等标引规则进行主题标引。通过规范的标引管理，《中文科技期刊数据库》的平均标引主题词为 3~6 个。例如同义词检索以《汉语主题词表》为基础，参考各个学科的主题词表，通过多年的标引实践，编制了规范的关键词用代词表（同义词库），以学术词表规范关键词标引实现高质量的同义词检索，提高查全率。

3. 分类标引技术

维普采用《中国图书馆分类法》（第四版）为分类体系，以每篇文献的内容特征入类，能确保综合类期刊的每篇文献也能准确地归入不同的类别，而不是随着期刊的类别被笼统地归入一个不准确的类别。

4. 维普全文浏览器

内嵌北京汉王 OCR 识别技术，能直接把图像文件转换成文本格式进行编辑；对于无法转换成文字的图形、表格、公式等部分，可通过"区域识别"和"复制"功能把图像复制到 Word 或其他文档中；设置了"题录下载"的输出选项，解决了 WEB 检索方式下用户不能自行选择输出字段的问题；同时，浏览器还具有将图像文件另存为 TIF 或 PDF 文件格式、同一浏览器窗口打开多篇文章等几种特别适用的功能。

四、维普特色功能

1. 引用追踪功能

针对任意单篇或多篇文献，提供其参考文献、引证文献、引用追踪的延伸查询功能，可以深入的追踪研究课题的来龙去脉，直观地分析研究课题的总体发展趋势和学术影响力情况，系统的解读该课题目前是否具有潜在挖掘价值。在检索结果页点击"引证追踪"按钮，在引文报告页查看相应信息(图 8-53)。

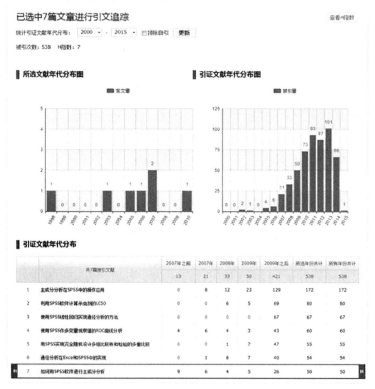

图 8-53

2. 知识梳理功能

维普提供基于文献的引注网络(图 8-54)。

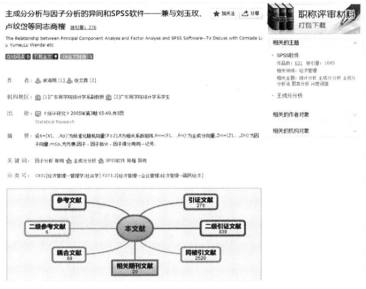

图 8-54

3. 计量报告功能

平台提供基于任意对象的计量分析报告，该报告是以学术计量体系为理论基础，以大数据分析为技术储备，以中文科技期刊数据库为数据原型，经过严密的计算后自动生成的。通过阅读该报告，可以快速掌握相关领域内的前沿学术成果，了解相关学术信息。

范例：如需查看"中国社会科学院"的学术计量报告，可以在平台首页进行对象检索，进入该对象细览页面后点击"分析报告"按钮，即可查看相应内容(图 8-55)。

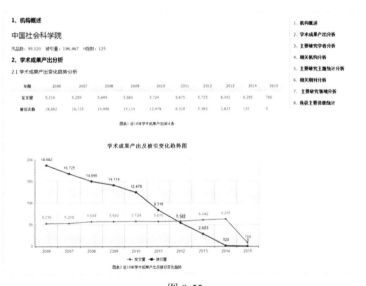

图 8-55

第九章　英文法律文献

自 15 世纪中期古腾堡印刷革新，至 20 世纪 70 年代美国伊利诺伊大学材料科学学生 Michael Hart 创建文献数字化的古腾堡计划①（1971 Gutenberg Project），以图书为主的文献渐渐集中于各类型藏书机构的格局保持了 500 年之久。古腾堡印刷术产业化后，西文所有的经典文献几乎都在摇篮期②被出版了，并被收藏于各类型的藏书机构，图书馆是这一时期主要的藏书机构。西文文献以希腊文及拉丁文为根文献，文艺复兴以后英文、法文及德文发展迅速，就纸本学术文献而言，英文、法文、德文等主要西文文献几乎等量齐观。但是 20 世纪以来，英文数字文献变得一枝独秀。1971 年之后的 20 多年里，在 Book Digitization 领域，古腾堡一直是独行侠。20 世纪 90 年代初图书馆数字化广泛启动。③ 1993 年，美国国家科学基金会（NSF）倡导 Digital Libraries Initiative（DLI 美国数字图书馆启动计划），④ 1994 年美国 DLI 在国家科学基金（NSF）、国防部高级研究中心计划署（DARPA）以及国家航天航空局（NASA）联合组织下正式启动。目标是在当时已存数字化项目基础上建设超大型人类知识虚拟馆，通过网络供广大公众查询使用。从那时起，研究、开发和应用迅速扩展，英文法学文献也不例外。本书中的英文法学文献只限于英美法系中的英国和美国的法学文献。英文法学文献分为三类：权威性文献、学术性文献、工具性文献。

第一节　英文数字文献概况

据 Google 估计，2010 年全世界有近 13 亿种纸本图书。⑤ 同一年，世界纸本藏书最多

---

① Michael Hart. The History and Philosophy of Project Gutenberg[EB/OL]. http：//www. gutenberg. org/wiki/Gutenberg：About 2010-11-06 access.

② 从 15 世纪中叶到该世纪末叶，欧洲在这期间出版了最早期的印刷书被称作印刷时代的"摇篮本"，英国的"印刷之父"是于 1472 年年底以英文版《特洛伊历史故事集》首开英国印刷业的威廉·卡克斯顿。

③ Hussein Suleman, Edward A Fox, Rohit Kelapure, Aaron Krowne, Ming Luo. Building digital libraries from simple building blocks[J/OL]. Online Information Review. Bradford：2003. Vol. 27, Iss. 5；pg. 301, 10 pgs, ProQuest document ID：520379941.

④ Edward A Fox, Digital Libraries Initiative（DLI）Projects 1994-1999[J/OL]. American Society for Information Science. Bulletin of the American Society for Information Science 26(1) 7 Oct/Nov 1999 ABI/Inform Complete（ProQuest）.

⑤ Leonid Taycher, Books of the world, stand up and be counted! [EB/OL]. [2010-12-04]. All 129, 864, 880 of you, http：//booksearch. blogspot. com/2010/08/books-of-world-stand-up-and-be-counted. html.

的图书馆美国国会图书馆藏书 3300 万种。① 美国 HeinonLine 数据库经典文献子库则是英文法律学术文献的基本经典汇集。此外 EEBO 数据库、Evans 数据库、Gale 公司的 ECCO 数据库和 PRIMARY SOURCES 数据库各有所独藏。

一、1800 年以前的英文数字化文献

从图书出版的线性时间轴上比较，1800 年是一个分水岭。Google book 欲将 1800 年至今的相当一部分的书籍创建为在线文本，因为 1800 年以前的图书已经由三家公司提供了 Book Digitization 服务。ProQuest 公司的早期英文书籍在线（EEBO 数据库）、Newsbank-Readex 公司的 Evans 数据库是美国早期印刷品数据库、和 Thomson-Gale 公司 18 世纪收藏在线（ECCO 数据库）。这三家数据库几乎将所有英国和美国在 1479—1800 年（约 300 年）的书页印刷品拍摄成了微缩胶卷，且随后转换为数字图像提供商业服务。② 与这三家比较，Google 有图书数量大、易读——几乎没有古文两大优势能吸引更多的使用者，但是 Google 扫描图书所使用的 OCR（光学字符识别）技术有乱码，存在着较大可改进空间。它的 OCR 技术不能满足那些希望最充分地使用电子媒体的人们，特别是学者的需求。而那三家公司所使用的 TCP（Text Creation Partnership 文本合作创制技术）几乎不会出现乱码现象，③ 更适宜于严谨学习和学术研究。因为 TCP 不是依靠计算机上阅读并提取图像文本（OCP 光学字符识别技术），TCP 技术依靠人工阅读文本、人工转录文本，人工新增结构标记（以便电脑识别书的内容如段落，字体的变化和章节）。通常由两个人键入，第三人

① Today's Library of Congress is an unparalleled world resource. The collection of more than 144 million items includes more than 33 million cataloged books and other print materials in 460 languages；more than 63 million manuscripts；the largest rare book collection in North America；and the world's largest collection of legal materials，films，maps，sheet music and sound recordings［EB/OL］.［2010-12-05］. http：//www. loc. gov/about/history. html.

② Shawn Martin. To Google or Not to Google，That Is the Question：Supplementing Google Books Search to Make It More Useful for Scholarship［J/OL］. Journal of Library Administration，Vol. 47(1/2) 2008，pp. 141-150.

③ 在 Google 的扫描的书里有两个例子（两本书）可以说明扫描出错的问题。第一个例子：第一本书是 Football for player and spectator 作者：Fielding Yost（Ann Arbor，1905）。在密歇根大学网页上的 The Michigan Digitization Project 密歇根数字化项目里，扫描的第 15 页的章节名为"Football：Its Origin and Development."（"足球：它的起源与发展"），如果对照扫描页面（Google 使用的 OCR 光学字符识别技术）和纸质文本页面，Google 扫描页面上出现的是"Football：Its orioin and development." 这是一个 OCR 软件常见的问题，识别字体出错（如在这个特定的页面标题中）。另一个更奇怪的例子在第二本书中，也在密歇根数字化项目里。书名是 The songs and music of Friedrich Froebel's Mother play（Mutter und icose Heder）作者：Friedrich Froebel（New York，1898），扫描第 26 页显示德国诗歌以 Fraktur 字体印刷底本（类似于 EEBO 早期英文书籍在线数据库中哥特式字体的一种字体），这是人人清晰可读的 19 世纪德国印刷字体。然而，浏览这个页面的全文，对照原文则变得面目全非。如果仅仅只是翻阅这本书，这不是一个问题。但是，如果试图在 Google 文库里做语言上特定的词汇作为例子来搜索，Google 目前就不可能是权威性工具。

检查前两个人分别做的相同内容的文本，纠正其中差异，最后，拥有高级人文学科职称和电子编辑经验的技术人员检查是否有其他错误。要确保这本书的准确率在 99.995% 以上（低于每二万字符一个错误），否则必须返工。TCP 技术能确保尽可能创建准确的文本。

二、19—20 世纪早期的英文数字化文献

19—20 世纪早期的法律文献可检索美国 GALE 公司的数据库 GALE PRIMARY SOURCES。这是几十个人文社科子库的合集检索平台。

GALE PRIMARY SOURCES 子库之一：Crime Punishment and Popular Culture 1790—1920 犯罪、惩罚和流行文化 1790—1920 子库。它收录刑事司法、历史、社会学、文学和其他领域资源，主要来自大英图书馆、英国国家档案馆、美国文物学会、美国国家档案馆、国会图书馆、剑桥图书馆、哈佛法学院图书馆，时间跨越了漫长的 19 世纪。这个子库有许多原始文献，如：审判文稿、案例审判的笔记、侦探社的文件、犯罪文学、侦探小说。出版物的语言以英语为主，此外还包括法语、德语、意大利语和西班牙语的出版物。

GALE PRIMARY SOURCES 子库之二：The Making of Modern Law 现代法律形成。这是历史与当代法学资源集，它收录 17—20 世纪权威档案、重要的法学专论、法律法规、案例等资料。内容主要来自耶鲁、哈佛、哥伦比亚等法学院图书馆，这个子库分为 8 个模块：1800—1926 法学专著、1832—1978 美国最高法院记录与法庭文件、1600—1926 审判、1620—1926 法规法令合集第一部分、1763—1970 法规法令合集第二部分、1600—1926 非英美国家法律比较法及国际法学专著、1600—1970 非英美国家法规法令合集第一部分、1600—1970 非英美国家法规法令合集第二部分，这个子库的底本来源为耶鲁、哈佛、哥伦比亚、约克、乔治·华盛顿等大学法学院图书馆，以及纽约市律师图书馆和国会法律图书馆。

GALE PRIMARY SOURCES 子库之三：Nineteenth Century Collections Online（NCCO）19 世纪作品在线，这是 Gale 迄今为止最为庞大的学术数字化出版项目。它甄选并收录了对于 19 世纪时期学术研究有重大价值的珍稀原始资料，该库按照主题共分为 12 个模块。包括英国政治与社会、亚洲与西方外交和文化交流、英国戏剧音乐和文化、科维欧洲文学藏品 1790—1840、欧洲与非洲商业基督教文明和征服、摄影-透过镜头看世界、科技和医学 1780—1925、女性-跨国关系网、儿童文学与童年、绘制世界-地图与旅游文献、宗教灵性改革与社会。

第二节　英国法学文献

英国法律史专家霍兹沃斯（W. S. Holdsworth）1925 年出版了一本法学文献名著《Sources and Literature of English Law》，这本著作在开篇说，英国法有 1500 年的历史，开始于 449 年，但对英国普通法文献三大来源的叙述只能开始于 1066 年以后，是英王亨利

二世、亨利三世和爱德华一世时期①以后。这样算来，英国普通法也不过800年历史。英国普通法三大文献来源，第一是制定法，第二是法律年纪和判例报告，第三是令状、教科书及权威书籍。

一、英国判例文献

判例（英文 Case，Decided Case，Precedent；法文 Jurisprudeuse），是指具有先例作用的司法机关的判决，粗略分为国内和国际判决。判决的先例作用，其权威性有约束力和说服力之分。通常，判决对本案均有约束力，对于本院或者其他法院以后的审判来说，是否具有约束力或者说服力，则因不同法系和不同法域而异。国际司法机关的判决可以具有一定的说服力，一般都不具有作为一种先例的约束力。大陆法系的国内司法判决也没有作为先例的约束力，英美法系的司法判决被认为具有作为先例的普遍法律效力，称之为判例法（Case Law），是与制定法相对的一种主要法律渊源。就判例法的法律含义而言，在英美法系中，它一般是指某一法院判决中所含有的法律原则或规则，对其他法院或本院以后的审判，具有作为先例的约束力或说服力。这种原则或规则与判决中的其他内容是密切相关的。可见，判例法离不开判例，判例的查找也就包括了判例法的查找。各国的判例信息源，从记载形式来看，有全文判例汇编之类资料性工具书和判例摘要之类检索性工具书之分；从出版途径来看，有官方版和非官方版之别。非官方版一般比官方版判例信息源更便于检索。

英国普通法来源之一的判例文献源自亨利二世、亨利三世和爱德华一世时期的诉讼卷宗档案。英国当今普通法领军人物，剑桥大学教授 J. H. 贝克（Sir John Hamilton Baker）说：“研读成吨的未出版的判例卷宗档案还算取得了一些进展，没有中世纪的判例报道集的新出版本，试图撰写普通法的早期历史将是徒劳无益的。这就是弗雷德里克·威廉·梅特兰（Frederic William Maitland 1850—1906）为什么写《英格兰法史》止步于1307年的原因。”②“木秀于林”，“秀”必须有“林”的数据基础才有意义。诉讼卷宗产生的同时，悄然兴起了早期判例。最初的英国法学名著格兰维尔和布莱克顿的著作就是以这些卷宗和令状为文献基础③的。

（一）诉讼卷宗档案 Plea Rolls and Record

判例法的文献来源之一的诉讼卷宗和档案，是英国法学界引以为傲的数量巨大的古典诉讼卷宗和档案。这种判例文献迄今为止，出版的很少。未出版的数量比各类非官方判例集多得多。

现存的古典诉讼卷宗收藏于英国公共档案局 Public Record Office。19世纪以前，上诉

---

① Holdsworth, W. S. Sources and Literature of English Law[M]. Oxford, Clarendon Press, 1925：2.

② ［英］J. H. 贝克. 为何英格兰法史并未撰写完成？[J]. 陈绪纲译. 北大法律评论, 2002, 5(1)：266.

③ Holdsworth, W. S. Sources and Literature of English Law[M]. Oxford, Clarendon Press, 1925：4-6.

审法院各自保存自己的卷档以备随后审案参考。19 世纪以后交给公共档案局 Public Record Office，由国家统一管理。两卷本使用指南 M. S. Giuseppi's Guide to the Manuscripts Preserved in the Public Record Office，其中第一卷 411 页之中有 249 页是法律文献档案的使用指南。第二卷是地方档案。

公共档案局中的皇家法院卷宗 PLEA ROLLS。现存最早的皇家法院卷宗一般都记录有双方的争论点和法庭的判决意见。这两项内容在同一时期的法律卷宗中很少出现。皇家法院卷宗在不同的历史时期有不同的名称。

1272 年前御前会议审结卷宗名称为 Curia Regis Rolls(1194—1272)。

1272 年后御前会议审结卷宗分成两部分，Court of Cmmon Plea 民事法庭的卷宗称为 Coram Rege(1272—1875)；Court of King's Bench 王座法庭的卷宗称为 De Banco(1272—1701)。1702 年以后 Court of King's Bench 王座法庭的卷宗分为两部分，民事诉讼卷 Plea Rolls(1702—1875)和刑事诉讼卷 Crown Rolls(1702—1911)。

此外还有设立于亨利一世时的 The Court of Exchequer 财政署法庭审结卷宗，称为 the plea Rolls of the Exchequer of Pleas(1236—1875)①(表 9-1)。

表 9-1 前御前会议审结卷宗表

1194	1272	1701	1875	1911
Curia Regis Rolls	Coram Rege			
	De Banco	Plea Rolls		
		Crown Rolls		

皇家法院 1550 年及以前的卷宗只有少量被塞尔登学会整理，1550 年后的卷宗除了极少量核实非官方判例集文献内容，几乎无人触及。② 因为这些判例的每一卷是每个法庭每一个审期(一年四个审期)的所有案卷卷宗卷成一卷，卷末标有"Roll"的标记(这就是此类档案文献被称为某某 Roll 的原因)。没有索引，也没有分类，还因为大部分案卷用法律法语记录，历史学者没有相应的专业语言整理不了，法律文献学的学者因劳而无功不愿整理。因此少有问津就是必然的了。但是这类判例能散见于法官的著述或笔记文献里。③

与公共档案一样，由各自保管的皇家法院卷宗，自 19 世纪也逐渐交给公共档案局 Public Record Office，由国家统一管理。分藏两地 Chancery Lane，london 和 Ashirdge in Hertfordshire。

---

① J. H. Baker. Unprinted Sources of English Legal History[J]. 64 Law Libr. J., 1971(302)：302-305.

② J. H. Baker. Why the History of English law Has Not Been Finished[J]. 59 Cambridge L. J., 2000 (62)：72-73.

③ J. H. Baker. Unprinted Sources of English Legal History[J]. 64 Law Libr. J., 1971(302)：302.

（二）初期的判例（1066—1290）

Placita Anglo-Normannica：Law Cases from William I to Richard I Preserved in Historical Records（Melville Madison Bigelow, ed.）online in HeinOnline's Legal Classics Library）是 1066—1195 年的判例，用拉丁文写成，有英文注释。

Bracton's Note Book：A Collection of Cases Decided in the King's Courts During the Reign of Henry the Third（F. W. Maitland, ed., 1983 reprint of 1887 ed.）HeinOnline's Legal Classics Library）梅特兰辑本包括 1217—1240 年的 2000 例判例。

The Earliest English Law Reports.（Publications of the Selden Society；v. 111-112）（Paul A. Brand, ed.）是 Common Bench 最早至 1290 年的 142 例判例。

（三）《判例年纪》Year Book Law Reports（1285—1535）

早期英国判例以法律法语抄本的形式流传。已知流传最早的判例抄本是中世纪英国的 Year Book《判例年记》无汇编者姓名。汇编年代从 1260—1535 年，持续约 270 多年，又译为《法律年书》《法律年鉴》《判例年书》。

1. Year Book 的文体

Year Book 的数量非常之多。Year Book 是律师或实习律师们将法庭上的辩论以及律师和法官的司法程序及其方法以笔记方式记录下来，用作法律实务学习笔记或者培养律师和法官的教材，以判例所在的国王治世年度为单位编集而成，故称 Year Book《判例年纪》。

Year Book 传抄渊源与其后的英美判例报告不同，它不是以司法判例形式出现的判例法，而仅仅是记录当时的法院审判活动，其内容颇为丰富，涉及当时人们最为关心的诉讼程序中的步骤、诉辩双方的法庭询问与应答方式、辩论技巧、调查取证方法，以及当时所有的实体法领域以及新法和旧法的关系。它反映了当时英国法律发展的状况，因此，Year Book 至今仍是英美法学界研究的一个重要领域。

此外，还有类似法制纪实文学的记录。普拉克内特对《判例年纪》曾有此描述："（Year Book）各自通过独立的、众多的人的稿本传向社会……面对热心的、在法院受过竞技规则（诉讼程序）训练的读者，这种初期的法律年纪如同那些关于水平很高的、活生生的体育运动的报道一样，分外受欢迎。有些与案件无关的笑话、俏皮话也占了一定篇幅。当然，有关法律的内容记录还是 Year Book 的主要内容。但由于 Year Book 满载着围绕法庭斗争的有趣记录，因此，阅读者并不视 Year Book 为现代那种枯燥的、没有个性的判例集或教科书，而是将其当作趣味故事来阅读和注释并传抄。"[1]可见 Year Book 有深度的法律社会临场感，并不是法制文学作品。

进入理查二世（Richard Ⅱ，1367—1400）时期，《判例年纪》发生了实质性变化。首先 Year Book 的数量开始减少；其次，判例用语比较严肃、简洁；再次，各种 Year Book 之间

---

[1]　T. F. T. Plucknett. A Concise History of the Common Law［M］. The Lawbook Exchange, Ltj, 2010：498.

的结构差异开始缩小，逐步变得规范、统一，并且向专业化方向发展。

2. Year Book 的早期版本

早期 Year Book 仅以手抄本的形式流传，书写的材料是纸草纸或者羊皮纸，[①] 14 世纪时已经有了纸质的手稿。[②] 15 世纪初，《判例年纪》的编辑出版已经趋于正规、成熟。15 世纪中后期才出现印刷文献，据记载英国最早的印刷商是 W. 卡克斯顿，1476 年他在威斯敏斯特创办印刷所。他出版过 124 种书，以黑墨铅字版（Black Letter Edition）的形式印刷。他的 124 种书中未见法学文献出版。

16 世纪之前，英国总计有 7 名出版商，他们总共出版图书约 150 种。其中，只有约翰尼·莱托（Johnnes·Lettou）和威廉·德·马奇林尼亚（William De Machlinia）共同出版了不超过 5 种法律书籍，其中包括 1482 年的 Year Book[③]，这是最早的 Year Book 印本记录。

现存最早的版本是 1679—1680 年 George Sawbridge，William Rawlins & Samuel Roycroft 印制的版本 Standard 标准本，也称 Vulgate 或 Maynard's Edition 对开版本或梅纳兹版本。成为 17 世纪以后的通行版本，它以法律法语（Law French）出版，法律法语是一种由诺曼法语、英语和拉丁语特殊混合而成的法律语言。

3. Year Book 经典版本

《判例年纪》从法律法语进行校订并译为英语的工作，是到 19 世纪中叶以后才得以开始，但也只是出版了一小部分。《判例年纪》近代辑本以纸质形态存在的判例 Year Books Series 收集有 22000 例。主要有三个经典版本。

第一个版本，1863—1911 年由政府出资编辑出版了爱德华一世和爱德华三世时期的 Year Books，共 20 卷。作为《中世纪大不列颠及爱尔兰编年史记事》（Chronicles and Memorials of Great Britain and Ireland during the Middle Ages）一书的一部分出版，2011 年这个年鉴系列文献再版，其"法律法语"旁附有英文。

第二个版本，为了汇编法律年纪，1887 年梅特兰创立于 Selden Society 塞尔登学会并且做首任编辑，他从爱德华二世时的年纪开始。1903 开始编辑出版的《法律年纪》共计 122 卷，从梅特兰《Publications of the Selden Society with Year Books of 1 and 2 Edward II》（F. W. Maitland，1850—1906，ed.）开始；至贝克（Sir John Hamilton Baker，1944）《Reports of Cases from the Time of King Henry VIII》（J. H. Baker，ed.，2003）[④]，已经持续了一百多年。这个年鉴系列文献编辑质量较高，"法律法语"旁附有英文。

第三个版本，埃姆斯基金系列（Ames Foundation 1910 年创于美国哈佛大学）至目前为

---

① Pamela Robinson, the format of books-books, booklets and rolls [M]. The Camdbrige History of the Book in Britain vol. 2, p. 41. Cambridge University Press, 2008.

② Pamela Robinson, the format of books-books, booklets and rolls [M]. The Camdbrige History of the Book in Britain vol. 2, Cambridge University Press, 2008：41-42.

③ Colin Clair, A History of European Pring [M]. London Academic Press, 1974：97.

④ J. H. Baker. Why the History of English law Has Not Been Finished [J]. 59 Cambridge L. J., 2000(62)：66，62-84.

止，出版了 17 卷理查德二世（1377—1399）时的《判例年纪》(Series of Year Books of Richard II.)①这个年鉴系列的 "法律法语" 旁同样附有英文。

4. Year Books 的现代英语辑本

Year Books 的现代英语辑本有：J. H. Baker & S. F. C. Milsom, Sources of English Legal History：Private Law to 1750, 2d ed. 2010 和 A. K. R. Kiralfy, A Source Book of English Law 1957。

5. Year Books 的部分精选节本

Abridgments《判例精要》是 Year Books 的案例精选节本，并且按内容进行专题编排。最早的《判例精要》印本是初版于 1490 年左右的 Statham 一卷本。Nicholas, Statham's Abridgement of the Law，一出版就备受重视。这个版本是 Margaret Center Klingelsmith 译自法律法语的英文版。其他的版本还有 Seipp's Abridgement（Seipp, David J.，Year Books：Medieval English Legal History），这是一个附有 1268—1535 年 Year Books 索引的判例精要。

随后，1516 年出版的三卷本 Fitzhebert's Abridgments，前面的法律年纪节略本均被取而代之，Fitzhebert's Abridgments 出版后成为法律年纪的权威出版物，虽然 Viner, Charles（1678—1756），英格兰律师，曾在 1742—1753 年间出版了 23 卷本的 A General Abridgement of law and Equity。但是 Fitzhebert's Abridgments 已然是当时法律人用以获得判例法知识的书籍。直到梅特兰很少有人再去翻阅 Year Book。

纸本形式的 Year Book，除了已经出版的法律年纪判例 约 22000 例以外，有待整理的更多未出版法律年纪判例还是以抄本形式存世。

6. Year Book 的数字文献

以数字出版形态存在的有 Heinonline 数据库的子库 Seldon Society Library 收录有部分《判例年纪》已经出版的 22000 个判例中的 1399—1535 年的 6901 个判例。

美国波士顿大学法学院 http：//www. bu. edu/law/seipp 有 1268—1535 年的《判例年纪》及其相关文献。

（四）署名判例集 Nominate Reports(1537—1865)

以编辑者姓名命名的各种个人编辑的判例集称为署名判例集。

1. The Nominate Reports1537—1865 英国署名判例集

Year Book 大约在 1537 年停止汇编。这一年出现了首个署名判例报告即戴尔判例集 Dyer's Reports。戴尔随后出版了判例集 Dyer's Reports（Reports from the Lost Notebooks of Sir James Dyer 包括 1513—1582 年的判例 1st ed. 1585 一卷本，现有 1994 年的 J. H. Baker 重编本和 Publications of the Selden Society, v. 109-110，在 English Reports 全文收入第 73 卷。随后出现了普洛登判例集（Plowden's Reports, 1550—1579）两卷本 Edmund Plowden, Commentaries，在 English Reports 中全部收入第 75 卷。16 世纪出版的两个著名判例集 Dyer's Reports, 1513—1582 和 Plowden's Reports, 1550—1579 备受科克爵士重视。科克爵

---

① Ames foundation[EB/OL]．[2015-03-12]．http：//amesfoundation. law. harvard. edu/.

士在编辑 Coke's Reports(包含 1572—1617 年的判例，在 English Reports 中全文收入第 76 和第 77 卷)之时就收藏且参考了这两种判例集、17 世纪出版的署名判例集除了影响巨大的 Coke's Reports(13 卷本)外，还有桑德斯(Saunders' Reports)判例集。18 世纪出版的署名判例集是与布莱克斯通同时代 Sir James Burrow 的布罗判例集 Burrow's Reports 1736—1772 (Reports of Cases Argued and Adjudged in the Court of King's Bench; During the Time Lord Mansfield Presided in That Court; from Michaelmas Term, 30 Geo. II. 1756, to Easter Term, 12 Geo. III. 1772. 在 English Reports 中全文收入第 97 卷和第 98 卷)。比较有影响力的还有 Charles Durnford 和 Sir Edward Hyde East 1817 年出版的 Term Reports of King's Bench 1785-1800。布罗判例集开创了现今判例报告的基本模式，每个判例具备案件事实、双方法律争论点以及法官的判决意见。这些署名判例集数量繁多，约 200 个系列，多数以收录一定时间段某个法院所做出的判例为主要特色。一般使用"法律法语"记录判例内容，直到 1700 年前后才广泛使用英语。在署名判例集之中，《科克判例集》(Coke's Reports)被引用最多、也最著名，以至后来引用科克判例的法官只注明"Rep"标识《科克判例集》。

为了汇编英格兰及威尔士高级法院、上诉审级以及上诉审级以上法院的判例，1865 年 2 月 1 日英国成立了半官方的法律职业界判例汇编委员会，1867 更名为 ICLR。1865 年 11 月该委员会汇编的第一期 The Law Repots(判例报告)，被认为是开启现代判例汇编的标志。以区别英国早期判例汇编集《英国判例汇编》(English Reports)。

2. 署名判例集的汇编

署名判例的整编辑录工作由 ICLR 完成(The Incorporated Council of Law Reporting for England and Wales 英格兰及威尔士法律报告理事会)，结集为《英国判例汇编》(English Reports)，1900—1930 年出版，共 178 卷。该判例集包罗了所有通用的 274 个署名判例集中的 10 万多个早期判例。判例的时间跨度为 1220—1865 年，并将这些判例按其来源的法院分别合编在一起。如 1~11 卷是有关上议院的判例；12~20 卷是有关枢密院的判例，等等。一些编辑水平不高的署名判例集在再版时被剔除。最后两卷含有一个完整的按字顺排列的判例索引。读者可以通过这个判例集文献查找早期的有名判例。

The Revised Reports《修订判例汇编》是 1891—1917 年 Frederick Pollock 辑录自 English Reports 的署名判例集 149 卷，包含 1785—1866 年选自高等法院和衡平法院的判例。在这个辑录署名判例集中，Frederick Pollock 编辑了各个判例的判决理由而不是像 English Reports 只对署名判例进行汇编整理。

All England Law Reports Reprints (1957—1968 年版)包含大约 1558—1935 年的 5000 例判例。

以数字出版形态存在的有非营利 heinonline 数据库和 CommonLII 在线免费法律文献，网址：http://www.commonlii.org/uk/cases/EngR/。

(五)ICLR 现代判例体系(1865—)

署名判例集于 1865 年后停止出版。1865 年 The Incorporated council of Law Reporting for England and Wales 英格兰和威尔士判例汇编联合委员会(简称 ICLR) 非营利性半官方机构

成立，网址：http：//iclr. co. uk/。ICLR 编辑出版 ICLR "Law Reports" 系列判例和判例周刊。

1. ICLR 编辑出版 ICLR "Law Reports" 系列判例

ICLR 以 1865 年为连接点，形成从古至今的 ICLR 系列判例体系。ICLR 对停止出版的所有署名判例汇编成 The Incorporated Council of Law Reporting《英国判例集》(English Reports，1537—1865)在 1900—1930 年出版，共 178 卷。同时，ICLR 对 1865 年以来的判例进行现代判例汇编，形成 Law Reports L. R. 1865—今现代判例系列。含英国最高法院成立后产生的判例。因《判例报告》的编辑出版和迅速形成的权威地位，

英国最高法院成立于 2009 年 10 月 1 日，最高法院的判例在 ICLR 系列中归入 A. C. 系列；同时，最高法院判例在最高法院官网上进行网络出版，在其网站可检索［2009］UKSC 1 至今的所有判例。①

《判例报告》的系列出版物，② 形成英国现代判例法文献体系的主体。ICLR 成立的目的，就是为了改变当时判例编辑出版的混乱局面，尽可能快速全面系统地编辑出版高等法院具有较高权威的判例出版物。Law Reports 出版后很快得到法学界和司法界的认可。1865 年至今 ICLR 系列判例分为五个时间段子集。

第一子集是 1865—1875 年出版分 11 个系列《判例报告》(Law Reports，缩写为 L. R.)：

L. R. H. I. (English &Irish Appeals 1865—1875)

L. R. H. L. Sc(House of Lords，Scotch & Divorce Appeals 1865—1875)

L. R. P. C. (Privy Council 1865—1875)

L. R. Q. B(Queen's Bench 1865—1875)

L. R. C. P(Common Pleas 1865—1875)、普通诉讼法庭

L. R. C. C. R. (Crown Cases Reserved 1865—1875)

CH. App. (Chancery Appeal 1865—1875)

L. R. Exch. (Exchequer 1865—1875)、财税法庭

L. R. Eq(Equity Cases 1865—1875)

L. R. P. &D(Probate & Divorce Cases 1865—1875)

L. R. A. & E(Admiralty & Ecclesiastical 1865—1875)

1865—1875 年出版的各个系列卷数连续编码，引用时"LR"字样置于卷数之前，年份不是必要成分。如 A v B LR 8 QB 87 意为 A 诉 B 载于《判例汇编·后座法院》第 7 卷第 87 页起。

---

① https：//www. supremecourt. uk/decided-cases/index. html.

② http：//iclr. co. uk/about/，http：//www. iclr. co. uk/products/The Weekly Law Reports，The Industrial Cases Reports，The Business Law Reports，The Public and Third Sector Law Reports and the Consolidated Index to leading law reports. All England Law Reports，the Criminal Appeal Reports，Family Law Reports and Lloyd's Law Reports.

第二子集是 1875—1881 年出版分 6 个系列：

1875—1881 年英国法院体系简化，《判例报告》系列也相应减至 6 个系列：

　　Appeal Cases(App. Cas. 1875—1890)

　　Chancery Division(Ch. D. 1875—1890)

　　Queen's Bench Division(Queen's Bench Division 1875—1890)

　　C. P. D. (Common Pleas 1875—1880)

　　Ex. D. (Exchequer 1875—1880)

　　P. D. (Probate, Divorce & Admiralty Division 1875—1890)

1875—1890 年出版的各个系列卷数从 1 号重新编码，引用时不再包含"LR"字样。如 (1882) A v B 2 QB 187，CA 意为 1882 年 A 诉 B 载于《判例汇编·后座法院》第 2 卷第 187 页起，CA 意为上诉法院(Court of Appeal)。

第三子集是 1881—1890 年出版分 4 个系列，收录高等法院和上诉法院有关法庭的判例：

　　App. Cas. (The Judicial Committee of the Privy Council Appeal Cases 收录上议院和枢密院司法委员会)

　　Ch. D(Chancery Division 大法官法庭)

　　K. B. D. 或者 Q. B. D(King's 或 Queen's Bench Division 王座法庭)

　　P. D. (Probate, Admiralty and Divorce Division 遗嘱认证、海事及离婚法庭)

第四子集是 1891—1972 年出版也分 4 个系列(4 个系列名称再次变化)：

　　A. C. (House of Lords and Privy Council Appeal Cases 收录上议院和枢密院司法委员会)

　　Ch. (Chancery Division 大法官法庭)

　　K. B. 或者 Q. B. (King's 或 Queen's Bench Division 王座法庭)

　　P. (Probate, Admiralty and Divorce Division 遗嘱认证、海事及离婚法庭)

第五子集是 1972 年至今出版也分 4 个系列(4 个系列名称再变化)：

　　A. C. (House of Lords and Privy Council Appeal Cases 收录上议院或最高法院和枢密院司法委员会)

　　Ch. (Chancery Division 大法官法庭)

　　K. B. 或者 Q. B. (King's Bench Division 或 Queen's Bench Division 王座法庭)

　　Fam. (Family Division 家事法庭)

1891—2001 年 1 月 10 日，《判例汇编》的卷数年度连续编号，引用时置于方括号中。例如：Mathias v. Nolan [1970] 1 QB 258 不用"LR"字样。从 2001 年 1 月 11 日开始，使用中立引注格式。如 [2001] Q. B. 119。

L. R. 法律报告的独特之处是判例报告编写有律师辩论摘要，在发表前由律师核准。

上述四个系列的判例报告月刊出版，但时滞约半年，近期判例需查阅《判例周报》，最高法院门户网站可查询最高法院判例。

现在 L. R. 涵盖以下 15 个英国法院判例①：

The Supreme Court of the United Kingdom

The Judicial Committee of the Privy Council of the United Kingdom

The Court of Justice of the European Union

The Court of Appeal (Civil Division)

The Court of Appeal (Criminal Division)

The Queen's Bench Division of the High Court, including the Divisional Court

The Chancery Division of the High Court

The Family Division of the High Court

The Court of Protection

The Employment Appeal Tribunal

The Upper Tribunal

The Court Martial Appeal Court

The Consistory Court

The Court of Ecclesiastical Causes Reserved

The Chancery Court of York

基层法院，如郡法院（County Courts）、治安法院（Magistrates' Courts）等的判例基本不被报告。

2. ICLR 的刊载案例的期刊

ICLR 刊行《判例周报》（Weekly Law Reports，缩写为 W. L. R. 或 WLR），ICLR 成立伊始并没有出版 WLR，WLR 创刊于 1953。每年分四卷，约载 500 例案例，刊载量为同类出版物之首。第一卷刊载一般意义的案件，年末辑为合订本，第二卷和第三卷年末有合订本，约两年后编入《判例报告》。第四卷于 2016 年创立，是 WLR 提供网络案例的简要报告。与 WLR 同时代其他判例汇编如：Law Journal Reports（1822—1949）、Law Times Reports（1843—1947）（1843—1859，Level 4 1860—1947）、Times Law Reports（1884—1952 年泰晤士报出版的周刊，停刊于 WLR 创刊之时，此后只在泰晤士报出版 Law Report 专栏）这三种判例汇编刊物已经不再出版，All E. R. 接替了前两种。WLR 与 L. R. 的不同点在于它对每个案例编写了判例提要 Headnotes。

ICLR 于 1972 年创刊 The Industrial Cases Reports（缩写为 ICR）《行业判例报告》。是关于就业、歧视和抚恤金法的系列案件。这个判例报告还收录有限制性贸易法判例（Restrictive Practices Cases）。判例来源于劳工上诉法庭 Employment Appeal Tribunal 和高等法院 The High Court 以及上诉法院 Appeals to the Court of Appeal 最高法院 Supreme Court，也来源于欧洲法院 The European Court of Justice。ICR 还收录有只有网络版的商事判例报告

---

① http：//iclr. co. uk/about/.

The Business Law Reports 和同样只有网络版的有关收养、慈善、教会法律、教育和地方政府的案例报告 The Public & Third Sector Law Reports，这两种案例报告的案例名称前都缀有 ＊号标识符。

（六）Butterworths 出版公司的判例系列

《全英判例汇编》（All Englang Law Reports，缩写为 All E. R. ），英国巴特沃斯公司于 1936 年创刊，是英国目前唯一仍由私人出版商编辑出版的综合性判例汇编连续出版物。

该刊物具有出版速度快、收录高等法院判例全等优点，许多判例汇报中没有收入的判例在该刊物中可以找到，全年约收 800 件判例。《全英判例汇编》每年出三卷合订本，其中含有完整的索引系统。其年度累积索引由每两月出一次的累积补充索引所补充。三卷本的 1936—1981 年判例总索引已出版。它以较快速度全文刊载判例并由编者加入有关参考和注释性说明，读者可据此参阅由巴特沃斯公司出版的其他法律文献。如：《霍尔斯伯里英国判例法》（Halsbury's Laws of England）、《霍尔斯伯里英国议会制定法》（Halsbury's Statutes of England）、《霍尔斯伯里议会授权立法》（Halsbury's Statutory Instruments）和《英国判例法摘要》（The Digest）。

（七）其他判例报告

20 世纪前后，判例的编辑出版向专业化发展。其中只有少数由政府部门编辑出版，如官方有英伦税务局（Inland Revenue）1875 年创刊的《税收判例报告》（Reports of Tax Cases）；专利局于 1884 年创刊的《专利判例报告》（Reports of Patent）和《外观设计和商标判例报告》（Design and Trade Mark Cases），创刊于 1972 年的 ICR。非官方的商业出版机构有奈特（Knight）出版社自 1903 年开始出版的《地方政府判例汇编》（Local Government Reports）、Sweet & Maxwell 公司 1908 年创刊的《刑事上诉判例汇编》（Criminal Appeal Reports）、伦敦劳埃德（Lloyd）出版社 1919 年创刊的《劳埃德商事海事判例汇编》（Lloyd's Law Reports）等。还有关于财政、建筑、住房、公司、移民、保险、计划、财产、道路交通等方面的判例报告连续出版物。此外综合性的报刊也有专版案例报告如泰晤士报（The Times）的"法律报告"（Law Report）的专栏、法律期刊《新法律期刊》（New Law Journal）；《初级律师杂志》（Solicitors' Journal）等，也常刊载介绍一些近期的判例。

（八）刑案判例

除了上文提到的斯威特马克斯韦尔（Sweet & Maxwell）公司自 1908 年开始出版的 Criminal Appeal Reports《刑事上诉判例汇编》，主要刑案判例列举如下：

（1）Howell's State Trials（1816—1828 年版）全称：A Complete Collection of State Trials and Proceedings for High Treason and Other Crimes and Misdemeanors from the Earliest Period to the Year 1783。由 Thomas Bayly Howell 出版（Vol. 1-21），由 Thomas Jones Howell 出版 Vol. 22-33。收录 1163—1783 年刑案和宪政案判例。

（2）State Trials of the Reign of Edward the First，1289—1293 年（T. F. Tout and Hilda

Johnstone, eds.），由 the Royal Historical Society 出版。

（3）State Trials：A Collection of the Most Interesting Trials（包含 1554—1688 年刑案），由 Samuel March Phillipps，ed. 出版。

（4）Cox's Criminal Law Cases《考科斯刑事判例汇编》，1843—1941 年出版，共 31 卷，1978 年曾再版。

（5）State Trials（现代刑案）：Revised and Illustrated with Essays and Notes（William C. Townsend，ed.），1850 年初版 1989 年重印。涵括 1820—1850 年的判例。

（6）Reports of State Trials，1820—1850 年现代刑案，由 The Direction of the State Trials Committee 出版。

其他当代刊载刑案的出版物有泰晤士报的 Law Report 专栏、New Law Journal《新法律期刊》、Solicitors' Journal《初级律师杂志》、Criminal Law Review《刑事法律评论》等，也常刊载介绍一些近期的刑事判例。

（九）判例网络文献

LexisNexis 数据库收录有 1558 年至今判例，1980 年至今未出版的案例精选。

Westlaw 收入 Scotland 1982 年至今的判例，也收入了 Northern Ireland 1945 年至今的判例。当然收入了英格兰和威尔士 1865 年至今的判例和 1999 年至今的案例。

http：//www. supremecourt. gov. uk/index. html 高等法院 2009 年来的判例。

http：//www. publications. parliament. uk/pa/ld/ldjudgmt. htm 上议院网页判例 House of Lords cases 1996—2009。

http：//www. judiciary. gov. uk/media/judgments/司法部网页判例。

http：//www. bailii. org/BILII 网页判例是免费 Judgement 英国案例网站，判例没有 Headnote，也没有 Summary。

http：//www. thetimes. co. uk/tto/law/泰晤士报网页判例。

二、英国制定法文献

现当代英国制定法文献的分类上，可按以下两种情况划分。其一，按制定机关分：议会立法文献 Acts or Statutes：普通公法 Public General Acts 和私法 Private Acts（有关某地或某些人群的法律）。议会授权立法文献：法规 Statutory Instruments 缩写为 SI、地方立法 By-laws、政府部门规章 Statutory Codes of Practice。其二，按出版主体分为：官方出版文献、半官方出版文献和非官方出版文献。

SI 通常由政府各部门或部长提出议案，经由议会批准成为正式法律 Statutory Instruments SI 是现行 Regulation 法规或规章 Rule 规则 Order 命令 Warrant 指示 Scheme 方案或办法的总称。1946 年之前称为：Statutory Rules and Orders，缩写为 SR&O。

（一）皇家出版局 H. M. S. O.（Her Majesty's Stationery Office）

皇家出版局是英国制定法出版的以往的官方出版机构，现在是 the Office of Public

Sector Information。英国制定法是 H. M. S. O.（Her Majesty's Stationery Office）皇家出版局 1831 年起以活页单行法（Slip Law）形式出版，年末加标题汇编为《普通公法及议案集》（Public General Acts and General Synod Measures），每年 2～3 卷。可以通过《现行法令索引》（Index to the Statutes in Force）进行检索。

官方出版物《生效法令集》（Statutes in Force 1972—）收录了 1235—1990 年所有生效法令，在相关主题下还收录了其修正案。《生效法令集》自 1992 年以来没有更新过，因此其不能用来查找当前的法令，但是其有助于法令历史研究。收录了 1948 年生效法令的较老的版本是《法律修订（第三版）》（Statutes Revised）。

（二）半官方成文法文本

判例汇编联合委员会（Incorporated Council of Law Reporting）出版：《The Law Reports：Statutes》

《普通公法集（议会授权立法）》（The Public General Statutes）和《普通公法集（议会立法）》（The Public General Acts）其包括 1866—1951 年所通过的法律法规。

（三）非官方出版文献

Sweet & Maxwell 出版的《现行法律》（Current Law Statutes）及其汇编本，以法律文献颁布的时间为编辑顺序，法律背景文献是其特色。

《现行法律》Current Law 由英国 Sweet & Maxwell 公司于 1947 年创刊发行，月刊。各期刊载的内容均按主题排列，在每个主题下，包含有关这一主题的各种法律和有关文献的概括性介绍：如近期的判例，新颁布的制定法及其文件，教科书、专著和期刊中的文章、评论，政府出版物，等等。每期均含有一个累积主题索引和一个印有当年已刊载的所有判例的累积一览表——Cumulative Case Citator，读者只需查阅最近一期《现行法律》，就可以通过其中的索引和累积一览表查到和了解当年已刊载的所有有关某一主题的判例及其发展变化情况。

该月刊所摘要介绍的判例取自近 40 个判例汇编文献。其中尤其是对《判例汇编周报》《全英判例汇编大全》和另外几个主要判例汇编中的判例作了全面概述。此外，该刊还有选择地摘要介绍了一些行政裁判庭的裁定和其他一些有司法管辖权机关的判例。

《现行法律年鉴》（Current Law Year Book）是当年出版的各期《现行法律》的年度累积本。该年鉴内容也是按主题排列，概述了当年有关各主题的判例、立法及其他有关法律的发展变化情况；在书后列有当年各期《现行法律》刊载的有关各主题的文章、评论和专著的目录。在 1976 年版的年鉴中，印有 1947—1976 年各年年鉴所有条目的主题索引。读者通过查阅该年年鉴、最近一年的年鉴、最近一期的《现行法律》这三个文献，就可以了解自 1947 年以来有关某一主题的法律发展变化的全部情况。

该年鉴除有年度版的以外，尚有 50 年累积版本。如《Current Law Consolidation 1947—1951》就是 1947—1951 年各年年鉴的累积本。此后，每隔 5 年即出一累积版本，称为 Master Volumes。现已出版的有 1956、1961、1966 和 1971 年的累积本。读者可以通过查阅这些累积本，了解某个特定时期(5 年)有关某一主题的法律发展和变化情况。

Butterworths 公司出版 Halsbury's Statutes of England and Wales (1985 年 4th)，50 多卷，涵盖现行有效的全英制定法文献，有附判例的注释。以主题编排。收录的最早的文献是 1267 年的 The Statute of Marlborough。

Halsbury's Statutory Instruments 2d.，此为议会授权立法文本汇编。

(四)制定法历史文献汇编本

1. 13 世纪之前的制定法

(1)Medieval Sourcebook：The Anglo-Saxon Dooms，560—975 年在 fordham university 网站 https：//sourcebooks. fordham. edu/source/560-975dooms. asp 有现代英文译文：

The Laws of the Earliest English Kings (F. L. Attenborough, ed.)溯及的历史最为古老法律的现代英文译本(858—940 年)。

(2)Select charters and other illustrations of English Constitutional history form the earliest times to the reign of Edward I (William Stubbs) Heinonline 数据库可检索到两种拉丁文本。

Ancient Laws and Institutes of England (Benjamin Thorpe，1840ed.)重印本。

The Laws of the Kings of England from Edmund to Henry I，1925 重印本。

这两个文献互联网档案库可以免费下载：http：//www. archive. org。

2. 13—18 世纪的制定法

(1)The Statutes of the Realm《王国制定法》涵盖 1235—1713 年制定的法律文本，乔治 3 世敕令 1810—1828 年重印的 11 卷本。Heinonline 数据库可检索到文本。

(2)Statutes at Large《制定法全编》(14 卷)涵盖大宪章到 1868 年的法律文本，但是不包含 1642—1660 年大空位时期的议会立法。ECCO 数据库可检索到文本。

(3)Acts and Ordinances of the Interregnum，1642—1660，1911 年重印本，涵盖奥利弗·克伦威尔执政时期的法律文本，见 British History Online。

(4)Chitty's Statutes of Practical Utility (简称为 Chitty's Annual Statutes)，6th ed. 涵盖了 1235—1948 年的制定法。

(五)Treaties(条约)

英国的条约和协议以《敕令书》(Command Papers)的形式出版，以议会会期文件的形式装订成册，命名为《国家敕令》(State Papers)。汇编为《大不列颠条约汇编》Treaty Series (Great Britain)，每年一个序号。

三、学术性文献

英国法学学术文献主要包括专著和论文两种类型。

(一)专著型学术文献

12 世纪大约英国判例年记同时代开始出现了普通法学术文献。900 年的英国法学文献可划分为三个阶段：第一阶段，12—15 世纪，为中世纪前法学学术文献期，历时 400 年，先后出现了格兰威尔、布雷克顿、福蒂斯丘和利特尔顿等著名法学家。其中利特尔顿的《土地法》成就最高。第二阶段，16—18 世纪，为近代法学学术文献期，历时 300 年。其中柯克《英国法总论》和布莱克斯通的《英国法释义》造就了英国法学学术的第一高峰。这一时期的法学名家还有：霍布斯、洛克、黑尔、塞尔登等。第三阶段，19 世纪至今，为现代法学学术文献期，历时 200 多年。这一时期的英国法学学术极为繁荣。18—19 世纪世界法学思想开始形成不同流派，英国相应地有了霍布斯的国家主义、洛克的自由主义、边沁及密尔的功利主义实证法学、奥斯丁的分析法学和梅因梅特兰与波洛克的历史法学。① 虽然进入 20 世纪以后英国法学家辈出：霍兹沃斯、甄克思、普拉克内特、哈默、密尔松、哈特、罗纳德·德沃金、贝英等，但是 20 世纪法学学术重阵还是不可逆转地向美国转移。

英国法学主要经典学术文献列举如表 9-2 所示：

表 9-2

著作者	代表作	版　本
格兰威尔 Ranulf de Glanville 1112—1190	《中世纪英格兰王国的法与习惯》 Treatise of the Laws and Customs of England	1187 年以法律法语写成，现今最好的英译文本是 The Treatise of the Laws and Customs of the Realm of England Commonly Called Glanvill（Nelson，1965）
布雷克顿 Henry de Bracton 1216—1268	《论英格兰的法与习惯》 On the Laws and Customs of England	约 1250 年以法律法语写成，最好的英译本是 Samuel E. Thorne1968 年本，1997 年重印
福蒂斯丘 John Fortescue 1385 or 1395—1477 or 1479	《英格兰法律颂》 In Praise of the Law of England	1468—1470 年玫瑰战争开始后，作者晚年流亡法国时以拉丁文成书
利特尔顿 Sir Thomas Littleton 1422—1481	《土地法》 Littleton's Tenures	1481 年法律法语出版，Littleton's Tenures in English. Washington, D. C., J. Byrne, 1903 年英译本
英王詹姆斯·斯图亚特 James Stuart 1566—1625	《自由君主制的真正法律》 The Trew Law of Free Monarchies	1598 年出版英文第一版
爱德华·科克 Sir Edward Coke 1551—1634	《英国法概要》四卷本 Institutes of the Laws of England（1628—1641）	1628 年出版。以利特尔顿的著作和中世纪英国制定法为基础，对普通法所作的时代注释与阐述

---

① ［英］威廉·霍尔斯沃思. 英国法的塑造者［M］. 陈锐等译. 法律出版社，2018：1-10.

著作者	代表作	版 本
约翰·塞尔登 John Selden 1584—1654	《佛莱塔监狱》古代英国法	1647 年出版
马修·黑尔爵士 Sir Matthew Hale 1609—1676	《英国法分析》 The Analysis of the Law	黑尔爵士的著作在他之后的一个世纪之内都是解读英国法的权威著作
布莱克斯通 Sir Willian Blackstone 1723—1780	《英国法释义》 Commentaries on the Laws of Englang	1765—1769 年出版四卷本。系统阐述了英国的法律制度，美国学者称之为"法律圣经"
洛克 John Locke 1632—1704	《政府论》 Two Treatises of Civil Government	1689—1690 年出版英文第一版 商务印书馆 2008 年中文版
边沁 Jeremy Bentham 1748—1832	《政府片论》 Fragment on Government	1776 年出版英文第一版 商务印书馆 2000 年中文版
奥斯丁 John Austin 1790—1859	《法理学范围》 The Province of Jurisprudence Determined	1832 年出版英文第一版 北京大学出版社 2013 年出版中文版
密尔 John Stuart Mill 1806—1873	《论自由》 On Liberty	1859 年出版英文第一版 商务印书馆 1959 年中文本
梅因 Sir Henry James Sumner Maine 1822—1888	《古代法》 Ancient Laws	1861 年出版英文第一版 法律出版社 2016 年中文版
戴雪 Albert Venn Dicey 1835—1922	《英宪精义》 Introduction to the Study of the Law Constitution	1885 年出版英文第一版 中国法制出版社 2001 年版
弗德雷克·波洛克爵士 Sir Frederick Pollock 1845—1937 梅特兰 Frederic Willian Maitland 1850—1906	《爱德华一世以前的英国法律历史》 History of English Law Before the Time of Edward I, 2 vol.	1895 年出版英文第一版，简称《Pollock and Maitland》被广泛引用

续表

著作者	代表作	版　本
威廉·霍茨沃斯爵士 Sir William Holdsworth 1871—1944	《英国法律史》 A History of English	1942 年出版英文十六卷本第一版
丹宁勋爵 Alfred Thompson Denning 1899—1999	《法律的正当程序》 The Due Process of Law	1980 年出版英文第一版 法律出版社 1999 年出版中文版
哈耶克 Friedrich August von Hayek 1899—1992	《法律、立法与自由》 Law, Legislation and Liberty	1973 年出版英文第一版 中国大百科全书出版社 2000 年出版中文版
哈特 Herbert Lionel Adolphus Hart 1907—1992	《法律的概念》 The Concept of Law	1961 年出版，哈特的新分析实证主义法学①自 20 世纪 50 年代问世后，成为英国至今的学术权威经典专著
罗纳德·德沃金② Ronald Myles Dworkin 1931—2013	《认真对待权利》 Taking Rights Seriously	1977 年出版英文第一版，1998 年出版中文第一版
贝克爵士 Sir John Hamilton Baker 1944—	《英国法律史导论》 A Introduction to the English Legal History	2018 年第五版

其他的还有唐纳德·雷斯特瑞克的《法律引证和缩略语索引》。

Donald Raistrick Index to Legal Citations and Abbreviations 3rd ed., Sweet and Maxwell, 2008。

(二)查新工具引文集 Citators

《现行法律法令引注集》Current Law Statute Citator 和 Halsbury's Statutes Citator。

《现行法律判例引证》(Current Law Case Citator)，可查询 1947 年以来所有判例后续历史更新。判例按字母顺序编排，有关 1947 年以前所有判例查新可查阅《判例摘要》。

UK-CASELOC 数据库用于判例查新。

---

①　哈特的新分析法学学说和《纯粹法理论》Pure Theory of Law(第二版)的作者，奥地利法学家 H. 凯尔森的纯粹法学学说构成了 20 世纪分析实证主义法学中的两个分支。哈特创立的新分析实证主义法学是现代西方三大法学流派之一(另两派是新自然法学和社会学法学)。

②　当代新自然法学派的代表人物 1931 年 12 月 11 日出生于美国麻省沃塞斯特，先后在哈佛大学牛津大学和获得学士学位，在哈佛大学获得硕士学位。应邀担任英国牛津大学法理学首席教授的同时担任纽约大学法学教授。

（三）百科全书与辞书

Halsbury's Laws of England《霍尔斯伯里法律大全》对英格兰法律进行了完整的汇编。以标题字顺排列。补充形式有：月附录、年附录、增刊和年度删节本。LexisNexis 出版，目前的版本是第 15 版。

《霍尔斯伯里法律大全》1907—1917 年版，共 31 卷本，第一版，早先是 Butterworths 公司出版的著名英国法律百科全书；1931—1942 年版，37 卷本，第二版；1952—1964 年版，43 卷本，第三版；第四版已于 1986 年出齐 58 卷。其中 51~52 卷为欧共体法律卷；53~54 卷为该套书的总索引；55~56 卷为判例总目录；57 卷为制定法总目录；58 卷则为制定法文件总目录。另有每年出版的年度累积补充卷、每月出版的《每月评论》（Monthly Reviews）以及由其累积而成的《年度节略》（Annual Abridgment）作为该套书的补充，使其内容能不断得到更新，及时反映英国法律各领域的发展变化，以适合读者的需要。

《霍尔斯伯里法律大全》内容按主题字顺排列，每卷包含数个主题，对有关英格兰和威尔士的法律作了较全面的说明和解释，不仅涉及判例法、制定法，还包括有关的国际法文献资料。在英国加入欧共体后，欧共体法也成为英国法的一部分，对此该套书也设专卷（51~52 卷）予以反映。

辞书主要有：《斯特劳德法律词典》Stroud's Judicial Dictionary 8th ed. 和《乔维茨英国法律词典》Jowitt's Dictionary of English Law 3rd ed. 。另外，审判机构也提供实务法律英语与拉丁语词汇表，例如 Glossary of terms in family proceedings（http://www.judiciary.gov.uk/glossary）。Halsbury's Statutes of England and Wales（KD135. H3 4th），涵盖现行有效的全英制定法文献，有注释并附有判例。Halsbury's Statutes Citator（KD135. H35）and Current Law Statute Citator（KD296. C8322）list repeals and amendments to statutes. Current Law Statute Citator includes citations to cases which have interpreted the legislation.

在当代英国，著名的法律词典主要有戴维·M. 沃克（David M. Walker）的《牛津法律便览》（The Oxford Companion to Law. Oxford Clarendon Pr. , 1980），该词典已被公认为是一部权威的法律百科全书。该词典的内容包括法学理论、法律哲学、法律制度、法律史、法律思想、刑法、民商法、国际法、比较法、法学流派和法学家等内容，此外，它还涉及与法律有关的政治学、社会学、经济学等内容。此词典已经被两度译成中文，易名为《牛津法律大辞典》，先后由光明日报出版社和法律出版社出版。不过，中译本常遭受读者的批评。

此外，英国还有《朗文法律词典》（The Longman Dictionaryof Law）（1979 年初版，现已出至第 7 版）等工具书。

（四）研究指南

盖伊·霍博恩的《巴特沃斯法律研究指南》（Guy Holborn, Butterworths Legal Research Guide），2001 年第 2 版。

菲利普·托马斯、约翰·诺尔斯的《如何使用法律图书馆：法律技巧入门》（How to

Use a Law Library：An Introduction to Legal Skills），2001 年第 4 版。

彼得·克林奇的《使用法律图书馆：法律研究技巧之学生指南》（Using a Law Library：A Student's Guide to Legal Research Skills），2001 年第 2 版。

（五）索引与摘要

《法令索引》（Index to the Statutes）收录了 1235—1990 年（1990 年后停止出版）的法令。《法令年表》（Chronological Table of the Statutes）收录了 1235 年至今的现行有效的议会制定法法令，优势在于载明法令废止与修订的情况，其意在配合《普通公法集》和《生效法令集》使用。

《经典判例索引红皮书》The Consolidated Index（Red Book），除索引 ICLR 本身的判例外，还索引 All England Law Reports；All England Commercial Cases；All England European Cases；the Criminal Appeal Reports；Lloyd's Law Reports；Local Government Reports；Road Traffic Reports；Tax Cases and Simon's Tax Cases。2000 年前，经典判例检索指南红皮书每本索引十年判例，如 1951—1960、1961—1970、1971—1980、1981—1990 和 1991—2000；2000 年后每本索引 5 年，如 2001—2005、2006—2010 以及 2011—2015。不足编辑成册的以 "Annual Index" 或者 "Pink Book"，免费附赠给订阅 The Weekly Law Reports 的用户。

《法律杂志索引》（Legal Journals Index）从 1986—1994 年，图书馆收藏编有所有不列颠法律期刊的索引。从 1986 年到现在的索引可在 Westlaw 的 LJI 数据库中找到。四大法律文献检索系统都提供有期刊论文全文检索。

> Bloomberg Law
> HeinOnline Law Journal Library
> LexisNexis U. S. Law Reviews and Journals，Combined
> Westlaw Journals & Law Reviews

摘要最好用最全面的是《判例摘要》The Digest：Annotated British，Commonwealth and European Cases，简称 The Digest，1981 年前称为《英国和帝国判例摘要》The English and Empire Digest，Butterworths 公司出版，摘自 13 世纪以来英国判例进行概述的大型判例法工具书，全书共 56 卷。1919—1932 年出版了第一版，共 49 卷；1950—1970 年出版了第 2 版（蓝带版）（即在每卷书的书脊中央有一蓝色宽带）56 卷；自 1970 年起第 3 版——绿带版开始出版，并自 1981 年起改为现名。

每一卷都有索引；55~56 卷为按主题词分类的总索引。另外还有数卷续编本和若干卷年度累积补充本。每一案例被赋予一个编码以追寻其稍后的被引信息。除英格兰和威尔士的判例信息外，还包括英联邦国家和欧共体的判例信息。

《判例摘要》The Digest，编有 Consolidated Table of Cases，用于确定某一案例在哪一卷的哪一主题词下。

《法律报告文摘》Law Reports：Digests，涵盖法律报告 Law Reports 所有判例摘要。

（六）书目

（1）《19 世纪法律英文书目》，A Bibliography of Nineteenth-Century Legal Literature，by J. N. Adams（Editor），M. J. Davies（Editor），Avero Publications Ltd（March 1 1992）。

（2）《18 世纪法律英文书目》，A Bibliography of Eighteenth-century Legal Literature：A Subject and Author Catalogue of Law Treatises and All Law-related Literature Held in the Main Legal Collections in England，by J. N. Adams（Editor），G. Averley（Editor），Avero Publications Ltd（July 1982）。

（3）《早期法律英文书目》，A Bibliography of Early English Law Books，by Joseph H. Beale（Author），William s Hein & Co（June 1 1993）。

（4）早期法律英文书目补充本，A supplement to Beale's Bibliography of early English law books。

（5）其他经典书目：

①STC：A. W. Pollard and G. R. Redgrave，editors：A Short-Title Catalogue of Books Printed in England，Scotland and Ireland，and of English Books Printed Abroad 1475-1640. Second edition，revised and enlarged，begun by W. A. Jackson and F. S. Ferguson，completed by K. F. Pantzer. London：The Bibliographical Society. Vol. I（A-H）. 1986. Pp. 620. Vol. II（I-Z）. 1976. p. 504. Vol. III（Indexes，addenda，corrigenda）. 1991. p. 430.

②Donald Goddard Wing，Short-Title Catalogue of Books Printed in England，Scotland，Ireland，Wales，and British America，and of English Books Printed in Other Countries，1641-1700.

③ESTC：English Short Title Catalogue，online database covering 1473-1800（and incorporating and updating the STC and Wing）.

④NSTC：Nineteenth-Century Short Title Catalogue（de）[1]，covering English books 1801-1919.

⑤ISTC：Incunabula Short Title Catalogue，online database covering incunabula，i. e. books printed up to 1500.

⑥STCN：Short Title Catalogue Netherlands，online database covering the Netherlands，1540-1800.

⑦STCV：Short Title Catalogus Vlaanderen（Short Title Catalogue Flanders），online database of books printed in Flanders（including Brussels）prior to 1801.

⑧BM STC：Short-title catalogues of the British Museum（now the British Library），covering various countries and centuries.

⑨USTC：Universal Short Title Catalogue，online database of all books printed in Europe prior to 1601.

⑩Bod-inc.：A Catalogue of Books Printed in the Fifteenth Century now in the Bodleian Library.

⑪Alegal Bibliography of the British Commonwealth of Nations Sweet and Maxwell's 1955-1964.

（七）检索系统 Heinonline、Lexis Advance、Westlaw Next（见第十章）

第三节　美国法律文献

布莱克斯通之前，美国殖民时期使用的全部法律文献，均来自英国；从布莱克斯通之后，英美的法学文献发展出了各自的特色。与英国法律文献的分类一样，美国法律文献同样分为权威法律文献含制定法文献及判例法文献、学术法律文献和工具法律文献。

一、美国制定法文献

美国联邦和各州的制定法文献包括宪法、法律、行政法规和地方法规以及相关国际法，等等。

虽然 19 世纪有过制定法运动，美国建国至 1930 年代一直以判例法为权威法律文献的主体。同样，这一时期对美国法律出版物检索也是以判例法为中心。但是自 1930 年代起，因罗斯福新政（New Deal），美国联邦政府开始大量立法来规范各个经济和社会领域的活动，同时，各州也纷纷仿效联邦政府。现在，在检索美国法律时，多数情况下是以成文法为开始，然后才进行判例法查询。

按美国制定法制定主体划分，制定法文献分为国会制定法文献，如《美国法典》（United States Code，缩写 USC）；和国会授权制定法文献，如《联邦行政法典》（Code of Federal Regulations，缩写 CFR）。官方出版国会制定法文献，按时序可分为四种：首先是单行法（Slip Law），刊载国会制定的单行法期刊 United States Code Congressional and Administrative News（《美国法制与行政新闻报道》简称 USCCAN,），刊载联邦政府行政规章的《联邦公报》FR；其次是议会会期汇编法规（Session Laws），自 1875 年以来由 GPO 连续出版的 United States Statutes at Large（《美国制定法大全》，简称 Stat.）；最后是法典（Code），国会汇编的《美国法典》（United States Code USC），1976 年以来由 West Publishing 公司连续出版的 United States Code Annotation（《美国法典注释》，简称 USCA）；《行政法典》CFR。此外，还有 Lawyer Co-operative Publishing 公司出版的 United States Code Service（《美国法典服务》，简称 USCS）。按出版主体划分，制定法文献可分为官方出版与非官方出版的制定法文献，官方出版的如前文提到的 USCCAN、Stat. CFR、USC 等，非官方出版的如 USCA 和 USCS。

美国国会每届（Term）为期两年，每年称为一期（One Session），每年国会总要通过几百项法律和决议。美国国会通过的法律分为公法（Public Law）和私法（Private Law）。对社会公众有影响的法律称为公法，而对一小部分人有影响的法律则称为私法。国会所通过的法律以公法为主。国会通过的法律先以单行法（Slip Law）的形式出版；会期结束时（即年底），美国国家档案总署（U. S. National Archives and Records Administration）将所有当年通过的法律以编年体的方式(即按通过的时间顺序)汇编入《联邦制定法大全》United States Statutes at Large。同时，国会众议院属下的"法律修订办公室"(The Office of the Law Revision Counsel)则按主题分类将所有当年通过的法律分别编入《美国法典》(United States Code)。《美国法典》一共有 50 个主题(Titles)，主题之下又有章(Chapter)，章下有节(Section)，节下还有款项。如果单行法(Slip Law)涉及几个不同的主题，则被拆开来，按主题分别编入《美国法典》不同的主题(Titles)下。新的单行法(Slip Law)编入《美国法典》中的同时，相应的旧条文将被删除。

（一）单行法(Slip Law)

一部法律的建议稿在国会被称为议案 Bill，议案在一院或两院被给予一个时序号。议案文本在国会通过并经由总统批准后，美国国会档案馆馆长依职权分配给此文本一个编号：公法被给予公法编号，私法被给予私法编号，如 Public Law 115-201 (Pub. L. 115-201)，Private Law 109-12(Pvt. L. 109-12)，前者表示第 115 届国会通过的第 201 号公法；后者表示第 109 届国会通过的第 12 号私法。被配编号的归档文本(Enrolled Bill)的复制本被称为 SLIP LAW 法规单行本，此文本立即经由行政事务管理局或国家档案局属下联邦登记办公室提交美国政府印制局 The Government Printing Office，2014 更名为 The Government Publishing Office，以单行本的形式出版发行。此为联邦制定法的第一种官方出版文本。当单行本法被收入《联邦制定法大全》United States Statutes at Large 并被存放于图书馆保存时，此单行本即完成使命。

美国法律引注规范广泛使用开始于 20 世纪 20 年代，美国现行的三大法律引注规范以哈佛大学法学院编：《The Blue Book：A Uniform Citation System》(简称《蓝皮书》)使用最为广泛，本书引注以《蓝皮书》为准，其他两种规范是《芝加哥手册》。

单行法规的引注格式：公法 Pub. L. +第几届国会-第几号通过法律，例如，Pub. L. 115-201。即第 115 届国会通过的第 201 号；私法 Pvt. L. +第几届国会-第几号通过法律，例如，Pvt. L. 109-12，即第 109 届国会通过的第 12 号私法。

1957 年第 85 届国会以前，单行法编号以年月日后接上 charpter 缩写为 C. 或者 ch. 加上同届国会通过的顺序号组成。例如：Oct. 15，1914，ch. 323 表示 1914 年 10 月 15 日通过的第 323 部法律 Clayton Act of 1914. 如果被引法律比较有名，通常法律通俗名称代替月日，例如：Clayton Act of 1914. ch. 323。

（二）国会会期法 Session Laws 出版物《联邦制定法大全》United States Statutes at Large 简称为 Stat.

美国国会授权国会档案馆下的联邦登记处 Office of the Federal Register 负责将制定法单行本按照每届国会的时序装订成册附索引出版发行，名为《联邦制定法大全》United States Statutes at Large，简称为 Stat.。《联邦制定法大全》汇总了所有美国建国以来国会通过的法律。除了公法和私法，《联邦制定法大全》还汇编了独立宣言 Declaration of Independence、13 州邦联宪法 Articles of Confederation、宪法及其修正案 the Constitution，

Amendments to the Constitution、美国为一方的双边条约(含与土著的协议)Treaties with Indians and foreign nations 和总统文告 Presidential Proclamations。

　　联邦宪法的引用格式：联邦宪法缩写＋条＋款＋项。例如：U. S. Const. art. Ⅱ，§6，cl. 3 或者 U. S. Const. Art. Ⅱ，§6，cl. 3，表明联邦宪法第 2 条第 6 款第 3 项。

　　联邦宪法修正案的引用格式：联邦宪法缩写＋Amdt. ＋款＋项。例如：U. S. Const. Amdt. Ⅶ，§2，cl. 3 或者 U. S. Const. amend. Ⅶ，§2，cl. 3，表明联邦宪法第 7 修正案第 2 款第 3 项。

　　引用宪法不加年度，如果注明了年度，则表明该条文已经废止，例如：N. Y. Cont. Art. Ⅷ(1777).，表明所引用的 1777 年纽约州宪法第 8 条已经废止。

　　《联邦制定法大全》的出版始于1845年，首先国会的一项联合决议授权私人出版公司Little，Brown and Company出版。最初的17卷(汇编了1789—1873年国会通过的法律)各卷编辑：Richard Peters (Volumes 1-8)，George Minot (Volumes 9-11)，and George P. Sanger (Volumes 11-17)。随后国会授予政府印制局(政府印制局依据 1860 年 6 月 23 日的国会联合决议案 12 Stat. 117 建立)汇编、索引并出版 1874—1947 年汇编本。1947 年 7 月 30 日的 Pub. L. 80-278，61 Stat. 633 授权国务卿领衔国家行政事务局汇编、索引并出版 1947—1985 年汇编本。

　　1848 年之前还汇编美国参与的国际公约和国际协定，现在美国参与的国际公约和国际协定由期刊 United States Treaties and Other International Agreements 刊载，缩写 U. S. T. 。

　　引用 Stat. 的常用格式：法律常用名 卷数＋Stat. ＋起始页。例如：Clayton Act of 1914. 38 Stat. 730，表明 1914 年通过的克莱顿法，汇编在《联邦制定法大全》第 38 卷上，从第 730 页开始。如果同时引用单行法和会期法，则会期法位于单行法之后，中间用逗号隔开。例如：Clayton Act of 1914. ch. 323，38 Stat. 730。

　　(三)法典 Codification 出版物《美国法典》

　　单行本法 Slip Law 和《联邦制定法大全》均具有法律证据力 Legal Evidence，作为法律文献，《联邦制定法大全》的编年体汇编方式有利于文献的全貌和全面的保存。它包括了有效和失效的法律，所以一般不用它来查找现行有效的法律。在《联邦制定法大全》中，同一主题往往分散于不同的卷次，同一法律的前后修订版本也位于不同的卷次，检索利用也极为不方便。比较而言，现行有效的《美国法典》的主题汇编体例有利于文献的检索利用。

　　《美国法典》United States Code，缩写为 U. S. Code、U. S. C. 、USC。不是直接的立法文件，通常不收录私法或短期性(如有关拨款与预算的法律，通常只涉及一个财政年)的法律，只收录长期有效的公法按主题汇编成册，包含 53 个主题(第 53、55 和 56 为预留主题)，主题下分章节，最多分为 14 层次如下：

　　　　Title
　　　　　　Subtitle
　　　　　　　　Chapter

> Subchapter
>> Part
>>> Subpart
>>>> Section
>>>>> Subsection
>>>>>> Paragraph
>>>>>>> Subparagraph
>>>>>>>> Clause
>>>>>>>>> Subclause
>>>>>>>>>> Item
>>>>>>>>>>> Subitem

每 6 年美国国会众议院下属的法律修订办公室（Office of Law Revision Counsel, http：//uscode. house. gov/search/criteria. shtml）会对《美国法典》进行一次修订，并每年出版补充累积本。未经国会通过的主题需查询《联邦制定法大全》的相关内容。法律修订办公室在一段时间的研究和分类后，有权决定新通过并汇编入《联邦制定法大全》中的哪一部法律应该被汇编入《美国法典》。因为有这样的时间差，检索《美国法典》时需要注意版本，并需查阅法律修订办公室制定的法律更新对照表（http：//uscode. house. gov/classification/tables. shtml）查看所需要的法律是否被新的法律修改过。该对照表列出了新通过的法律将出现在《美国法典》中哪一节的引注号。依据引注号对应的公法号（Public Law Number），检索该日期之后是否有相关的新法律。

《美国法典》引注格式：主题号+U. S. C. + § 条（款、项）号。例如：引用《联邦贸易委员会法》第 5 条第 a 款第 1 项。

Federal Trade Commission Act，§5（a）（1），15 U. S. C. §45（a）（1）.

表明《联邦贸易委员会法》第 5 条第 a 款第 1 项，汇编在《美国法典》第 45 条第 a 款第 1 项。

单行法、会期法和法典同时引用时，顺序为单行法+会期法+法典。

联邦程序法不使用单行法、会期法和法典的引用格式。其引用格式是：程序法名称缩写+规则号。例如：引用《联邦证据规则》规则 203，Fed. R. Evid. 203.

《美国法典》的 56 个主题的权威性是不同的，经过国会立法程序通过的主题即为实定法 Positive Law，具有法律证据力 Legal Evidence；否则只具有表面证据力 Prima Facie Evidence，即不具有法律证据力，而是《联邦制定法大全》相应的内容具有最终法律效力。

《美国法典》最早的汇编本是 1874 年 6 月 22 日出版的 Revised Statutes of the United States，1878 年经过立法程序确定为实定法。

《美国法典》总目

Title 1. General Provisions（主题 1 总则）

Title 2. The Congress（主题 2 国会）

Title 3. The President（主题 3 总统）

Title 4. Flag and Seal, Seat of Government, and the States（主题 4 国旗，国玺，政府部门和联邦各州）

Title 5. Government Organization and Employees, and Appendix（主题 5 政府组织与雇员，及附录）

Title 6. Surety Bonds（Repealed）（担保债券，已并入 Title 31）

Title 6. Domestic Security（主题 6 国内安全）

Title 7. Agriculture（主题 7 农业）

Title 8. Aliens and Nationality（主题 8 外国人与国籍）

Title 9. Arbitration（主题 9 仲裁）

Title 10. Armed Forces; and Appendix（主题 10 武装力量，及附录）

Title 11. Bankruptcy; and Appendix（主题 11 破产，及附录）

Title 12. Bank and Banking（主题 12 银行与金融）

Title 13. Census（主题 13 人口普查）

Title 14. Coast Guard（主题 14 海岸警卫）

Title 15. Commerce and Trade（主题 15 商业与贸易）

Title 16. Conservation（主题 16 资源保护）

Title 17. Copyrights（主题 17 版权）

Title 18. Crimes and Criminal Procedure, and Appendix（主题 18 犯罪与刑事程序，及附录）

Title 19. Customs Duties（主题 19 关税）

Title 20. Education（主题 20 教育）

Title 21. Food and Drugs（主题 21 食品与药品）

Title 22. Foreign Relations and Intercourse（主题 22 对外关系）

Title 23. Highway（主题 23 公路）

Title 24. Hospitals and Asylums（主题 24 医院与收容所）

Title 25. Indians（主题 25 印第安人）

Title 26. Internal Revenue Code; and Appendix（主题 26 国内税收法典，及附录）

Title 27. Intoxicating Liquors（主题 27 麻醉性酒精）

Title 28. Judiciary and Judicial Procedure（主题 28 司法与司法程序）

Title 29. Labor（主题 29 劳工）

Title 30. Mineral Lands and Mining（主题 30 矿藏和采矿）

Title 31. Money and Finance（主题 31 货币与财政）

Title 32. National Guard（主题 32 国民警卫）

Title 33. Navigation and Navigable Waters（主题 33 航运与可航水域）

Title 34. Navy（Repealed）[海军 Navy 并入 Title 10 subtitle C]

Title 34. Crime Control and Law Enforcement（主题 34 犯罪控制和执法）

Title 35. Patents（主题 35 专利）

Title 36. Patriotic Societies and Observances（主题 36 宗教习俗）

Title 37. Pay and Allowances of the Uniformed Services（主题 37 规制行业薪金与津贴）

Title 38. Veterans' Benefits；and Appendix（主题 38 退伍军人救济金，及附录）

Title 39. Postal Service（主题 39 邮政事业）

Title 40. Public Buildings，Property，and Works（主题 40 公共建筑、财产和设施）

Title 41. Public Contracts（主题 41 公共合同）

Title 42. The Public Health and Welfare（主题 42 公共卫生与福利）

Title 43. Public Lands（主题 43 公共土地）

Title 44. Public Printing and Documents（主题 44 国家印刷品与文献）

Title 45. Railroads（主题 45 铁路）

Title 46. Shipping；and Appendix（主题 46 航运，及附录）

Title 47. Telecommunications（主题 47 电信）

Title 48. Territories and Insular Possessions（主题 48 领土与岛屿所有权）

Title 49. Transportation（主题 49 交通）

Title 50. War and National Defense；and Appendix（主题 50 战争与国防，及附录）

Title 51. National and Commercial Space Programs（主题 51 国家和太空商业）

Title 52. Voting and Elections（主题 52 投票和选举）

Title 53. Small Business it being reserved（主题 53 预留卷）

Title 54. National Park Service and Related Programs（主题 54 国家公园服务及相关内容）

Title 55. Environment it being reserved（主题 55 预留卷）

Title 56. Wildlife it being reserved（主题 56 预留卷）

（四）联邦行政法文献：国会授权立法文本联邦公报 FR 及其文本汇编联邦行政法典 CFR

20 世纪 30 年代之前，美国总统办公室以及联邦政府各部门各自均出版带有 Gazettes、Bulletins、Rulings、Digests、Pamphlets、Notices、Codes、Certificates、Orders 等字样的公报类文献，但什么时间出版以及什么内容出版则随意且无规律，无从查询。为了结束这种政府文献利用的困境，1935 年国会通过了《联邦公报法》Federal Register Act 1935，次年，为了出版 Federal Register《联邦公报》（简称 FR），在国家档案馆下 National Archives 成立了政府印制局 Government Printing Office，《联邦公报》于 1936 年 3 月 14 日正式出版，出版内容包含两类，一是联邦公报法规定的联邦政府各个部门的法规、总统文告和总统命令；二是各个部门的会议通告、活动及程序、政策及说明等，但不包括评论和新闻。FR 每个工作日出版一期，1994 年以来的数据可以在线免费查询。

《联邦公报》办公室依据 Federal Register Act 1937 年修订案，对《联邦公报》刊载的法规文本进行法典汇编，交付政府印制局出版。汇编文本名称为《联邦行政法典》(Code of Federal Regulations)，每五年更新一次。Federal Register Act 1937 年修订案规定，美国联邦行政机构新制定的所有行政法规，都必须先在每个工作日出版的《联邦公报》(Federal Register 1936—)上发表，然后由《联邦公报》办公室(Office of Federal Register)汇编成为《联邦行政法典》(Code of Federal Regulations，其缩写是 CFR)，该法典于 1938 年出版第一版。

目前，《联邦行政法典》分为 50 个主题(Title)，主题之下设 Chapter、Part、Section 和 Paragraph 等各层次。其中 Title、Part、Section 具有引注意义，例如 42 CFR 260.11(a)(1)、12 CFR part 220 或者 12 CFR §220.1. 其中 § 代表 Section，目前使用最普遍的引注方式是 42 CFR 260.11(a)(1) 表示 "title 42, Code of Federal Regulations part 260, section 11, paragraph (a)(1)."。

每一章一般代表一个行政部门的名称。按主题分类的《联邦行政法典》大约有 200 卷，每年全套更新一次，分四个季度逐渐更新。在更新时将新法规加入，旧法规剔出。《联邦行政法典》内容包括除了总统文告及命令外，主体部分是各部门有效的行政法规及相关的官方解释和补充文献。

1967 年已经出现了 50 个主题，第二版之前有多卷补充本。1938(1 vol.)、1939(2 vols.)、1940(4 vols.)、1941(4 vols.)、1943(从 1942 年开始的累积补充本 10 vols.)、1943(2 vols.)、1944(3 vols.)、1945(4 vols.)、1946(6 vols.)、1947(5 vols.)。1949 年出版《联邦行政法典》第二版。开始按主题汇编，并取代了第一版及其后的补充版本。这是一个当时现行有效的行政法规汇编本(截至 1949 年元旦)，每一卷包含一个或多个主题，更新文本以活页的形式附于每卷之末，以便于检索和下一版汇编。《联邦行政法典》自 1972 年每年更新。

有关 FR 和 CFR 的权威性，虽然 44 USC §1510(e) 规定 CFR 仅有表面证据力 "Prima Facie Evidence"，而 44 USC §1507 规定 FR 文本具有用于反驳推定 "Rebuttable Presumption"。实务中，法院接受其法律证据力。

对 CFR 的索引，OFR 官方编辑有 CFR Index and Finding Aids。LexisNexis 公司出版了 the Index to the Code of Federal Regulations 和 Shepard's Code of Federal Regulations Citations。

《联邦行政法典》50Tittle

Title 1. General Provisions (总则)

Title 2. Grants and Agreements (捐赠与协议)

Title 3. The President (总统)

Title 4. Accounts (会计)

Title 5. Administrative Personnel(行政人事)

Title 6. Domestic Security (国内安全)

Title 7. Agriculture（农业）

Title 8. Aliens and Nationality（外国人与公民）

Title 9. Animals and Animal Products（动物与动物产品）

Title 10. Energy（能源）

Title 11. Federal Elections（联邦选举）

Title 12. Banks and Banking（银行金融）

Title 13. Business Credit and Assistance（商业信用与资助）

Title 14. Aeronautics and Space（航空与航天）

Title 15. Commerce and Foreign Trade（商业与外贸）

Title 16. Commercial Practices（商业实践）

Title 17. Commodity and Securities Exchanges（商品与证券交易）

Title 18. Conservation of Power and Water Resources（水电资源保护）

Title 19. Customs Duties（关税）

Title 20. Employees' Benefits（雇员利益）

Title 21. Food and Drugs（食品与药品）

Title 22. Foreign Relations（对外关系）

Title 23. Highways（公路）

Title 24. Housing and Urban Development（住宅与城市发展）

Title 25. Indians（印第安人）

Title 26. Internal Revenue（国内收入）

Title 27. Alcohol, Tobacco Products and Firearms（酒烟产品与军火）

Title 28. Judicial Administration（司法行政）

Title 29. Labor（劳工）

Title 30. Mineral Resources（矿产资源）

Title 31. Money And Finance：Treasury（货币与金融：国库）

Title 32. National Defense（国防）

Title 33. Navigation and Navigable Waters（海运与适航水域）

Title 34. Education（教育）

Title 35. Reserved（formerly Panama Canal）（保留，以前是巴拿马运河）

Title 36. Parks, Forests, and Public Property（公园森林和公共财产）

Title 37. Patents, Trademarks, and Copyrights（专利、商标与版权）

Title 38. Pensions, Bonuses, and Veterans' Relief（抚恤金、津贴和老兵救助）

Title 39. Postal Service（邮政服务）

Title 40. Protection of Environment（环境保护）

Title 41. Public Contracts and Property Management（合同与财产管理）

Title 42. Public Health（公共卫生）

Title 43. Public Lands：Interior（公共土地：内政部）

Title 44. Emergency Management and Assistance（应急管理与援助）

Title 45. Public Welfare（公共福利）

Title 46. Shipping（船舶）

Title 47. Telecommunication（电信）

Title 48. Federal Acquisition Regulations System（联邦并购法规体系）

Title 49. Transportation（交通）

Title 50. Wildlife and Fisheries（野生动物与渔业）

（五）州成文法（State Statutes）

美国各州的成文法的出版发行机构和方式和联邦成文法相似。也有 Slip Law 单行法、Session Law 年度会期法和 Code 法典。各州的法典的名称不尽相同，有 Code 法典、Statute 制定法、或 Revised Statute 修订制定法等各种名称。州法典的编纂方式都与《美国法典》近似。一般在各个州政府的网站上免费提供本州的成文法检索。

各州宪法引注格式：州宪法名称缩写+条（款、项）号。

各州宪法修正案的引用格式：州宪法缩写+Amdt. +款+项

各州法典引注格式：州法典名称缩写+主题号+§条（款、项）号。

（六）城镇法典（Municipal Codes）

美国的城镇法典可以指从大到像纽约这种城市的法令（City Ordinance）或小到小镇的法令。美国各大小城市和郡县均将其法令放在各自地方政府的网站上，供免费检索。

（七）美国国际条约

国际条约有双边条约和多边条约，前者是两个缔约方，后者是两个以上的缔约方。美国国际条约的约文一般可分为两个方面：美国缔结的条约和多边条约。

美国缔结的双边条约汇集有 Treaties and Other International Agreements of the United States 1776—1949（《1776—1949 年美国条约及其他国际协定集》）、Treaties and Other International Agreements of the United States 1950—（《1950 年以来美国条约和其他国际协定集》）等美国条约集和 United States Treaties and Other International Agreements Cumulative Index 1776—1949（《1776—1949 年美国条约和其他国际协定累积索引》）、Treaties and Other International Agreements of the United States Cumulative Index 1950—1979（《1950—1979 年美国条约和其他国际协定累积索引》）。如需搜索新近缔结的条约，可先查最新条约汇编，或最新国际法材料汇编。例如：由美国国际法协会从 1962 年开始编辑出版的双月刊 International Legal Materials《国际法律材料》和美国国务院出版的年刊 Treaties in Force（《现行条约》）等。凡过去的条约，则按年代顺序查找相应时期的条约集，如，由 Oceana 公司出版的 Consolidated Treaty Series 1648—1919（《综合累积条约集 1648—1919 年》）、League of Nations Treaty Series（《国际联盟条约集（1920—1946）》）和 United Nations Treaty Series

1946—(《联合国条约集 1946—》)等。

美国参加的多边条约汇集，如：Stevens 公司于 1983 年出版的 N. Singh International Maritime Law Conventions(《辛格国际海事法公约集》)，联合国自 1948 年以来出版的 International Tax Agreements (《国际税收协定》)，Clarendon Press 于 1981 年出版的 Brownlie's Basic Document on Human Rights(《布朗利人权基本文献》)。多边条约索引，如 Oceana 公司出版的 Index to Multilateral Treaties：A Chronological List of Multiparty International Agreements from the Sixteenth Century Through 1963, with Citations to Their Texts (《多边条约索引：16 世纪至 1963 年多边国际协定年代顺序一览表，包括约文引注》)和 Butterworths 出版的 Bowman and Harri's Multilateral Treaties：Index and Current Status(《鲍曼和哈里斯多边条约：索引与现状》)，以及由联合国秘书处出版的 Multilateral Treaties in Respect of Which the Secretary-General Performs Depositary Functions(《关于联合国秘书长行使保管职能的多边条约》)等。单独出版的条约索引主要有：ABC-Clio 公司于 1983 年出版的 World Treaty Index 1920—1980(《1920—1980 年世界条约索引》)共 5 卷及其姊妹篇 Treaty Profiles(《条约轮廓》)。

条约的现状和效力的确定，如条约的签字、生效、废除、保留与修改等情况，是法律研究中经常碰到的问题。可查阅专门期刊、条约索引、条约书目和数据库引文检索等专门性工具。专门性工具如：联合国秘书处出版的月刊 Statement of Treaties and International Agreements(《条约和国际协定声明》)和双月刊 International Legal Materials(《国际法律材料》)等。一些区域性组织也出版了相关的条约资料工具书，如，Chart Showing Signatures and Ratifications of Council of the Europe Conventions and Agreements(《欧洲委员会公约和协定签订与批准图表》)和 Status of Inter-American Treaties and Conventions(《泛美条约与公约状况》年刊)等。

条约约文的延伸检索，例如检索条约约文的解释，可查询条约约文"立法史"资料(包括缔约各方准备的文件、换文、缔约大会文件、有关国际组织的文献等)、行政机关和司法机关对条约的适用、国际组织对条约的实施、国际法学家对条约的分析等资料。

二、判例法文献

与英国相比，美国在制定法方面尤其有本土特色；但是判例法方面，美国则显示了更多的对英国判例法的继承，建国前几乎没有本土的判例法文献，一直适用英国判例。建国后才有本土的判例文献出版。

(一)美国早期判例

1789 年康涅狄格州的科比 Ephraim Kirby 编辑的《Kirby's Reports》正式出版，[①] 同一年宾

---

① Francis Aumann. American Law Reports：Yestorday and Today[J/OL]. The Ohio States University Law Journal Vol. 4, No. 3, 1938：332, Heinonline.

州海事法院霍普金斯法官编辑的《Judgments in admiralty by Francis Hopkinson》在费城出版。[1]此为美国出版的最早本土判例。殖民时期的美国南方虽然没有出版判例，但有判例抄本流传，这些抄本判例在当时的诉讼中有被引用的记载[2]随后 Alexander Dallas 于 1790 年出版了他的两卷本宾州法律报告，此报告在 1874 年被指定为官方报告。1804 年 Massachusetts、1804 年 New York State、1806 年 New Jersey、1811 年 South Carolira、1815 年 Kentucky 和 1884 年 Connecticut 等先后指定了判例报告人。其中 George Caine（1771—1825）1804 年 New York State 报告尤为受法官和律师所重视。

18 世纪末，尤其是进入 19 世纪后，美国改变了 18 世纪口头判决的习惯，要求法官写出判决理由并存档，各州官方均指定判例报告人出版各州的判例报告。当法官宣判时报告人记录下判决词，然后简述案情，准备法律点提要，概述辩护人要点，添加索引，核查引注，并修订判决的推理。这是美国建立普通法体系的科学基础。1817 年联邦最高法院指定知名律师 Henry Wheaton 为官方报告人。1824 年以后很难见到私人出版的判例了。这一阶段法官 Issac Blackfort 为印第安纳州高院 1817—1851 年所做的 Blackfort's Reports 被公认为善本。肯塔基州的 Dana's Reports 被认为是最优秀的判例报告。纽约州的 Caine's Reports 因简洁精确备受喜爱。

独立战争后新泽西、特拉华、宾州和肯塔基州通过立法命令禁止引用英国判例法[3]否则后果严重，例如宾州高等法院首席大法官和另外两名大法官被弹劾，就是因为他们依据英国先例处理案件。[4] 因此美国本土判例的产生适逢其时。

1. 官方出版判例

George M. Bibb Rep. 3vol.

Alexander K. Marshall Rep. 6vol.

Willian Litteil Rep. 7vol.

Thomas B Munroe Rep. 7vol.

John J. Marshall Rep. 9vol.

James Dana Rep. 7vol.

Benjarnin Monroe Rep. 7vol.

2. 非官方出版判例

James Hughes Rep. 1785—1801

Achilles Sneed Rep. 1805

Martin D. Hardin Rep. 1805—1808

Story 和 Kent 都认为其中 George M. Bibb Rep, James Dana Rep. Martin D. Hardin Rep, 的报告最精确，而 Willian Litteil Rep.，Thomas B Munroe Rep.，James Dana Rep. 和

---

① Wilfred J. Ritz, the francis hopkinson law report[J/OL]. 74 Law Libr. J., 1981：298, Heinonline.

② W. Hamilton Bryson. Virginia Manuscirpt Law Reports[J/OL]. 82 Law. Libr. J., 1990：305, Heinonline.

③ Roscoe Pound. The Spirit of the Commen Law[M]. Transaction Publisher, 1998：115.

④ Roscoe Pound. The Spirit of the Commen Law[M]. Transaction Publisher, 1998：333.

Benjarnin Monroe Rep. 判例文本最好。

3. 最高院早期判例报告的非官方文献

Dallas(1790—1800) 1-4vol.

Cranch(1801—1815) 5-13vol.

Wheaton(1816—1827) 14-25vol.

Peters(1828—1842) 26-41vol.

Howard(1843—1860) 42-65vol.

Black(1861—1862) 66-67vol.

Wallace(1863—1874) 68-90vol.

在 90 卷之后，United States Reports 缩写 U. S.

据 Charles Warren 统计的美国判例出版物数量如表 9-3 所示。[①]

表 9-3　　　　　　　　　**美国早期判例出版物数量统计表**

时间	1810	1836	1848	1882	1885	1910
判例集种数	18	452	800	2900	3798	8208

（二）美国早期判例出版

Massachusetts 的殖民定居点 Cambridge 在 1639 年就成立了印刷机构，是一种主要承印官方文献的半官方机构，以后的 20 年一直是殖民地唯一的印刷机构，18 世纪中叶以前其他殖民地并不欢迎印刷业。各个殖民地的少量的出版物主要是政府的官方文献，包括少量成文法。

对判例的需求自然就转向了英国的成熟判例文献，例如：费城 1813—1879 年 English Common Law Report 出版了 118 卷；1843—1874 年 English Chancery Reports 出版了 69 卷。

律师以记录法庭活动（主要是法律和判决意见）的方式，保存他们所需的教育文献，以此替代当时殖民地所缺失的法律教育。这些律师的记录本通常被称为"Common Place"或"Common Place Books"，是记录者的实践指南，并且师徒相传，所以，他们并不依赖判例等出版物。这些记录本可以传抄，可以买卖。Thomas Jefferson 就曾经买过 John Randolph，Mr. Barradall 和 Mr. Hopkins 的抄本，这三种抄本中含有 Thomas Jefferson 所需要的 1730—1740 年弗吉尼亚普通法院的判例。Thomas Jefferson 也有他自己的记录本，即日后出版的 Jefferson Reports 的底本[②]。法官也有他们的记录手稿"Bench Books"或"Diary"。

---

① Charles Warren. A History of the American Bar[M]. Little, Brown, and Company, 1911：520.

② Enwin C. Surrency. Law Reports in the United States [J/OL]. 25 Am. J. Legal Hist 48, 1981：50, Heinonline.

美国 19 世纪后半叶，社会从农业文明迅速发展为工业文明，律师和其他法律从业人数快速增长，新的社会环境需要与此相应的法律及其文献，判例的商业出版应运而生。

1. "三合一"各州判例集

Issac Grant Thompson 公司于 1871 年创立后，立即开始系统地整理出版被称为"三合一"各州判例集：

American Decisions(Am. Dec.)100 卷，收录 1868 年之前的各州判例。

American Reports(Am. Rep.)60 卷，收录 1868—1887 年的各州判例。

American States Reports(Am. St. Rep.)140 卷，收录 1888—1911 年的各州判例。

2. National Reports System 全国判例系统

Westlaw Publishing Company 1876 年成立。其后出版了著名的"全国判例系统" National Reports System(简称 N. R. S.)。

3. West Coast Reporter 西海岸判例报告

A. L. Bancroft & Company 1886 年开始出版 West Coast Reporter，包括近太平洋各州的判例。同年被 Westlaw Publishing Company 收购。

4. East Reporter 东部判例报告

William Gould Jr. &Company of Albany New York 出版的 East Reporter，1887 年被 Westlaw Publishing Company 收购。

5. American Law Reports 美国判例

Lawyers Co-operative Publisging Company 于 1888 年为了重新出版 United Stated Reports 而成立。成立后旋即收购 Issac Grant Thompson 公司"三合一"各州判例集，其后出版了著名的 American Law Reports (A. L. R.)美国判例(见后文"工具文献")。

6. Virginia Reports 弗吉利亚判例集

Michie Company 1904 年重新出版了 Virginia Reports 弗吉利亚判例集，附有非常优秀的注释 Notes。

(三)现今官方出版的判例文献

United States Reports 联邦最高法院判例集，简称 U. S.，这个名称 1875 年于第 91 卷中开始使用，沿用至今。收录联邦最高法院判例。其早期出版的判例报告仿照同一时期的英国的署名判例报告的出版模式，见表 9-4：

表 9-4 　　　　　　　　　**联邦最高法院判例集 1-90 卷汇编者表**

判例年份	汇编者	卷数及缩写	在 U. S. 中的卷次
1790—1800	Dallas	1-4 Dall.	1-4 U. S.
1801—1815	Granch	1-9 Granch	5-13 U. S.
1816—1827	Wheaton	1-12 Wheat	14-25 U. S.
1828—1842	Peters	1-16 Pet.	26-41 U. S.

续表

判例年份	汇编者	卷数及缩写	在 U. S. 中的卷次
1843—1860	Howard	1-24 How.	42-65 U. S.
1861—1862	Black	1-2 Black	66-67 U. S.
1863—1874	Wallace	1-23 Wall.	68-90 U. S.

官方的各州判例在 Westlaw Publishing Company 出版全国判例系统以后过半数已停止出版。早期官方的各州判例以指定报告人署名出版，其后以州名出版。

（四）现今非官方出版的判例文献

1. 联邦判例文献

（1）United States Supreme Court Reports。

律师合作出版公司出版的 United States Supreme Court Reports（Lawyer's Edtion）简称 L. Ed。

判例来源于 U. S.，但是只收录了约 1/3。每个判例都是经编辑审慎挑选的 Leading Case 权威判例，有律师的辩论要旨和汇编者的批注。

（2）全国判例报告系统联邦判例报告系列。

Westlaw Publishing Company 出版的全国判例报告系统 National Reporter System 中的联邦判例报告，不仅仅收录联邦最高法院判例，也选择收录部分各个巡回法院判例，同时还选择收录了较小比例的联邦初级法院的案例，如表 9-5 所示。

表 9-5　　　　　　　　全国判例报告系统中联邦判例系列表

判例报告名称	简称	出版判例来源
Supreme Court Reporter	S. Ct.	U S Supreme Court
Federal Reporter	F. 300 vol 1880— F. 2d. 999 vol F. 3d. 1932—	US Court of appeals for Circuts
Federal Appendix 2001—	Fed. Appx.	US Court of appeals for Circuts 未出版判例
Federal Supplement	F. Supp. 1932— F. Supp. 2d. 1998	US districts courts

2. 各州判例文献

（1）A. L. R. 系列判例报告中的各州判例报告，见后文"工具文献"。

（2）全国判例报告系统各州判例报告系列。

Westlaw Publishing Company 将各州判例报告按地区分为 7 大系列出版，与联邦判例系列合称为全国判例报告系统，如表9-6所示。

表9-6　　　　　　　　　　　全国判例报告系统中各州判例系列表

判例报告名称	简称	判例来源州
Atlantic Reporter	A. A. 2d.	Connecticut, Delaware, District of Columbia, Maine, Maryland, New Hampshire, New Jersey, Pennsylvania, Rhode Island, Vermont
North Western Reporter	N. W.	Iowa, Michigan, Minnesota, North Dakota, South Dakota, Wisconsin
North Eastern Reporter	N. E. N. E. 2d.	Illinois, Indianna, Massachusetts, New York, Ohio
Pacific Reporter	P. P. 2d. P. 3d.	Alaska, Arizona, California, Colorado, Hawaii, Idaho, Kansas, Montana, Nevada, New Mexico, Oklahoma, Oregon, Utah, Washington
Southern Reporter	So. So. 2d.	Alabama, Florida, Louisiana, Mississippi
South Western Reporter	S. W. S. W. 2d. S. W. 3d.	Arkansas, Kentucky, Missouri, Tennessee, Texas
New York Supplement	N. Y. S.	New York
Califorlia Reporter	Cal. Rptr. Cal. Rptr. 2d.	California

美国大多数的判例汇编（Case Reporters）只收集美国最高法院、各州最高法院，以及联邦和各州的上诉法院的判决意见（Decisions）。初审法院的判决因没有出版价值一般不被收集出版，因为初审法院判决一般依据先例判案，也不写司法意见（Judicial Opinions），并没有确定新的判例法。

（五）美国判例的电子版文献

20世纪70年代末，Lexis-Nexis率先创立判例的存储、检索和电子化出版。随后，Westlaw出版公司也创立了判例存储与检索系统。2000年以来，美国最高法院、大多数联邦上诉法院，以及各州的各级法院也纷纷将近几年来的判例上载到各自的官网上，提供给公众免费检索。

美国最高法院网站（U. S. Supreme Court）：

http：//www. supremecourtus. gov/opinions/opinions. html

联邦上诉法院：

找法网站(FindLaw. com)提供 13 个联邦上诉法院官方网站导航,

http：//www. findlaw. com/10fedgov/judicial/appeals_courts_sites. html

联邦专门法院的官方网站：

美国国际贸易法院(U. S. International Trade Court)，http：//www. uscit. gov/

美国税务法院(U. S. Tax Court)，http：//www. ustaxcourt. gov/ustcweb. htm

美国国家赔偿法院(U. S. Claim Court)，http：//www. uscfc. uscourts. gov/

美国军事法院(Army，Navy，Marines，Air Force，Coast Guard Court of Military Review)，http：//www. armfor. uscourts. gov/

美国退伍军人法院(U. S. Court of Veterans Appeals)，http：//www. vetapp. uscourts. gov/

94 个联邦地区法院官方网站的导航：

找法网站(FindLaw. com) http：//www. findlaw. com/11stategov/提供各州的判例网站导航。

三、学术性文献

在"二战"前,美国的法律与法学在西方一般法学家眼中并不是很突出的。但"二战"后,它却迅速地跃登主导地位并广泛地影响其他西方国家。

(一)美国学术文献的时代背景

法律是美国社会生活的中心,但是美国直到 19 世纪才有了本土法学学术文献。这个世纪的大部分时间里美国适用普通法,判例法成为了英美法律人的思维习惯,但像英国一样,美国也出现了法典化思潮。英美普通法的法典化思潮是为了寻求法律规则的确定性。但是,普通法无法克服自身历史传统的强大惯性,在几百年的历史中形成的以司法为中心、极富灵活性的这种法律制度,虽然缺乏法典化的高度确定性,但却能较快回应社会现实且适应了其经济社会的发展,事实上,美国 19 世纪的法典法(制定法)只是对判例所揭示的各种原则加以明确化,从此也形塑了美国法学学术的特点。主要的普通法领域：合同、代理、侵权、财产、信托、法律冲突。美国的法学长期依靠英、法、德等国,到 19 世纪后期才开始迅速地独立发展。在 20 世纪 30 年代,大批欧洲大陆著名法学家,如奥地利的凯尔森(H. Kelsen)、德国的施莱辛格(R. B. Schlesinger)和莱因斯坦(M. Rheinstein)等人流亡美国并在美国继续从事法学教学和科研活动,他们既促进了欧洲大陆的法学与美国法学的交流,也加强了美国法律在西方法律中的示范地位。

(二)学术专著

专著 Monographs、Treatises，不包括教材(Textbook 如 Legal hornbooks、Nutshells)和考试及实务指南(Books of Practitioners)。

Monographs 与 Treatises 的区别在于内容的范围，Monographs 专注法律某领域的某一部分，Treatises 是研究法律某领域的全域。

检索美国法律学术文献可查询美国 Heinonline 数据库和美国 Gale 出版公司的现代法律形成数据库(The Making of Modern Law)。

Heinonline 数据库文献见下一章 Heinonline 数据库检索之数据库文献介绍。

1. GALE 的法律文献

GALE 的法律文献来自多个世界级的美国法律图书馆：哈佛大学法律图书馆、哥伦比亚大学法律图书馆、耶鲁大学法律图书馆、乔治华盛顿大学法律图书馆和约克大学法学院图书馆馆藏，经过扫描光学识别技术进行数字化。

美国 Gale 出版公司成立于 1954 年。现代法律形成数据库(The Making of Modern Law)由六个文献子库构成。数据库涵盖了整个 17—20 世纪的各类法律著作。就主题而言，涵盖了广泛的法律领域，包括民事、商业、宪法、合同、刑事。

法律专著(1800—1926)子库 (The Making of Modern Law：Legal Treatises，1800—1926)收录 19 世纪与 20 世纪前叶法学发展分水岭时期的重要的法学专论，MOML- Legal Treatises 是目前收录时期最完整的法学专著全文资料库。

外国法、比较法和国际法子库(The Making of Modern Law：Foreign, Comparative and International Law)收录 17—20 世纪初的法律专著，以及百年来法律相关的主要事件的历史记录。这个文献子库汇集了 2700 多种书籍，近 3500 卷 140 万页，收录有国际法领域根蒂利、格罗修斯、塞尔登、佐切、普芬多夫、比约克肖克、沃尔夫、瓦特尔、马滕斯、麦金托什和惠顿等法理学家的名著。涉及外国法、比较法、伊斯兰法、犹太法，甚至罗马法和古代法等领域。是"现代法的制定：法律论著"(1800—1926)的补充。

美国 Treatises 举例：

Prosser and Keeton on Torts(5th Ed. West Group)

Corbin on Contracts (West Group)

Williston on Cantracts(4th Ed. West Group)

Couch on Insurance(Clark Boardman)

Collier on Bankruptcy (Mathew Bender)

Nimmer on Copyrights(Mathew Bender)

Powell on Real Property (Mathew Bender)

Anderson，American Law of Zoning(3rd Ed. West Group)

Business Organization with Tax Planning(Mathew Bender)

Rohan，Condominium Law and Practice(Mathew Bender)

Rohan，Cooperative Housing Law and Practice Forms(Mathew Bender)

Larson，Employment Discrimination(Mathew Bender)

Gorden and Mailman，Immigration Law and Procedure(Mathew Bender)

Kheel，Business Organizations(Mathew Bender)

Long，Law of Liability Insurance(Mathew Bender)

Antieau，Local Government Law(Mathew Bender)

Rohrlich，Organizing Corporate and Other Bisiness Enterprises(Mathew Bender)

Rosenberg，Patent Law Fundamentals (West Group)

Frumer，Products Liability (Mathew Bender)

Securities and Federal Corporate Law (West Group)

Pattishall，Trademarks and Unfair Competition(2d Ed. West Group)

Feller，U. S. Customs and international trade Guide (Mathew Bender)

Larson，Workers' Compensation Law(Mathew Bender)

专著的引注举例：Richard H. Fallon，Jr. Et Al.，Hart and Wechsler's the Federal Courts and the Federal System (5th ed. 2003).

2. Restatements 法律重述

法律重述(Restatements or Restatement of the Law)系列学术文献涵盖了除婚姻家庭和继承法之外的美国私法的全部重要领域。现有13种：代理法(Agency)、冲突法(Conflict of Laws)、合同法（Contracts）、裁判法（Judgments）、财产法（Property）、返还法(Restitution)、证券法(Security)、侵权法(Torts)、信托法(Trusts)、对外关系法(Foreign Relations Law of US)、律师管理法(The Law Governing Lawyers)、保证法(Suretyship and Guaranty)、不公平竞争法(Unfair Competition)。

为了赋予普通法以确定性、系统化和条理化，ABA 于1923年2月23日成立了美国法学会(American Law Institute，ALI)试图编纂普通法。ALI 宗旨是"倡导法律的清楚简明，使之更好地适合社会的需要，保证更好地进行司法管理，鼓励并继续学术的科学的法律工作"。成立伊始即组织学者展开法律重述工作，ALI 希望各法庭能接受和增重法律重述。第一次法律重述开始于1923年，共9种：代理法、冲突法、合同法、判决法、财产法、担保法、侵权法、信托法和归复。第二次法律重述开始于1952年，共9种：对外关系法、土地租佃法、代理法、冲突法、合同法、判决法、财产法、侵权法、信托法，1986年启动第三次法律重述，已在陆续出版。法律重述集中了全美资深法学专家，编纂程序非常严谨。每种"重述"先由一位本领域知名学者作为报告人(Reporter)负责重述草案，此草稿交由本领域知名专家组成的顾问委员会(Committee of Advisors)审查，审查后的文本再交 ALI 理事会及年会复审并修订，最后再回到报告人手中进行修改或重新起草，多次循环直到获得通过才付梓成籍。因此法律重述对于司法虽然没有法律拘束力，但是有权威性说服力。第几次重述并不代表出版过几次，只表明此重述是在那一时间段出版，例如 Restatement (Third) of Unfair Competition(第三次重述中的《不公平竞争法》)1993年首次出版，前两个系列中都没有关于不公平竞争法的重述。

现时有效版本和稿本：

Restatement of Security (Division I largely superseded by the Article 9 of the Uniform

Commercial Code; Division II entirely superseded by Restatement of Suretyship and Guaranty, Third)

Restatement of Property (1936—1940; mostly superseded by Restatement of Property, Second and Third volumes)

Restatement of the Law Second, Property (Landlord and Tenant) (1977)

Restatement of the Law Second, Conflict of Laws(1971; revised 1986 and 1988)[①]

Restatement of the Law Second, Contracts(1981)

Restatement of the Law Second, Judgments (1965, 1977, 1979; 1982 some sections superseded by Restatement of Torts, Third)

Restatement of the Law Third, Trusts(2003, 2007, 2012)

Restatement of the Law Third, Unfair Competition (1995)

Restatement of the Law Third, Restitution and Unjust Enrichment (2011)

Restatement of the Law Third, Suretyship and Guaranty(1996)

Restatement of the Law Third, Agency (2006)

Restatement of the Law Third, , Employment Law (2015)

Restatement of the Law Third, The Foreign Relations Law of the United States (1987)

Restatement of the Law Third, The Law Governing Lawyers (2000)

Restatement of the Law Third, Property (Mortgages) (1997)

Restatement of the Law Third, Property (Servitudes) (2000)

Restatement of the Law Third, Property (Wills and Other Donative Transfers) (1999, 2003, 2011)

Restatement of the Law Third, Torts: Apportionment of Liability(2000)

Restatement of the Law Third, Torts: Liability for Economic Harm

Restatement of the Law Third, Torts: Liability for Physical and Emotional Harm(2009, 2012)

Restatement of the Law Third, Torts: Products Liability (1998)

Restatement of the Law Third, Torts: Intentional Tort s to Persons

Restatement of the Law, The Law of American Indians 两卷稿本

Restatement of the Law, Charitable Nonprofit Organizations 两卷稿本

Restatement of the Law, Consumer Contracts 一卷稿本

---

① ALI 于 2015 年启动"第三次重述"的编纂工作。报告人：科米特·罗斯福三世（Kermit Roosevelt III，宾夕法尼亚大学法学院教授），第二报告人：（Associate Reporters）劳拉·利特尔（Laura E. Little，天普大学比斯利法学院教授）和克里斯托弗·维托克（Christopher A. Whytock，加利福尼亚大学欧文法学院教授）。顾问（Advisers）：45 名理论与实务工作者，包括著名冲突法学者西蒙尼德斯（Symeon C. Symeonides）教授。而且，美国法学会已经明确，在"第三次重述"涵盖的范围上，除了管辖权与判决的承认与执行问题，在法律选择领域，将包括侵权、财产、合同、商业组织、家庭法及其他身份问题。

Restatement of the Law Fourth, The Foreign Relations Law of the United States 三卷稿本

Restatement of the Law, The U. S. Law of International Commercial and Investment Arbitration 五卷稿本

Restatement of the Law, Liability Insurance 两卷稿本

法律重述的编排体式：首先分"篇"，篇再分为"章"，章下细分为"主题"，进一步细分为"节"。节是主体由规则、评注、和示例三部分组成，某些第二次和第三次的"重述"在示例之后还有"报告人注释"。重述是被公认的普通法的精华。规则是从案例中提炼出以黑体字(Black Letter Law)表述的判例法重要法律原则。被法庭引用最多的是侵权法重述与合同法重述。

"重述"的一般引证格式为：《重述》名称+节号+评注号+示例号+(出版年份)。"评注"通常缩写为 cmt.；"示例"缩写为 illus.；"试探性草案"缩写为 tent. Draft。例如：Restatement (Third) of Unfair Competition § 19 (a), cmt. D & illus. 3；Restatement (Third) of Unfair Competition § 16, comment a (Tent. Draft No. 2, Mar. 23, 1990)。

检索时不能凭直觉，必须查询资源的引注格式。在 LexisNexis 进行谢泼德引注检索使用以下格式(请注意，兰皮书引用格式不起作用)。

例如：torts second sec. 46 可检索到《侵权法》第二版，第 46 小节内容。

在 Westlaw 中进行关键引用检索用(KeyCite 请参阅 Westlaw 数据库 KeyCite 出版物列表中的引用格式)法律重述的格式如下：

rest 2d contr s 3 可检索到《第二次法律重述·合同法》第 3 节内容。

法律重述由于多次系列以及所选的草案都被合并到一个数据库中，并将其引用到所有的数据库中，例如，Torts 第一、第二、以及 topic-专门化的 Torts 第三系列，使用关键词检索效率不高，在特定的重述中使用字段或者全文检索检索效率较高。

3. 美国法学学术性节点文献举要：

(1)詹姆斯·肯特(James Kent, 1763—1847)《美国法释义》Commentaries on American Law 4vols., 1826—1830 年版。肯特被称为"美国的布莱克斯通"。

(2)约瑟夫·斯托里(Joseph Story, 1779—1845)1832—1845 年，出版了《美国宪法评注》Commentaries on the Constitution of the United States(3 vols. 1833 年版)，记载源自最高法院审理的两件重大委任案：土地承租诉讼案(Martin v. Hunter's Lessee 14 U. S. 304)、奴隶权益诉讼案(United States v. The Amistad 40 U. S. 518)和《冲突法评注》Commentaries on the Conflict of Laws(1834 年版)[1]等多种著作。《冲突法评注》主张"国际礼让说"与"属地主义"理论，其思想主导美国司法百年之久，影响了英国、荷兰、德国、法国。

---

① 其他主要著作：Commentaries on the Law of Bailments (1832), Commentaries on Equity Jurisprudence (2 vols., 1835-1836), Equity Pleadings (1838), Law of Agency (1839), Law of Partnership (1841), 等等。

（3）西蒙·格林利夫（Simon Greenleaf，1773—1853）《证据法学》A Treatise on the Law of Evidence。

（4）提奥菲卢斯·帕森（Theophilus Parson，1797—1882）《商人法》The Elements of Mercantile Law（1856），《海商法》A Treatise on Maritime Law，2vols.（1859）。

（5）约翰·享利·威格摩尔①（John Henry Wigmore，1863—1943）《普通法审判中的证据法专论》Evidence in Trials at Common Law，Tillers rev.（Boston，1983）《世界法学概览》A Panorama of World's Legal Systems，《英美法文集》Essays in Angle-American，《法律进化论》（Evolution of Law），《现代法哲学》（Modern Legal Philosophy）《欧陆法制史》（Continental Legal History）。

（6）兰代尔（Christopher Columbus Langdell，1826—1906）哈佛大学法学院的首任院长、美国合同法始祖。《合同法案例精选》Selection of Cases on the Law of Contracts（Little，Brown and Company. 1871 1ed.）、《私人财产买卖法案例精选》A Selection of Cases on Sales of Personal Property（Little，Brown and Company. 1872 1ed.）、《衡平诉讼概论》A Summary of Equity Pleading（Cambridge：Charles W. Sever 1877，2nd ed.）、《衡平诉讼案例》Cases in Equity Pleading（1883）、《衡平法概论》Brief Survey of Equity Jurisdiction（1905）。

（7）马丁·费迪南德·莫里斯（Martin Ferdinand Morris，1834—1909），《法律发达史》An Introduction to the History of the Development of Law 1909，中文版由中国政法大学出版社于 2014 年出版。

（8）奥利弗·温德尔·霍姆斯（Oliver Wendell Holmes，Jr.，1841—1935）《普通法》Common Law 1880 年版，《普通法》的中文版有中国政法大学出版社 2006 年版，《法律之路》The Path of the Law 载于 1897 年《哈佛法律评论》第 10 卷。

（9）约翰·奇普曼·格雷（John Chipman Gray，1839—1951）在其经典著作《法律的性质与来源》The Nature and Sources of The Law（1909 1ed and 1912 2nd ed.）中文版有中国政法大学出版社根据原书第 2 版出版的 2012 年版。

（10）本杰明·内森·卡多佐（Benjamin Nathan Cardozo，1870—1938）在 1921 年出版了名为《司法程序的性质方法》Nature of the Judicial Process 1921 年版 中文版有商务印书馆 1998 年版。

（11）塞缪尔·威利斯顿（Samuel Williston，1861—1963）《威利斯顿论合同》（Williston on Contracts Rev. ed 1936）Williston on Contracts 4vols，Westlaw，2010—2011 年版。他是第一次《合同法重述》起草负责人及报告人。

（12）阿瑟·林顿·柯宾（Arthur Linton Corbin，1874—1967），《科宾论合同》Corbin on Contracts，west publishing company 1950—1962 年出版，8vols。科宾担任第一次《合同法重述》The first Restatement of Contract Law 特别顾问（Special Adviser）并担任"救济"一章的报告人。科宾和威利斯顿等人学术地位和权威性直接造就了《合同法重述》的权威。

（13）奥斯汀·斯科特（Austin Wakeman Scott，1884—1981），《斯科特论信托》Scott on

---

① 《哈佛法学评论》1886 年的创刊人之一。

Trusts 1939 年版。Baker，Voorhis 出版公司于 1957—1978 年出版第 3 版 18 卷，附补编。

（14）卡尔·卢埃林（Karl N. Llewellyn 1893—1962）《统一商法典》Uniform Commercial Code 1952 年。

（15）罗斯科·庞德（Roscoe Pound，1870—1964），平生论著近 800 种，最具影响力有《法理学》（Jurisprudence）1914 年 1—4 卷（第 5 卷至今未出），《普通法的精神》The Spirit of the Common Law 1921 年版，《法律与道德》Law and Morals 1924 年版，《美国刑事公正》Criminal Justice in America 1930 年版等。

（16）西奥多·弗兰克·托马斯·普拉克内特（Theodore Frank Thomas Plucknett，1897—1965），《简明普通法史》（A concise history of the Common Law，1929）经典普通法入门专著。中文版有中信出版社 2003 年版。

（17）埃德加·博登海默（Edgar Bodenheimer，1908—1991），《法理学：法律哲学与法律方法》Jurisprudence：The Philosophy and Method of the Law 1962，中文版有中国政法大学出版社 2004 年版。

（18）哈罗德·J·伯尔曼（Harold J. Berman，1918—2007），《法律与革命—西方法律传统的形成》（第 1 卷），贺卫方、高鸿钧、张志铭、夏勇译，中国大百科全书出版社 1993 年版；《法律与革命：新教改革对西方法律传统的影响》（第 2 卷）法律出版社 2008 年版；《法律与宗教》梁治平译，三联书店 1991 年版。

约翰·罗尔斯（John Bordley Rawls，1921—2002）《正义论》*A Theory of Justice* 1971，1999 年修订本。

（19）腓特烈·坎平（Frederick G. Kempin 1922—2008），《盎格鲁美利坚法律史》Historical Introduction to Anglo-American Law，1963，中文版有法律出版社 2010 年版。

（20）艾伦·法恩思沃斯（Allan Farnsworth，1928—2005），美国 20 世纪 70 年代以后合同法领域学术领袖。师承卢埃林与帕特森，他是第二次《合同法重述》the second Restatement of Contract Law 报告人。美国合同法领域学术领袖先后出现过兰代尔（Langdell）、威利斯顿（Williston）、科宾（Corbin）、卢埃林（Llewellyn）、帕特森（Patterson）以及富勒（Fuller）。

（21）罗纳德·德沃金（Ronald M. Dworkin，1931—2013）①《认真对待权力》（Taking rights serilusly 1977）中国大百科全书出版社 2008 年出版。《法律帝国》（Law's Empire 1986）中文版有中国大百科全书出版社 1996 年版。

（22）默顿·霍维茨（Morton J. Horwitz 1938—present），《美国法的变迁 1780—1860》The Transformation of American Law（1780—1860）Harvard Univ. 1979 年版，《美国法的变迁 1870—1960》The Transformation of American Law（1870—1960）Oxford Univ. 1992 年版。

（23）劳伦斯·弗里德曼（Lawrence M. Friedman 1930—Present）斯坦福大学法学院 Marion Rice Kirkwood 教授。《美国法律史》（A History of American Law，1973）中文有北京

---

① 《认真对待权利》让德沃金享誉世界。其他主要著作：《自由的法》《原则问题》《至上的美德》《身披法袍的正义》和《民主是可能的吗?》等。

大学出版社 2016 年版,《二十世纪美国法律史》(American Law in the 20th Century Yale University Press, 2002),《法律制度:从社会科学角度观察》(The Legal System:A Social Science Perspective 1975)中文版有中国政法大学出版社 2004 年版。

(24)波斯纳(Richard Allen Posner, 1939—Present),是 70 年代以来最为杰出的法律经济学家《法律的经济分析》(1973 年第 1 版,1977 年第 2 版,1986 年第 3 版,1992 年第 4 版)、《反托拉斯法:一种经济透视》(1976)、《正义经济学》(1981)、《侵权法:案例及经济分析》(1982)、《公司法和证券管制经济学》(1980)、《联邦法院:危机和改革》(1985)、《法律和文学》(1989)、《法理学问题》(1990)、《过失的理论》(载《法学研究期刊》,1972)、《法律程序和司法行政的经济研究》(载《法学研究期刊》,1973)、《经济管制的理论》(载《贝尔经济与管理科学杂志》,1974)、《垄断的社会成本与管制》(载《政治经济学期刊》,1975)、《法律的经济学研究》(载《得克萨斯法律评论》,1975)、《履约不能与契约法相关学说:一种经济分析》(载《法学研究期刊》,1977)、《功利主义、经济学和法学理论》(载《法学研究期刊》,1979)、《经济学在法学中的运用,和滥用》(载《芝加哥法学评论》,1979)、《最近侵权理论中的集体正义概念》(载《法学研究期刊,1981》)等等。

(25)杰罗姆·霍尔(Jerome Hall, 1901—1992)美国现代刑法奠基人。《刑法基本原则》General Principles of Criminal Law 1947 1st ed. 2013 7th ed.

(26)赫伯特·威彻斯勒(Herbert Wechsler, 1909—2000),《模范刑法典》Model Penal Code 1962《模范刑法典评注》Model Penal Code and Commentaries,1985。

(27)保罗·罗宾逊(Paul H. Robinson, 1948—Present),被称为当今美国刑法学第一人。现任宾夕法尼亚大学法学院 Colin S. Diver 讲席教授。《刑法的分配原则》(Distributive Principles of Criminal Law, 2008),中文版有中国人民公安大学出版社 2009 年版,《刑法的结构与功能》(Structure and Function in Criminal Law, 1997),中文版有中国民主法制出版社 2003 年版。

(28)约书亚·德雷斯勒(Joshua Dressle),《刑法纲要》(Outline on Criminal, Law west Academic Publishing, 2015),中文本有中国法制出版社 2016 年版。《刑法精解》Uderstanding Criminal Law 8th edition Lexis Nexis,第四版有中译本北京大学出版社 2009 年版。

(29)艾伦·C. 迈克尔斯 Alan C. Michaels 刑事诉讼法精解 Uderstanding Criminal Procedure 1st ed Lexis Nexis 2010,艾伦·C. 迈克尔斯和约书亚·德雷斯勒合著的刑事诉讼法精解 Uderstanding Criminal Procedure 第四版第一卷《刑事侦查》有北京大学出版社 2009 年出版的中译本。

其他各部门法的节点文献可见第一次至第三次法律重述的各位报告人的专著。

(二)法律期刊

美国法律期刊(Legal Periodicals)大致分为三类:学术性法律期刊、实务性法律期刊、法律信息性期刊。

学术性期刊基本上是法学院编辑出版的，不分专业的全科法律评论类的学术期刊大都由学生编辑，例如《哈佛法律评论》。专科的学术期刊则是法学教授或专家担任编辑，如《美国法制史杂志》。

实务性法律期刊主要是美国律师协会的出版物，文章的特点是短小，注重实务，解决法律实务中的问题。

法律信息性期刊，多为商业性报刊，重点报道法律实务领域的最新发展动态。

期刊论文是目前英文法律数据库收录的，除判例法规之外的文献主体。

法学期刊的引注规则请参阅 Bluebook Rule 16。例如：

Paul Butler et. al., Race, Law and Justice：The Rehnquist Court and the American Dilemma, 45 Am. U. L. REV. 567, 569（1996）.

四、工具性文献

（一）百科全书

1. 美国判例系列 A. L. R.

A. L. R.（American Law Reports，《美国法律报告》），1919 年由律师合作出版公司开始出版，现在由西方集团出版。A. L. R. 的前身是 1888—1918 年律师合作出版公司出版的 146 卷 Lawyers' Reports Annottated（L. R. A）和艾萨克·格兰特·汤姆森（Isaac Grant Thompson）1871—1911 年出版的 300 卷各州判例三合一系列（American Decisions Am. Dec.）收入各州 1868 年前判例 100 卷；Amercan Reports Am. Rep. 精选各州 1868—1888 年判例 60 卷；Amercan State Reports Am. St. Rep. 收入各州 1888 年后判例 140 卷。

1969 年以前 A. L. R. 的内容还涉及联邦判决以及联邦法律问题，从 1969 年起，联邦法院的判决独立成为一个系列：《美国联邦法律报告》（American Law Reports, Federal），简称 A. L. R. Fed.。

A. L. R. 和 A. L. R. Fed. 由"注释文章"和一个 Leading Case 权威判例两部分组成。每年出版不到 10 卷，每卷约 10 篇注释文章。这些注释文章的主题通常是当年的热门话题或者重大法律问题。A. L. R 注释文章不针对特定司法管辖区。每篇注释文章都包含一个辖区表，以便于在特定州内查找相关判例。联邦系列则按巡回区排列。

American Law Reports, 1st, 178 卷（1919—1948 年出版）

American Law Reports, 2nd, 100 卷（1948—1965 年出版）

American Law Reports, 3nd, 100 卷（1965—1980 年出版）

American Law Reports, 4th, 100 卷（1980—1992 年出版）

American Law Reports, 5th, 125 卷（1992—2004 年出版）

American Law Reports, 6th, 104 卷（2004—2018 年出版）

American Law Reports, 7th, 2015 年 8 月开始出版第一卷，至 2018 年 3 月已经出版了 28 卷。

American Law Reports, Federal, 1st, 200 卷(1969—2005 年出版)

American Law Reports, Federal, 2d, 100 卷(2005—2015 年出版)

American Law Reports, Federal, 3d, 2015 年 8 月开始出版第一卷, 至 2018 年 3 月已经出版到了 28 卷。

A. L. R. 引注规则参见 Bluebook Rule 16.6.6, 引注格式为: 注释文章作者名+Annotation+注释文章名+卷数+A. L. R. +起始页+所在页(出版年份)。例如:

William B. Johnson, Annotation, Use of Plea Bargain or Grant of Immunity as Improper Vouching for Credibility of Witness in Federal Cases, 76 A. L. R. FED. 409 (1986).

2. Corpus Juris Secundum (C. J. S.) 106 vols. (1936—)(及若干补充卷)《美国法律百科》

Corpus Juris 拉丁语, 法律大全, 常常指称法律汇集之义。Corpus Juris(J. C.)作为韦氏出版公司的出版物, 是 1911—1936 年出版的《美国法大全》。C. J. 又是 Cyclopaedia of Law and Practice, 50 vols. (1901—1912)之修订后的更名。1936 年开始出版的 Corpus Juris Secundum (C. J. S.)对 Corpus Juris(J. C.)的正文进行了全面修订。目前正文分为 435 个主题条目(随着法律的发展会有新的增加), 主题条目按字顺编排。每个主题的文本内容分为: 主题简述、主题词的用法、主题定义以及相关的法理概述。脚注以判例为主, 力求包含所有的判例。也有相关制定法, 均以联邦和州序排列。C. J. 中已有的脚注在 C. J. S. 中不再重复, 仅注明 C. J. 之卷数和页数。各卷附有本卷索引, 最后五卷为总索引, 但无判例之总索引。

Corpus Juris Secundum (C. J. S.)的权威性不在于它的正文, 而在于它的脚注指引得判例中, 法官的判词与该主题相关的权威解释。引注格式为: 卷数+C. J. S. +主题名称+节号+(出版年份)。其中出题名称可以省略, 如果引用出自增补卷, 还要表明该信息。例如:

85 C. J. S. Taxation § 806 (1954); 72 C. J. S. Supp., Prods. Liab. § 31 n. 93 (1975).

3. American Jurisprudence, Second (Am. Jur. 2d)(1962—)《美国法学百科第二辑》

Am. Jur. 2d 由 Lawyer Co-operative Publishing Company(律师合作出版公司)于 1961 年开始出版。Am. Jur. 2d 是对 American Jurisprudence(Am. Jur. 58 vols. 1936-1948)的全面修订。而 American Jurisprudence 又是对 Ruling Case Law(1914—1921)《判例法规则 1914—1921》的全面修订并更名而来。Am. Jur. 2d 正文的编排与 C. J. S. 相似, 但是其脚注中的判例只求精不求全, 并且注重联邦制定法和统一州法以及联邦程序法, 还有期刊论文。其各卷均附有索引, 但亦无判例索引, 同时在各卷之最末附有与 C. J. S. 之对照表。

除上述两种常用百科全书性质的工具书外, 美国尚有多种法律百科全书, 例如各州法律百科全书, California Jurisprudence 3d Florida Jurisprudence 2d 等, 此处不一一介说。

(二)辞书

在检索过程中通常遇到有关的概念和术语方面的问题, 需要首先排除这些障碍才能进行进一步的检索，首先需要将自然语词转译为法律术语——通常也是检索主题语言。所谓自然语词，就是揭示或描述某一行为、事物、现象的自然语言。法律术语，即具有特定法律含义的揭示或描述某种行为、事物、现象的专业术语。例如，在"在美国持玩具手枪抢劫是否构成严重抢劫罪"这一检索主题中，"玩具手枪"（Toy Pistol）就是一个自然语词。Black's Law Dictionary（《布莱克法律词典》）和 Ballentine's Law Dictionary（《巴伦坦法律词典》）等著名法律词典，"玩具手枪"的法律术语，应为"假火器"（Imitation Firearms）。类似的事实术语有"私生子""幼儿""凭良心"等，其相应的法律术语为"非婚生子女""未成年人""善意"等。

例如英国"雇主雇员法"这一法律术语。通过查找 The Oxford Companion to Law（《牛津法律指南》）、Stroud's Judicial Dictionary（《斯特劳德法律词典》）等，可知"雇主雇员法"（Law of Master and Servant）已逐渐演变为涉及 Labour Law（劳动法）、Industrial Law（劳工法）、The Law of Employment（就业法）、Trade Union Law（工会法）、Industrial Relations Law（劳资关系法）、Law of Health and Safety at Work（劳动保护法）等部门法。为了回答上述问题，就要查找与这些部门有关的法规资料。

1.《布维尔法律词典》

美国历史上第一部法律词典是《布维尔法律词典》。在 20 世纪 30 年代，《布维尔法律词典》是联邦最高法院引用频率最高的法律词典。即便到现在，《布维尔法律词典》在美国仍时常被引用。《布维尔法律词典》是一部法律史学术性很强的词典，它收录的许多历史术语弥足珍贵。此后，在美国还诞生过多部重要的法律词典，最著名的有两部，一部是《布莱克法律词典》，另一部是《巴伦坦法律词典》。

2.《布莱克法律词典》

《布莱克法律词典》诞生于 1891 年，现在 West 出版公司出版的第十版为最新版本。因它的第一版主编美国人亨利·坎贝尔·布莱克（Henry Campbell Black）而得名。它是美国联邦最高法院引用频率最高的法律词典。《布莱克法律词典》当时的全称是《法律词典：美英古今法学术语与词语释义——国际法、宪法、商法重要术语；法谚选；大陆法与其他国家法律制度名选》（A Dictionary of Law Containing Definitions of the Terms and Phrases of American and English Jurisprudence, Ancient and Modern including the Principal Terms of International, Consti—tutional, and Commercial Law; with a Collection of Legal Maxims and Numerous Select Titles from the Civil Law and Other Foreign Systems）。

3.《巴伦坦法律词典》

虽然《布莱克法律词典》占据着统治地位，但《巴伦坦法律词典》（Ballentine's Law Dictionary）是学者使用最多的法律词典。《巴伦坦法律词典》第一版由印第安纳州印第安纳波利斯（Bobbs-Merrill）公司于 1916 年出版，2005 年改由法律图书交易公司（The Lawbook Exchange, Ltd）出版。该词典因它的主编詹姆斯·巴伦坦（James E. Ballentine）而得名。詹姆斯·巴伦坦曾任加州大学法学教授。该词典独具特色，收词全面，每一词目都附有音标。在《巴伦坦法律词典》中通常能找到《布莱克法律词典》中查不到的术语；该词典还收录了大量拉丁语短语、案件汇编名以及法律谚语等内容。学者对这一词典的引用频率极高。

4.《元照英美法词典》

《元照英美法词典》，法律出版社 2003 年第 1 版，北京大学出版社 2013 年推出缩印版，后于 2014 年推出精装版。

《元照英美法词典》以倪征燠、王名扬、杨铁梁等 7 位国内外著名学者为学术顾问，①收入及注释 5 万余词条，附图表 30 余份。每个词条都标明辞源，包括拉丁文、法文、德文。词典总审订潘汉典教授说："本词典以自 19 世纪以来的英美法词典、百科全书、判例集、法律汇编、各部门法学专著等作为基础资源，并旁及加、澳、新等国法律辞书及其法律与法学专著，综合编纂。"

5. 法律缩略语工具书

检索有关英国法的缩略语，可以利用的工具书：Index to Legal Citations and Abbreviations（《法律引注及缩略语索引》）、Dictionary of Legal Abbreviations Used in American Law Books（《美国法律图书所用法律缩略语词典》）。

（三）书目、索引与摘要

书目、索引与摘要都是检索型工具。

1. 书目

公元前 3 世纪，西方出现了第一位目录学家——古希腊著名的学者和诗人卡利马赫。卡利马赫（公元前 310—前 240 年）在亚历山大图书馆工作时，编制了一部书目，即《各科著名学者及其著作目录》，共计 120 卷，仅有残卷传世。这部书目著录著者生平及著作，记载篇著作行数、字数，并将书目分为 8 类：演说术、历史、法律、哲学、医学、抒嘴诗、悲剧、杂类。

中世纪书目大多反映基督教神学这一主题，同时也有少量非神学书目。与中世纪神学研究相适应，中世纪的藏书机构多编有书目。例如：巴黎大学图书馆 1289 年的目录著录藏书有 1000 余种；剑桥大学图书馆 1473 年的目录著录藏书有 330 种。

到 16 世纪，书目主题有了新的转向，宗教主题的书目被各学科书目所代替，书目从"基督教时代"进入"科学时代"，主要表现在出现了多种目录，例如：国家书目、专题书目、世界书目等。记录一国学者著作国家书目：编年史学者和英语剧作家贝尔（1495—1565 年）1548 年完成了 200 余页《著名不列颠人著作概要》是英国第一部国家书目、德国的《著名德国作家目录》和《德国图书文库》、法国的《法国文库》《比利时文库》、意大利的

---

① 倪征燠，联合国国际法院前法官，美国斯坦福大学法学博士（1929 年）；

姚启型，美国圣玛丽大学教授，美国密歇根大学法学博士（1930 年）；

卢峻，美国哈佛大学法学博士（1933 年）；

潘汉典，中国政法大学比较法研究所首任所长，东吴大学法学硕士（1948 年）；

朱奇武，英国牛津大学法哲学博士（1950 年）；

王名扬，法国巴黎大学法学博士（1953 年）；

杨铁梁，香港最高法院前首席大法官，英国伦敦大学（荣誉）法学士（1953 年）。

《东尼文库》《新时代西班牙文库》等，为现代国家书目产生奠定了基础。至 19 世纪才有名副其实国家书目，如 1881 年法国的《法国总书目》。专题目录如：医学、法学、植物学、农学、外科学、哲学、神学等。1545 年，德裔瑞士作家 C. 盖士纳编制了《世界书目：拉丁文、希腊文和希伯来文全部书籍的目录》。其第一卷收录近 3000 名学者约 1.2 万种著作，按著者教名字顺排列，后将第一卷图书按 21 大类编排，第二卷和第三卷分别于 1548、1549 年出版，1555 年出版了第四卷，增补近 3000 部著作。这部书目出版后在西方影响甚大，出现了两个节略本，即 1551 年 C. 利科斯特内的《世界书目中的主要著作》和 1555 年西姆勒的《盖士纳世界书目概要》，还出现了多种增补本。直到 18 世纪，仍有人进行世界书目的补充工作。①

法律书目列举请参见英国法律学术文献部分中的"书目"。

2. 索引

中世纪就出现了索引。公元 987 年，艾纳鼎曾撰有多卷本《各科索引》，是阿拉伯文各类著作的篇名索引，附有作者简介，这部索引著录的图书现存者不过千分之一。

美国期刊索引：《法律期刊索引》(Index to Legal Periodicals)、《现行法律索引》(Current Law Index)。从 1986 年到现在的期刊论文索引，五大法律文献检索系统(Bloomberg Law、HeinOnline、Lexis、Westlaw、Gale)都提供有索引检索。

Current Index to Legal Periodicals 华盛顿大学图书馆出版的近期法学期刊论文索引周刊

Index to Foreign Legal Periodicals 外国法律期刊论文索引，涵盖英美法之外的所有外国法律期刊论文索引。此索引不仅包含 1985 年至今的比较法期刊论文、伊斯兰法律期刊论文、社会主义法律期刊论文、国际公法与国际私法以及跨过商法论文；而且包含英美出版的涉及外国的法律期刊论文。

Index to Legal Periodicals, Retrospective，简称 ILP。法律期刊索引回溯数据库。创刊于 1908 年，涵盖 1908—1981 年 750 种美国、大不列颠、加拿大、爱尔兰、澳大利亚和新西兰出版的法律期刊论文。

Index to Legal Periodicals and Books (1981—) ILP 法律期刊索引 1981 年索引的期刊数突破 800 种，现今每年超过 2000 种期刊。1994 年 ILP 开始了图书的索引。

Legal Trac Gale 资讯公司下的法律期刊论文索引数据库，涵盖 1980 年英美 1000 多种法律期刊论文索引。

Lexis 和 Westlaw 都有 Legal Resource Index。法律资源索引除美国法律期刊外，还含有 1986 年来 800 多种不列颠与欧洲法律期刊论文。

Nineteenth Century Masterfile 19 世纪法律连续出版物总卷。

Jones & Chipman's 索引包含 235 种 1786—1937 年不列颠法律期刊和 67 种判例报告，19 世纪美国法律期刊与报纸总卷。

3. 摘要

文艺复兴时期作家的著作以文摘或文集的形式存世。学者、主教孚修于公元 9 世纪编

---

① 柯平. 西方书目发展史略[J]. 四川图书馆学报, 1988: 65.

的《文粹》就是一部文摘，包括早期作家作品 280 种，其中多为神学、希腊历史与文学著作，也有艺术与科学书籍，这种文摘是现代文摘的前身。

判例摘要是美国法律摘要文献的精华所在，其他的法律文献摘要还有成文法摘要，法律期刊文献摘要等。判例摘要通常只是检索工具文献不能引用，但 General Abridgment and Digest of American Law, with Occasional Notes and Comments（Nathan Dane，1752—1835，8vol. 1823）是检索工具文献同时还是可引用的经典文献。Lexis Publishes 出版有美国最高法院判决摘要 a digests for Supreme Court decisions，还有各州官方判例摘要例如 California Digest, 2d（1950 to Date）、Florida Digest, 2d（1935 to Date）。此外还有专题判例摘要，例如针对美国商法典中出现的判例进行的摘要 Uniform Commercial Code Case Digest（U. C. C. Case Digest），American Law Reports Digest 是摘录 American Law Reports 中出现的判例摘要。

创建于 1876 年的 West Publishing 连续出版的 American Digest System（《美国判例摘要系统》，简称 AD 系统）是判例摘要的典范，其包括三个系列：Century Digest、Decennisl Digest 和 General Digest。

Century Digest（1658—1896 年判决要旨）50 卷
1st Decennisl Digest（1897—1906 年判决要旨）
2nd Decennisl Digest（1907—1916 年）
3nd Decennisl Digest（1916—1926 年）
4th Decennisl Digest（1926—1936 年）
5th Decennisl Digest（1936—1946 年）
6th Decennial Digest（1946—1956 年）
7th Decennial Digest（1956—1966 年）
8th Decennial Digest（1966—1976 年）
9th Decennial Digest（1976—1986 年）
10th Decennial Digest（1986—1996 年）
11th Decennial Digest（1997—2008 年）
12th Decennial Digest（2008—2016 年）

General Digest 是对 Decennial Digest 之每月更新和总索引。Index 中的 Descriptive Word（记述）可查到 Key Number System。

（四）查新工具与检索系统

美国立法双轨制的明显特点是联邦宪法以明文列举决定联邦立法管辖范围，列举范围之外的立法权凡是未禁止的均保留给各州。美国立法机构（联邦的和州的）每年制定 1 万多件法律。

美国法律的基础在于"遵循先例 Stare Decisis"原则的判例系统，其最大的魅力也在于"遵循先例 Stare Decisis"原则的判例文献。美国法院并不总是恪守先例的约束，适时地、有条件地改变约束或推翻先例从而创制新的先例。虽然有立法，但一般说来，美国法院可运用司法审查权判定某种法律法规违宪而使之失去法律效力，还可以运用司法解释权改变法律的适用范围的大小。每年产生判例 5 万多例。1789 年以来，美国判例已逾数百万。

在这么庞大的制定法和判例文本中，要判断某条法律某个判例是否现行有效，不利用查新工具就是冒险。法律法规以及判例的查新，最有效的工具是"谢泼德引文集"（Shepard's Citations）。谢泼德引文在美国法律文献检索中，提供系统化、规范化、精准高效的服务。无论就数量、精确度，还是编制技巧、复杂程度而言，谢泼德引文都是一个奇迹。检索卷帙浩繁的美国法学文献，谢泼德引文是不可或缺的。

1. 谢泼德引文集（Shepard's Citations）

谢泼德引文集（Shepard's Citations）是纸本时代美国最著名的法学查新工具 Citators。谢泼德引文集是 Frank Shepard（1848—1902）于 1873 年创刊的引文连续出版物。

谢泼德引文给查询者指出被引文献的三种状态：被引法律法规或判例的平行引注及其历史、被引法律法规或判例的现状是否现行有效、被引法律法规或判例的被引用状态。

涉及法规或判例的变化发展常要做出肯定、赞成、遵行、考虑、解释、质疑、变动、修正、不予考虑、限制、否定、替换、废止、撤销等不下 20 种标记。鉴于此，查找美国判例、法律法规只看判例汇编、法令集是远远不够的。必须利用查新工具了解它的现状。例如：检索美国法律，发现了可用的某一法条是检索的第一步。下一步必须考查这一法条在具体案件中如何由判例法解释。就是说可用的法条并不一定是立法条文字面本身，更多的是法院做出的司法解释。只有这种解释才最终具有的约束力。

检索判例，发现可用的先例是检索的第一步，下一步必须对该先例进行现状查询，以确定它是否已被修正、被限制、被推翻从而效力有限或无效；或者被遵行从而继续有效。具体的检索运用参见下一章"Lexis Advance 检索"。

2. 检索系统

美国法律检索系统 Lexis Advance 和 Westlaw Next 是美国最早的法律网络检索系统。

参见下一章"Lexis Advance 检索"与"Westlaw Next 检索"。

（五）美国人文社科引注规则体系

1. MLA Style（美国现代语言协会 Modern Language Association 体例）

MLA Style 采用著者-页码制，出版有多种版本，例如《MLA 体例手册》《MLA 学术论文写作者手册》（高中及本科生用例）和《学术出版指南》（研究生和学者用例）。MLA Style 主要应用于人文科学领域，尤其是语言、文学和艺术领域。

2. APA Style（美国心理学协会 American Psychological Association 体例）

APA Style 采用著者-出版年制，出版有《美国心理学协会出版手册》，除了应用于心理学外，还广泛应用于其他科学领域。

3. Chicago Style（芝加哥体例）

Chicago Style 提供文献-注释制和著者-出版年制两种格式，出版有《芝加哥体例手册：作者、编辑、撰稿人必备》和《学期论文、毕业论文与学位论文写作手册》，广泛应用于历史学、地理学和政治学法学等领域。

4. The Bluebook：A Uniform System of Citation 21th 援引各种法律依据之规则。俗称"蓝皮书"（the Bluebook）。Citation——引注，指援引一个司法先例或者法律依据，借以支持或削弱某一观点。哈佛法律评论（Harvard Law Review）出版，它制定了各种类型的法律援引的详细规则、格式和缩写。

第十章 英文法律文献数据库检索

法学英文文献数据库选取三大常用法律数据库：Heinonline、Lexis Advance 以及 Westlaw Next 进行检索说明。

第一节 Heinonline 数据库检索

一、Heinonline 法律数据库

（一）Heinonline 法律数据库及其数据规模

Heinonline 法律数据库（2000 年上线提供检索服务）是美国 William S. Hein & Co., Inc. 法律出版公司以过刊为主的在线产品。William S. Hein & Co., Inc. 公司由 William S. Hein 在其叔叔的出版公司工作 27 年后于 1961 年创立。

Heinonline 现有近 2000 种法学期刊、近 3000 部经典法学学术专著（含近 700 卷国际法领域权威专著）、10 万多个案例。全球 2000 多种法律核心期刊，排名前 500 的法学期刊，虽然 Heinonline 收录有 469 种，其中 460 种都回溯到了创刊号；但是一般法学各二级学科排名前 20 的核心期刊大多已收录。期刊最早可以回溯到 1788 年，大部分期刊收录到当前期。核心期刊涵括了 28 个国家和地区。Heinonline 法律数据库包含多个子库。例如其中 Heinonline-Intellectual Property Law Collection 知识产权文献数据库。它提供 100 多部知识产权相关法律史料，为研究者提供 1909 年至今完整的知识产权立法史，700 多种知识产权领域的历史经典著作，专利和商标审查程序手册，50 种知识产权领域权威期刊，此外还链接到数以万计的讨论知识产权法的法律评论文章。

（二）Heinonline 数据库期刊论文检索

登录 Heinonline（Log in to Heinonline）之后，可以进行四种检索：快速检索、高级检索、引注号检索以及分类检索。

点击 Law Journal Library 进入法律期刊子库。

1. 快速检索

快速检索只有一个检索框，检索框上方的"full text"标签为关键词检索方式。

（1）通过输入关键词或者关键词组合的检索式，即可检索与关键词相关联的某一类文章，例如"civil right" AND boycott ＊（图 10-1～图 10-3）。

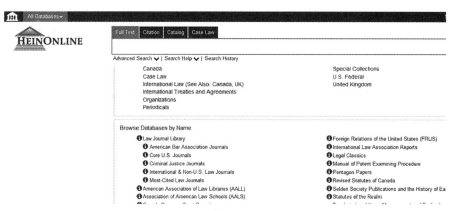

图 10-1

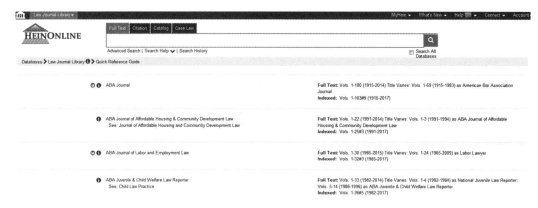

图 10-2

图 10-3

查看本检索式下高引文的论文—排序"Number of Times Cited by Articles"（图 10-4）。

图 10-4

浏览"civil rights" AND boycott * 高被引的作者(图 10-5)。

图 10-5

文章的数量及相关统计：在页面的左侧，检索出来的文章按照"Document Type 论文类型""Date 论文发表的日期""Subject 论文所属的学科""Title 论文所属的期刊"以及"Country Published 论文所属期刊的出版国家"分别进行统计，可以点击浏览、阅读和取舍。

查看检索关键词下最新的论文(图 10-6)：

图 10-6

查看论文所属不同体裁(图 10-7):

图 10-7

查看论文所属不同主题(图 10-8):

图 10-8

查看论文所属期刊的不同出版国家和地区(图 10-9):

图 10-9

按作者浏览(图 10-10):

图 10-10

按机构浏览和按出版物浏览(图 10-11):

图 10-11

按期刊编辑形式浏览(图 10-12):

图 10-12

(2)通过输入作者名找到某作者发表的所有文章;例如 creator "Posner, Richard A" creator "Franck, Susan"(图 10-13)。

图 10-13

查看波斯纳引文最高的文章(图 10-14~图 10-15):

图 10-14

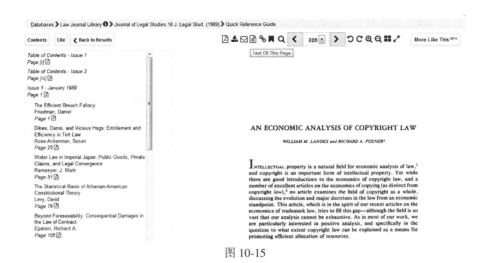

图 10-15

2. 高级检索

检索波斯纳(Richard Allen Posner 收录 236 篇, 被引 21870 次)有关 Copyright 的文章(图 10-16)。

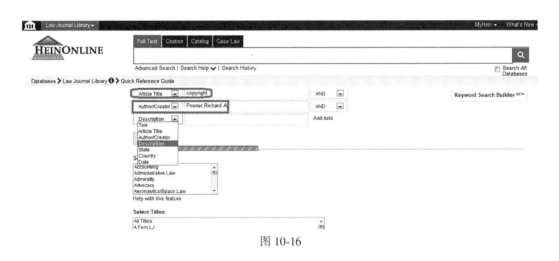

图 10-16

高被引学者 Sunstein, Cass R. 宪法行政法、环境法、法与行为经济学学者发文 244 篇, 被引 24270 次。公司法学者 Frank Hoover Easterbrook 发文 90 篇, 被引 8919 次。著名宪法学者 Wechsler Herbert, 1909—2000 年, 美国法学会前会长(Director of the American Law Institute ALI)。他的著作《宪法学》(Constitutional Law)是 20 世纪被引最多的名著之一。他最具影响力的文章是 Toward Neutral Principle of Constitutional Law, 被引 2290 次。

注：在本数据库进行著者检索, 必须了解著者著录形式。本数据库著者著录采取下列五种格式：

格式一：姓, 名。例如 Cheffins, Brian。

格式二：姓，名，中间名首字母．。例如 Franck, Susan D. 。

格式三：姓，名首字母．中间名首字母．。例如 Robertson, A. H. 。

格式四：姓，名首字母．。例如 Miller, S. 。

格式五：姓，名首字母．中间名。例如 Miller, S. Elizabeth（图 10-17）。

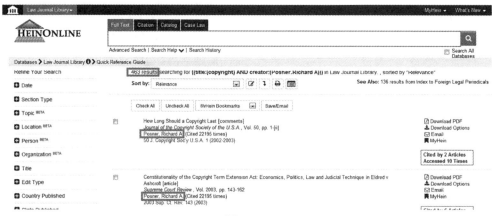

图 10-17

如果要定位检索期刊 Journal of Legal Studies，Vol. 18，Issue 2（June 1989），pp. 325-364 文章 An Economic Analysis of Copyright Law，就需要添加一个检索条件，即选择在期刊 Journal of Legal Studies 中检索（图 10-18）。

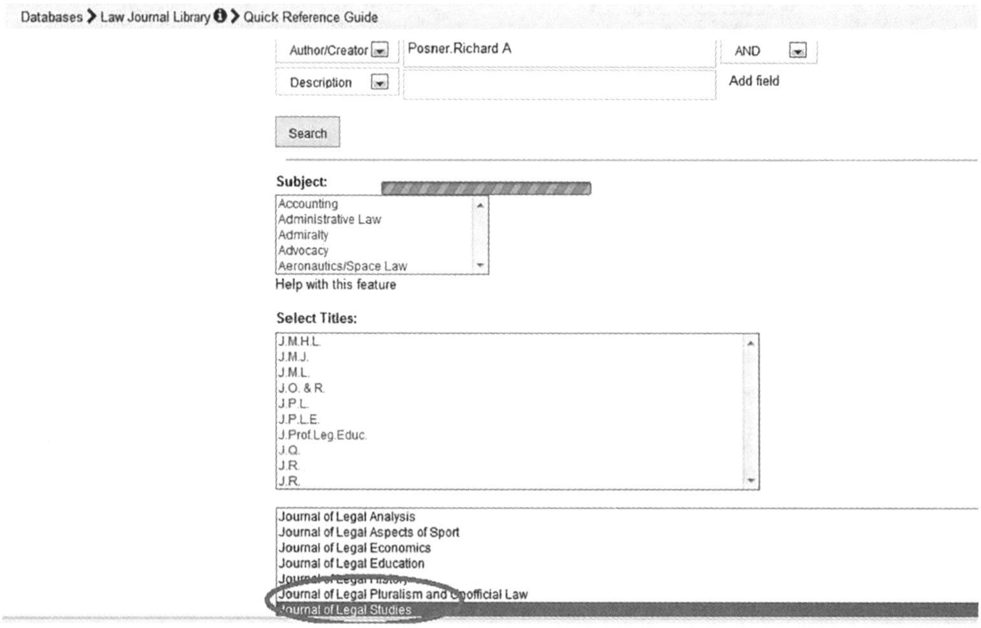

图 10-18

点击 Search 就是唯一的检索结果(图 10-19)：

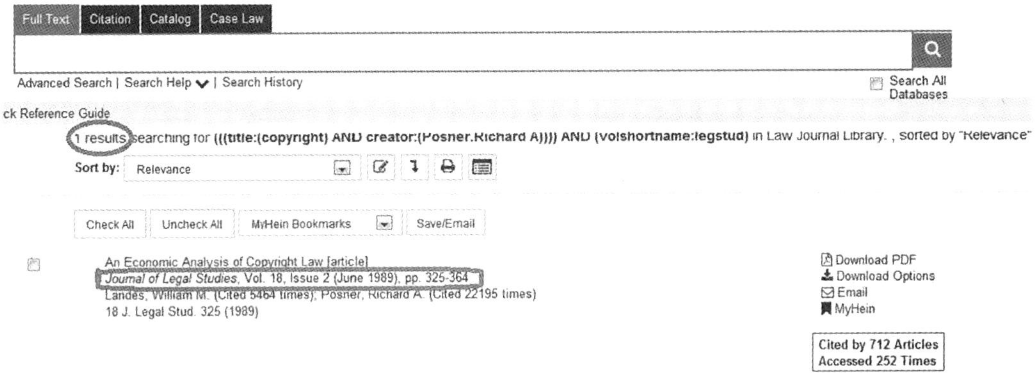

图 10-19

点击文章提名，就进入了文章的阅读页面：

阅读页面说明：

Citation 可以通过点击"Citation"查阅本文标准引注号。

Citations on Page: Off 位于正在阅读的论文题名的左上方，检索结果默认为"Citation on Page：Off"，可以通过点击变成"Citation on Page：on"，本文的引文引注号会高亮显示，并可点击阅读这些被引文章。

Articles that cite this document 位于正在阅读的论文题名的上方，点击它就可以进入本论文被引文章页面。

"Sort by"排序可以选择

Sort by Relevance 相关度由高到低排序

Sort by Number of Times cited 被引频次数由高到低排序

Sort by Date Descending 时间由近及远排序

Sort by Date Ascending 时间由远及近排序

Sort by Document Title 文章题名字母顺序排序

Sort by Document type 按照文章的类型排序

Sort by Document Author(s)按照文章的作者字母顺序排序

Sort by Volume 文章的排序按照卷数排序

Heinonline 数据库其他主要逻辑词和连接词见表 10-1。

表 10-1　　　　　　　　　　**Heinonline 数据库适用的逻辑词和连接词**

逻辑词与连接词	示例	注　　释
And	China **AND** American	表示找出来的结果的文章中必须包含 china 和 american 这两个单词，缺一不可

397

续表

逻辑词与连接词	示例	注　释
Or	China **OR** American	表示找出来的结果的文章中至少包含 china 和 american 这两个单词中的一个
Not	China **NOT** American	表示找出来的结果的文章中必须包含 china 但是必须不包含 american 这个单词
Within 5	China **WITHIN5** American	表示找出来的结果的文章中必须包含 china american 这两个关键词，且这两个关键词间隔最多不超过 5 个单词
Within 10	China **WITHIN10** American	表示找出来的结果的文章中必须包含 china american 这两个关键词，且这两个关键词间隔最多不超过 10 个单词
Within 25	China **WITHIN10** American	表示找出来的结果的文章中必须包含 china american 这两个关键词，且这两个关键词间隔最多不超过 25 个单词
连接关系	举例	说　明
OR	China OR "intellectual property"	表示找出来的文章的正文中至少包含 china 和 intellectual property 这两个单词中的一个
AND	title："real property" AND creator：rheinstein	表示找出来的文章标题中必须包含 real property 这个词组和作者姓名中必须包含 rheinstein
+	+watershed planning	表示找出来的文章必须包含 watershed，也可能包含 planning
NOT	China NOT American	表示找出来的结果的文章中必须包含 china 但是必须不包含 american 这个单词
−	China-"intellectual property"	表示找出来的结果的文章中必须包含 china 但是必须不包含 intellectual property 这个词组
!	China！"intellectual property"	表示找出来的结果的文章中必须包含 china 但是必须不包含 intellectual property 这个词组
?	Te? t	? 代表一个未知的单词，此例中表示找出的结果的文章中包含 test 或 text 等单词
*	Test *	*代表多个未知的单词，此例中表示找出的结果的文章中包含 test、tests、tester 等

3. 引注号检索

点击快速检索框上方的"Citation"标签，进入引注号检索页面。

输入某一确定的引注号能精确地找到某一篇文章，即引注号检索的结果具有唯一性，因为英文法律期刊的每一篇文章都有一个对应的引注号，引注号由三部分组成，例如波斯纳 1989 年发表在 Journal of Legal Studies 上的文章 An Economic Analysis of Copyright Law，其引注号：18 J. Legal Stud. 325，第一部分是数字，是期刊的卷次即第 18 卷；第二部分是期刊名缩写 J. Legal Stud.，是 Journal of Legal Studies 的缩写；第三部分也是数字，代表这篇文章在该卷中的起始页码，即文章从 325 页开始(图 10-20)。

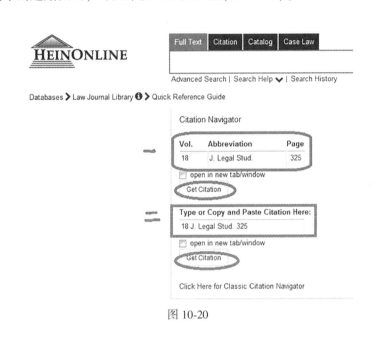

图 10-20

检索方式一：在第一个三段式检索框内分别输入引注号的三部 18 J. Legal. Stud. 325，然后点击检索框下的"Get Citation"按钮即可进入论文的目录检索页面。

检索方式二：在"Type or Copyand Paste Citation Here"下方的检索框内键入或复制粘贴引注号 18 J. Legal. Stud. 325，然后点击检索框下的"Get Citation"按钮，即可进入论文的目录检索页面。

4. 分类检索

分类检索就是利用数据库的不同分类形成的目录树进行逐级浏览的检索方式。

(1)依据期刊题名的字母顺序浏览。

点击期刊名，进入整刊浏览页面：

特定整刊浏览，可以首先进行该特定期刊名检索，然后进行该特定刊物的整刊浏览。输入期刊名进行检索，可以检索到本期刊的所有卷次，可以不间断地阅读期刊的每一期或有选择性的阅读。

检索实例：检索 Journal of Legal Studies 或者国际贸易法全球排名第一的期刊 North Carolina Journal of International Law and Commercial Regulation(图 10-21～图 10-23)。

图 10-21

图 10-22

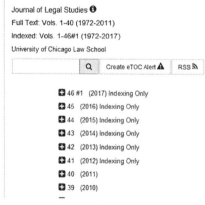

图 10-23

如果要阅读波斯纳发表在该刊 1989 年第二期上的论文，点击论文题名，即可进入论文的阅读页面（图 10-24）。

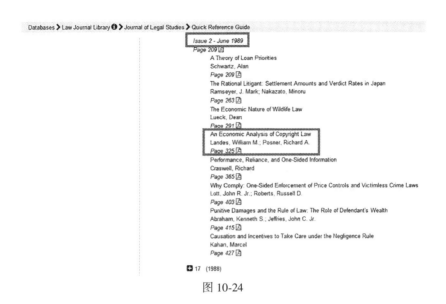

图 10-24

（2）依据学科分类，浏览各个法律二级学科的期刊（按照期刊名字母顺序排列），进行整刊浏览（图 10-25）。

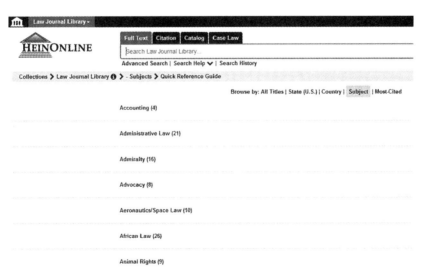

图 10-25

（3）依据期刊的出版国家，浏览整刊（图 10-26）。

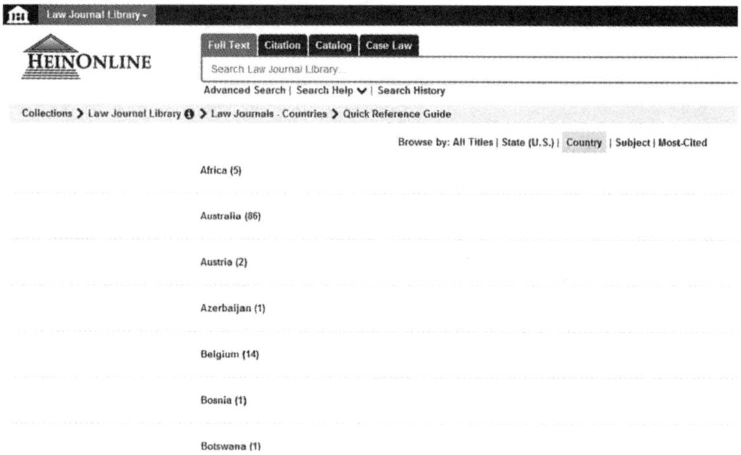

图 10-26

（4）浏览高引文的作者群，例如：波斯纳（Richard Allen Posner）研究领域：法学与经济学；凯斯 R. 桑斯坦（Cass R. Sunstein），美国哈佛大学法学院教授，研究领域：宪法、行政法、环境法、法和行为经济学，任奥巴马政府信息与规制事务办公室主任。他的许多著作已经被译成中文出版，包括《助推——事关健康、财富与快乐的最佳选择》《信息乌托邦——众人如何生产知识》（Infotopia—How many minds produce knowledge）、《权利的成本——为什么自由依赖于税》（The Cost of Rights-Why Liberty Depends on Taxes）、《偏颇的宪法》（The Partial Constitution）、《网络共和国》（Cyberrepublic）、《就事论事》《行为法律经济学》（Behavioral Law Economics）、《设计民主》等；《Intellectual Property in the New Technological Age》（《新技术时代的知识产权》）的作者，知识产权方面的著名学者马克 A. 莱姆利（Mark A. Lemley）；公司法领域的著名学者弗兰克 H. 伊斯特布鲁克（Frank Hoover Easterbrook）；当代刑法学家保罗·罗宾逊（Paul H. Robinson），等等（图 10-27）。

图 10-27

（5）浏览高引文的论文群（图 10-28）。

图 10-28

（6）浏览高引文的期刊群（图 10-29）。

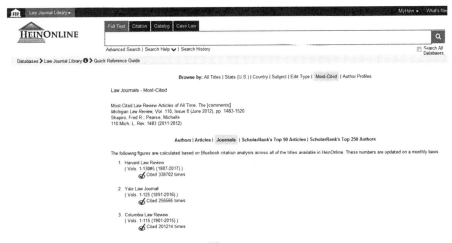

图 10-29

第二节　Lexis Advance 数据库检索

Lexis Advance 是 Lexis 公司的推出的全球学院版法律数据库。Lexis 公司由美国俄亥俄州律师协会发起，始建于 1973 年，初期只提供全文的俄亥俄州、纽约州的法律和案例，1979 年提供新闻和商业出版物全文的数据库的公司 Nexis 加入，后 LexisNexis™ 在 Mead

Data Central 公司旗下成立分公司(1966 年成立的 DATA 公司，公司总部位于美国俄亥俄州的达顿市 Dayton，是全球最大的法律、政治、经济数据库之一。1969 年美国 MEAD 公司合并了 DATA 公司，继而成立为 Mead Data Central 公司)。1994 年，Reed Elsevier 公司以 15 亿美元从 Mead 公司并购 LexisNexis™，从此 LexisNexis 成为 Reed Elsevier 集团的子公司。[1] 同时 LexisNexis 推出网络版。其后，LexisNexis 与 Matthew Bender 出版社共同使用 Shepard's Citation，并通过互联网提供 Shepard's Citation 服务。[2]

一、Lexis Advance 的资源

Lexis 公司出版有网络版、印刷版和光盘等形式法律和税务信息产品。数据库产品有：律商联讯(LexisNexis)、Lexis.com、Lexis Advance 法律数据库、国会大全(Congressional Universe)、统计大全(Statistical Universe)、环境大全(Environ Universe)和学术大全(Academic Universe)等。

Lexis Advance 法律数据库收录近近 300 年美国联邦及各州的判例全文、包括早期如 18 世纪的部分判例；完整的联邦和各州的制定法：美国法典、美国法典注释(即著名的 USCS 美国联邦立法信息服务)、联邦行政法典等联邦制定法及各州的制定法全文、美国商业部和美国国贸局及各级行政法令或规则，近千种法学期刊包括核心法律期刊、300 多种法律报纸、法律书籍(Treatises)，如法律重述(Restatements)、美国律协法律继续教育资料(ABA CLE)、法律百科(American Jurisprudence 2d)、辞典、法律文书(Forms)等，还有英国、加拿大、欧盟、俄罗斯、法国等 20 多个国家和地区的法律资料，以及从中国大陆最高法院和最高检察院获取的为法律实践带来实质影响的精选案例。

Lexis Advance 是目前世界上最大的为法律研究提供全文检索的联机服务系统之一，为法学专业师生和研究者，以及对法律有兴趣的非法律专业人士提供优质的文献及服务。在 Lexis Advance 的主页可以看到以下如 Google 一样的检索入口，见图 10-30。

二、主页概述

进入 Lexis Advance 数据库[3]后，可见如同 Google 搜索引擎一样简洁的检索页面：
(1)任何页面点击所出现的 Lexis Advance ©标志即回到主页。
(2)切换 Lexis 公司其他资源：点击下标箭头例如 Lexis.com，不过检索者必须订购。
(3)浏览资料来源或法律主题：先点击 Browse，再选择 Sources 或 Legal Topics。可按其分类层级深入了解或搜寻特定的资料来源或主题。
(4)更改/编辑用户身份资料。
(5)回到最近的检索或读取的文件，与红色检索栏位下方的 History 图标功能一样(图 10-30)。

---

① Lexisnexis 公司发展历程大事记[EB/OL].[2009-12-11]. http://www2.lexisnexis.com.cn/Company/index.jsp.
② 刘丽君, 于丽英. 漫游虚拟法律图书馆[M]. 北京：法律出版社, 2004：99.
③ Lexis Advance 数据库[EB/OL].[2018-09-02]. http://www.lexisnexis.com.cn/.

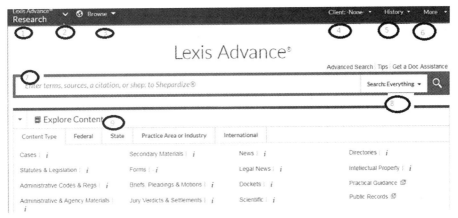

图 10-30

（6）Help 链接及其他的设定如：Sign in Profile，Sign Out，Folders，Alerts，Notifications。

（7）检索框，输入检索式或检索词进行检索。

（8）以内容、司法管辖或执业范围等检索过滤词来精确原本的检索词，也可用检索字词与连接符号来协助精确检索。点击 explore content 再利用最近的资料来源、检索过滤词或主题，且亦可过滤检索结果。

（9）浏览主要资源。

三、Lexis Advance 的检索

Lexis Advance 检索：快速检索、高级检索、分类检索。

（一）快速检索

进入 Lexis Advance 主页即是快速检索页面在快速检索页面，可以执行简单检索，也可以执行指令检索或者称之为专业检索。简单检索分为两类，一类是单词或词组检索，另一类是自然语言检索。指令检索也分为两类，一类是初级指令检索，另一类是升级指令检索。

1. 单词或词组快速检索

主页的快速检索，可以无须限定文献来源，键入自然语言检索词，类似一般的搜索引擎的用法，不需要检索者掌握复杂的检索式编写方法，对于关键词较少的检索语句是最佳选择。键入 2~3 个检索词①（单词、词组或短语都行），系统自动匹配与键入的词组或句子相关度最高的文献，适用于初级检索者。

---

① 在检索框内，输入多个关键词，检索结果页面会自动用不同的颜色标注关键词，以便检索者定位相关段落，加快文献阅读速度。例如，输入"student loan""undue hardship"以及"discharge"三个关键词进行检索，在检索结果页面，例如它们分别被标注为绿色、橙色和紫色。如果三个关键词都集中出现于某个段落，则其下有蓝色星星标识，如果点击这个颜色条，就可以直接跳转到这个最相关的段落，进行阅读，筛选该文献是否和检索时的研究主题相关。

例如：在快速检索框内键入"Age Discrimination"，系统自动匹配见图 10-31。如果选择"Age Discrimination Claims Assistance Amendments of 1990"，则进入"年龄歧视索偿援助法 1990 年修订"的检索页面，见图 10-32。如果需要引用这部法律，则可直接复制，见图 10-33 中"Age Discrimination Claims Assistance Amendments of 1990，1990 Enacted H. R. 5794，101 Enacted H. R. 5794，104 Stat. 1298，101 P. L. 504，1990 Enacted H. R. 5794，101 Enacted H. R. 5794"。

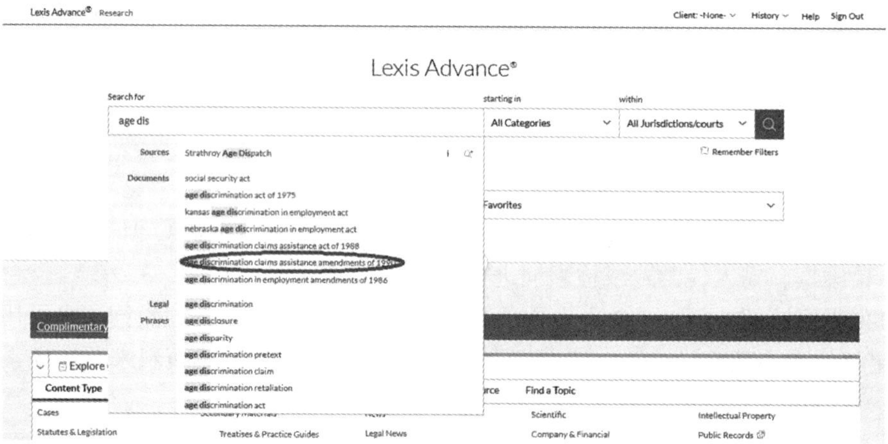

图 10-31

图 10-32

点击图 10-32 中"Age Discrimination Claims Assistance Amendments of 1990"，则进入这部法规的阅读页面，见图 10-33～图 10-34。

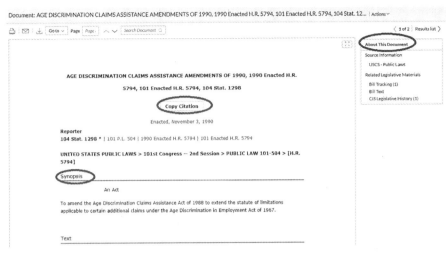

图 10-33

图 10-34

2. 自然语句检索

例如：在美国醉驾有什么责任？键入 Drunk driving have what responsibility in the United States 或者数据安全与隐私保护 Data Security and Privacy Protection 后点击 Search。无需选择资料来源，键入部分或完整的文献名称可检索到这个文献题名及文档(有时只有题名)。

3. 初级指令快速检索

快速检索也适用于复杂问题的初次检索(专业检索或者指令检索，需要专业术语和字段限定以及逻辑关系词连接词，使用连接词确定检索词的逻辑关系组成复杂检索式来实现精确检索)。可键入简单或者复杂的检索式。

例如：判例名称检索例：A and B，并点击 Search，即可获得判例的相关资料。

法规名称检索例：并点击 Search，以获得本法规全文。

判例谢泼德 Shepard's Request 检索例：shep(800 f. 2d 111)或者 shep：800 f2d 111，在

键入的同时，红色检索框会提供建议的检索词汇、文件或资源。可进行调整然后点击
Search，获得检索结果。

判例引注号 citation 进行检索例。在检索框中键入已知 BROWN ET AL. v. BOARD OF
EDUCATION OF TOPEKA ET AL. 一案的 citation 引注号：347 U. S. 483，然后点击检索按
钮，即可得到唯一的检索结果。点击该案件名称即可进行案件阅读。

例如：在主检索框中键入判例引注号 410 U. S. 113，选择 Document，点击 Search，然
后在检索结果页面点击 Text，进入图示页面判例文献阅读页面（图 10-35）。

图 10-35

此页面右栏上半部分是谢波德引注分析工具，可查看 Roe v. Wade 一案的 Shepard's
法律状态。可以直接在界面上看到 Shepard's Report 及可能的争议分析。Shepard's 不止有
引注分析，还有该案的上诉历史以及该文献的引文趋势分析。

此页面右栏下半部分是针对 Roe v. Wade 一案所涵盖的主题范围，可以找到精确的判
决先例与法规、重要次级参考文献、举证责任细节及审查标准，等等。另外，利用 Topic
Summary，也可在 LexisNexis ® Headnotes 眉批①旁边找到主题摘要简明图示，点击链接主
题摘要报告，以加速法律主题的查找。

4. 升级指令快速检索

在快速检索方式中，也可以执行深入的指令检索或专业检索，以适应学术研究前的严
谨的学术检索。例如：首先编辑数据安全与隐私保护检索式：（personal pre/1（information
or data））or Privacy）w/5（protect! or secur! or safe! or assur!）；或者美国醉驾责任检索式

①　一个具体的案件中一般有很多个争论点。相应地，法官在判案的时候，根据争论点适用多条法
律，这些法律在系统里会被编辑整理成多条 Headnotes。

Americans disabilities/20 alcohol!，再点击 Search（图 10-36）。

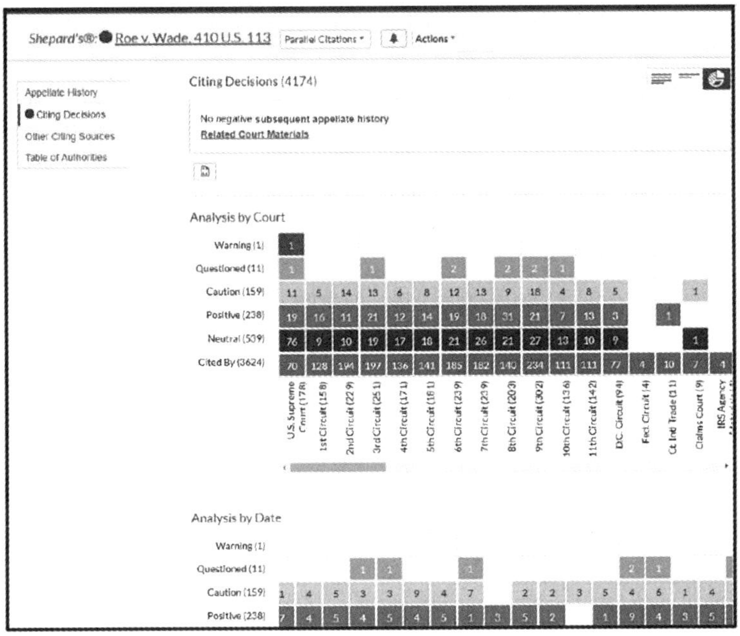

图 10-36

学术检索通常需要深入特定的文献集中进行检索，以下按照文献需求类型，分为案例检索，论文检索和法规检索三类。

（1）判例检索。

美国的判例报告即已决案例作为判例公布。美国判例报告制度形成于建国以后。美国的已决案例并非全部公布，联邦最高法院的判例全部公布，联邦巡回法院的判例公布约50%，联邦地方法院的判例只有约15%得以公布；州高等法院的判例一般都会公布，各州中级法院部分的判例也会公布，基层法院的判例只有极少被公布。Lexis 收集的判例包括公布的全部判例和一部分没有公布的案例。其中联邦法院的判例可以上溯至 1789 年，各州高等法院的判例一般上溯至 20 世纪 60 年代，各州中级法院的判例收集的要稍晚一些。判例报告分为官方判例报告和非官方判例报告。

英美法系判例如果没有被后来的案件推翻，此判例就是可以用的法律，也就是美国人常说的 Good Law。判断判例是否仍然是 Good Law，是做英美法案例研究中最基础的一步。Shepard 引注服务就是判断的最佳途径。Shepard 引注服务用一句话概括，就是文档引用与被引用报告的多层面深度分析与总结。

一个判例里通常会产生多条眉批 Headnotes，即案例的法律争论要点。由于个案的差异性和复杂性，没有一个后来的案件会笼统概括地说前面的判例全盘都是错的或对的，他们只会针对具体的眉批 Headnotes 进行论述。

判例用谢泼德标识符 Shepard's Signal 标识其不同权威性。具体细分以下情形：

Shepard's Signal 标识符①及其涵义：

● Warning — 随后判决中有负面的评价出现过。例如，Overruled or Reversed。

▲ Caution — 随后判决中出现过可能是负面的评价 例如，Limited or Criticized 是表示引用的判例需要小心，这之下又分几种情形：Distinguish 表示判例的某个具体 Headnote 在之后的案件中，被法官认定不能使用；Criticize 表示判例的某个具体 Headnote 在之后的案子中，被法官认定是错误的；Limited 表示本案的某个具体 Headnote 在之后的案子中，被法官认定不能全部照搬；Positive 表示本案的某个具体 Headnote 在之后的案子中，被法官认定是正确的；Neutral 表示本案的某个具体 Headnote 在之后的案子中，被法官在反对意见，赞同判决但理由有异的意见（Concurring Opinion）提及或解释。

◆ Positive Treatment Indicated 随后判决中的评价与此案例的沿革对您的案例有正面的影响，例如 Affirmed or Followed.

Ⓐ Cited and Neutral Analysis Indicated，中性引用。随后判决中未出现正面或负面的评价。

Ⓘ Citation Information Available 虽有文献（如 Law Review）引用，但在随后无任何判决有相关评价与历史沿革。

谢泼德引注列表 TOA：Table of Authorities 能够让阅读者对案件判决做出的依据一览无余，是对先例进行深度研究的工具。

①常用判例检索方法。

第一步，限定检索范围，有以下三种途径，殊途同归。

第一种，浏览资料来源或法律主题：先点击 Browse，有 Sources、Topics、Practice Centers 三种选项，可按其分类层级深入了解后，点选特定的资料来源或主题的相应判例资源数据子库。Sources 项下包含本数据库所有的内容，有按英文字母顺排的 All Sources，也有分类排列的 Category。Topics 项下为学科主题词排列的资源。Practice Centers 项下按40 种以上的执业范围排列资源。这三大类都由各类相应子库组成，各个子库均有名称，输入任意资源完整或部分的标题名称，建议信息也随之出现，均可点击设定为检索范围。各个子库名称后缀有信息 i 的图示，点击它以显示子库资料来源的内容、收录范围和更新时效的详细说明。

第二种，点击 Explore Content 之下的相应的判例资源数据子库。

第三种，点击检索键左侧"Search Everything"的下拉箭头，选择相应的判例资源数据子库（图 10-37）。

---

① 谢泼德引注标识体系由弗兰克·谢泼德发明，LexisNexis 提供的 Shepardize 具有 130 多年历史。Shepard's 整理了自 1789 年以来最高法院审理过的案件的历史记录，目前状况以及各方意见情况，并且列举了所有曾经引用过此案的其他案件，以及其他权威人士的引用，包括注释和法律评论文章. 谢泼德引注用于确认先例的效力。

图 10-37

第二步，编辑检索式，将字段、检索词与连接词进行逻辑组配，然后点击检索键。

判例全文检索实例：醉酒交通肇事的法律责任。

涉及的检索词可能是 Intoxicat！（Intoxicated Intoxicate Intoxicating...）醉酒、Speed 超速、Negligent Driving/Careless Driving 疏忽驾驶、Manslaughter 误杀、Liability 责任。但并非吸毒 NOT Drug User。

编辑检索式为：CORE-TERMS（negligent driving）and CORE-TERMS（manslaughter）and intoxicat！AND liability AND NOT"drug user"，执行检索。

②判例字段检索（表 10-2 ~ 表 10-7）。

判例字段检索的检索式：字段标识符与检索词组配，多个字段与检索词组配之间，用逻辑符连接。

判例常用的检索字段如下：

NAME：当事人名字

JUDGES：审判案件的法官

OPINIONBY：撰写判词的法官的姓（last name），如果法官的姓太普通，可以加上法院名称，例如：（united states and supreme）and dissentby（marshall）

OPINIONS：法院判决意见（字段群，包括 OPINION 判词、CONCUR 法官相同结论但论证不同、DISSENT 法官的不同意见，三个字段）

WRITTENBY：（字段群，包括 OPINIONBY、CONCURBY、DISSENTBY 三个字段）

OVERVIEW：案情总结

SYLLABUS：案件事实的总结和判决中法律点的归纳

HEADNOTE 专家批注，涉及案件及法院审判意见的关键法律术语和规则

CORE-TERMS：案件判决文书中的关键词

COUNSEL：案件代理律师

COURT：案件审判法院

OUTCOME：审判结果

CASE SUMMARY：律师编辑对案件文书进行的摘要

表 10-2 　　　　　　　　　　　　　**有关 Briefs Pleadings Motions 的检索字段**

SUBTYPE	SEGMENTS
BRIEFS	CITE, NAME, COURT, TITLE, SUMMARY, NUMBER, JUDGES, ATTORNEY
MOTIONS	CITE, NAME, COURT, TITLE, NUMBER, JUDGES, ATTORNEY
PLEADINGS	CITE, COURT, TITLE, NUMBER, JUDGES, ATTORNEY

表 10-3 　　　　　　　　　　　　　　　　**Cases 检索字段**

SUBTYPE	SEGMENTS
CASES	ATTORNEY, CITE, CONCUR, CONCURBY, CORE-TERMS, COURT, DISPOSITION, DISSENT, DISSENTBY, HEADNOTES, HISTORY, LN-SUMMARY, JUDGES, NAME, NUMBER, OPINION, OPINIONBY, OUTCOME, OVERVIEW, SUMMARY, WRITTENBY

表 10-4 　　　　　　　　　　　**Expert Witness Materials 检索字段**

SUBTYPE	SEGMENTS
EXPERT WITNESS TESTIMONY AND REPORTS	EXPERT, CITE, NAME, COURT, TITLE, NUMBER, JUDGES, ATTORNEY
EXPERT WITNESS CHALLENGES	EXPERT, CITE, COURT, PUBLICATION, SUMMARY, JUDGES
EXPERT WITNESS RESUMES AND CURRICULUM VITAE	CITE, NAME, COMPANY
EXPERT WITNESS SUMMARIES	CITE, NAME

表 10-5 　　　　　　　　　　　　　　　　**Forms 检索字段**

SUBTYPE	SEGMENTS
FORMS	CITE, TITLE, PUBLICATION, SECTION

表 10-6 　　　　　　　　　　　　**Jury Instructions 检索字段**

SUBTYPE	SEGMENTS
JURY INSTRUCTION FILINGS	CITE, NAME, COURT, TITLE, NUMBER, JUDGES, ATTORNEY
PATTERN JURY INSTRUCTIONS	CITE, TITLE, PUBLICATION, SECTION, NUMBER

表 10-7 　　　　　　　　　　**Jury Verdicts and Settlements 检索字段**

SUBTYPE	SEGMENTS
SETTLEMENTS	AWARD, CITE, NAME, COURT, HEADLINE, TITLE, SUMMARY, NUMBER, JUDGES, ATTORNEY

③判例双方当事人检索。

判例双方当事人检索例：NAME(A and B) 知道当事方的姓名的判例时，在检索框里可直接用判例名检索例如：NAME(Gertz and Robert Welch，Inc.)，点击检索键进行检索，然后在检索结果页面阅读 Gertz v. Robert Welch，Inc. 一案。此案美国最高法院判定，对特定人发表不实言论的媒体，只要所报道内容涉及公共关切(Public Concern)，且该媒体缺乏实际恶意，则不会被处以推定性的损害赔偿和惩罚性赔偿(Presumed or Punitive Damages)。

检索判例名"当事人姓名"如果用检索式 NAME(Gertz v. Robert Welch，Inc.)，很难找到期望的判例，因为 LEXIS-NEXIS 中的当事人姓名都是用逻辑词 and 进行连接的标准格式。因此最好输入 and 代替 v. ，更容易找到需要的判例。

④法官姓名检索。

法官姓名检索例：OPINIONBY(warren) 或者 writtenby(warren)

通过阅读法官的意见，可以很好地增进法律人的思维方式，看那些出色的法官对于具体案件都是如何作出判决并说明理由的，这些判决书本身就是一篇篇精妙绝能的、有的放矢的、言之凿凿的学术论文。例如：美国第七巡回法院现任法官理查德·波斯纳(Richard A. Posner，1939—)、美国联邦最高法院现任首席大法官约翰·罗伯茨(John Roberts)、美国联邦最高法院首位女性大法官桑德拉·戴·奥康娜(Sandra Day O'connor)、大法官霍姆斯(Oliver Wendell Holmes，Jr，1841—1935)、大法官沃伦(Earl Warren，1891—1974)。如果有某个主题，还可以进行组配(图 10-38)。

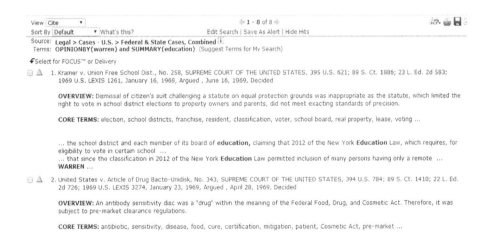

图 10-38

打开第一篇，先看序文(图 10-39)：

View Full ▼

Edit Search | Save As Alert More Like This More Like Selected Text Shepardize® TOA

△ 1 of 8 ▶

Pages: 23

△ **Kramer v. Union Free School Dist., 395 U.S. 621** (Copy w/ Cite)

395 U.S. 621, *; 89 S. Ct. 1886, **;
23 L. Ed. 2d 583, ***; 1969 U.S. LEXIS 1261

KRAMER v. UNION FREE SCHOOL DISTRICT NO. 15 ET AL.

No. 258

SUPREME COURT OF THE UNITED STATES

395 U.S. 621; 89 S. Ct. 1886; 23 L. Ed. 2d 583; 1969 U.S. LEXIS 1261

January 16, 1969, Argued
June 16, 1969, Decided

PRIOR HISTORY: APPEAL FROM THE UNITED STATES DISTRICT COURT FOR THE EASTERN DISTRICT OF NEW YORK.

DISPOSITION: 282 F.Supp. 70, reversed and remanded.

图 10-39

判例摘要（图 10-40）：

CASE SUMMARY

PROCEDURAL POSTURE: Appellant citizen sought review of an order from the United States District Court for the Eastern District of New York, which dismissed appellant's complaint against appellee school district. The complaint alleged that N.Y. Educ. Law § 2101 denied appellant equal protection in violation of U.S. Const. amend. XIV.

OVERVIEW: Appellant citizen, a bachelor who neither owned nor leased taxable real property, filed suit in federal court claiming that N.Y. Educ. Law § 2012 denied him equal protection of the laws in violation of U.S. Const. XIV. The statute limited individuals who were eligible to vote in school district elections to property owners and parents. The district court dismissed the suit, and appellant challenged the decision. On appeal, the Court reversed the district court's judgment and remanded the case, finding that N.Y. Educ. Law § 2012 did violate the Constitution. The Court held that § 2012 did not meet the exacting standard of precision required of statutes that selectively distributed the franchise. The classifications in § 2012 permitted inclusion of many persons who had, at best, a remote and indirect interest in school affairs and, on the other hand, excluded others who had a distinct and direct interest in the school meeting decisions.

OUTCOME: The Court reversed and remanded the district court's order dismissing appellant citizen's suit challenging the denial of his right to vote in the elections of appellee school district. The Court held that a statute limiting the right to vote in the elections did not meet an exacting standard of precision.

CORE TERMS: election, school districts, franchise, resident, classification, voter, school board, real property, lease, voting, exacting, elected, equal protection, state interest, literacy, school system, qualifications, eligible, budget, property tax, spouse, board of education, citizenship, enrolled, lessee, right to vote, annual meeting, nonresidents, precision, suffrage

图 10-40

判例提要（图 10-41）：

LEXISNEXIS® HEADNOTES   ⊖ Hide

Contracts Law > Types of Contracts > Lease Agreements > General Overview 🔖

Education Law > Administration & Operation > Boards of Elementary & Secondary Schools > Authority 🔖

Governments > Local Governments > Elections 🔖

HN1 ± To be eligible to vote at an annual district meeting, an otherwise qualified district resident must either be the owner or lessee of taxable real property located in the district, be the spouse of one who owns or leases qualifying property, or be the parent or guardian of a child enrolled for a specified time during the preceding year in a local district school. N.Y. Educ. Law § 2012. More Like This Headnote | Shepardize: Restrict By Headnote

Education Law > Administration & Operation > Boards of Elementary & Secondary Schools > Authority 🔖

Education Law > Funding > Fiscal Management 🔖

Governments > Local Governments > Elections 🔖

HN2 ± A board of education has the basic responsibility for local school operation, including prescribing the courses of study, determining the textbooks to be used, and even altering and equipping a former schoolhouse for use as a public library. N.Y. Educ. Law § 1709 (1953). In districts selecting members of the board of education at annual meetings, the local voters also pass directly on other district matters. For example, they must approve the school budget submitted by the school board. N.Y. Educ. Law § 2021, N.Y. Educ. Law § 2022 (1953). Once the budget is approved, the governing body of the villages within the school district must raise the money which has been declared necessary for teachers salaries and the ordinary contingent expenses of the schools. N.Y. Educ. Law § 1717 (1953). More Like This Headnote | Shepardize: Restrict By Headnote

图 10-41

本案的相关文献 Issue Analysis，本案文书大纲 Document Outline（图 10-42）：

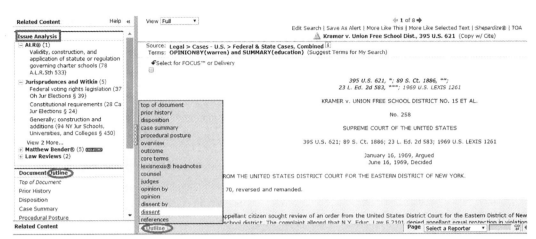

图 10-42

法官姓名检索例：OPINIONBY（posner）（图 10-43）。

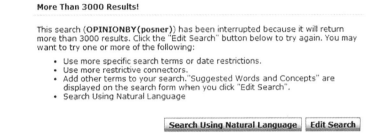

图 10-43

得出检索结果超过了 3000 例，此时可进行二次检索，重新编辑检索式（图 10-44）：
OPINIONBY（posner）and atleast5（discriminate！）and CORE-TEAMS（job）

图 10-44

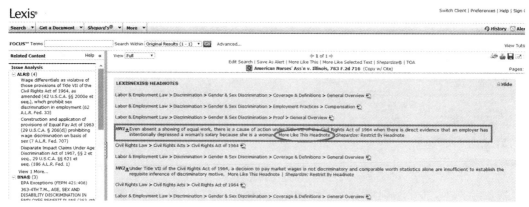

图 10-45

如图 10-45 中"More Like This Headnotes"所示，点击这个链接按钮，可以获得与 HN1 相同的更多案例。

HN1：Even absent a showing of equal work，there is a cause of action under Title Ⅶ of the Civil Rights Act of 1964 when there is direct evidence that an employer has intentionally depressed a woman's salary because she is a woman. 即使没有同工同酬的证明，根据 1964 年《民权法》第七编，当有直接证据表明雇主故意压低妇女的工资时，也有理由提起诉讼(图 10-46 ~ 图 10-47)。

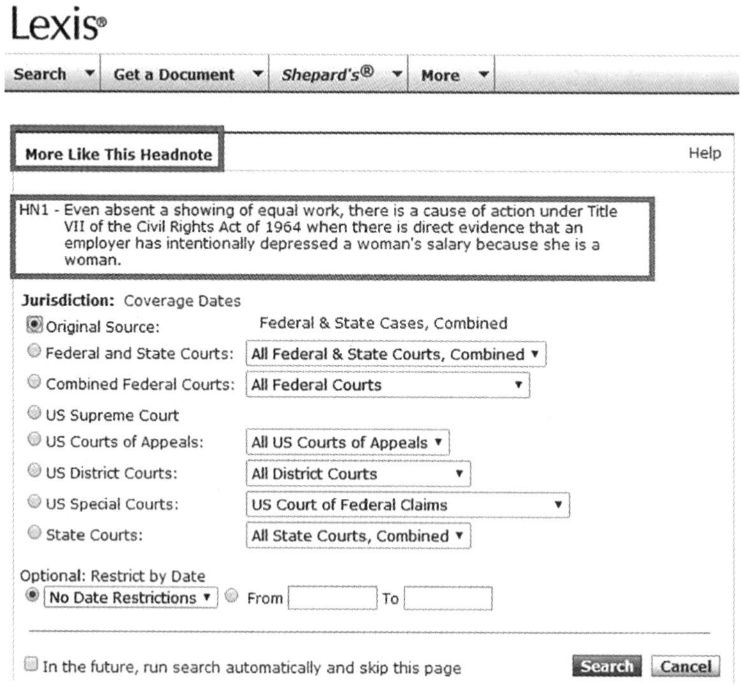

图 10-46

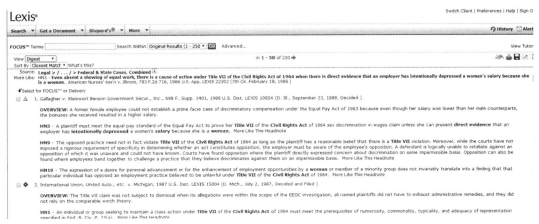

图 10-47

AMERICAN NURSES' ASSOCIATION，et al.，Plaintiffs-Appellants，v. STATE OF ILLINOIS，et al.，Defendants-Appellees

No. 85-1766

UNITED STATES COURT OF APPEALS FOR THE SEVENTH CIRCUIT

783 F. 2d 716；1986 U. S. App. LEXIS 22302；40 Fair Empl. Prac. Cas.（BNA）244；39 Empl. Prac. Dec.（CCH）P35，902

找出 Justice Sandra Day O'Connor 法官所写的意见时，输入：OPINIONBY（o'connor）。

再复杂·点需要检索出 O'Connor 法官关于年龄歧视的意见。此时可以使用 AND 连接词将字段检索连接起来。如，OPINIONBY（o'connor）AND age W/5 discriminat！（图 10-48）：

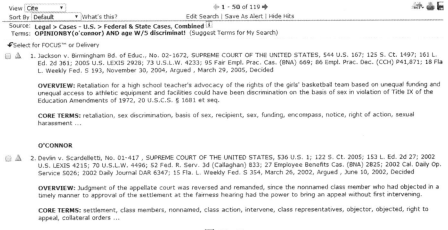

图 10-48

检索 Posner 法官判词以及与其相反的法官意见，输入：OPINIONBY（posner）AND disposition（reversed）（图 10-49）。

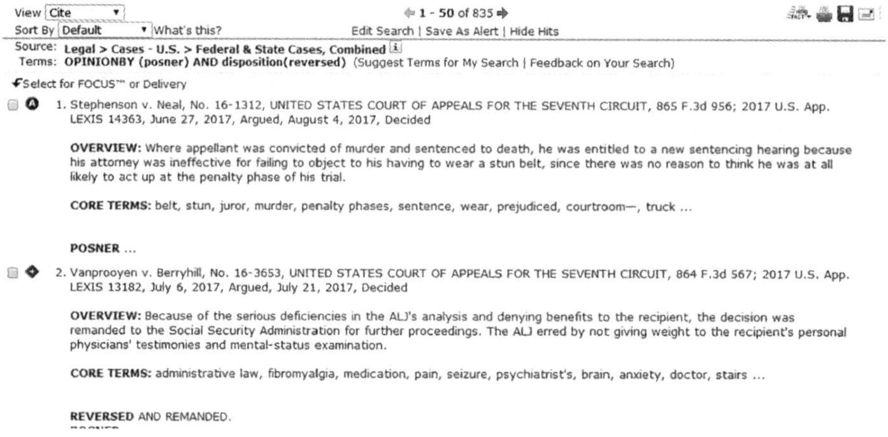

图 10-49

⑤卷宗号 Docket Number 检索。

卷宗号 Docket Number 检索也是常用的检索方法之一。

Docket Number 案卷号、卷宗号是法院书记员已整理案卷的唯一编号。一般说来，每一个卷宗号用两个字母加上数字来标识，这两个字母取自该类案卷名称以示分类。例如 CI（criminal infraction）刑事侵害案卷、CR（criminal case）刑事犯罪案卷、CV（civil case）民事案卷、FA（family case）家事案卷、MI（motor vehicle infraction）机动车辆侵害案卷、MV（motor vehicle case）机动车辆案卷；SC（small claims）小额申诉案卷。

⑥判例阅读。

检索到的文本的显示方式 Cite、KWIC、Full、Custom、Virtual Digest View

Cite——文本标题显示列表即引用格式。在一屏显示多个检索到的文本的引注形式，便于整体尽快浏览并确认文本的合适性。如需进一步了解，可以点击 KWIC 浏览。选中 Options 中的 Show Cite List Overviews 后，Cite List Overviews 将出现在判例文档引注下方的引用列表中。Cite List Overviews 提供某个案例的法律问题总结，借此迅速确定检索结果中与检索主题最相关的文档。其中 Case Summaries 为 LexisNexis 独家编写并包括 Procedural Posture，Overview 和 Outcome 等案例分析概况。Core Terms 主要针对判决关键词汇总。并且通过点击 Show Hits 可以在判决中突出标注检索词。

KWIC：Key Word In Context——默认设置允许页面显示关键词两侧的 25 个单字。也可以按需要在 1~999 个单字之间调整。显示文本中含有检索词的部分，不必通读整个文本，快速确定该文本是否为所需。

Full——显示文本全部原文。此格式直接查看全文，打开较慢，因此通常先用 Cite 或 KWIC，确认此文件确为所需时才利用 Full 格式。针对较长的文件，Lexis 提供了两种方便的浏览工具。点击左下角的 Explore，看到正在阅读文本的所有字段，可以选择查看案例的不同部分，如律师、法官、简介等。屏幕右下角的"Term"能显示检索关键词出现在当前文本里的次数以及当前被点中的关键词在文章里出现了第几次。想看到在文章里出现的第 N 个关键词，在"Term"旁边的空格里输入 N，再点 Go。

Custom——客制化设定检索文本显示。选择 Custom 可以看到该文本的所有字段，点击字段前面的复选框可以决定屏幕上显示那些字段的文字。

Virtual Digest View 显示案例引注，Virtual Digest View 只有 Retrieve All Headnotes 和 More Like This Headnote 的检索文本可以使用此功能，还有相关的 Headnotes 和检索主题最相关的段落。

某一案例的全文阅读页面的左侧有"Related Content"栏目，汇总了所有与阅读的该案例相关的资料，包括法庭记录、专家评注、期刊论文、法官简介。

法律编辑撰写的 case summary 和 headnotes 是非常重要的检索点，前者 case summary 可用于仅了解案情，例如烧了美国国旗会怎么样？SUMMARY（burn! Or fire w/s flag），Case summary 由 Lexis 专业律师编辑编写，对案件有针对性地进行描述，包括三部分：Procedural 案件在本审之前的历史、Overview 本审对该案中所提及的法律争点所持的态度、Outcome 本审法院对本案所作出的决定。后者用于检索特定领域的同类案件，后者 Headnotes 由律师编辑，直接从本案的法院文书全文中选出重要的法律争点。研究性深度检索可以用作字段检索 Headnotes（Collision w/3 shipment）。

Core Terms 核心术语由 Lexis 系统针对案件全文中最常提及的字词挑选出来的关键词，可以作为字段进行检索 Terms（citizen suit）。

初次检索通常不能完全获得满意的结果，或者不能了解全部案情相关的主题。因此深度优化检索结果以求尽可能了解全部主题的相关文献是必需的，也是专题研究的文献检索对深度和广度的要求。Lexis 还提供了 More Like This 功能。

More Like This 同类检索（可进行跨库检索）：

在判例阅读页面上，如果对于同一主题还需要补充其他的资料，可以通过点击结果页面顶部的 More Like This 链接。如果检索有类似的案件，点选 Core Cites 按钮。或者，检索有相似 Core Terms 的案件，点选 Core Terms 按钮。也可以在选定的 Core Terms 下面的搜索框中增加其他的 Core Terms，然后指定 Mandatory Terms 和用日期限制搜索（可选项），最后点击 Search。

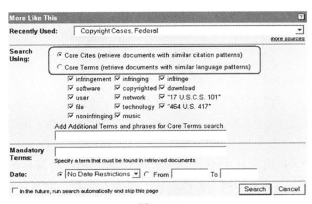

图 10-50

同样的功能还有 More Like Selected Text 和 More Like This Headnote 如果发现正在阅读的在线全文中的某个段落与自己的研究相关, 可以创建自己的 More Like Selected Text 搜索。选中某个段落(不超过 1000 个单词, 不多于一个段落, 集中于某一个法律问题), 并点击结果界面顶部的 More Like Selected Text。系统就选中的术语运行检索(也可以增加在检索到的文档中必须出现的术语或者将检索到的文档限制在某个日期), 点击 Search。如果发现正在阅读的在线全文中的某个 LexisNexis Headnotes 与自己的研究相关时, 使用 More Like This Headnote 可以找到含有类似提要的案件。首先点击提要末尾的 More Like This Headnote 链接; 然后选择法域, 之前检索的法域为默认设置; 还可以限定日期, 最后点击 Search。以 Virtual Digest View 浏览当前的检索结果。此种格式包括检索到的批注和判决意见中高度匹配的段落。系统最多给出 250 个带有高度匹配批注或高度匹配案件讨论的案例, 这些案例按照相关度排列。使用界面顶端的 Sort By 框可以排序。使用 Digest 视图中的链接可以移动到指定的案例、相匹配的批注或讨论。

普通法系最重要的原则之一是遵循先例原则(Doctrine of Stare Decisis), 如何更好地研究判决, 掌握案件的发展历程以及原则的变迁, 是每个普通法系实务工作者和研究人员都高度重视的事。具有 130 年历史并且享誉全球的 Shepard ® 报告服务(谢泼德引证服务)提供正是这种优质的服务。Shepard ® 报告服务不仅是掌握案件、法律有效性的工具, 同时也是能从研究者的角度将相关的案件、法律、期刊论文和新闻资料进行深入融合的工具。

Shepard 报告判例按照管辖和法院分类、以日期排序, 并且通常按照最高法院、联邦巡回法院、特别法院以及州法院(按字序从高到低)排列。在其中, 也可以找到法律评论、注释和评价的引证。点击引用文献可以移动到该文献的全文, 点击 Return to Shepard's 链接可以回到 Shepard's 结果(图 10-51)。

图 10-51

Shepard's Summary 以大纲的形式说明案件的 Shepard 情况。可通过这种方式, 迅速判定案件被推翻的争点之所在。也可以通过 followed 来判断其获得了正面的肯定。

Shepard 报告判例的 TOA 可以看见该判例的引注列表 Table Of Authorities(TOC), 可以核查正在阅读的判例的所有引注的有效性。TOA 是对先例进行深度研究的工具, 能够分析判例的渊源。通过对当前案件的渊源的审视, 可对有效性和渊源存在问题的案件更加深入地分析。判例基础的概览分析, 甚至在没有未来负面评价的情况下也提供案件未解释的薄弱点。

（2）论文检索。

学术论文快速检索方法和步骤与学术案例快速检索相同，不同的只是选择资源限定在法学期刊。检索式由字段、检索词与连接词进行逻辑组配（表 10-8~表 10-9）。

表 10-8 **Secondary Sources 检索字段**

Subtype	Segments
Treatises	cite, footnote, heading, publication, section, title
Expert Analysis	attorney, cite, name, publication, summary
Law Reviews and Journals	author, cite, footnote, publication, summary, title
Practice Guides	cite, footnote, heading, publication, section, title
Jurisprudence	author, cite, footnote, publication, section, title
CLE Course of Study Materials	author, cite, heading, publication, section、length
Practice Insights	cite, section, title
Restatements	cite, heading, publication, rule, section
Reference Indices	company, name, publication, term, title
Dictionaries	publication

表 10-9 **Legal News 检索字段**

Subtype	Segments
Legal News	byline, cite, company, department, hlead, headline, length, publication, publication-type, ticker, title

检索前可以按照辖区、内容类型或实践领域限定检索范围。或者预先不设定，在检索后按照时间、辖区、内容类型、来源或实践领域等进行二次筛选，缩窄范围。

论文全文检索例：检索关于个人产权、不动产与物权法的关系的文章，检索式可以编辑为：Property law and real property /5 personal property。然后点击 Search 进入检索结果页面。

论文字段检索例：检索 John H. Jackson 有关 WTO 的论文：TITLE（wto）and NAME（John H. Jackson），然后点击 search 进入检索结果页面。

有关 WTO 的论文 John H. Jackson 写了 7 篇，都在 US Law Reviews and Journals 子库中。现在阅读第二篇论文，本文有 61 篇引文；38 条被引用记录，其中论文 37 篇，专著 1 本。

检索式"Property law and real property /5 personal property"中，用到了逻辑词"and"和连接词"/5"。

检索式"TITLE(wto) and NAME (John H. Jackson)"中用到了检索字段 TITLE 和 NAME。

Lexis Advance 数据库通用的逻辑词也有其独有的用法,并且各个子库的检索字段因文献类型的不同而略有不同。

期刊论文子库常用的字段是:论文题名—TITLE、作者—NAME(注意不要用 AUTHOR)、摘要—SUMMARY 或 ABSTRACT、注释—FOOTNOTE。

论文检索的常用方法举例:

检索实例:检索某一主题的所有论文,如产品严格责任方面的论文可以通过限定学科范围(topic),用关键词进行检索:TITLE(strict liabilit!) OR SUMMARY or ABSTRACT (strict liability!) AND product liability! OR product responsibility

TITLE(Collision w/s shipment)

Copyright w/p infring! And TITLE(copyright)

检索实例:检索某作者的论文,如检索波斯纳的论文。

Name(Richard /3 posner) or FOOTNOTE(Richard A. posner)

(3)法规检索。

学术法规快速检索方法和步骤与学术案例快速检索相同。不同的只是选择资源限定在法规子库。检索式由字段、检索词与连接词进行逻辑组配(表 10-10~表 10-11)。

表 10-10　　　　　　　　　　**Statutes and Legislation 检索字段**

Subtype	Segments
Codes	cite, heading, history, publication, rule, section, and unnano
Constitutions	cite, heading, history, publication, rule, section, text, and unnano
Court Rules	cite, heading, history, publication, rule, section, status, text, and unanno
Public Laws/ALS	cite, heading, history, publication, and text
Bill Text	cite, congress, name, publication, status, summary, text, and title
Bill Tracking	cite, congress, name, publication, status, summary, text, and title
Congressional Record	cite, congress, namen, publication, text, and title
Legislative Histories	cite, congress, heading, name, number, publication, publication-type, status, summary, text, and title
Treaties	cite, publication, parties, text, and title
Municipal Codes	cite, history, publication, text, and title

表 10-11　　　　　　　**Administrative Codes and Regulations 检索字段**

Content Subtype	Segments
Administrative Codes	authority, cite, history, publication, rule, section, heading, status, unanno

续表

Content Subtype	Segments
Registers	action, address, agency, cite, heading, history, publication, summary
Regulation Text	cite, title, publication, summary, heading, status
Regulation Tracking	cite, name, company, title, publication, summary, status

Administrative Materials 检索字段(表 10-12):

表 10-12 **Administrative Material 检索字段**

Content Subtype	Segments
Administrative Materials	agency, cite, company, dissentby, heading, headnotes, name, number, opinionby, publication, release-no, rule, sec-reply, section, status, summary, title, judges

Lexis Advance 系统检索特定的文献来源示例:在 statutes and legislation 文献集中检索 1952 年的美国移民法。

在总检索框右端有"search everything"按钮,点击此按钮,然后选择 categeory 栏目下的 statutes and legislation 文献集,回到检索状态。

在检索框中键入 immigration nationality 后,检索系统就有两种推荐,一种 sources 资源子库。另一种是与 immigration nationality 相关的文档。点击 immigration and nationality act 结果页面就有 40 多个文档,其中就有"82 P. L. 414"即 immigration and nationality act 1952。

结果页面分三栏显示。左栏是:检索结果分类、司法管辖区列表;中间是文档结果列表;右栏是文档对应的内容简况,如:内容概要、是否为公法、司法管辖以及公布日期。

点击 82 P. L. 414 就是 immigration and nationality act 1952 提要页面。题名之下分别是:生效日期、文献引注号 Citation、Synopsis、Text。文献引注号一般 P. L. 位于最前面,其后依次是 Stat. 和 U. S. C.,再后面就是其他文献的引注号。Synopsis 是 immigration and nationality act 1952 法律的提要。Text 即是 immigration and nationality act 1952 文本链接。

点击 Text 即可进行文本下载。在此页面还可以进行文本的 Shepard's 法律状态查看以及 Citation 引注分析,可以直接在页面上看到 Shepard's Report。

除了检索方式,法规还有网页浏览方式,即采用 TOC(table of content)对 USCS、CFR 这类便于编制目录的文献进行浏览和检索。

通过 MORE LIKE THE SELECTED TEXT 可以找到与此段文字相关的文章,但是选择的文字不能超过一个自然段。例如通过 Get a Document—Citation 找到法条 42 uscs 12101。阅读 42 USCS 12101 时,拖动鼠标至目标段落,选中一段文字(如在 b 小节的第 2 条里,to provide clear, strong, consistent enforceable standards addressing discrimination against individuals with disabilities),点击 More Like Selected Text,然后在出现的界面中点击 Select a source from the last 20 sources 旁边的下拉箭头,点选文献来源,如 Federal & State Cases,

Combined，以限定检索的范围。如果在下拉菜单的文献来源中没有所需要的资源，点击检索框下面的 more sources，从中选择。然后将 42 uscs 12101 作为检索关键词 42 uscs 12101 输入 Mandatory Terms 栏，点击 Search，以此找到与选中部分内容相关的判例和引用了该制定法及其所涉及的问题的文章。

（二）高级检索

在 Lexis Advance 主页的检索框下，如图 10-52 所示，点击"More Options"按钮，进入如图 10-53 所示页面，点击 Advanced Search 按钮，进入高级检索页面，如图 10-54 在高级检索页面，可以直接在主检索框内用"Use Connectors"建立检索式，执行检索；也可以用主检索框下"Search Everything"的各辅助检索框，共同建立检索式，其中"All of these terms"同于逻辑与、"Any of these terms"同于逻辑或、"Exclude these terms"同于逻辑否、"This exact phrase"同于精确短语，引注号与题名也可选，然后执行检索（图 10-52～图 10-53）。

图 10-52

图 10-53

（三）分类检索

分类检索是与分类浏览相结合的检索模式。在 Lexis Advance 主页的检索框下，点击

"Explore Content"标签下"Content Type"，可浏览 Lexis Advance 各个子数据库收录资源。有的子库可以直接阅读，例如 USCS、CFR 这类便于编制目录的文献 TOC（Table of Content），可以浏览和检索。更多的子库可以单库或多库限定检索。如果不限定子库，则在全部 Lexis Advance 的资源里进行检索（图 10-54~图 10-55）。

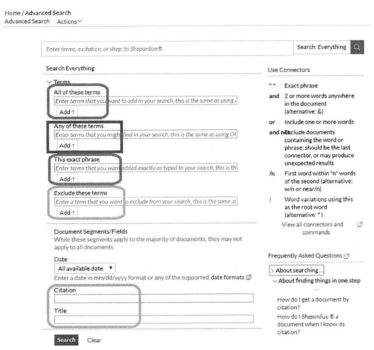

图 10-54

图 10-55

四、Lexis Advance 数据库支持的通用检索功能及 5 种特色功能

(一)支持布尔逻辑"与"(AND)、"或"(OR)、"非"(AND NOT);检索词大小写、截词检索(万用符! 和 *)

逻辑词 OR 意为"或者",用以连接关键词,检索结果有一个关键词即可,可扩大检索文本数量。例如:(arbitration award)OR(arbitration decision)、lawyer OR counsel OR attorney。

AND 意为"和"用以连接关键词,不限定关键词之间的距离。例如:China AND anti-dump,and 前后的关键词都必须出现在检索文本中。

AND NOT 意为"否"用以排除关键词。一般在检索式的最后部分使用此连接词。将某个或某些词语、短语排除在检索文本之外。用于同一段落中的词语的搜索如果需要检索的文本信息位于连续的段落部分,使用 AND NOT 会更准确。例如:检索一个涉及 asbestos,但不包含 Manville Corporation 作为原被告的案例:正确的检索式:asbest! AND NOT name(manville)、错误的检索式:asbest! AND NOT manville。检索案例一方为 michael jordan 但他不是篮球明星(michael W/2 jordan)AND NOT basketball OR bulls OR sports。

检索词的特定检索要求:大小写、万用符等。

大小写检索词的检索:本系统不区分大小写以帮助检索者尽可能全面地检索到相关文献。需要检索某种特定的大写或者小写的检索词,需要用到的连接词有 CAPS( ) 可检索到至少有一个大写字母的文本,例如 Caps(aids)检索到的文本中含有 aids 不全是大写;ALLCAPS( )检索到的文本中含有的检索词全是大写字母的文件,例如 allcaps(aids),检索到的文本中含有的检索词是 AIDS;NOCAPS( )检索到的文本含有的检索词没有大写字母的文件,例如 nocaps(aids) 检索到的文本含有的检索词是 aids。

万用符的运用:"!"和" *"单词中的字母替换符号。检索词过于精确会漏掉许多有用的文本,因此需用万用符使检索具有一定的模糊性。LEXIS 适用两个替换符号," !"可以替换一个单词中的单个或多个字母," *"可以替换一个单词中的单个字母。使用万用符时应注意:"!"只能放在词尾;" *"不能放在词首。替代符也可用在数字中,例如输入"1032!"。

"!"取代同一个字根后无限的字母,即代表该词根任何可能的形式。例如:legis! = legislate,legislator,legislation,distin! = Distinguish + distinguishing,etc. 正确,dist! = Distinguish,distance,disable,etc. 就有不确定性。

(二)Lexis Advance 数据库的 5 种特色检索功能

1. 自然语言检索(Natural Language)

用户只需输入自然语言,即用通俗易懂的句子输入进行检索,而无需任何专业术语和连接词。通常适用于以下情况:一般概念性问题的查找,特别是主题明确的问题;对一个问题仅知道一些基本的术语;对一个复杂的问题无法用确切的检索词和运算符进行有效检

索的时候；对已有检索结果进行补充检索以求得到一个更为完美的检索结果。

2. 位置限制的检索

位置限制的检索主要运用检索词之间的位置连接词。

W/P 限定检索词要出现在同一个段落中。例如，（third party）W/P（arbitration）（negligence）。

W/S 限定检索词要出现在同一个句子中。例如，contract W/S breach、environment W/S legislation。

W/N 限定两个检索词出现的距离不超过 N（0≤n≤225）个字，但不指定检索词的顺序。例如：China W/3 anti-dump、environment W/3 protection。"N"取值应注意：W/3-W/5 通常位于同一个短语中（可用于搜索某人的名字）、W/15 通常位于同一个句子中、W/50 通常位于同一个段落中。W/n，W/p 和 W/s 不能同时使用。如果"n"取值相同，则系统从左至右的运行检索，例如 environment w/5 resource w/5 protect！=（environment w/5 resource）W/5 protect！如果"n"取不同值，则系统先运行数值较小的检索。例如 environment w/8 resource w/5 protect！=environment W/8（resource w/5 protect！）。

W/3（有时与 OR 组合）通常用于人名检索 例如：使用这种方法找出涉及 M. Jones 或者 Mary Jones 的文件：（Mary OR M W/3 Jones）。这种方法可检索到包含：Mary J. Jones，M. J. Jones，Mary Jane Jones，Jones，Mary J.，and Jones，M. J. 等的文本。因为姓和名的顺序可能是不同的，而 W/3 并不限定顺序。

使用这种方法在选择结果中一些名字可能产生不想关的结果。当发生这种情况时，可以增加其他的搜索项来减少出现不想关的结论的可能性。例如，如果 Mary Jones 是一个 judge，可以使用这种搜索：（Mary OR M W/3 Jones AND judge）。

PRE/N 限定两个关键字同时出检索文本中，且第一个字的位置必须比第二个字超前 N 个字。检索的文本中，限定检索词一定有前后顺序之分，以及前一个词与后一个词之间的位置关系。

被连接的检索词一定位于同一个段落。如果词序不同导致含义不同，则 PRE/n 就会发挥很大的作用。如，"summary judgment"与"judgment summary"涵义不同。

AtleastN（）的运用：AtleastN（）表示括号中的词在文中至少出现 N 次，即要求在文本中某个词语出现的最少频率。。例如：atleast10（tax system）表示 tax system 这个词组至少出现 10 次。使用 atleast 的目的是帮助检索者获得那些深度分析的文本。

W/SEG 用以限定关键词要出现在文章的同一个部分中，例如标题、本文、或作者等。

3. 字段限制检索

（1）通用字段检索。

检索特定刊物用 PUBLICATION（），例如：PUBLICATION（new york times），括号中键入要检索的刊物名称，则只在该刊物内容中搜寻。

检索标题 HEADLINE（），例如：HEADLINE（IBM），括号中键入要找的标题关键字。

检索标题与第一段 HLEAD（），例如：HLEAD（college playoff AND Nike），括号中键入要出现在标题及第一段的关键字。

以文件长度检索 LENGTH( )，例如：LENGTH > 1000 可限定文件长度。

（2）Caselaw 常用字段检索。

以原告或被告名称检索用 NAME，例如：NAME（Microsoft），括号中键入要找的诉讼任何一方的名称。

依法院检索用 COURT，例如：COURT（California and supreme），可搜寻特定法院的判例。

4. Lexis Advance 检索符号规则

空格："单词中间无空格原则"。Lexis. com 系统中的"单词"由字母、数字和其他符号组成，单词前后有空格，单词中间不能空格。例如 McPherson、§36.78、aids、2109. b，被视为单词。

括号：文本中含有的括号被视为空格。如果不同文本分别文本含有"7 a""7（a）"和"7a"。由于括号被视为空格，所以输入"7 a"时可以找到含有"7（a）"和"7a"的文本。如果要找到全部三个文件，则应输入"7 a or 7a"。

句号：句号通常视为空格。但其前后如果有字母或数字，如"13.14"，则视为一个检索词。句号前有空格后有数字，例如".123"，同样视为一个检索词。如果句号前面是单个字母，或者是缩写，如"F. B. I"，也视为一个检索词。检索写成"FBI or F. B. I"。而后面的空格的 F. B. I. 则是三个检索词。

连字符：连字符视为空格。因此，输入"pre trial"就可以找到含有 pre-trial 或 pre trial 的文件，但是找不到含有 pretrial 的文件。

法律特殊符号：special symbols 法律法规的节号（§）和段号（¶）：在本系统中节号不能省略。如果我们要查找有关第 401 节的文件，必须输入"§401"，而不能只输入"401"。（但是考虑到文件中对法律条文的写法并不统一，有"§401""401""401"等写法，因此，最稳妥的输入应为"§401 or 401"）如果键盘上没有节号键，可以用"@"代之。段号也不能省略，但可以用"p"或"p."代替。输入"cch w/3（p1, 32 or p 1.32）"可以找到 CCH 劳工案件报告第 132 段的文件。

逗号：Lexis 系统通常将逗号视为空格，但其前后都是数字，则应视为单词的一部分。

撇号或省字号（'）：撇号表示省略或所有格，根据其表示意思的不同，Lexis 系统对其处理不同。撇号表示所有格时，被视为空格，撇号及其后面的"s"被 忽略掉。如想查找有关"president's pardon power"，输入"president pardon power"即可。如果撇号有其他含义，如"Justice O'Counor"，则视为单词的一部分不能忽略。

分号（;）：分号在词中词尾均被忽略。

冒号：通常被视为空格。如果冒号前后都紧跟数字，如9：35，则被视为单词。

连字符 Hyphenated words 通常被当成空格。

其他符号如"&"" $ ""/""+""–"等都视为空格。

单复数检索词的检索：Singular 只搜寻该单字之单数形式 例如 singular（law）表示只检索到 law，不包括 laws。Plural 只检索该单词的复数形式 例如 Plural（law）表示只检索到 laws，不包括 law。Lexis 系统会自动检索到含有单数、复数和所有格的文本。例如，我们输入"BOY"，会得到含有"BOY""BOYS""BOY'S"和"BOYS'"的文件。但检索词的复数不规则，只能检索到含有所有格的文本，而检索不到含有其复数的文本。单复数的检索可以通过前述的 SINGULAR 和 PLURAL 命令来控制。例如，我们需要含有"James Connor"的文件，不需要含有"James Connors"的文件，我们输入"james pre /3 singular(connor)"达到我们的目的。

同义词：很多单词会有不同的拼写形式和缩写，其中有些被 Lexis.com 系统视为等同关系，在检索文本中一并显示出来。例如法律术语的缩写：如 memo = memorandum = memorandam；Cal. = CA = California；21 以下的缩写：如 2nd；机构的缩写：如 FBI = F.B.I。

5. 逻辑词和连接词的优先顺序

OR

W/n, PRE/n, NOT W/n （其中 n 越少越优先）

W/s

W/p

W/SEG

NOT W/SEG

AND

AND NOT

例如：输入"product or strict w/3 liability and design w/10 defect or flaw"，则实际运算的顺序为((product or strict)w/3 liability)and (design w/10 (defect or flaw))。

通过括号可以改变连接词的基本运算顺序。例如，查检有关"moving for a dismissal"概念或者"Rule 12"的判例，检索式"move or motion w/3 dismiss! or rule 12"，运算顺序为：(move w/3 dismiss!) or (move w/3 rule 12) or (motion w/3 dismiss!) or (motion w/3 rule 12)。由于查检的文件也包括虽没有提到"Move"或"Motion"，但提到"Rule 12"的文件，因此，LEXIS 的运算可能会漏掉一些查检文件，因此通过输入"(move or motion w/3 dismiss!) or rule 12"来达到查检目的。此外还可以运用多个括号或多重括号，如输入(warren w/3 christopher) or (lloyd w/3 bentsen)可以找到含有两者或其中之一的所有文件；((product or strict)w/3 liab!)and (design w/10 (defect! or flaw))。

举例：bankrupt! W/25 discharg! AND student OR college OR education W/5 loan

先运行：student OR college OR education

次运行：student OR college OR education W/5 loan

再运行：bankrupt! W/25 discharg! .

最后运行 AND

由于 OR 具有最高的优先性，它首先被执行 student OR college OR education。

W/5，较小的 W/n 连接词，将检索项 loan 先前检索出 student OR college OR education 的单元连接在一起。

接着执行 W/25 连接破产的一个检索单元。

AND，最低的优先性，最后得到执行，并且连接到上述次运行和再运行形成整体检索单元。

圆括号( )改变运行顺序，如同(1+3)X(2+5)圆括号的功能类似上述数学运算括号的作用，它可以改变运行顺序。括号里的内容优先运行。

EXAMPLE：(student OR college OR education W/5 loan) AND (bankrupt! W/25 discharg!)

第三节　Westlaw Next 数据库检索

Westlaw 法律在线数据库是汤森路透法律旗下法律产品之一①。West 出版集团是 WEST 集团创始人约翰 B. 韦斯特(John B. West) 于 1872 年创立的专业法律出版公司。现在总部位于美国明尼苏达州的伊根市。Westlaw 数据库于 1975 年创立。

一、Westlaw Next 数据库及其数据规模

Westlaw 数据库按照不同的分类标准将所有的法律资料划分为 28000 多个子库，内容包括美国、英国、加拿大、澳大利亚、欧盟、香港地区的成文法、判例法、国际条约，1000 多种法学期刊(涵盖了当今 80% 的核心期刊) 和法学专著、教材、布莱克法律大词典和百科全书、法律格式文书范本和实务指南等。子数据库可分为：综合型子数据库：如 world journals & law reviews(world-jlr)，包含 Westlaw 收录的 1000 多本法学期刊；单一型子数据库：如 Harvard Law Review，仅收录该单本期刊。所有子数据库都支持单选和复选。从检索的角度看，Westlaw 数据库的法律文献可分为三类：原始法律文献(制定法、判例和国家已经同意的国际条约)、二次法律文献(法律报刊文章、法学专著、部分法律百科全书)、工具法律文献(部分法律百科全书、法律词典、法律索引、法律摘要)。

Westlaw 法律在线数据库的主要内容：

判例法：汤森路透法律法规集团作为诸多国家和地区法律报告官方授权出版者，收录了美国联邦和州判例(1658 年至今)、英国(1865 年至今)、欧盟(1952 年至今)、澳大利亚(1903 年至今)、香港地区(1905 年至今)和加拿大(1825 年至今)的所有判例。除此之外，还提供其他形式的判例报告，包含国际法院、国际刑事法院(包含前南法院和前卢旺达法院)、世贸组织等判例报告。重点涵盖以下几个国家和地区 USA EU UK Australia Canada Hong Kong 的英文文献。其他国家的法律资料分别为独立的数据库产品，如 Westlaw China, Westlaw Japan, Westlaw Gulf, Westlaw Malaysia 等。

法律法规：除了出版大量的法律法规，还收录了各国和地区的法律条文，其中主要包括英国成文法(1267 年至今)、美国联邦和州法(1789 年至今)、欧盟法规(1952 年至今)、香港地区(1997 年至今)和加拿大的法律法规。

---

① 汤森路透法律旗下法律产品还有 Sweet & Maxwell、RIA、Carswell、Australian Tax Practice(ATP)等 20 多家出版公司。

法学期刊：1500 余种法学期刊，覆盖了当今 80% 以上的英文核心期刊。汤森路透法律法规集团在自己出版诸多法律期刊的基础上，还刊载大量知名的国际法律期刊，如 Harvard Law Review（1887 年第 1 卷至今）、Yale Law Journal（1891 年第 1 卷至今）、Stanford Law Reviews（1947 年第 1 卷至今），Columbia Law Review、Criminal Law Review、Hong Kong Law Journal 等多种法律专业全文期刊。

法学专著、教材、字典和百科全书：Westlaw 独家完整收录了法律届最为权威的法律字典——布莱克法律字典第八版（Black's Law Dictionary，8th）、《美国法律大全》（American Law Reports）、《美国法学百科全书》（American Jurisprudent）、《美国法学百科全书续编》（Corpus Juris Secundum）、美国法典注释（USCA）。此外，还包括 1500 多种法学专著、教材和不同学科法律格式文书范本和实务指南。

二、Westlaw next 数据库主页概况

检索区：A（检索词键入框）

文献选择区：B 和 H（检索前文献选择区，其中 B 区可以多层浏览）

法律新闻区：K

工具区：工具一区 C-G、工具二区 I 和 J、工具三区 L-O（图 10-56）。

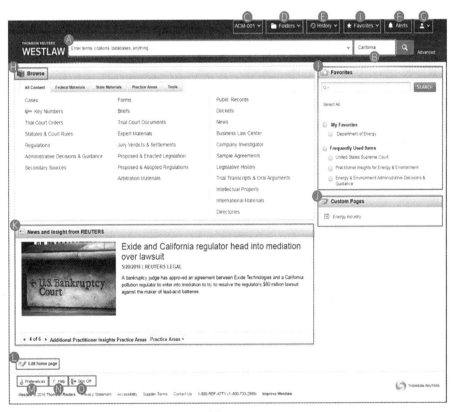

图 10-56

三、Westlaw next 数据库检索

Westlaw next 数据库提供快速检索，高级检索和分类检索。三种检索方式都可以执行论文检索，案例检索以及法规检索。

(一) 论文检索

论文检索通常使用的检索方法，需要首先限定检索范围，再在检索框内键入经过编辑的检索式，然后进行检索。

主页快速检索框内可键入多个检索字符的快速检索，既可以是简单的描述性语言（如：网络环境如何保护版权？How to protect copyright under internet？自然语言）又可以是检索式：法律术语与布尔逻辑符及其他连接符（如"版权侵权"/s 网络："copyright infringement"/s internet)，或多个引注号同时检索，还可直接输入一方当事人名称直接找到文献。不用选择文献库即不限定检索范围，系统默认在本系统的全部文献中进行检索。

1. 不限定检索区的快速检索

如果想要如同 Google，百度一样的检索，不用限定检索范围，在检索框中输入检索 1~3 个关键词，可用可不用连接符进行连接，简捷的三步骤即可得出检索结果。这种方法通常适用于试探检索或初级检索者。

第一步，例如在检索框中输入关键词 social welfare child。

第二步：在检索结果页面，可以根据页面右侧的文献类型筛选检索结果，cases183 条，statutes 成文法 15 条，secondary sources 二次文献 2080 条等。

第三步：在检索结果页面，可以根据出版物类型进行筛选，如需要期刊论文可以选择 ALR 或 Law Reviews & Journals 即可。

为了检索结果的准确性，最好使用检索式"social welfare"/s child!，即可一次性获得全文中包含儿童社会福利的所有类型的法律资源，且儿童与社会福利两个关键词将在同一语句中出现。检索式中"social welfare"为短语，需要用英文状态下的引号来限定，child 包含不同类型的单复数，需要用! 来代替不同的后缀，/s 表示两个检索词必须在同一语句中出现。

2. 限定论文数据库的快速检索

检索例：检索"反垄断魔咒"为主题的文献 The Antitrust Curse of Bigness。

在主页 All Content 标签下选择论文文献范围"Secondary Sources"限定为学术论文，排除法规、判例、新闻简报等文献形式。

在检索结果页面，可根据出版物类型，选择理论刊物，然后将检索结果进行被引频次排序，即可找出本检索式条件下最有影响的论文(图 10-57~图 10-58)。

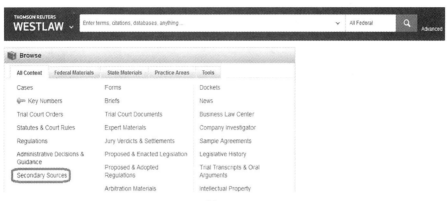

图 10-57

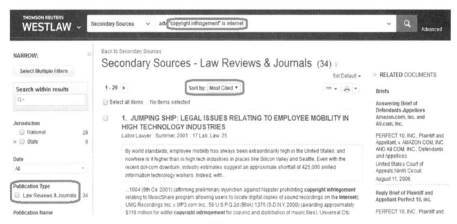

图 10-58

　　点击最有影响的论文题名 JUMPING SHIP：LEGAL ISSUES RELATING TO EMPLOYEE MOBILITY IN HIGH TECHNOLOGY INDUSTRIES，即可进入论文的阅读页面。

　　3. 快速指令检索

　　快速指令检索又称快速专业检索，即字段、检索词和连接词的组配检索。并且限定更小检索范围，例如选择在最常用期刊论文库 World Journals 中进行快速指令检索。

　　World Journal 世界期刊及法律评论数据库收录了包括美国、加拿大、英国、欧盟在内的世界各国及地区的多种法律评论。具体包括美国联邦及各州法律，世界多所著名大学的法律评论如哈佛法律评论、耶鲁法律评论、牛津法律凭老年、渥太华法律评论等，欧盟、英国、中国香港及加拿大等国家和地区的法律期刊和法律评论。Journal & Law Review 是美国和加拿大出版的期刊和法律评论，该数据库内容来源于法律评论，包括法律继续教育手册、律师杂志。1994 年以前的部分法律评论检索不到全文。

在主页点击 Secondary Sources，再点击页面右下方的 World Journals 数据库名称(图 10-59)。

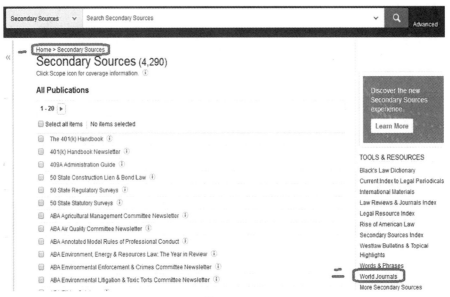

图 10-59

编辑检索式：

TI(PATENT COPYRIGHT) & ATLEAST10("FEDERAL CIRCUIT") & ("SHERMAN ACT""CLAYTON ACT")(图 10-60)

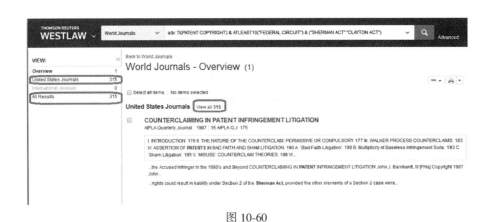

图 10-60

点击"View all 315"，并重新按影响力从大到小排序(图 10-61)。

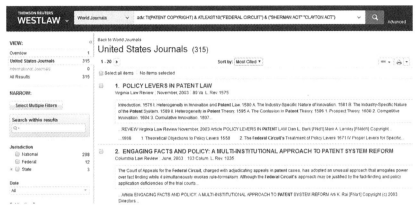

图 10-61

点击第一篇论文，进入该篇论文的阅读页面（图 10-62）。

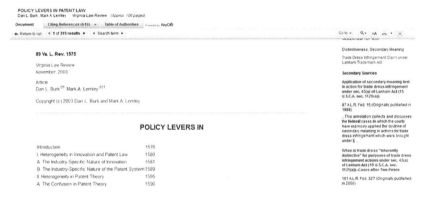

图 10-62

点击 Table of Authorities 本文引文文献，查看本文的 139 篇引文文献（图 10-63）。

图 10-63

点击 Citing References 本文被引文献(616)，查看本文被引的 616 篇文献(图 10-64)。

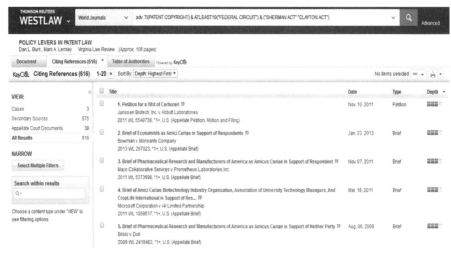

图 10-64

2. 论文高级检索

高级检索就是指令检索的表格化方式。Westlaw 的高级检索是指令检索与指令检索表格化相结合的检索模式。

点击首页或任何一个数据库浏览页面最右侧的 Advanced 按钮，进入到当前数据库的高级检索界面。

例如在 Name/Title 字段输入"social welfare"，即表示文章标题包含 social welfare 的文章。其他检索字段详见 Westlaw 字段说明页面。

还可以选定特定数据库执行高级检索，在 Westlaw 众多子数据库中，记住常用的几个子库，可以快速高效地进行学术检索。最常用的期刊库有两个，World Journal 和 Journal & Law Review。(World Journal & Law Review 在新版本更名为 World Journal)

Journal & Law Review 进入方式，主页——Secondary Sources——Journal & Law Review——Advanced，即可进入期刊库高级检索页面。

例如，在 World Journals 数据库中进行高级检索

World Journal 进入方式，在主页检索框输入 world Journal，系统提示 world Journal 世界期刊库，同样点击 Advanced 即可进入高级检索页面。

检索例：在 World Journal 世界期刊库中检索 Richard A Posner 有关 copyright 的论文。在序文字段键入 Richard A Posner，在题名字段键入 copyright，见图 10-65。检索结果见图 10-66，与论文学术快速检索相比较，见图 10-67。

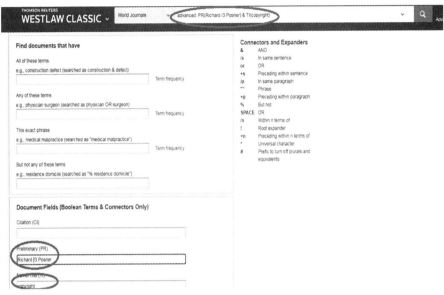

图 10-65

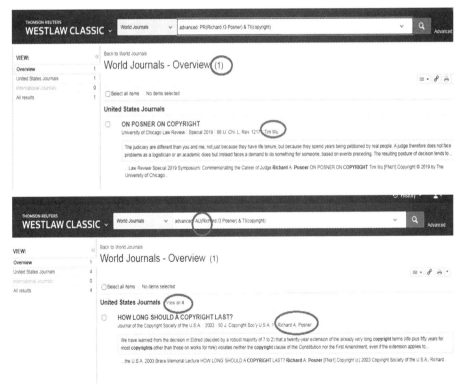

图 10-66

在快速检索框键入 AU(Richard A Posner) & TI(copyright)或者 AU(Richard /3 Posner)& TI(copyright)，就论文检索而言，高级检索不如快速检索(图 10-67)。

图 10-67

(二)法律法规检索

Westlaw Next 主要法律法规库：

USCA 美国法典注释，包括美国议会通过的全部法律(含宪法性法律)、各级法庭规则、联邦量刑指南等。

USCA-POP 美国法典通俗名称索引，将收录在美国法典中的成文法按照其通俗名称的首字母排序，用户能通过某成文法的通俗名称来找到该法律限制收录在法典中的版本

CFR 联邦行政法，由 50 种法律法规所组成的联邦法规汇编，以及联邦登记处所出现的最新法律变动。

US-PL (U. S. Public Laws)本届国会通过的公法。

US-PL-OLD(United States Public Law 1973—2006)第 93 届国会至第 109 届国会通过的公法。

US-STATLRG 美国公法汇编(1789—1982)。

1. 美国法检索实例：检索 Clayton Act 克莱顿法

方法一：在主页快速检索框内键入简单的描述性语言(如：Clayton Act 自然语言)又可以为布尔术语连接符检索式("Clayton Act" AND antitrust)，或多个引注号 15 USCA § 12 或者 38 Stat. 730 抑或公法编号：Oct. 15，1914. ch. 323 同时检索，还可在字段代码之后的圆括号内输入相关检索词。

方法二：分类检索法。

分类检索法即 Browse 浏览法，通过数据库主页的 Browse 功能进行浏览检索，USCA、USCA-POP 成文法目录如 Status & Court Rules、法规目录如 Regulations，行政决议和指导 Administrative Decision & Guidance，立法史 Legislative History 等。根据提示检索某个州、某个联邦及某个主题的成文法、非成文法等。

方法三：特定数据库检索法。

在Westlaw主页输入检索数据库识别号，根据系统提示，选择需要进入的子库进行检索。

首先选择两个数据库：USCA、USCA-POP。

然后在 USCA-POP 数据库中检索出 Clayton Act 克莱顿法的引注号：15 USCA § 12 或者 38 Stat. 730 抑或公法编号：Oct. 15，1914. ch. 323，接着在 USCA 数据库或者在 US-STATLRG 中检索出 Clayton Act 克莱顿法的全文。

最后阅读 Clayton Act 克莱顿法。成文法检索结果页面，会出现"有关信息"（ResultsPlus），这是基于检索词以及检索结果，链接到美国法学百科全书 American Jurisprudence 2d（AMJUR）和美国判例大全 American Law Reports（ALR）等专著中的相关文章，便于检索者对检索内容进行更全面的了解（图 10-68～图 10-69）。

图 10-68

图 10-69

2. 美国统一法及美国法律重述的检索

美国统一法 Uniform Law 的检索：

例如，UCC（Uniform Commercial Code）Uniform Law 的查询方法有两种。

快速检索法：直接在首页检索框中输入 Uniform Commercial Code，系统会自动提示 "Uniform Commercial Code Official Text"，点击进入即可直接浏览全文内容。

分类检索法：点击首页 All Content 标签下的 Statutes & Court Rules，因为 Uniform Law 是没有法律效力的示范法文献，可以在页面右侧 Tools & Resources 下面浏览到 Uniform Law Annotated 数据库入口，进入即可浏览到全部美国统一法的内容，包含 UCC。

美国法律重述的检索：

直接在首页检索框中输入 restatement，系统会自动提示 Restatements & Principles of the Law 等子库，点击进入即可直接浏览或检索全文内容。

3. 美国作为条约方的国际条约及欧盟条约的检索

美国与其他国家签署的条约查询路径：Westlaw 首页默认管辖是 US，点击首页 All Content 标签下的 Administrative Decisions & Guidance，进入 Federal Administrative Decisions & Guidance，浏览到 Department of State 即可浏览到美国作为条约方的国际条约。

欧盟条约路径：Westlaw 首页，点击进入 International Materials 页面，点击 European Union 进入欧盟页面，浏览 Legislation 部分，可以找到欧盟成员国之间的 Treaties。

（三）案例检索

案例是 Westlaw 的起家资源，以联邦与各州的全国判例系统为主。

1. 判例快速检索的简单检索方法

检索波斯纳法官审结的反垄断相关判例，在快速检索框内键入 posner antitrust Sherman Act Clayton Act，点击检索按钮实施检索（图 10-70）。

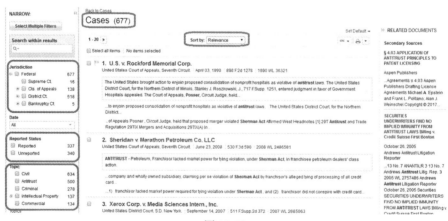

图 10-70

在检索结果页面选取判例 Cases，点击某个判例名，即可阅读该判例（图 10-71 ~ 图 10-72）。

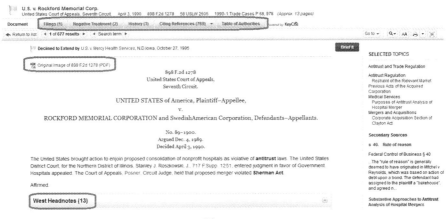

图 10-71

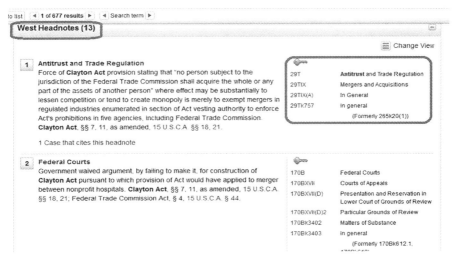

图 10-72

2. 判例快速检索的指令检索方法

Westlaw Next 数据库中绝大部分数据子库均包含 2 种检索语言供用户选择：检索式（Terms and Connectors 术语和连接符语言）以及自然语言（Natural Language）。

术语（Terms）是指输入的检索词。连接符（Connectors）是连接不同的检索词，实现它们之间特定逻辑位置关系的符号。

例如检索指令 breach/s contract 中，连接符/s 表示 breach 和 contract 必须出现在同一个句子中。各种连接符的写法和作用见后文。自然语言（Natural Language），即普通英语（Plain

English)，类似于Google、百度中的检索语言，用户输入描述性语句或者字词，系统会按照相关度原则，给出 100 份文件。这种检索语言即通常说的简单检索，适合初级用户(表 10-12)。

表 10-12　　　　　　　　　　检索式与自然语言检索功能比较表

	Terms and Connectors	Natural Language
语言风格	复杂但精确，需要严格按照各连接符格式组织不同检索词	简单，随意输入单词，词组或者句子
结果文件数量	全部显示，上限 1 万篇	100 篇
结果文件排列顺序	按照时间倒序	按照相关度
最符合部分突出显示(Best)功能	不可用	可用
栏目(Fields)功能	可用	不可用
自动检索(WestClip)功能	可用	不可用

检索波斯纳法官审结的有关反垄断的判例。在主页快速检索框内键入检索式 antitrust &JU(Posner)然后点击检索按钮，即可进入检索结果页面。

判例快速检索，检索式可以是简洁的引注号 citation，默认值是美国判例引注号；如果所查文献来自其他国家，需要相应的国家或地区的引注号，例如 EU、UK。例如查找一个引注号为[1996] A. C. 1 的英国案例；再如查找一个引注号为[1994] ECR I-667 的欧盟案例。找一个案例是否有相关学术文献的方法：以一个引注号为 399 F. 3d 181 的案例为例，主页检索框输入该引注号 399 F. 3d 181，点击检索按钮，进入检索结果页面。在检索结果页面点击 Citing References，进入引文页面，依次显示相关案例、行政决定、二级文献(Secondary Sources，即非法规判例文献，主要包括期刊文章)等。注意每一篇文献之后都有"HN：[数字]"字样，其中 HN 表示 Headnote，与后面的数字连起来即表示，这篇文献涉及该案例第几个 Headnote 所涉及的知识点(Key Number)。

判例快速检索，检索式可以是简洁的 Key Number 号码。

Key Number——West 钥匙码系统是的 Westlaw 核心的知识产权资产：美国法律主题分类系统，即 Westlaw 将某一案例与美国所有法律中的某一相关主题内容相连接。

Westlaw 按照不同法律领域把美国法律分成 7 类 23 个子类近 400 个主题 Topic，之下又逐级划分，直至具体的近万个知识点，每个知识点对应一个编号，即 Key Number。每个 Key Number 下都列出了与之相关的案例，进而可以通过案例查找到相关文献资料。所以查到 Key Number 是查找与一个知识点相关资料的捷径。

第一步，在 Westlaw 任意页面点击最上面的 Key Number 按钮，进入 Key Number 的检索页面。

第二步，在 Search for Key Numbers 下的检索框内填写法律主题词，即可查找到相应的 Key Number。

第三步，点击 West Key Number Digest Outline 标签可以查看 Key Number 的主题分类结构框架。

第四步，进入 Key Number 的主题分类结构找到相应 Topic（如 29T ANTITRUST AND TRADE REGULATION，含反垄断法、反不正当竞争法等），点击+号，逐级展开，可观察到某一个 Topic 下的所有法律点及其对应的 Key Number，可以打印出来便于查阅。

已知某个 Key Number（如 29tk61 即第 29Topic 下的第 61 个 Key Number）之后，可以在检索框键入这个号码 29tk61，然后点击检索结果中相应 Key Number 后面的 Most Cited Cases，即可进入该 Key Number 相关的判例页面，可以对排序方式（时间顺序、引证数顺序）、法域等进行选择，调出与其相关的所有案例。

3. 判例高级检索

如最常用的案例库，可以在主页上点击 Cases，即可进入案例库进行检索，点击页面的 Advanced，即可案例库高级检索页面，在 Party Name 当事人名称页面输入"baidu"，即可获取百度公司的判例。

检索 Richard A Posner 审判的有关 antitrust 29tk79 的判例（图 10-73~图 10-74）：

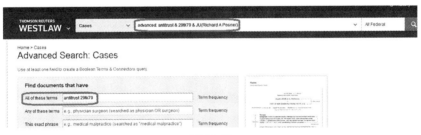

图 10-73

检索到 21 例判例：

图 10-74

检索判例时，会出现检索结果扩展的"有关信息"（ResultsPlus），这是基于检索词以及检索结果，链接到包括美国法学百科全书 American Jurisprudence 2d（AMJUR）和美国判例大全 American Law Reports（ALR）等专著中的相关文章，便于检索者对检索内容进行更全面的了解。

Keycite -更新引注服务。展示某检索案件被何案件引用过以及其所引用的案例，呈现了判决判例、法律法规、请论期刊及其他文件之间的引用关系。可以通过使用 keycite 来分辨一个判例或者成文法或者行政决定是否仍有效。

Headnote -眉批让检索者轻松理解法律争议与法律之间的联系，理解判决的法律依据。

Note of Decision -法律适用的法院解释。

Citing reference -此案被哪些文献资料评论和引用。

Table of Authorities -此案中讨论了哪些经典案例。

四、Westlaw Next数据库三大类文献的检索字段代码（表10-13~表10-15）

表 10-13　　　　　　　　　　　　论文检索的字段代码表

CI	CITATION	文献的引注号
PR	PRELIM	序文
TI	TITLE	题名，标题，即论文篇名
SO	SOURCE	版权所属者或出版者名称
AU	AUTHOR	论文文献作者
TE	TEXT	全文
IN	INDEX	文献中引用的案例、立法和关键字以及文章摘要
IM	IMAGE	文献中的图像
TE	TEXT	正文

表 10-14　　　　　　　　　　　　法规检索字段代码表

CI	CITATION	法规引注号
PR	PRELIM	序文
CA	CAPTION	Section, rule or canon number and heading
TE	TEXT	全文
CR	CREDIT	Statutory credits
WP	WORDS AND PHRASES	全文中的单词与短语

续表

CI	CITATION	法规引注号
SD	SUBSTANTIVE-DOC	Citation, prelim, caption, text and credit fields (not including Public Laws set out as notes)
HN	HISTORICAL NOTES	Historical notes affecting document
RE	REFERENCES	Miscellaneous references relating to document
AN	ANNOTATIONS	Notes of Decision

表 10-15　　　　　　　　　　　　　　　　判例库字段代码表

TI	title	涉案双方的名称(一般是诉讼双方的名称)
PN	Party Name	案件当事人名称
CI	Citaion	引注号,文献识别号
PR	Prelim	序文,包括案件编号、日期、法院名称及法官名单等资料栏
DN	Docket-number	法院案件顺序编号
SY	synopsis	摘要,表示案例整体摘要
DI	digest	文摘,案例所有争议点摘要
TO	topic	判例的法律主题
HE	headnote	提要,案件中的法律争议描述(适用于美国)
CO	COURT	法院,审判案件的法院缩写
PA	PANEL	法官名单,审判案件的法官名单
YE	YEAR	日期,案件的有关日期包括聆讯及判决日期
KW	KEY-WORDS	关键字,案件中的法律争议摘要
RC	REFERENCES-CITED	(该案引用的资料)案件中引用的判例及成文法
REP	REPRESENTATION	诉讼双方的代表律师及大律师
OP	OPINION(S)	作出判词的法官名称
JU	JUDGE	作为主审的法官

注:个别数据库以 SU、SY、HE、DI 代替 KW。

五、Westlaw Next 数据库逻辑符与关键词连接符

& 表示 and 并且,两词必须同时出现;

or 表示或者,两词中至少有一词出现;

""表示短语,引号引起的部分作为词组进行检索;

！用在单词尾部，代表词根，检索不同结尾的词，如 negligenc!，可以检索出 negligence、negligent、negligently 等；

＊用在单词的中间，代替任何字母；

/s 两个词须在同一个句子中；

+s 两个词须在同一个句子中，且第一个词在第二个词的前面；

/p 两个词须在同一段中；

+p 两个词须在同一段中，且第一个词在第二个词的前面；

/n 两个词之间最多插入不超过 n 个词(n 为 1~255)；

+n 两个词之间最多插入不超过 n 个词，且第一个词先出现；

%排除%后面的词，前面的词必须出现，后面的词一定不可出现。

六、Westlaw Next 数据库的 KeyCite 引注更新服务功能

KeyCite 用来判断判例或者成文法是否有效的功能，它通过显示不同颜色的标志，如红旗，黄旗，让检索者便捷的判断一个判例或成文法是否检索时有效。在 Westlaw 中，美国，澳大利亚，加拿大和香港的法律资料已经应用了这一功能。KeyCite 所含主要项目。

在判例和成文法的标题前，以及左侧页面的相关信息(Related Info)标签下，都有 KeyCite 标志。左侧的 KeyCite 区域除了提供旗号外，还提供判例和成文法的发展历史及参考清单。

Directory History：显示判例的诉讼过程，包括该判例前与后的上诉历史。

Full History、Graphic View：判例诉讼历史。

Negative Citing References：显示对于该判例的判例价值有负面影响的其他案件。

Related References：显示与该判例有相同涉案双方和事实的相关判例，无论这些判例的法律争议点是否相同。

查找一个案件的法律效力情况——使用 KeyCite。

KeyCite 展示相关案例的效力状况，以及后续案例、决定、文献等对它的引用情况。

在 Westlaw 任意页面点击最上端的 KeyCite 出现 KeyCite 检索页面，在检索框中输入相应的案件引注号(如 639 F. Supp. 6338)，点击检索进入检索结果页面。

在检索结果页面中点击 History（Graphical View）出现该案例的完整诉讼经过的流程图；点击 Citing References 出现所有引证该案例的判决和期刊、著作文献等；关于各种标志的含义，点击 KeyCite Tips 查看。

七、Westlaw Next 数据库的 Key Number 主题词检索服务功能

虽然美国判例法体系形成已有100多年，而且在19世纪有了迅速发展；但是20世纪初对特定主题进行判例检索来说仍然是一个大问题。West 公司这时已经出版有成体系、有规模，且涵盖了联邦和所有州法院主要判例的"全国判例报告系统 National Reporter

System"，但都是编年体编排。1909 年，West Publishing 的创始人约翰·B. 韦斯特(John B. West)在他的文章①中描述了这一问题。他说："1874 年，当我开始与律师打交道时，除了官方的报告外，没有任何其他的出版物。现在每个州都至少有两个；在许多州有三个，至少有一个州有四个。"20 世纪初判例不但量大无主题编排检索入口，而且重复率高。随后为了解决这类问题，他开发了一个主题分类系统，将法律划分为 400 个法律主要类别，他称之为法律主题(Legal Topics 如"契约")。主题之下划分子类别②，逐级细分，到最底层有 10 万多个不可再分的法律概念(Legal Concept)，每个法律概念都有一个钥匙码对应，如 bankruptcy 对主题 51，avoided transfers 是 bankrupty 的一个子类目，对应钥匙码 51k2782。这些不同层级的钥匙码构成了钥匙码主题分类表(Key Number Outline)。然后他将钥匙码系统应用到 west 出版的案例中。钥匙码在 west 出版的判例汇编中的标识是一组数字加上一个钥匙图形符号。

　　West Publishing 出版的每一个案例都由有律师资格的编辑评析出被引或解释的多个法律要点"the points of law or Legal Issue"，每一个要点做出一个摘要被称为眉批 Headnote。提炼出来的每一个眉批都对应一个或多个不可再分的法律概念(Legal Concept)的钥匙码。编辑把每个案件所涉及的法律要点的摘要放在一起。这些摘要通常是一个段落，被称为 "Headnotes"置于该案件之首。每个标题被分配一个主题 Legal Topics 和钥匙码 Key Number。然后将一定时期内的 West Publishing 出版的判例汇编中的每个判例的眉批 Headnotes，从判例中剥离出来，汇集在一起，依据其主题 Legal Topics 和钥匙码 Key Number 的分类系统，进行统一编排出版，即是《美国判例摘要》。这套摘要就是《全国判例系统 National Reporter System》的主题索引检索入口。Headnotes 仅仅是在案例中讨论或使用的法律要点的编辑以及检索指南，Headnotes 本身并不具有法律权威性。简言之，钥匙码分类表(Key Number Outline)可以当成眉批的主题分类系统。钥匙码分类表(Key Number Outline)本身再加上眉批就构成了钥匙码文摘系统(Key Number Digest System)。

　　《美国判例摘要》对 400 多个主题的每一个主题有简要的评述。眉批是对法律的陈述，不涉及假设问题，也不涉及事实陈述或逻辑推理。抽象眉批运用现在时态陈述法庭对某一特定法律问题的一般处理，具体眉批运用过去时态陈述法庭对某一特定法律问题在特定环境下的处理。

　　钥匙码检索法可以帮助检索者通过钥匙码快速获取某一法律内容的判例，或者其他法律参考资料，例如：具体的法律领域的判例，学术专著或期刊文章，其结果的相关度高。

---

　　①　John B. West，Multiplicity of Reports[J]. 2 Law Library Journal，1909(4).
　　②　这些主题均用数字按字母顺序编号，并配上一个钥匙形符号，二者组成钥匙码分类体统。其目的是方便主题检索的同时，节省印刷空间。

参 考 文 献

1. 中文文献

[1]郑鹤声，郑鹤春．中国文献学概要[M]．上海：上海古籍出版社，2001．

[2]王欣夫．文献学讲义[M]．上海：上海古籍出版社，2005．

[3]杜泽逊．文献学概要[M]．北京：中华书局，2001．

[4]张三夕．中国古典文献学[M]．武汉：华中师范大学出版社，2003．

[5]潘树广．古典文学文献及其检索[M]．西安：陕西人民出版社，1984．

[6]张伯元．法律文献学[M]．上海：上海人民出版社，2012．

[7]黄存勋，刘文杰等著．档案文献学[M]．成都：四川大学出版社，1988．

[8]曹之．中国古籍版本学[M]．武汉：武汉大学出版社，2007．

[9]曹全来．中国近代法制史教程(1901—1949)[M]．北京：商务印书馆，2010．

[10]张舜徽．汉书艺文志通识[M]．武汉：湖北教育出版社，1990．

[11]赵诚．二十世纪甲骨文研究述要(上)[M]．太原：书海出版社，2005．

[12]李均明．简牍法制论稿[M]．桂林：广西师范大学出版社，2011．

[13]刘俊文．敦煌吐鲁番唐代法制文书考释[M]．北京：中华书局，1989．

[14]戚志芬．中国的类书政书和丛书[M]．北京：商务印书馆，1996．

[15]孙祖基．中国历代法家著述考(岱庐丛著本)[M]．上海：上海开明书店，1934．

[16]陈永胜．敦煌吐鲁番法制文书研究[M]．兰州：甘肃人民出版社，2000．

[17]谭淑娟．唐代判体文研究[M]．济南：齐鲁书社，2014．

[18]杨奉琨．疑狱集．折狱龟鉴校译[M]．上海：复旦大学出版社，1988．

[19]大元圣政国朝典章(影印元刻本)[M]．北京：中国广播电视出版社，1998．

[20]杨一凡．历代判例判牍(12 册)[M]．北京：中国社会科学出版社，2005．

[21]李逸友．黑城出土文书(汉文文书卷)[M]．北京：科学出版社，1991．

[22]永瑢．四库全书总目(全两册)[M]．北京：中华书局，1965．

[23]倪延年．中国古代报刊法制发展史[M]．南京：南京师范大学出版社，2004．

[24]王重民．中国目录学史论丛[M]．北京：中华书局，1984．

[25]胡应麟．读太平御览三书[M]//少室山房集：第 104 卷．文渊阁四库全书．北京：商务印书馆，1986．

［26］严怡民．情报学理论基础［M］//武汉大学图书馆学系，情报学研究资料汇编．武汉：
武汉大学出版社，1982.

［27］［美］哈罗德·博科，查尔斯·L.贝尼埃．索引的概念与方法［M］．北京：书目文献
出版社，1984.

［28］杨玉林，丛淑丽，龚旭主编．信息检索与利用［M］．哈尔滨：东北林业大学出版社，
2007.

［29］［美］D.普赖斯．巴比伦以来的科学［M］．石家庄：河北科学技术出版社，2002.

［30］丰树谦，数据库技术与应用［M］．北京：电子科技大学出版社，2017.

［31］黄如花．信息检索［M］．武汉：武汉大学出版社，2019.

［32］张琪玉．情报检索语言实用教程［M］．武汉：武汉大学出版社，2004.

［33］方卿．科学信息交流研究：载体融合与过程重构［M］．武汉：武汉大学出版社，2005.

［34］邱明斤．主题检索语言［M］．成都：四川大学出版社，1990.

［35］陈光祚．科技文献检索（上册）［M］．武汉：武汉大学出版社，1985.

［36］Ricardo Barza Yates 等，王知津等译．现代信息检索［M］．北京：机械工业出版社，
2005.

［37］刘民钢．民国文献整理与研究发展报告 2015［M］．北京：国家图书馆出版社，2015.

［38］范军．中国出版文化史研究书录 1978—2009［M］．郑州：河南大学出版社，2011.

［39］戴维民．索引的历史发展与未来趋向［J］．图书馆理论与实践，1993(3).

［40］杜泽逊.清人著述总目述例稿［J］．中国典籍与文化，2012(1).

［41］丁蔚，倪波等．情报检索的发展——情报学世纪回眸之一［J］．情报学报，19.

［42］邹鼎杰．基于文献计量的民国文献分布及其应用研究［J］．图书馆杂志，2019(9).

［43］程燎原．中国近代法政杂志的兴盛与宏旨［J］．政法论坛，2006(4).

［44］段晓林．影印版民国文献核心出版社测定及其出版研究［J］．图书馆，2017(11).

［45］武树臣．古文字与中国传统法文化［OL］．［2011-11-10］．http：//blog.sina.com.cn/s/
blog_5d06fe810100v0cf.html.

［46］英国所藏甲骨集［EB/OL］．［2018-11-12］．http：//www.kaogu.cn/cn/kaoguyuandi/
kaogubaike/2013/1025/34266.html.

2. 英文文献

［1］Morris L. Cohen, Kent C. Olson. Legal Research［M］. Beijing, Law Press 2003 8th Edition.

［2］Morris L. Cohen. How to Find the Law［M］. West Publishing Co, 1976, General Edition.

［3］Jean Dane, Philip A. Thomas. How to Use a Law Library［M］. Sweet & Maxwell 1987,
Second Edition.

［4］F. Wilfred Lancaster. Information retrieval systems characteristics, testing and evaluation
［M］. New York：John Wiley & Sons, Inc., 1968.

[5] Ricardo Barza Yates, Berthier Ribeiro Neto, et al.. Modern Information Retrieval [M]. Boston: Addison Wesley Longman Publishing Co. Inc., 1999(1).

[6] Keet Sugathadasa. Legal Document Retrieval using Document Vector Embeddings and Deep Learning[M/OL]. Computing Conference 2018-10-12, July 2018—London, UK.

[7] Pamela Robinson. the Cambridge History of the Book in Britain vol 2 [M]. Cambridge University Press, 2008.

[8] The Bluebook: A Uniform System of Citation 20th [M]. The Harvard Law Review Association, 2010.

[9] Colin Clair. A History of European Printing[M/OL]. London: Academic Press, 1974.

[10] Edward A Fox, Digital Libraries Initiative (DLI) Projects 1994-1999, American Society for Information Science[J/OL]. Bulletin of the American Society for Information Science 26(1) 7 Oct/Nov, 1999 ABI/Inform Complete (ProQuest).

[11] Shawn Martin. To Google or Not to Google, That Is the Question: Supplementing Google Books Search to Make It More Useful for Scholarship [J/OL]. Journal of Library Administration, Vol. 47(1/2) 2008 (Heinonline).

[12] Hussein Suleman, Edward A Fox, Rohit Kelapure, Aaron Krowne, Ming Luo, Building digital libraries from simple building blocks, Online Information Review[J/OL]. Bradford: 2003. Vol. 27. (ProQuest).

[13] Enwin C. Surrency. Law Reports in the United States[J/OL]. 25 Am. J. Legal Hist 48 1981, (Heinonline).

[14] Francis Aumann, American Law Reports: Yestorday and Today[J/OL]. The Ohio States University Law Journal vol4 No3 1938 (Heinonline).

[15] W. Hamilton Bryson, Virginia Manuscirpt Law Reports[J/OL]. 82 Law. Libr. J. 305 1990 (Heinonline).

[16] Pound. the Spirit of the commen law[M/OL]. Heinonline.

[17] Charles Warren, A History of the American Bar(1911)[M/OL]. Heinonline.

[18] J. H. Baker. Unprinted Sources of English Legal History [J/OL]. 64 Law Libr. J. 1971 (Heinonline).

[19] J. H. Baker. why the History of English law Has Not Been Finished[J/OL]. 59 Cambridge L. J. 62 2000 (Heinonline).

[20] Charles P Bourne(1980). On-line Systems: History, Technology and Economics[J/OL]. Journal of the American Society for Information Sience[J/OL]. Vol. 31, No. 3(ProQuest).

[21] Wilfred J. Ritz, the francis hopkinson law report [J/OL]. 74 Law Libr. J. 298 1981 (Heinonline).

[22] Leonid Taycher, Books of the world, stand up and be counted! All 129, 864, 880 of you

[EB/OL]. http：//booksearch. blogspot. com/2010/08/books-of-world-stand-up-and-be-counted. html.

[23]K. Tamsin Maxwell. Concept and Context in Legal Information Retrieval[C/OL]. https：//www. researchgate. net/publication/220809928. DOI：10. 3233/978-1-58603-952-3-63 · Source：DBLP.

[24]Keet Sugathadasa. Legal Document Retrieval using Document Vector Embeddings and Deep Learning 2018 [EB/OL]. Computing Conference 2018 https：//www. researchgate. net/publication/325414026.

[25]Marie Francine Moens. Innovative techniques for legal text retrieval [J/OL]. Artificial Intelligence and Law 2001 (09) https：//www. researchgate. net/publication/220539404. DOI：10. 1023/A：101129710492.

[26]Today's Library of Congress[EB/OL]. http：//www. loc. gov/about/history. html.

[27]Michael Hart. The History and Philosophy of Project Gutenberg [EB/OL]. http：//www. gutenberg. org/wiki/Gutenberg.

[28]Restatement [EB/OL]. http：//www. Ali. org/index. cfm? fuseaction = projects. members &projectid=33.